Vorwort

Liebe Schülerinnen, liebe Schüler,

Sie möchten sich im Berufs- und Privatleben erfolgreich, kompetent und korrekt ausdrücken können und sich in möglichst allen Situationen kommunikativ richtig verhalten. Dazu muss man die Grundlagen der Kommunikation beherrschen sowie die Fähigkeit haben, richtig zu sprechen, zuzuhören und zu schreiben. Auch der sichere Umgang mit Texten aller Medien und die verantwortungsvolle Nutzung von Angeboten aus dem Internet gehören dazu.

Das Deutschbuch bietet Ihnen Situationen, Materialien und umfassende Aufgaben aus dem Beruf und dem Privatbereich, um Ihre individuellen Kompetenzen im Sprechen und Zuhören, Schreiben, Lesen sowie im Umgang mit Sprache zu vertiefen.

Das Buch ist in drei Jahrgänge gegliedert. Diese wiederum sind nach Kompetenzbereichen unterteilt, die in jedem Jahrgang wiederkehren. Ferner werden am Ende des Buches Materialien zur Sicherung und zur Vertiefung der Rechtschreibung, Grammatik und Zeichensetzung angeboten; Informationen zu Methoden und Arbeitstechniken haben zum Ziel, den selbstständigen und eigenverantwortlichen Umgang mit Text und Sprache zu festigen.

Viel Freude und Erfolg im Unterricht sowie auf Ihrem weiteren Ausbildungsweg wünschen Ihnen die Herausgeber, Autorinnen und Autoren und die Verlagsredaktion.

Inhaltsübersicht

Jahrgangsstufe 10

Inhaltsübersicht

Jahrgangsstufe 11

Inhaltsübersicht

Jahrgangsstufe 12

Inhaltsübersicht

Material

Methoden

Verzeichnisse

Wie Sie mit dem Deutschbuch arbeiten können

Das Buch ist in drei Jahrgänge unterteilt:

Jahrgang 10 | Jahrgang 11 | Jahrgang 12 | Anhang

Jeder Jahrgang enthält jeweils vier Kompetenzbereiche:

- Sprechen und Zuhören
- Lesen – mit Texten und Medien umgehen
- Schreiben
- Sprache und Sprachgebrauch

Der Anhang enthält Material und Methoden und bietet die Möglichkeit:

- zum Wiederholen und Üben der wichtigsten Rechtschreib-, Zeichensetzungs- und Grammatikregeln
- zum selbstständigen Arbeiten mit Hilfe von Methoden und Arbeitstechniken
- zum handlungsorientierten Arbeiten in einem Projekt

Jedes Kapitel besteht aus drei Teilen:

- Das Standardprogramm ist für alle gedacht.
- Das Förderprogramm (FP) ist für Schülerinnen und Schüler, die intensiver an Grundlagen arbeiten wollen.
- Das Aufbauprogramm (AP) ist für Schülerinnen und Schüler, die sich vertiefte und weiterführende Kompetenzen erwerben möchten.

Basiswissen

Wichtige Inhalte und Begriffe werden im Basiswissen näher erklärt.

Arbeitstechnik

Arbeitstechniken geben Hilfestellungen bei der Herangehensweise an bestimmte Aufgaben.

Die folgenden Piktogramme treten im Buch immer wieder auf und geben Hinweise, wie das Material oder die Aufgabe bearbeitet werden soll:

Partnerarbeit | Gruppenarbeit | Arbeit mit dem Computer

Kapitel 1

Kommunikation ist mehr als Sprechen

- 1.1 Verschiedene Arten der Kommunikation untersuchen
- 1.2 Ohne Worte sprechen
- 1.3 Gespräche führen
- 1.4 Über Gespräche reflektieren
- 1.5 Souverän telefonieren
- Förderprogramm: Den ersten Kontakt erfolgreich meistern
- Aufbauprogramm: Eine Besprechung vorbereiten

Kommunikation findet durch Aktion und Reaktion, durch jede Kontaktaufnahme in fast allen Bereichen des täglichen Lebens statt. Nicht nur mit Worten gibt ein Sender eine Botschaft oder eine Information an einen Empfänger weiter, auf die dieser reagiert, sondern auch mit Gestik, Mimik, Körperhaltung. Wir kommunizieren und hoffen, dass der andere uns so versteht, wie wir es meinen.

In diesem Kapitel lernen Sie verschiedene Ebenen der Kommunikation kennen und bewusst gestalten. Dieses Wissen ist Basis für die Arbeit in vielen Kapiteln des Buches. Sie werden Gespräche führen, sie analysieren und über Ihre Ergebnisse reflektieren, um sicherer im Umgang mit Geschäftspartnern, aber auch bei privaten Kontakten zu werden und Missverständnisse möglichst schnell zu erkennen.

Womit ich schon Erfahrung habe

- ✔ Meine Mutter reagiert schon auf meinen Gesichtsausdruck, da muss ich gar nichts sagen.
- ✔ Wenn ich etwas sage, versteht sie mich oft falsch.
- ✔ Wenn mein Freund mir etwas erzählt, muss ich genau auf den Tonfall hören, er meint nicht immer alles ernst.

Verschiedene Arten der Kommunikation untersuchen

In Alltag, Schule und Beruf kommunizieren wir viel. Wir tun dies auf verschiedene Weise.

1 ***Beschreiben Sie die Fotos.***

a) Was ist dargestellt?

b) Wer kommuniziert und in welcher Weise?

c) Versuchen Sie, den Begriff „Kommunikation“ mit eigenen Worten zu erklären.

Kommunikation findet nicht immer im direkten Austausch von Angesicht zu Angesicht statt. Sascha beschreibt, was er an einem Vormittag alles erlebt.

„Das geht schon am frühen Morgen los: Mein Radiowecker reißt mich mit den Nachrichten aus dem Schlaf, beim Frühstück fragt mich meine kleine Schwester noch schnell nach einem fehlenden Matheergebnis in den Hausaufgaben. Während der Bus auf dem Schulweg durch die Stadt fährt, fällt mir die neue riesige Werbung am Kino ins Auge und beim Aussteigen nickt mir der Busfahrer freundlich zu. Die letzten Meter bis zur Schule: Überall Stimmen, Lärm, ich lese eine SMS, die Schulglocke läutet zur ersten Stunde. Ich gehe schneller. Unser Mathelehrer Herr Maier betritt das Klassenzimmer, grüßt mit einem freundlichen ‚Guten Morgen‘ und erklärt dann die Zinsrechnung. Lea aus der letzten Reihe wirft mir einen Brief zu. Ich drehe mich um und nicke ihr zu. Herr Maier sieht mich streng an und holt mich zum Vorrechnen an die Tafel.“

2 ***Untersuchen Sie Saschas Ausführungen und tragen Sie Ihre Ergebnisse in die Tabelle ein.***

a) Mit wem/Womit kommuniziert Sascha?

b) Welche Botschaft wird in der Kommunikation vermittelt? Schreiben Sie die Botschaft auf.

c) Wird die Botschaft mit Worten (verbal) oder ohne Worte (nonverbal) übermittelt?

„Partner“ der Kommunikation	Botschaft der Kommunikation	Verbale oder nonverbale Botschaft
Radiowecker	– „Es ist Zeit aufzustehen.“ – Nachrichten …	hauptsächlich verbal
Schwester	…	…

Ohne Worte sprechen

Mit dem Körper sprechen

Wir drücken uns nicht nur in Worten aus, sondern auch durch unseren Körper und unsere gesamte äußere Erscheinung.

1 *Erschließen Sie die Aussage des Comics nach folgenden Gesichtspunkten (**➪ Kapitel 23, S. 292**):*

a) Was möchte Hägar mitteilen? Überlegen Sie, was seine „Verkleidung" ausdrücken soll.

b) Was könnten seine Untergebenen verstanden haben? Notieren Sie Sätze für die leere Sprechblase. Den Originaltext der Sprechblase finden Sie auf S. 298. Vergleichen Sie ihn mit Ihren Ergebnissen.

c) Warum spricht Hägar nicht mit Worten aus, was er sagen will, sondern mit dem Körper und seiner äußeren Erscheinung?

2 *Drücken Sie sich durch Körpersprache aus.*

a) Stellen Sie die folgenden Reaktionen und Befindlichkeiten ohne Worte dar. Orientieren Sie sich auch an den Fotos.

- Zustimmung
- Begeisterung
- Freude
- Ablehnung
- Erstaunen
- Entsetzen
- Nichtwissen
- Siegesfreude
- Ekel

b) Ergänzen Sie die Reihe durch weitere Beispiele.

c) Stellen Sie Ihr Ergebnis der Klasse vor.
Lassen Sie Ihre Mitschüler herausfinden, was Sie ohne Worte äußern.

Körpersprache verstehen

In unserem alltäglichen Leben beginnen Gespräche oft ohne Worte.
Bestimmte Verhaltensweisen rufen entsprechende Reaktionen hervor.

1 ***Beschreiben Sie die Situation in der Klasse mit Hilfe der folgenden Arbeitsaufträge*** ***(➪ Kapitel 23, S. 292):***

a) Welches Verhalten kann die Lehrerin bei ihren Schülerinnen und Schülern beobachten? Beispiel: *auf die Uhr schauen.* Schreiben Sie Ihre Ergebnisse auf Karten.

b) Die Lehrerin sieht das Verhalten und fragt: „Wie bitte soll ich das verstehen?“ Antworten Sie und formulieren Sie zu dem jeweiligen Verhalten einen passenden Satz. Beispiel: *auf die Uhr schauen = Wann ist endlich Schluss?*

c) Welche Reaktionen der Lehrerin auf das Verhalten der Schüler können Sie sich vorstellen? Nennen Sie Reaktionen und überlegen Sie, mit welchen nichtsprachlichen Äußerungen die Lehrerin reagieren könnte. Beispiel: *Wut – stützt die Hände in die Hüften*

d) Halten Sie die Ergebnisse in Form einer Tabelle nach folgendem Muster fest:

Verhalten der Schüler	Aussage (Mitteilung)	Reaktion der Lehrerin	Nichtsprachliche Äußerung der Lehrerin
auf die Uhr schauen	Wann ist endlich Schluss?	Wut	stützt die Hände in die Hüften

Körpersprache verstehen

Basiswissen — Die Bedeutung der Körpersprache für die Kommunikation

Der Mensch kommuniziert mit Mund, Ohren und Augen, seine Kommunikation besteht aus sprachlichen (verbalen) und nichtsprachlichen (nonverbalen) Anteilen. Der Anteil der Körpersprache an der Wirkung der kommunikativen Signale beträgt etwa 70 bis 80 Prozent. Die Wirkung der Körpersprache ist also viel bedeutsamer als das gesprochene Wort. Es ist deshalb sehr wichtig, **wie** etwas mitgeteilt wird.

Zu den nichtsprachlichen (nonverbalen) Signalen der Kommunikation gehören:

- die Mimik (Gesichtsausdruck)
- die Gestik (Sprache der Gebärden mit Armen und Händen)
- die Körperhaltung (z. B. eine bestimmte Art, zu sitzen oder zu stehen)
- die äußere Erscheinung (z. B. Kleidung, Frisur, Körperschmuck) und der Geruch
- Sprechweise, Stimmlage, Tonfall

Dass Menschen mehr den Augen vertrauen als den Ohren, hat mit unserer Entwicklungsgeschichte zu tun, mit unserer kommunikativen Vergangenheit. Unsere Vorfahren waren darauf angewiesen, ihre kommunikativen Absichten, z. B. Nähe oder Distanz, Zuneigung oder Ablehnung, Angst oder Sicherheit, durch körperliche Gebärden darzustellen. Gerade wenn es um Gefühle geht, z. B. um Liebe, Angst, beobachtet auch der moderne Mensch seinen Gesprächspartner sehr genau, um zu überprüfen, ob er dem Gesagten auch vertrauen kann.

2 ***Beobachten Sie, wie andere ohne Worte kommunizieren.***

a) Sprechen Sie mit Ihren Nachbarn ab, welche Mitschüler Sie beobachten wollen.

b) Legen Sie eine weitere Tabelle wie in Aufgabe 1 an und notieren Sie Ihre Beobachtungen.

c) Gleichen Sie Ihre Ergebnisse mit denen der anderen ab und ergänzen Sie Ihre Tabelle.

d) Gibt es Unterschiede in der Interpretation? Wenn ja, dann notieren Sie diese. Überlegen Sie, auf welche Ursachen sie zurückzuführen sind.

Zwischenfazit

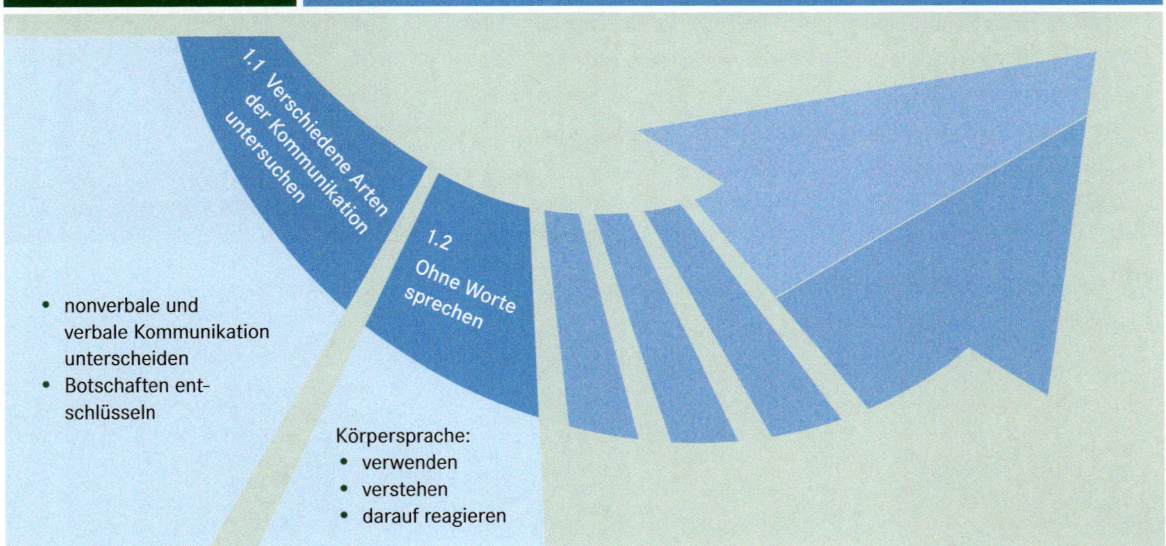

Gespräche führen

Sagen, was gemeint ist

Wenn wir uns mitteilen, formulieren wir das Ziel unserer Äußerung oft nur indirekt. Wir müssen deshalb unterscheiden zwischen dem, was wir sagen, und dem, was wir meinen.

1 *Erschließen Sie den Comic unter folgenden Gesichtspunkten:*

a) Was möchte Helga mit ihrer Frage erreichen?

b) Hägar antwortet: „Natürlich, Schatz." Wie hätte er aufgrund der Fragestellung bzw. Aufforderung noch reagieren können? Formulieren Sie denkbare andere Reaktionsmöglichkeiten Hägars.

c) Helga sagt nicht direkt, was sie will, sondern formuliert ihr Ziel indirekt. Nennen Sie mögliche Gründe.

2 *Formulieren Sie Helgas Redebeitrag so, dass sie ihr kommunikatives Ziel direkt ausdrückt.*

Konflikte sind im Alltag ganz normal. Viele Konflikte lassen sich aber vermeiden, wenn die Gesprächspartner herausfinden, was sie überhaupt voneinander wollen.

Situation

Edgar und Lisa haben ein Problem

Edgar und Lisa kennen sich schon einige Monate und sind verliebt.

Lisa möchte möglichst ihre ganze Freizeit mit Edgar verbringen, doch der will nicht auf das Fußballtraining und die Spiele verzichten. Außerdem sind da noch die Sonntagsspiele der Herrenmannschaft, in der er auch einmal spielen will.

Lisa weiß, wie viel das Fußballspielen ihrem Freund bedeutet, doch sie fühlt sich vernachlässigt, und obendrein scheint Edgar das gar nicht zu bemerken.

3 *Notieren Sie verschiedene Äußerungen, mit denen Lisa auf ihr Problem aufmerksam machen könnte.*

Verstehen, wie etwas gemeint ist

Durch ihre Reaktion aufeinander bestimmen Edgar und Lisa, wie sich ihr Konflikt entwickelt.

Über den Sachverhalt reden

In den Arm nehmen und trösten

Aufgefordert werden

Situation

Eine Schulklasse während des Unterrichts.

Schüler A sagt zu Schüler B: *„Mann, blendet die Sonne."*

B: *„Ich steh doch jetzt nicht auf und schließe den Vorhang."*

A: *„Ich sagte ja nur, dass mich das Blenden nervt."*

Bearbeiten Sie die folgenden Aufgaben in Gruppen.

1 ***Beschreiben Sie die Situation, in der sich Lisa und Edgar befinden.***

2 ***Wie könnte Edgar auf Lisas Äußerungen antworten? Wie könnte sich der Konflikt weiterentwickeln?***

a) Verfassen Sie einen kurzen Dialog, der zu der jeweiligen Reaktion auf den Fotos passen könnte.

b) Diskutieren Sie, zu welchem Ergebnis der jeweilige Gesprächsverlauf führen wird. Kann das Problem gelöst werden oder wird der Konflikt verschärft?

c) Stellen Sie Ihr Gruppenergebnis der Klasse vor und begründen Sie es.

3 ***Untersuchen Sie die Situation (Kasten links) mit Blick auf den Erfolg der Kommunikation zwischen den Gesprächspartnern. Gehen Sie dabei auf die Ebenen der Darstellung, des Ausdrucks und des Appells ein (➪ S. 16).***

a) Überlegen Sie, welches kommunikative Ziel der Sender verfolgt.

b) Auf welcher Ebene nimmt der Empfänger die Äußerung auf? Welche Ursache hat das?

c) Überlegen Sie, was dem Empfänger helfen könnte, die Sprechabsicht des Senders „richtig" zu verstehen.

4 ***Erfinden Sie ähnliche Dialoge und untersuchen Sie sie wie in Aufgabe 3.***

Verstehen, was gemeint ist

Basiswissen – Kommunikation auf verschiedenen Ebenen

Wenn Lisa gerne mehr Zeit mit ihrem Freund Edgar verbringen möchte und sich deshalb über sein zeitaufwändiges Fußballtraining beschwert, dann ist das von ihr Gesagte nicht das, was sie eigentlich meint. Daher ist nicht sicher, ob Edgar ihren Wunsch nach mehr gemeinsamer Zeit auch versteht. So ist es in vielen Kommunikationssituationen. Das Nicht-Verstehen ist keine seltene Ausnahme, sondern ein normaler Vorgang.

- **Zwei Seiten, die zusammengehören: Sender und Empfänger**
  Missverständnisse gehören zum Alltag, weil kommunikative Vorgänge darin bestehen, dass ein Sender etwas aussagt, was bei einem Empfänger (z. B. Hörer) ankommt. Der Empfänger muss entschlüsseln, was der Sender meint, muss deuten, auslegen, also interpretieren.
- **Sender äußern etwas, Empfänger verstehen etwas**
  Die Auslegung des Gesagten durch den Empfänger kann sich von dem unterscheiden, was der Sender aussagen wollte. Dafür gibt es verschiedene Gründe: Menschen reagieren verschieden, sie unterliegen Stimmungen, haben unterschiedliche Lebenserfahrungen.
- **Gesprächsverhalten ist situationsabhängig**
  Menschen reden miteinander verschieden. Ihre Wortwahl ist z. B. davon abhängig, mit wem sie sprechen, also gesteuert von der Rolle, in der sie sich befinden. Das Gesprächsverhalten im Unterricht mit der Lehrerin oder dem Lehrer unterscheidet sich von dem am Mittagstisch mit Eltern und Geschwistern und dem mit Freundinnen oder Freunden in der Freizeit (➪ S. 18).
- **Kommunikation findet auf mehreren Ebenen statt**
  Vor allem reden Menschen oft nicht direkt, sondern verkleiden ihre kommunikativen Absichten. Das erschwert das Verstehen für den Empfänger besonders. Mit dem Satz „Du interessierst dich ja nur noch für Fußball und nicht mehr für mich!" kann das Ziel einer sachlichen Auseinandersetzung verfolgt werden. Für und Wider der inhaltlichen **DARSTELLUNG** werden dann abgewogen. Vielleicht will der Sender aber eine Befindlichkeit zum **AUSDRUCK** bringen, z. B. Traurigkeit über die verlorenen gemeinsamen Stunden. Oder es handelt sich um eine Aufforderung, einen **APPELL**: „Mann, ändere endlich etwas!"

Der Empfänger muss also herausfinden, welches kommunikative Ziel verfolgt wird, auf welcher Ebene der Äußerung das Gewicht liegt. Nur so kann er „richtig" reagieren und die Ausweitung eines Konflikts vermeiden.

Sender
Gesagtes

Kommunikation

Beispiel: *Lisa zu Edgar: „Du interessierst dich ja nur noch für Fußball und nicht mehr für mich."*

Empfänger
Gemeintes?

Ziel/Absicht der Kommunikation	**Ebenen**	**Beispiel:** *Was will Lisa erreichen?*
– sich sachlich auseinandersetzen	**Darstellung**	– *Will sie das Problem sachlich diskutieren?*
– eine Stimmung, Befindlichkeit ausdrücken	**Ausdruck**	– *Soll er bemerken, dass sie traurig ist?*
– eine Aufforderung, Anordnung befolgen	**Appell**	– *Soll er das nächste Spiel absagen?*

Eine sprachliche Äußerung lässt sich anhand unterschiedlicher Modelle entschlüsseln (➪ Kapitel 7, S. 82, 83).

Über Gespräche reflektieren

Rahmenbedingungen für Gespräche festlegen

Wenn man in eine neue Gruppe kommt, dann bestehen am Anfang oft Unsicherheiten und Ängste. Unklar ist, wie man aufeinander wirken und reagieren wird, ob man sich wohl fühlen und sich wechselseitig vertrauen wird, sodass in kurzer Zeit eine unbeschwerte, offene Atmosphäre entstehen kann.

1 ***Sammeln Sie Ihre Wünsche, wie Sie in der neuen Klasse miteinander umgehen wollen.***

a) Finden Sie sich in Kleingruppen zusammen und besprechen Sie Ihre Vorstellungen.

b) Stellen Sie Ihre Ergebnisse der Klasse vor.

c) Einigen Sie sich im Klassenplenum auf die wichtigsten Regeln.

2 ***Fertigen Sie ein Plakat zu den wichtigsten Regeln für Ihr Klassenzimmer an.***

Situation

Sie wurden in Ihrer neuen Klasse an der Berufsschule zum Klassensprecher gewählt. Ihnen ist aufgefallen, dass es am Tisch hinten rechts immer wieder Ärger gibt, weil sich die Mitschüler dort nicht an die gemeinsam vereinbarten Regeln halten. Sie fühlen sich als Klassensprecher verantwortlich für das Klima in Ihrer Klasse und planen eine Aussprache.

3 ***Diskutieren Sie mit Ihrem Partner, wie Sie die Aussprache gestalten wollen, damit sie gelingt.***

- An welchem Ort und zu welcher Zeit wollen Sie zusammenkommen?
- Wer sollte alles anwesend sein?
- Wie wollen Sie ins Gespräch einleiten?
- Welche Punkte sollten angesprochen werden und in welcher Reihenfolge?

4 ***Ergänzen Sie Ihr Plakat aus Aufgabe 2 um den Punkt „Regeln für ein Klärungsgespräch".***

Sprachvarietäten unterscheiden

Situation

Der Mathematiklehrer Arno Früh (57 J.) betritt das Klassenzimmer: „Hey, was geht ab, alles klar bei euch? Am Wochenende voll fett weg gewesen? Was geht heut, Mann? Holt mal euren Scheiß raus, jetzt machen wir voll krass konkreten Matheunterricht. Boah, ey, ihr habt echt voll abgelost, ich schwör´s, Mann ... die Arbeit, boah. Ich muss euch noch krass viel Zeugs in die Birne beamen, damit ihr das packt, hey. Ihr sollt die Kiste beiseitelassen und Mathe pauken, ihr Loser peilt das nicht, wa? Wenn's nicht bald abgeht mit euch, dann versagt ihr so was von absolut in der Prüfung, da ist Rechnen nämlich voll krass angesagt."

1 *Wie wirkt es auf Sie, wenn Ihr Lehrer die Unterrichtsstunde in dieser Form beginnt?*

2 *Schreiben Sie den Text so um, dass er Ihnen bezogen auf das Verhältnis Lehrer-Schüler angemessen erscheint. Verbessern Sie Ihre Texte wechselseitig.*

3 *Diskutieren Sie die folgenden Fragen:*
- Warum verwenden Jugendliche eine eigene Sprache?
- Wann verwenden Sie Jugendsprache, wann verzichten Sie darauf und was sind die Gründe dafür?
- Jugendsprache dringt auch in die Umgangssprache ein. Nennen Sie Gründe.

4 *Vergleichen Sie unterschiedliche Sprachvarietäten.*
- Finden Sie sich in einer 4er-Gruppe zusammen.
- Schüler 1 erzählt seinem Freund (Schüler 2) seine Erlebnisse vom Vortag.
- Schüler 2 nimmt die Inhalte auf und erzählt sie Schüler 3, der die Rolle des Chefs einnimmt.
- Schüler 3 gibt die Erzählung an Schüler 4 weiter, der die Rolle eines Kunden spielt.

5 *Reflektieren Sie kritisch den Sprachgebrauch in Ihrer Gruppe: Was war passend, was nicht? Notieren Sie die Unterschiede bei wechselnden Adressaten.*

Basiswissen – Sprachvarietäten unterscheiden

Menschen kommunizieren auf verschiedene Weise miteinander. Ein Gespräch verläuft besser, wenn die Gesprächspartner die gleiche Sprache nutzen.

Standardsprache: Darunter fasst man die Hochsprache und die Schriftsprache. Es ist die allgemein verbindliche Form der Sprache, wie sie in der Öffentlichkeit und in den Medien gebräuchlich ist, auch in der Schule wird sie unterrichtet.

Umgangssprache: Bei ihr handelt es sich um den alltäglichen mündlichen Sprachgebrauch. Sie orientiert sich zwar an der Standardsprache, hält aber die Regeln nicht streng ein. Typisch für die Umgangssprache sind kurze, einfache und unvollständige Sätze.

Dialekt (Mundart): Hier handelt es sich um regionale Unterschiede in der Sprache, dazu zählt z. B. Bayrisch.

Jugendsprache: Darunter versteht man die besondere Ausdrucksweise junger Leute, die zeitlichen Schwankungen unterworfen ist und die sich auch Kraftausdrücken und Schimpfwörtern bedient.

Fachsprache: Sie ist oft nur Fachleuten aus bestimmten Berufsgruppen verständlich (z. B. Ärzten, Juristen, Mechatronikern) und enthält viele Fach- und Fremdwörter.

Ich-Botschaften

1 *Beantworten Sie die folgenden Fragen:*

a) Welche Gefühle haben Sie, wenn Ihre Freundin/Ihr Freund so zu Ihnen spricht?

b) Wie reagieren Sie darauf? Überlegen Sie sich eine Antwort.

c) Was möchte Ihre Freundin/Ihr Freund Ihnen eigentlich mitteilen? Welche Gefühle hat sie/er?

2 *Formulieren Sie den Text in Ich-Botschaften um. Benutzen Sie z. B. Formulierungen wie:*
Ich fühle mich ... / Ich wünschte mir, du würdest ... / Ich habe Bedenken, weil ... / Ich bin stocksauer auf dich, weil ... / Ich erlebe dich mir gegenüber ... / Ich mache mir Sorgen um dich, wenn ...

3 *Vergleichen Sie die Wirkung Ihres Textes mit dem Ausgangstext in der Sprechblase und formulieren Sie erneut eine Reaktion. Vergleichen Sie auch diese. Was fällt Ihnen auf?*

4 *Formulieren Sie für die beiden folgenden Situationen eine geeignete Form der Kritik. Vermeiden Sie verletzende und destruktive Äußerungen ebenso wie Du-Botschaften.*

Situation 1

Ein Kollege sagt zum anderen: „Mit dir kann man wirklich nicht zusammenarbeiten. Du bist immer so langsam und auch die Qualität deiner Arbeiten ist unterirdisch. Ich muss dich immer kontrollieren und dann nacharbeiten, da fragt man sich ja, wofür du eigentlich bezahlt wirst. Vielleicht sollte ich mal zum Chef gehen und ein Wörtchen über dich verlieren.“

Situation 2

Der Chef stürzt morgens in das Büro seiner Assistentin: „Es ist kein Briefpapier vorhanden, das Protokoll der letzten Sitzung liegt noch immer nicht vor und haben Sie schon das Meeting der Abteilungsleiter organisiert? Fühlen Sie sich Ihrem Beruf überhaupt gewachsen?“

Basiswissen – Du- und Ich-Botschaften

Ob man in einem Streit „Ich“ oder „Du“ sagt, ist ein großer Unterschied, vor allem die Wirkung auf den Adressaten verändert sich dadurch maßgeblich.

Wirkung von Du-Botschaften

Sie sind eine Anklage.

Sie setzen den anderen herab.

Sie werden als Angriff empfunden.

Sie erzeugen Abwehr.

Wirkung von Ich-Botschaften

Ich sage etwas über mich aus.

Ich stelle mich nicht über den anderen.

Ich achte den anderen als Person.

Ich begründe meine Aussage.

Feedback

Ihre Muskeln stärken Sie durch regelmäßiges Training. Auch Ihre sprachlichen Fähigkeiten können Sie stetig verbessern, indem Sie jede Gelegenheit zum Üben nutzen. Beim körperlichen Training sagt Ihnen ein Trainer, worauf Sie noch mehr achten sollten und was schon gut klappt. Bitten Sie in der Schule Ihre Mitschüler diese Rolle zu übernehmen und Ihnen für das Präsentieren und den Umgang mit Sprache eine Rückmeldung (= Feedback) zu Ihrem Referat, Ihrer Plakatvorstellung usw. zu geben.

Arbeitstechnik Feedback geben

1. Sprechen Sie den Feedback-Empfänger direkt an und schauen Sie ihn an.
2. Sprechen Sie in Ich-Botschaften.
3. Beginnen Sie mit der Nennung von Positivem (Lob).
4. Beschreiben Sie dann möglichst genau die weniger gelungenen Teile.
5. Machen Sie zu Ihren Kritikpunkten konkrete Verbesserungsvorschläge.
6. Stellen Sie durch Nachfrage sicher, dass Ihr Feedback verstanden wurde.

Muster

Feedback 1:
War ganz okay, was sie gesagt hat. Aber sie steht voll komisch da!

Feedback 2:
Anja, ich konnte deinem Vortrag gut folgen, weil ich deine Beispiele so treffend fand. Außerdem empfinde ich dein Sprechen als angenehm laut und langsam. Zu deiner sicheren Sprache passt für mich deine Körperhaltung nicht ganz. Ich habe beobachtet, dass du deine Arme ständig hinter deinem Rücken verschränkt hältst. Versuche doch, sie locker neben deinem Körper hängen zu lassen. Dann ist mir aufgefallen, dass du mit dem Fuß immer auf den Boden tippst. Das wirkt auf mich nervös. Vielleicht reicht es dir, wenn du ab und zu dein Gewicht verlagerst. Kannst du mit meinem Feedback etwas anfangen?

1 ***Untersuchen Sie die beiden Feedbacks. Was erfährt Anja jeweils? Welche Feedback-Regeln werden in den Beispielen beachtet?***

2 ***Trainieren Sie die Technik des Feedbacks in den nächsten Wochen bei jeder sich bietenden Gelegenheit in allen schulischen und betrieblichen Situationen, z. B. im Fachunterricht etc.***

Arbeitstechnik Feedback nehmen

1. Hören Sie in aller Ruhe zu und schweigen Sie.
2. Fragen Sie nach, falls Sie etwas nicht richtig verstanden haben.
3. Rechtfertigen Sie sich für nichts und begründen Sie auch nichts.
4. Danken Sie Ihrem Feedback-Geber für die offenen Worte.
5. Sie entscheiden am Ende selbst, ob Sie einen Vorschlag annehmen und umsetzen möchten oder nicht.

Richtig zuhören

Situation

Sie verbringen Ihren Urlaub mit Ihrem Partner im Süden und sitzen entspannt beim gemeinsamen Frühstück. Die ruhige Atmosphäre nutzen Sie, um einen möglichen Ortswechsel zu besprechen, der nach Ihrer Ausbildung notwendig werden könnte.

Sie: Du? ...
Partner: (liest im Reiseführer) Mhmm?
Sie: Du, hast du mal kurz Zeit? Ich muss was mit dir besprechen.
Partner: (liest weiter im Reiseführer) Was ist denn schon wieder?
Sie: Du, wenn's dir jetzt nicht passt, dann ...
Partner: (schaut kurz hoch) Ich hör' doch zu (liest weiter im Reiseführer).
Sie: Du, langsam vergeht mir die Lust ...
Partner: Also, ich weiß nicht, was du eigentlich von mir willst ...

1 ***Spielen Sie die obige Situation als Rollenspiel.***

a) Welche Gefühle haben Sie?
b) Tragen Sie zusammen, was an dieser Kommunikation alles missglückt ist.
c) Sammeln Sie Verbesserungsvorschläge.

2 ***Spielen Sie nun noch einmal den obigen Dialog. Beachten Sie jedoch dieses Mal die Arbeitstechnik zum aktiven Zuhören und nutzen Sie Ihre Verbesserungsvorschläge aus Aufgabe 1.***

a) Welche Gefühle haben Sie jetzt?
b) Beschreiben Sie, wie die Kommunikation insgesamt verlaufen ist.

3 ***Üben Sie aktives Zuhören im Rollenspiel, indem Sie einem Partner ein besonders erfreuliches oder ärgerliches Erlebnis schildern. Ihr Partner hört Ihnen zu und beachtet dabei die unten stehenden Regeln. Die anderen Gruppenmitglieder sind Beobachter.***

4 ***Deuten Sie den Ausspruch des Schriftstellers William Somerset Maugham (1874–1965), der sagte: „Die Natur ist wirklich weise: Der Mensch hat zwei Ohren und nur eine Zunge. Er sollte eben doppelt so viel hören wie reden."***

Arbeitstechnik — Aktives Zuhören

Unter „aktivem Zuhören" versteht man eine Gesprächstechnik, die in Konfliktgesprächen ebenso eingesetzt werden sollte wie in anderen Gesprächen. Aktives Zuhören drückt die Wertschätzung gegenüber dem anderen aus. Ihr Gesprächspartner fühlt sich verstanden und akzeptiert, wenn Sie „ganz Ohr" sind.

- Halten Sie Blickkontakt mit Ihrem Gesprächspartner.
- Wenden Sie sich auch in der Körperhaltung Ihrem Gesprächspartner zu. Achten Sie auf offene Gesten.
- Verzichten Sie auf Tätigkeiten nebenbei (Malen, Essen, Aufräumen, Lesen) und vermeiden Sie andere Ablenkungen (Handy, Fernseher).
- Mit Bestätigungen (z. B. Nicken) ermuntern Sie Ihren Gesprächspartner zum Weitersprechen.
- Fassen Sie mit eigenen Worten zusammen, wie der andere sich vermutlich fühlt.
- Fragen Sie nach, ob Sie ihn richtig verstanden haben und ob er sich von Ihnen richtig verstanden fühlt.

Souverän telefonieren

Telefongespräche entgegennehmen

Situation

Max nimmt folgenden Anruf in seinem Betrieb entgegen.

Max: Firma Manno, hallo!

Herr Kazekoluwski: Kundendienst Kazekoluwski, guten Tag. Spreche ich mit Frau Jäger?

M.: Nein, hier ist Max Maulfaul.

K.: Kann ich bitte mit Frau Jäger sprechen?

M.: Nein, ich weiß nicht, wo sie ist.

K.: Dann sagen Sie ihr bitte, ich komme nächsten Dienstag um 14:30 Uhr und repariere den Apparat vor Ort. Frau Jäger soll den Anschluss cx37/25sny bereitlegen, damit ich den gleich mit überprüfen kann. Falls Frau Jäger noch Fragen hat, kann sie mich ja anrufen.

M.: Ja, ist gut.

K.: Auf Wiederhören, Herr Maulfaul.

M.: Tschüß, äh ...

1 *Spielen Sie das Telefonat nach. Achten Sie dabei auf Betonung und Lautstärke.*

2 *Schreiben Sie das Telefongespräch um.*

a) Überlegen Sie, was Max hätte besser machen können. Achten Sie darauf, dass er alle Fragen der Chefin beantworten kann.

b) Führen Sie Ihr Ergebnis im Rollenspiel vor.

3 *Entwickeln Sie – möglichst am Computer – ein Telefonnotizformular, das Ihnen hilft, Gesprächsinhalte während des Telefonats strukturiert festzuhalten. Testen Sie Ihr Formular und halten Sie die wichtigsten Informationen aus dem obigen Gespräch fest.*

4 *Entwerfen Sie passende und unpassende Ansagetexte für private und berufliche Anrufbeantworter.*

5 *Sprechen Sie das Anliegen von Herrn Kazekoluwski aus dem Dialog oben möglichst fließend auf einen Anrufbeantworter. Achten Sie darauf, dass alle wichtigen Informationen genannt werden.*

Telefongespräche führen

Situation

Sie möchten eine neue Wohnung mieten und kümmern sich gleichzeitig um ein gebrauchtes Sofa, das Sie gerne im Wohnzimmer hätten. Zwei Anzeigen haben Sie aus der Zeitung herausgesucht:

Wunderschöne, günstige Wohnung in München
Größe: 28 m², 3 Zimmer, Miete: 400 Euro + Nebenkosten, zentral gelegen, mit eigenem Bad; Tel.: 089-33445533

Nwtg. 3er-Sitzer-Sofa, Stoffbezug, ggf. Selbstabholung, Raum Ulm, Preis: 100,00 EUR; Handy: 0177-334455

1 ***Bereiten Sie die beiden Telefongespräche vor.***

a) Notieren Sie, welche sachlichen Informationen für Sie wichtig sind. Fertigen Sie dazu einen Stichwortzettel mit Fragen an. Achten Sie auf eine sinnvolle Reihenfolge.

b) Was wollen Sie mit Ihrem Gesprächspartner vereinbaren?

c) Planen Sie auch die Begrüßung und Verabschiedung.

2 ***Führen Sie die Telefongespräche im Rollenspiel durch.***

a) Machen Sie während des Gesprächs eine Gesprächsnotiz.

b) Stellen Sie abschließend die Informationen aus den beiden Gesprächen übersichtlich zusammen.

3 ***Nicht immer ist Ihr Gesprächspartner persönlich erreichbar. Überlegen Sie sich daher auch vorab, welchen Text Sie auf einen Anrufbeantworter sprechen würden.***

4 ***Stellen Sie Regeln für einen Telefon-Knigge auf.***

a) Welche Höflichkeitsregeln sollten bei Telefongesprächen unbedingt beachtet werden? Sammeln Sie einige.

b) Gestalten Sie ein Plakat.

5 ***Schreiben Sie selbst ein Telefongespräch, in dem der Kunde extrem unhöflich ist. Spielen Sie das Telefonat vor.***

- Bauen Sie folgende Punkte in Ihr Telefongespräch ein: Der Kunde nennt keinen Namen; er will den Chef sprechen, der nicht anwesend ist; er reagiert ungehalten und ablehnend auf Ihre Vorschläge und Angebote.
- Sie bleiben höflich und versuchen, alle wesentlichen Informationen zu ermitteln.

Arbeitstechnik **Telefonieren**

1. freundliche Begrüßung, z. B.: „Guten Tag."
2. Vor- und Nachnamen deutlich nennen, z. B.: „Mein Name ist Franziska Mai."
3. Grund des Anrufes nennen, z. B.: „Ich interessiere mich für die Wohnung, die Sie heute im *Münchner Wochenanzeiger* inseriert haben."
4. Fragen stellen, z. B.: „Wann ist es möglich, die Wohnung anzuschauen?"
5. Dank aussprechen (auch bei einer Absage!), z. B.: „Vielen Dank, dass Sie sich Zeit genommen haben."
6. Verabschiedung, z. B.: „Auf Wiederhören, Frau Müller!"

Den ersten Kontakt erfolgreich meistern

Telefonieren

1 ***Buchstabieren Sie sich gegenseitig Ihre Nachnamen mit Hilfe der Buchstabiertafel und schreiben Sie mit.***

a) Notieren Sie die Buchstaben Ihres Nachnamens senkrecht untereinander auf einem Blatt.

b) Schreiben Sie dann die passenden Wörter aus der Buchstabiertafel daneben.

c) Buchstabieren Sie Ihren Namen Ihrem Partner oder Ihrer Partnerin und lassen Sie sich einen Namen diktieren. Schreiben Sie mit.

Buchstabiertafel

Anton	**G**ustav	**N**ordpol	**T**heodor
Berta	**H**einrich	**O**tto	**U**lrich
Charlotte	**I**da	**P**aula	**V**iktor
Cäsar	**J**akob	**Q**uelle	**W**ilhelm
Dora	**K**onrad	**R**ichard	**X**anthippe
Emil	**L**udwig	**S**iegfried	**Y**psilon
Friedrich	**M**artha	**S**chule	**Z**eppelin

Situation

Die Auszubildende Sonja ist in der zentralen Verwaltungsabteilung eines Möbelhauses tätig. Sie nimmt drei Telefongespräche entgegen.

Telefonanruf 1	Telefonanruf 2	Telefonanruf 3
Ein Kunde beschwert sich über den Kundendienst, der seine Schrankwand montiert hat. Sie wackelt und zwei Türen schließen nicht richtig. Er besteht darauf, dass morgen noch einmal jemand vorbeikommt.	Ein Außendienstmitarbeiter hatte einen Unfall. Sein Auto ist morgen nicht einsatzfähig. Die Tourenplanung muss die Auslieferung der Küche für die Schulkantine in X-Stadt auf einen Ersatztermin verlegen und den Kunden anrufen.	Eine Frau interessiert sich für den Aushilfsjob als Telefonistin, den das Möbelhaus in der Tageszeitung annonciert hatte. Sie will Genaueres über Arbeitszeiten und Bezahlung wissen und ruft nachmittags noch einmal an.

2 ***Schreiben Sie zu den Telefonanrufen eine Telefonnotiz. Welche Angaben fehlen noch? Ergänzen Sie diese in einer anderen Farbe.***

3 ***Bilden Sie 3er-Gruppen und üben Sie im Rollenspiel.***

- Person 1: Denken Sie sich weitere Anrufe aus. Greifen Sie dabei auf Situationen zurück, die Sie in Ihrem Ausbildungsbetrieb gemacht haben.
- Person 2: Sie empfangen den Anruf und notieren alle wichtigen Informationen. Die Telefonnotiz geben Sie weiter an Person 3.
- Person 3: Sie erhalten die Telefonnotiz. Geben Sie den Inhalt mündlich wieder und fragen Sie bei Person 1 nach, ob alle wichtigen Informationen angekommen sind.

Gespräche beginnen und beenden

1 ***Geben Sie zehn Mitschülern zur Begrüßung die Hand.***

a) Achten Sie dabei auf die Art und Weise des Händedrucks und auf die Körperhaltung. Welche Unterschiede stellen Sie fest?

b) Diskutieren Sie in der Klasse über Ihre Beobachtungen.

2 ***Welche Worte zur Begrüßung kennen Sie? Notieren Sie sich verschiedene Formulierungen, die mindestens aus zwei Sätzen bestehen.***

3 ***Welche Worte zur Verabschiedung kennen Sie? Notieren Sie sich auch hierzu mehrere Möglichkeiten in vollständigen Sätzen.***

Situation

Sie kommen an Ihrem ersten Ausbildungstag zur Tür herein und begrüßen Ihre beiden neuen Kollegen. Bei dieser Gelegenheit stellen Sie sich auch mit einigen Sätzen vor. Nach einem kurzen Gespräch über Ihre neue Tätigkeit und die Aufgaben der Kollegen verabschieden Sie sich wieder von jedem persönlich.

4 ***Üben Sie im Rollenspiel diese Situation. Tauschen Sie auch die Rollen.***

5 ***Was fiel Ihnen beim Rollenspiel auf? Geben Sie sich gegenseitig ein Feedback. Formulieren Sie dieses Feedback auf drei verschiedene Arten:***

a) Schauen Sie durch die rosarote Brille und äußern Sie nur Positives.

b) Sehen Sie schwarz und beschreiben Sie nur die Fehler.

c) Geben Sie ein ausgewogenes Urteil ab, indem Sie sowohl positive als auch negative Verhaltensweisen nennen.

6 ***Notieren Sie sich in einigen Sätzen, was Sie persönlich in Zukunft beim Begrüßen, Vorstellen und Verabschieden beachten wollen.***

7 ***Beobachten Sie Menschen in Ihrer Umgebung und in den Medien.***

a) Was führt Sie zu der Aussage, dass jemand „sympathisch" oder „nett" ist?

b) Schreiben Sie Ihre Beobachtungen auf. Unterteilen Sie in nonverbale und verbale Kennzeichen.

c) Werten Sie die einzelnen Beobachtungen aus. Wie wirken einzelne Gesten etc. auf Sie?

8 ***Gestalten Sie ein Lernplakat zum Thema „Gespräche führen".***

Basiswissen — Lernplakate gestalten

Inhalte oder Ergebnisse einzelner Arbeitsphasen werden auf einem Lernplakat strukturiert angeordnet und in knapper Form wiedergegeben. Wichtiges sollte groß und gut lesbar auf dem Plakat erscheinen. Auch kann der Blick durch unterschiedliche Schriften, Farben und Markierungen gelenkt werden. Nicht fehlen sollten eine aussagekräftige Überschrift und einige Zwischenüberschriften zur Orientierung. Zur Auflockerung und als sogenannte Eyecatcher können auch Zeichnungen und Bilder verwendet werden.

Eine Besprechung vorbereiten

Rahmenbedingungen gestalten

Situation

Sie begegnen im Flur Ihrem aufgeregten Chef. „Gut, dass ich Sie treffe. Meine Sekretärin hat sich gerade krankgemeldet, in 90 Minuten soll hier das Meeting beginnen – und nichts ist bisher vorbereitet! Ausgerechnet heute findet die Besprechung mit den Fachleuten der Berufsgenossenschaft bei uns im Hause statt! Können Sie im Raum 038 alles für 12 Personen vorbereiten?"

1 ***Durchdenken Sie Ihre Aufgabe.***

a) Führen Sie zunächst einzeln ein Brainstorming durch.

b) Vergleichen Sie dann in Arbeitsgruppen Ihre Ergebnisse und ergänzen Sie diese, wenn nötig.

c) Eine Arbeitsgruppe präsentiert ihr Ergebnis an der Tafel, die anderen Gruppen ergänzen mit ihren zusätzlichen Ideen.

d) Fertigen Sie nun eine Checkliste „Besprechungen vorbereiten" an. Nutzen Sie die Ergebnisse an der Tafel und die Arbeitstechnik unten. Überlegen Sie sich eine sinnvolle Reihenfolge für Ihr Vorgehen.

2 ***Überarbeiten und ergänzen Sie Ihre Checkliste mit Hilfe der folgenden Punkte und der nebenstehenden Liste.***

- Wie finden die Gäste den Raum?
- Wie stellen Sie sicher, dass sich alle mit Namen anreden können?
- Haben Sie an die nassen Mäntel der Gäste gedacht?
- Wie könnten Sie möglichen technischen Pannen vorbeugen?

Thema:				
Datum:				
Ort:				
		Wer?	**Wann?**	**Erledigt**
1.	Programm erstellen			
2.	Verteilung der Themen			
3.	Teilnehmerliste/Gästeliste erstellen			
4.	Einladungen schreiben			
5.	Einladungen verschicken			
6.	Liste über Zusagen erstellen			
7.	Aushang intern			
8.	Presse informieren			
9.	Ort reservieren			
10.	Welche Bestuhlung?			
11.	Sitzplatzordnung erforderlich?			
12.	Bestellungen/Besorgungen Getränke			
13.	Bestellungen/Besorgungen Essen			
14.	Aufräumen			

Arbeitstechnik — Checklisten erstellen

Manche Arbeitsabläufe wiederholen sich regelmäßig. Um eine gleichbleibende Qualität zu gewährleisten – und auch um das Gedächtnis zu entlasten – können zum jeweiligen Anlass Checklisten erstellt werden.

- Arbeitsschritte sammeln und in eine sinnvolle Reihenfolge bringen,
- Arbeitsschritte auflisten (vgl. Liste auf dieser Seite),
- Spalten zum Abhaken vorsehen, evtl. auch Spalten für „Wer?" und „Wann?" einplanen,
- nach dem ersten Durchlauf die Checkliste überarbeiten und evtl. ergänzen;

Den Ablauf einer Besprechung planen

Damit eine Besprechung gelingen kann und nicht nur ergebnislos durcheinandergeredet wird, muss sie sorgfältig vorbereitet werden. Der Erfolg einer Besprechung hängt davon ab, ob der Besprechungsleiter bereits bei der Planung die wesentlichen Punkte bedacht hat.

Situation

Sie und die anderen Auszubildenden Ihres Betriebes wollen in diesem Jahr die Weihnachtsfeier gestalten. Als Sprecher der Azubis sind Sie verantwortlich für die Planung und Leitung der ersten Vorbesprechung mit allen 15 Auszubildenden Ihres Betriebes.

1 ***Planen Sie den Ablauf dieser Sitzung detailliert durch.***

a) Mit welchen Mitteln schaffen Sie eine positive Arbeitsatmosphäre?

b) Formulieren Sie einen Text zur Begrüßung der Teilnehmer.

c) Mit welchen Sätzen wollen Sie die Teilnehmer zum Thema der Besprechung hinführen? Überlegen und notieren Sie.

d) Wie können Sie möglichst alle Teilnehmer einbinden? Wählen Sie eine Methode, mit der Sie sicherstellen, dass alle Teilnehmer ihre Ideen äußern.

e) Bereiten Sie zum Festhalten Ihrer Ergebnisse einen Maßnahmenplan vor. Denken Sie dabei auch an Zuständigkeiten und Termine.

f) Überlegen Sie, mit welchen Worten Sie die Besprechung zur Planung der Weihnachtsfeier abschließen möchten.

Maßnahmenplan
Weihnachtsfeier

Thema	Was?	Wer?	Wann?
Dekoration	- Einkaufen - ...	- Tina	- bis Ende Nov.
	...	...	...

2 ***Setzen Sie Ihre Checkliste „Besprechungen vorbereiten“ (➪ S. 26) zur Planung ein, um die Rahmenbedingungen für die Durchführung zu organisieren. Muss die Checkliste für feierliche Anlässe wie diesen angepasst werden?***

3 ***Versetzen Sie sich in die Rolle der Besprechungsleitung und erproben Sie die Einführung und das Ende der Besprechung in einer kleinen Gruppe.***

Basiswissen — Den Ablauf einer Besprechung planen

Phase	Ziel	Methode
1. Einsteigen	Arbeitsatmosphäre schaffen, zum Thema hinführen, Orientierung geben	z. B. Punktabfrage, Info-Flipchart
2. Sammeln	Ideen aller Teilnehmer erfassen	z. B. Kartenabfrage
3. Auswählen	Festlegen, an welchen Ideen vorrangig gearbeitet werden soll	z. B. Punktabfrage, Abstimmung
4. Planen	Entscheiden, was konkret getan werden soll	z. B. Maßnahmenplan
5. Abschließen	Positiven Abschluss finden	Schlussworte, z. B. Blitzlicht (→ S. 28)

Den Ablauf einer Besprechung planen

Arbeitstechnik — Blitzlicht

Die Methode „Blitzlicht" wird verwendet, um schnell einen Überblick über die Meinungen der Teilnehmer oder um eine kurze Rückmeldung zu bekommen.

Jeder Schüler äußert sich reihum kurz in ein bis zwei Sätzen zu der gestellten Frage. Dabei sollten die Teilnehmerinnen und Teilnehmer darauf achten, dass sie Ich-Botschaften formulieren. Die Zuhörer dürfen nur Verständnisfragen stellen. Bis das Ende der Runde erreicht ist, wird keine Äußerung kommentiert oder diskutiert, dieser Schritt kann ggf. danach erfolgen.

4 ***Bereiten Sie die nächste Besprechung in Ihrem Umfeld professionell vor. Es kann sich um die Organisation einer Abschlussfahrt, einer Klassen- oder Abschlussfeier, aber auch um die Bewältigung des Müllproblems an der Schule o. Ä. handeln.***

Fazit

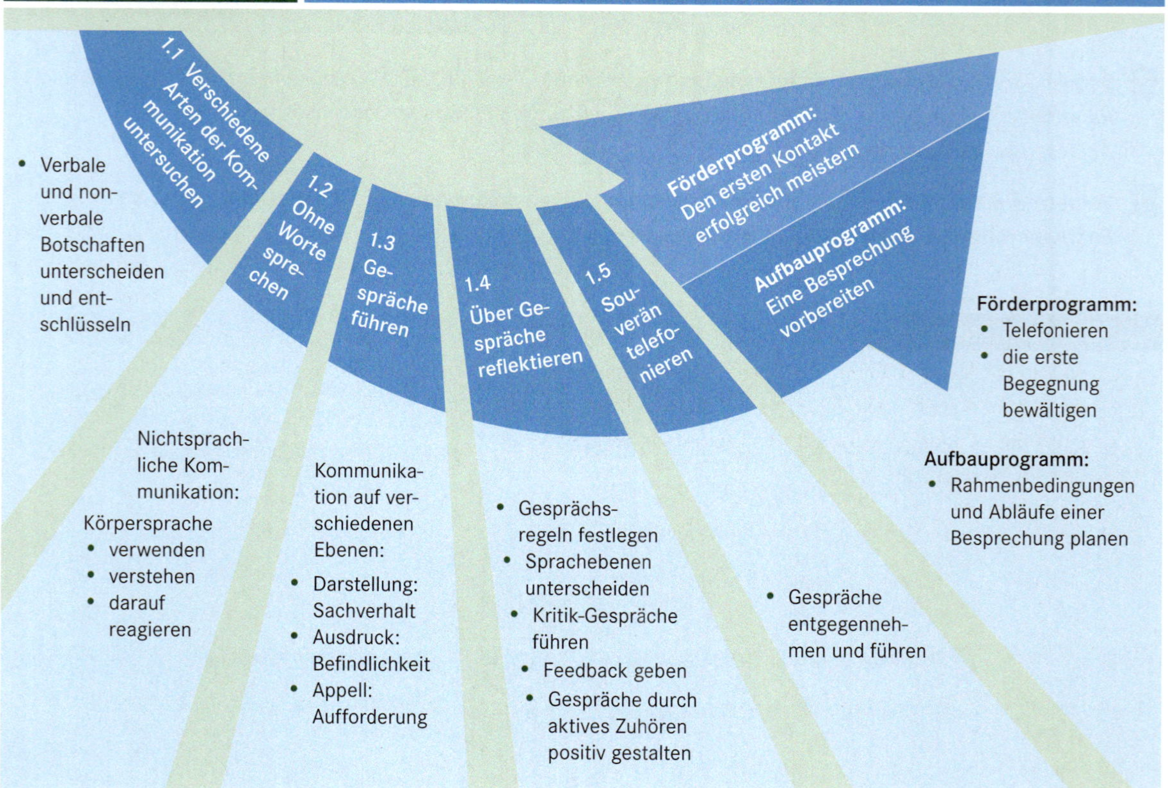

Kapitel 2

Schreiben in Beruf und Alltag

- 2.1 Einen Schreibplan entwickeln
- 2.2 E-Mails schreiben
- 2.3 Einen Geschäftsbrief ohne Vordruck verfassen
- **Förderprogramm:** Notizen zu Texten machen
- **Aufbauprogramm:** Gesprächsergebnisse festhalten – ein Protokoll erstellen

Auch im 21. Jahrhundert, dem Zeitalter der Informations- und Kommunikationsgesellschaft, gehört das Schreiben nach wie vor zur Grundvoraussetzung des zwischenmenschlichen Austauschs, im Beruf genauso wie im Alltag. Wollen Sie Missverständnisse vermeiden oder verfolgen Sie eine bestimmte Absicht beim Empfänger, so verlangt das Schreiben Sorgfalt und Verbindlichkeit.

In diesem Kapitel lernen Sie die 5-Schritt-Schreibplantechnik als Grundlage für alle noch folgenden Schreibanlässe in diesem Buch kennen. Daran schließen sich verschiedene Formen des schriftlichen Ausdrucks an, wie sie uns häufig im Arbeits- und Privatleben begegnen.

Womit ich schon Erfahrung habe

- ✔ Vor dem Verfassen jeden Textes muss ich mir darüber im Klaren sein, was ich mitteilen und erreichen will.
- ✔ Wenn ich einen Brief schreibe, dann muss er auf den Adressaten zugeschnitten sein.
- ✔ Beim Mitschreiben in der Schule oder bei Besprechungen ist es oft schwierig, überhaupt mitzukommen.

Einen Schreibplan entwickeln

Situation

Andrea und Stefan sind Auszubildende in einem mittelständischen Unternehmen, das von Beginn an sehr viel Wert auf eine selbstständige Arbeitsweise legt. In ihrem ersten Ausbildungsjahr sind beide in einer Filiale der Firma eingesetzt.

Ein Mitarbeiter geht auf die beiden mit der Bitte zu, Werbeartikel der Firma vom Stammhaus anzufordern; diese sollen spätestens in drei Tagen in der Filiale sein. Er macht Andrea und Stefan aber gleich darauf aufmerksam, dass ein einfacher Anruf nicht genügt. Vorgänge dieser Art erfordern in dieser Firma stets eine nachvollziehbare Dokumentation. Andrea und Stefan sind etwas unsicher, was zu tun ist, und unterhalten sich über ihren Auftrag. Im Laufe ihres Gesprächs stellen sie sich eine Reihe von Fragen.

1 ***Denken Sie den Arbeitsauftrag sorgfältig durch.***
- Welche Aufgabe haben Andrea und Stefan?
- Welche Möglichkeiten der schriftlichen Äußerung haben sie?
- Welche sollten sie wählen und weshalb?
- Warum genügt ein Anruf nicht?

2 ***Notieren Sie die Informationen und Materialien, die die Auszubildenden benötigen.***

3 ***Erstellen Sie eine (Grob-)Gliederung für Ihr Schreiben.***

a) Ordnen Sie die in Aufgabe 2 gesammelten Punkte. Was gehört in das Schreiben und was ist Hintergrundinformation?

b) Erstellen Sie einen Aufbau für den Inhalt des Schreibens.

4 ***Planen Sie Absätze und deren genaue Inhalte (Feingliederung).***

5 ***Stellen Sie Überlegungen zur Sprache und zum Stil Ihres Schreibens an.***

a) Wer ist Adressat? In welcher Beziehung stehen Sie zu ihm?

b) Welche Anredeform wählen Sie? Klären Sie die Schreibweise der Anredepronomen (➪Kapitel 19, S. 235)!

c) Schreiben werden auch mit „Untertönen" formuliert. Welchen Ton soll Ihres haben? Wählen und begründen Sie: freundlich - drohend - bestimmt - unverbindlich - fordernd - demütig.

d) Mit welchen Formulierungen erreichen Sie Ihr Ziel am besten? Notieren Sie einige.

Arbeitstechnik — Einen Schreibplan entwickeln

Schreibpläne lassen sich für jede Form des schriftlichen Ausdrucks entwickeln. Sie helfen dabei, alles Wichtige zu bedenken, und bilden damit den „roten Faden" für die Schreibphase. Dabei kann man stets in fünf Schritten vorgehen:

Schritt 1: Aufgabenstellung gründlich durchdenken
Schritt 2: Informationen und Material sammeln
Schritt 3: Gliederung erstellen
Schritt 4: Absätze planen
Schritt 5: Sprache und Stil bedenken

E-Mails schreiben

Das Versenden von Texten, Grafiken und Bildern mit elektronischer Post – kurz E-Mail genannt – ist längst zur Selbstverständlichkeit geworden. Darum gibt es mittlerweile auch genormte Schreib- und Gestaltungsregeln für eine geschäftliche E-Mail (nach DIN 5008).

Andrea und Stefan haben beschlossen, die von ihrem Kollegen angeforderten Werbeartikel beim Stammhaus per E-Mail zu bestellen, da allein aus zeitlichen Gründen ein Brief nicht geeignet wäre.

Tipp

Falls Ihnen kein PC zur Verfügung steht, so können Sie die E-Mail auch auf einem Blatt Papier handschriftlich anfertigen.

1 *Ergänzen Sie Ihren Schreibplan von der vorherigen Seite um die noch fehlenden Angaben. Diese können Sie frei, aber plausibel erfinden.*

2 *Schreiben Sie nun eine E-Mail an das Stammhaus. Orientieren Sie sich dabei an folgendem Muster:*

An:	<...>
Cc:	<...>
Bcc:	<...>
Betreff:	<...>
	<Anrede> → Leerzeile <Text> <Text> <bei Absatz: → Leerzeile> <Text> <Text> → ... <Grußformel> → ... i. A. <Vorname Name> → ... <Firmenname> <Straße Hausnummer> <PLZ Ort> → ... Tel.: <...> Fax: <...> E-Mail: <häufig: vorname.nachname@anbieter.de oder com> Internet: <...>

An-Zeile: In dieses Feld muss die Anschrift, d. h. die E-Mail-Adresse des Empfängers, eingetragen werden.

Cc-Zeile: In diese Zeile (cc = carbon copy: Durchschlag) werden die E-Mail-Adressen der Personen eingetragen, die eine Kopie der E-Mail erhalten sollen.

Bcc-Zeile: Diese Zeile (bcc = blind carbon copy: Blindkopie) ist für die E-Mail-Adressen derjenigen Personen vorgesehen, die ohne Wissen des Empfängers eine Kopie der E-Mail erhalten sollen.

Betreffzeile: Diese Zeile enthält eine stichwortartige Inhaltsangabe.

3 *Überarbeiten Sie Ihren E-Mail-Entwurf.*

a) Kontrollieren Sie die Rechtschreibung und Grammatik. Achten Sie dabei besonders auf Ihre Fehlerschwerpunkte (➪Kapitel 19, S. 227). Falls Ihre E-Mail-Software ein Rechtschreibprogramm besitzt, so können Sie auch dieses nutzen. Beachten Sie jedoch, dass ein Programm nicht alle Fehler findet.

b) Senden Sie sich wechselseitig Ihre E-Mails (auch unter Cc) und korrigieren Sie sie auf formale und rechtschreibliche Fehler hin. Überarbeiten Sie dann Ihre eigene Mail mit Hilfe der Anregungen Ihres Partners oder Ihrer Partnerin.

Einen Geschäftsbrief ohne Vordruck verfassen

Man unterscheidet zwischen formlosen, persönlichen Briefen (z. B. Liebesbriefen) und formalen Briefen mit einem gewissen „Rechtscharakter", sogenannten Geschäftsbriefen. Werden Geschäftsbriefe von einer Privatperson verfasst, z. B. an eine Versicherungsgesellschaft oder Behörde, handelt es sich um Schreiben ohne Vordruck, also ohne fest vorgegebenen Informationsblock mit Firmenlogo.

Situation

Stefan kennt als begeisterter Segelflieger vielerlei Werbeartikel rund um das Segelfliegen. Eine Firma hat es ihm mit ihren Produkten besonders angetan und er berichtet dem Vorstand seines Fliegerclubs davon. Dieser bittet ihn daraufhin, sich doch Unterlagen und einige Artikel von der Lieferfirma zu besorgen. Stefan muss nun selbst recherchieren, da er nur die Firmenbezeichnung und den Ort des Lieferanten kennt.

Tipp

Ein Brief ist immer auch eine Art „Visitenkarte" des Verfassers, daher ist es wichtig, die wesentlichen Festlegungen nach DIN 5008 zu beachten.

1 *Sammeln Sie die Möglichkeiten, die es gibt, um eine genaue Anschrift und eventuell auch den Ansprechpartner einer Firma zu ermitteln.*

2 *Entwickeln Sie einen vollständigen Schreibplan in fünf Schritten (➪ S. 30), um mit einem Geschäftsbrief ohne Vordruck Unterlagen für Werbeartikel anzufordern.*

Arbeitstechnik – Geschäftliche Briefe ohne Vordruck schreiben

Beim Verfassen eines öffentlichen oder geschäftlichen Briefes ohne Vordruck sollten Sie die folgenden Hinweise beachten. Je nach Anlass und Empfänger können sich die Punkte I – VIII jedoch unterscheiden.

Schriftgröße: in der Regel zwischen 10 pt (ca. 3,75 mm) und 12 pt; sehr gebräuchlich: 12 pt
Zeilenabstand: in der Regel einzeilig

A, B	Beginn der Schreibzeile:	von oben ca. 2 cm (5. Zeile); von links ca. 2 cm
C	Ende der Schreibzeile bei DIN A4:	von rechts ca. 1 cm
I	Postanschrift des Absenders	im Block, ggf. mit Telefonnummer
	Ort und Datum	Datumsangaben in der Regel: Jahr-Monat-Tag, sofern keine Missverständnisse entstehen auch: Tag.Monat.Jahr
II	Anschriftfeld	beginnend in der 16. Zeile, ohne Leerzeile zwischen „Einschreiben", „Drucksache" und Empfänger, ohne Leerzeile zwischen Straße und Ort
III	Betreff	beginnend in der 24. Zeile als stichpunktartige Wiedergabe des Briefinhalts, bei Antwortschreiben ist der Bezug anzugeben („Ihr Zeichen", „Ihr Schreiben vom")
IV	Anrede	bei namentlich bekannten Empfängern persönlich, ansonsten mit „Sehr geehrte Damen und Herren"
V	Briefinhalt	mit Absätzen (1 Leerzeile) bei neuen Gedanken
VI	Briefgruß	ohne Satzzeichen
VII	Unterschrift	möglichst lesbar, ggf. nach 3 Leerzeilen maschinell wiederholen
VIII	Anlage	mit Angabe der beigelegten Unterlagen (3 Leerzeilen nach der Grußformel)

Muster

A •
•
•
• B

5. Fritz Weller
Donautal 7
I 84439 Reischach
Tel.: 08671 2211

2009-02-05
(oder 05.02.2009) C

•
•
•
•
•
•
•

16. Fit-Climb-Park FCP
Talstr. 17
II 84452 Burghausen
•
•
•
•
•

24. **Entschuldigung für Lehrgang 7/94** III
•
•

IV Sehr geehrter Herr Biller,
•

bei einem kleinen Unfall mit meinem Mountain-Bike habe ich mir gestern leider das rechte Fußgelenk verstaucht. Der Arzt rät mir, das Bein eine Woche lang ruhig zu stellen.
•

V Ich kann daher leider an der Übungseinheit 5 des Lehrgangs 7/9 am kommenden Freitag nicht teilnehmen.
•

Vielleicht sehen Sie eine Möglichkeit, dass ich diese Einheit in einem Parallelkurs zu einem späteren Zeitpunkt nachholen kann; bezahlt habe ich ja bereits vorab für alle zehn Lehrgangsabende. Gerade das Modul „Spezielle Bewegungstherapie“ ist für meine zukünftige Tätigkeit als Übungsleiter von besonderer Bedeutung für mich. Wir können ja in zwei Wochen darüber auch persönlich sprechen.

VI •

Mit freundlichen Grüßen
•
•
VII •

Fritz Weller
•

VIII Anlagen (in Kopie)
Ärztliches Attest
Zahlungsbeleg

Tipp

Falls Sie keinen Computer zur Verfügung haben, so können Sie auch kariertes Papier verwenden. Leerzeilen ersetzen Sie durch Punkte.

3 *Verfassen Sie mit Hilfe Ihres Schreibplans aus Aufgabe 2, der Arbeitstechnik und der obigen Vorlage einen vollständigen Geschäftsbrief ohne Vordruck an einem PC.*

4 *Lassen Sie Ihre Ausarbeitung durch den Nachbarn Korrektur lesen und verbessern Sie. Kontrollieren Sie auch die Großschreibung Ihrer Anredepronomen (**Kapitel 19, S. 235**).*

Notizen zu Texten verfassen

Wenn Sie sich eigene Notizen zu Texten oder auch zu Sachverhalten anfertigen, dann sollten diese möglichst knapp und übersichtlich sein. Dazu ist es nötig, die wesentlichen Informationen zu erkennen und in Stichworten bzw. Stichwortsätzen geordnet wiederzugeben.

Sehr geehrte Damen und Herren,

wie von Ihrem Haus telefonisch am 14.02.20... bestellt, senden wir Ihnen eine Reihe von Werbeartikeln auf dem Postweg zu.
Leider waren die von Ihnen gewünschten 250 Kugelschreiber in Kunststoffausführung nicht mehr in ausreichender Zahl vorrätig. Darum haben wir uns erlaubt, nur 200 Stück in bestellter Ausführung zu senden und die restlichen 50 ohne Aufpreis in Metall dazuzulegen.
Selbstverständlich sind alle mit Ihrem Werbeaufdruck versehen.
Besonders freuen dürfte Sie unsere neue Mengenstaffelung bei den Revers-Stickern.
Da hier mehr als 500 Stück bestellt wurden, bekommen Sie zu Ihren 625 Stickern noch 25 gratis dazu.
Derzeit nicht lieferbar sind dagegen die 75 Mini-Taschenrechner. Ob wir diesen Artikel ganz aus unserem Programm nehmen müssen, lässt sich derzeit nicht sagen.

Mit freundlichen Grüßen

Josef Maier
Werbeartikel Senft GmbH, Nürnberg

1 *Notieren Sie die wesentlichen Daten handschriftlich, z. B. für die Bestellabteilung.*

a) Was ist aus der obigen Mail von Interesse? Schreiben Sie die wesentlichen Daten in Stichworten heraus.
b) Verfassen Sie aus den Stichworten sorgfältige handschriftliche Notizen (Stichwortsätze).
c) Finden Sie eine aussagekräftige Überschrift.
d) Ordnen Sie Ihre Notizen in sinnvoller Reihenfolge. Auch eine einfache Tabelle kann hilfreich sein.
e) Versehen Sie Ihr Notizblatt mit Datum und gut lesbarer Unterschrift.

2 *Überprüfen Sie Ihre Notizen mit Hilfe der folgenden Arbeitstechnik.*

Arbeitstechnik – Das eigene Schreibprodukt überarbeiten

Kontrollieren Sie, ob Ihre Aufzeichnungen eine einheitliche Form aufweisen: Bei Notizen sind dies Stichwortsätze, bei Briefen, Berichten etc. vollständige Sätze. Vermeiden Sie Mischformen.

Prüfen Sie die Groß- und Kleinschreibung. Konzentrieren Sie sich dabei besonders auf die Großschreibung von Substantiven (Hauptwörter, die am Begleiter zu erkennen sind) und die Kleinschreibung der Verben (Tätigkeitswörter) (➪ Kapitel 19, S. 234–237).

Überprüfen Sie die Kommasetzung, indem Sie Haupt- und Nebensätze analysieren und durch ein Komma trennen (➪ Kapitel 19, S. 232, 233, 255).

Gehen Sie abschließend Ihren Text nochmals daraufhin durch, ob er umgangssprachliche Ausdrücke enthält. Finden Sie ggf. andere Formulierungen.

Gesprächsergebnisse festhalten – ein Protokoll erstellen

Wesentliche Inhalte komplexer Gespräche festzuhalten, also zu protokollieren, verlangt hohe Aufmerksamkeit beim Zuhören und rasches stichpunktartiges Mitschreiben. Eine zeitnahe Ausarbeitung sollte folgen, um nichts Wichtiges zu vergessen.

1 *Lesen Sie den Text laut und in verteilten Rollen. Benötigt werden: Sonja Perl, die Chefin, und ihre beiden Mitarbeiter Erkan Gül und Klaus Neu. Die anderen Mitschüler notieren das Wichtigste.*

Die Leiterin der Abteilung Einkauf bittet ihre Mitarbeiter zu einer kurzen Besprechung. Es geht um die Beschaffung neuer Werbeartikel für das Stammhaus und die drei Filialen.

Sonja Perl: Unsere Werbeartikel gehen zu Ende. Da uns die Kundenbindung immer wichtiger wird, sollten wir uns gut überlegen, was wir nun ordern wollen.

Erkan Gül: Die Zeit drängt. Heute haben wir schon den 23. Oktober und in drei Wochen ist Hausmesse.

Klaus Neu: Ich denke, das Geld für diese Werbeartikel können wir uns sparen. Das bringt gar nichts.

S. Perl: Wie kommen Sie denn darauf?

K. Neu: Das ist doch alles nur Ramsch, ich bleib dabei.

E. Gül: Wir dürfen nicht übersehen, dass mit Werbeartikeln unsere Firmendaten hundertfach, ja über Jahre gesehen tausendfach zusätzlich im Umlauf sind. Eigentlich sollten wir noch viel mehr dieser Gegenstände verteilen, zumal sie ja immer günstiger werden.

S. Perl: Unser bisheriger Lieferant hatte beim letzten Mal Schwierigkeiten mit Taschenrechnern. Vielleicht sollten wir uns nach einer anderen Firma umsehen.

K. Neu: Ich verstehe nicht, warum niemand auf mich hört. Ich plädiere für eine aggressivere Werbung in der Zeitung.

S. Perl: Und weshalb sollte da ein Widerspruch zu Werbeartikeln bestehen?

K. Neu: Meine komplexe Argumentation scheint mal wieder nicht anzukommen!

E. Gül: Wo bitte ist hier die Argumentation? Und was soll daran komplex sein?

S. Perl: Zum Streiten fehlt uns die Zeit. Meine Herren, Sie beide machen sich bitte bis morgen Mittag Gedanken über drei neue Werbeartikelgruppen und die zugehörige Stückzahl. Unsere bisherigen Warengruppen behalten wir bei, allerdings künftig in doppelter Menge. Und dann eruieren Sie bitte zwei Alternativen zu unserem bisherigen Lieferanten. Und, ach ja, Sabrina, Sie bringen – wie heute Vormittag schon vereinbart – unsere Gesprächsergebnisse fein säuberlich in den Rechner. So wie ich unseren peniblen Senior-Chef kenne, fragt der am Jahresende wieder nach: Wie war denn das ...

2 *Entwickeln Sie einen vollständigen Schreibplan (➪ S. 30) mit dem Ziel, ein Ergebnisprotokoll zu verfassen. Beachten Sie dazu auch das Basiswissen auf der nächsten Seite.*

3 *Schreiben Sie ein Ergebnisprotokoll mit Hilfe Ihrer Notizen aus Aufgabe 2. Formulieren Sie in vollständigen Sätzen. Informieren Sie sich über die Form des Protokolls (➪ S. 36).*

Basiswissen | Ergebnisprotokoll

Das Ergebnisprotokoll beinhaltet nur die **Ergebnisse** des Treffens. Der genaue Verlauf und einzelne Wortbeiträge spielen keine Rolle.

Die **Sprache** muss **sachlich** und genau sein. Die **Zeitform** eines Protokolls ist das **Präsens**.

Der Aufbau umfasst den Kopfteil mit den wichtigsten Rahmeninformationen (Ort, Datum, Zeit, Teilnehmer, Protokollant/-in, Thema), den Hauptteil (die Ergebnisse, geordnet nach Tagesordnungspunkten) und die Unterschrift des Protokollanten mit Ort und Datum.

4 ***Überarbeiten Sie Ihr Protokoll.***

a) Streichen Sie unnötige Wortwiederholungen und Formulierungen, die inhaltlich keine zusätzlichen Informationen besitzen („Floskeln").

b) Kontrollieren Sie Ihren Satzbau auf Vollständigkeit, indem Sie gezielt jeweils nach Subjekt (Satzgegenstand) und Prädikat (Satzaussage) suchen.

c) Korrigieren Sie das Protokoll auf Ihre Fehlerschwerpunkte in der Rechtschreibung und Kommasetzung (➪Kapitel 19, S. 227).

5 ***Erstellen Sie die Reinschrift Ihres Protokolls am PC.***

Fazit

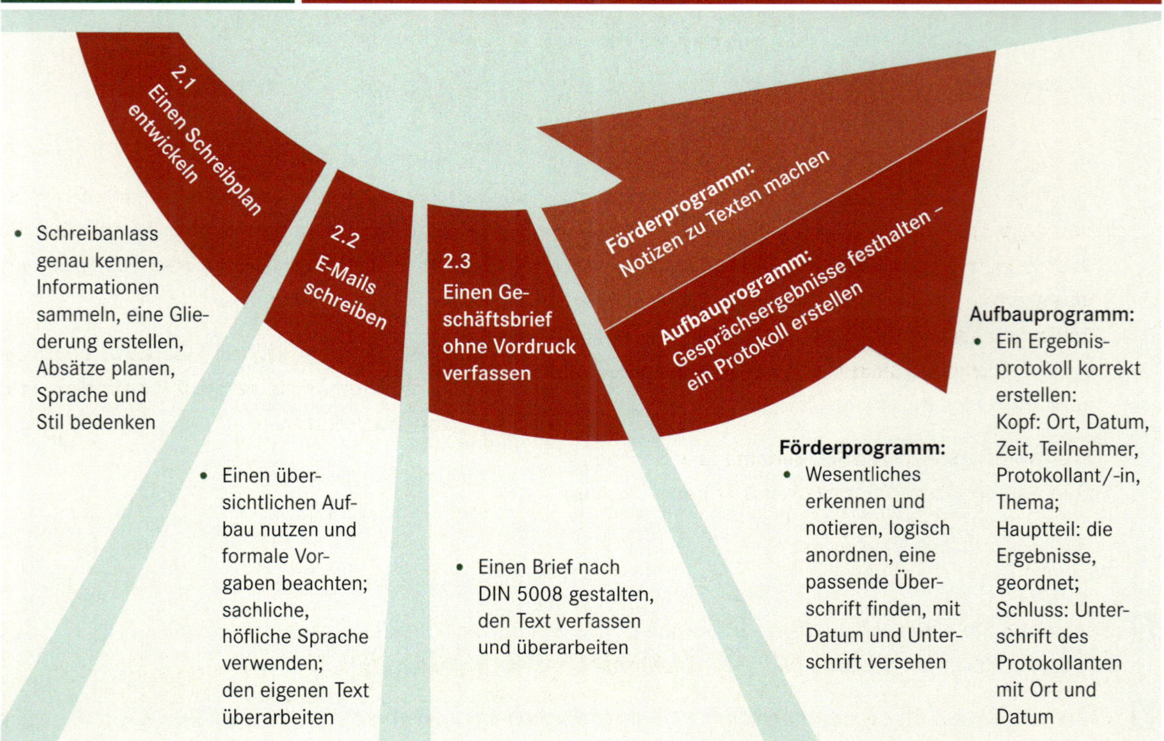

Kapitel 3

Schriftlich informieren: berichtende Texte

3.1 Formulare zu einem Schadensfall ausfüllen

3.2 Schadensberichte schreiben

Förderprogramm: Berichtshefte führen

Aufbauprogramm: Der A3-Bericht – ein Werkzeug für das Qualitätsmanagement

In Alltag und Beruf muss man häufig anderen über Vorgänge und Ereignisse berichten. Dies verlangt in den meisten Fällen eine bestimmte Form. Es gibt eine Vielzahl von Formular- und Berichtsarten, die in Papierform anzufertigen sind, aber immer häufiger werden Formulare auch mit Hilfe der Neuen Medien verfasst.

In diesem Kapitel lernen Sie, Berichte über Schadensfälle zu schreiben. Aber auch mit anderen Formen des Berichtens, wie etwa dem Führen eines Berichtshefts für die Zulassung zur Prüfung und dem Bericht als Mittel zur Qualitätssicherung, werden Sie vertraut gemacht.

Für alle Schreibformen gilt, dass die Texte sorgfältig zu planen sind, bevor sie verfasst, kontrolliert und ggf. überarbeitet werden.

Was ich aus anderen Kapiteln weiß

- ✔ Schreibpläne helfen, alles Wichtige zu erfassen (➪ Kapitel 2).
- ✔ Der Schreibstil muss dem Adressaten/Empfänger angepasst sein (➪ Kapitel 2).

Formulare zu einem Schadensfall ausfüllen

Situation

Frank, Auszubildender im 1. Lehrjahr, verwechselt zwei ähnlich aussehende Tasten an einer Fräsmaschine. Dieses unsachgemäße Vorgehen verursacht einen nicht mehr verwendbaren Fräskopf sowie ein unbrauchbar gewordenes, fast fertig gestelltes Präzisionswerkstück. Der Ausbilder, zugleich Abteilungsleiter der Fräserei, drückt Frank ein Formular zur Schadensmeldung an die Haftpflichtversicherung des Betriebs in die Hand. Er bittet Frank, es sorgfältig auszufüllen. Alle dazu erforderlichen Daten findet er im Maschinenarchiv der Fräserei.

1 *Lesen Sie sich das Formular auf der nächsten Seite aufmerksam durch. Welche Angaben müssen aus dem Archiv gesucht werden? Notieren Sie in Stichpunkten.*

2 *Erstellen Sie auch für das Ausfüllen von Formularen einen Schreibplan (➪ Kapitel 2, S. 30).*

a) Gehen Sie mit einem Partner die Schritte durch: 1. Aufgabe durchdenken, 2. Informationen sammeln, 3. Gliederung erstellen, 4. Absätze planen, 5. Sprache und Stil passend wählen.

b) Machen Sie sich zu Schritt 3 Notizen. Wählen Sie dazu die Form einer Mindmap.

3 *Bearbeiten Sie mit Hilfe folgender Informationen das Formular auf einem Zusatzblatt; fehlende oder ungenaue Angaben können plausibel ergänzt werden.*

Tipp
Machen Sie sich die Bedeutung der einzelnen Fragen für die Versicherung klar! Die Genauigkeit ist bei der Beantwortung sehr wichtig.

Fräskopf SkyCNC 8070

EUR 390,00
Preis inkl. MwSt.
weiter

Materialpreis des Werkstücks:
275,76 €
(Ni-Cu-Legierung)

KANTER KG
SCHLEIFEREI – MECHANISCHE BEARBEITUNG
Nehmen Sie Kontakt mit uns auf ...
Sie erreichen uns Mo-Fr von 7.00 bis 16.00 Uhr
Kanter KG, Zweiggasse 8, 90438 Nürnberg
Tel.: 0911 / 667788

Modell:	Fräsmaschine u. Gravurmaschine SkyCNC 8070
Marke:	Volzer
Antriebssystem:	Kugelumlaufspindel
Arbeitsgeschwindigkeit:	6000 mm/min
xyz Arbeitsbereich/Verfahrensbereich:	800 mm x 700 mm x 90 mm
Max. Dicke des Werkstücks:	130 mm
xyz Auflösung:	0,01 mm
Kompatibel mit Software:	ARTCAM, Type 3, MASTERCAM

Basiswissen – Eine Mindmap erstellen

Mit einer Mindmap kann ein Thema übersichtlich strukturiert werden.

In der Mitte wird das Thema notiert, auf den Hauptästen stehen die wesentlichen Gliederungspunkte. Davon ausgehend werden die Nebenäste mit Unterpunkten gefüllt.

Unterschiedliche Schriftgrößen und Farben tragen zur Übersichtlichkeit bei und unterstützen die schnelle Zuordnung zusammengehöriger Punkte.

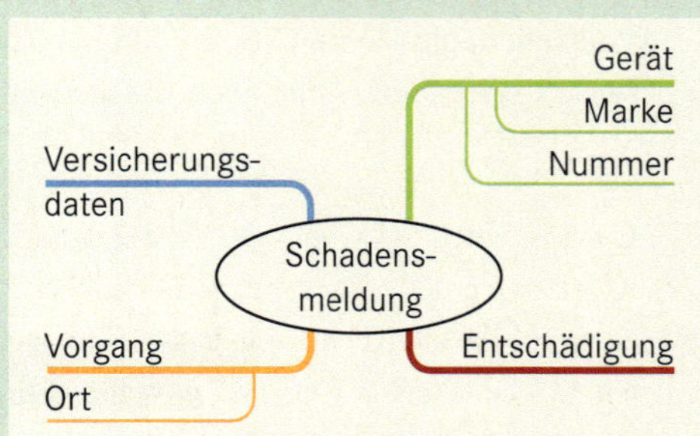

SIKU SIKU Sachversicherung AG

Maschinen- und Geräteversicherung

Schadenmeldung

☒ **Zutreffendes bitte ankreuzen bzw. beim Ausfüllen mit Acrobat Reader einmal anklicken!**

Schadenmeldung für Zuhause & Glücklich Maschinen- und Geräteversicherung, Elektrogeräte- und Elektroanlagenversicherung

1 Versicherungsnummer/ Schadennummer a ______ Versicherungsnummer (unbedingt angeben) b ______ Schadennummer (wenn bekannt)

2 Versicherungsnehmer(in)

______ Familienname, Vorname, Titel bzw. Firmenname ______ Telefonnummer (tagsüber)

______ Postleitzahl ______ Ort, Straße, Platz, Hausnummer

3 Allgemeine Fragen E-Mail: ______

a Hat sich das Schadenereignis an oben angeführter Anschrift ereignet? ☐ ja ☐ nein → ______ Wo? (Anschrift)

b Wann hat sich der Schaden ereignet bzw. wann ist der Schaden entstanden? → Datum: ______

c Liegt zu diesem Schadenfall ein Fremdverschulden vor? ☐ nein ☐ ja → ______ Name und Anschrift – wenn bekannt auch Haftpflichtversicherer und Versicherungsnummer

d Wurde fremdes Eigentum betroffen? ☐ nein ☐ ja → ______ Bei wem? (Name, Anschrift)

e **Wie soll die Entschädigungsleistung erfolgen?** an ☐ Versicherungsnehmer (wie oben) ☐ Reparatur-Firma (lt. Rechnung) ☐ per Postanweisung

______ Kontonummer ______ bei ______ Bankleitzahl

f Wie ist der Schaden entstanden? Kurze Schilderung des Schadenhergangs auf gesondertem Blatt!

g Art, Marke, Typ, Nummer des betroffenen Gerätes: ______ Bitte vollständige Bezeichnung des Gerätes angeben

Seinerzeitiger Anschaffungspreis, Baujahr bzw. Anschaffungsdatum: ______ EUR ______ Baujahr bzw. Datum

h Wird (Ist) eine Reparatur durchgeführt (worden)? ☐ ja ☐ nein → ______ Warum?

Höhe der Reparaturkosten: ______ EUR ☐ lt. beiligender Rechnung/Aufstellung bzw. Kostenvoranschlag ☐ voraussichtl. Reparaturkosten

i Besteht noch eine Haftung oder Garantie durch den Verkäufer? ☐ nein ☐ ja → ______ Auf welche Teile und von wem?

j Besteht ein Wartungs- oder Reparaturvertrag? (Fullservice?) ☐ nein ☐ ja → ______ In welchem Umfang? (Periodische Wartung, Fullservice usw.)

Der/Die Versicherungsnehmer(in) bestätigt durch seine/ihre Unterschrift, dass alle Angaben zu diesem Schadenfall der Wahrheit entsprechen. Ich ermächtige die SIKU Sachversicherung AG, Erhebungen durchzuführen, Auskünfte aller Art bei Personen und Behörden (Polizei, Gerichten usw.) einzuholen, Einsichten in die Akten zu nehmen sowie Abschriften anzufertigen.

______ Ort, Datum ______ Unterschrift: Versicherungsnehmer(in)

4 ***Suchen Sie mit Hilfe einer Suchmaschine ein Formular für die Meldung eines Schadens bei einer Betriebshaftpflichtversicherung und speichern Sie es auf Ihrem Rechner.***

a) Füllen Sie dieses Formular aus. Franks Schaden dient Ihnen auch hier als Vorlage.

b) Schicken Sie das Formular ausgefüllt an Ihren Partner oder Ihre Partnerin. Aber Achtung: Schicken Sie es bitte auf keinen Fall an eine Versicherung!

c) Lesen Sie wechselseitig Korrektur. Achten Sie besonders auf die Groß- und Kleinschreibung (→ Kapitel 19, S. 234–237).

Schadensberichte schreiben

Situation

Zwei Wochen später bittet der Firmenchef Frank zu sich. Er hat von dem Missgeschick des Lehrlings erfahren. Da dies schon das dritte Mal in zwei Jahren ist, dass Tasten an der Maschine verwechselt wurden, bittet er Frank um einen vollständigen Schadensbericht in ausführlicher Form. Er möchte diesen Bericht an den Hersteller der Fräsmaschine senden.

1 ***Bereiten Sie auf der Grundlage des ausgefüllten Schadensformulars von der vorherigen Seite einen Bericht inhaltlich vor.***

a) Tragen Sie nur die Informationen zusammen, die in einem Bericht über den Ablauf der Ereignisse enthalten sein müssen. Beantworten Sie dazu die folgenden W-Fragen schriftlich.

b) Bringen Sie den Ablauf in die richtige zeitliche Reihenfolge. Legen Sie dazu einen Zeitstrahl an und verzeichnen Sie darunter die Stichpunkte 1 bis 6.

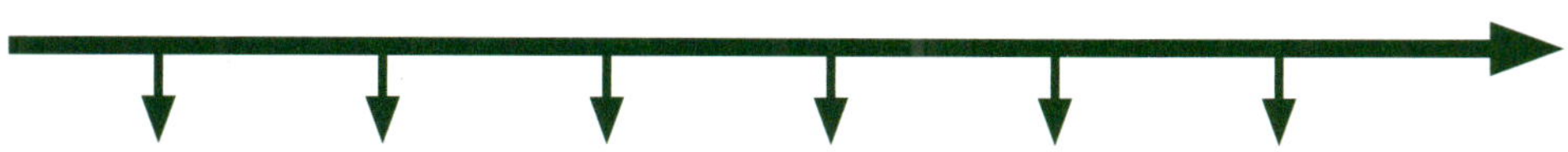

1. „Nothalt“ der Maschine gedrückt
2. fortlaufende Überwachung des Fräsvorgangs
3. Anschmelzen des Werkstückes wegen überhöhter Drehgeschwindigkeit
4. Beobachtung, dass Fräse zu schnell dreht
5. ockerfarbene Taste „Erhöhung der Drehgeschwindigkeit“ gedrückt
6. Absicht, die gelbe Taste „Verringerung der Drehgeschwindigkeit“ zu betätigen

c) Lesen Sie die folgenden Textbeispiele und entscheiden Sie, welche Mitteilungen in einen Schadensbericht über den Ablauf eines Geschehens gehören und welche nicht. Begründen Sie Ihre Auswahl.

1. Da lief es mir heiß und kalt über den Rücken.
2. Das gelblich-weiße Neonlicht der Fräsraumbeleuchtung macht eine Unterscheidung zwischen gelber und ockerfarbener Taste sehr schwer.
3. Mir war sofort klar: „Das teure Werkstück ist nun im Eimer!“

2 ***Bereiten Sie die sprachliche Form des Berichts vor.***

a) Entscheiden Sie, welche Zeitangaben für das Schreiben eines Berichts geeignet sind und welche nicht. Übernehmen Sie die Tabelle und ordnen Sie die darunter stehenden Zeitangaben entsprechend zu.

geeignet	nicht geeignet
zu Beginn der Ausbildung	auf einmal

danach • zuletzt • bevor • während • nachdem • neulich • damals • jetzt • schließlich • nun • mittags • am Nachmittag • endlich • mehrmals • plötzlich • auf einmal • kurz davor • bald darauf • gestern • heute • vor längerer Zeit

b) Formen Sie die folgenden Sätze in einen knappen und sachlichen Satz um.

Plötzlich begann das Edelmetall-Werkstück an der Frässtelle leicht zu rauchen. Es rauchte immer mehr und ich wusste sofort, dass die Drehzahl der Fräse verringert werden musste. Das hatten wir in der Berufsschule schon gelernt und auch Tobi, meinem Kumpel in der Nachbarfirma, war so etwas Ähnliches schon passiert.

3 ***Schreiben Sie nun Franks Bericht für den Firmenchef. Verwenden Sie die Ich-Form und formulieren Sie im Präteritum. Orientieren Sie sich am Basiswissen zum Bericht.***

4 ***Nach dem Schreiben lesen Sie Ihren Bericht mehrmals und überarbeiten ihn.***

a) Überprüfen Sie, ob Ihre Informationen inhaltlich vollständig, in der richtigen Reihenfolge angeordnet und sachlich sind.

b) Achten Sie auf knappe Sätze, passende Wortwahl und abwechslungsreiche Satzanfänge.

c) Kontrollieren Sie Rechtschreibung und Zeichensetzung (➪Kapitel 19). Nutzen Sie ein Wörterbuch.

5 ***Verfassen Sie einen Bericht zu einem Schadensfall aus Ihrem betrieblichen Umfeld.***

a) Einigen Sie sich mit Ihrem Nachbarn/Ihrer Nachbarin auf eine Situation, die sich tatsächlich so zugetragen hat, oder aber auf eine frei erfundene, die plausibel ist.

b) Tragen Sie gemeinsam die Informationen zusammen, die in einem Bericht über den Ablauf der Ereignisse enthalten sein müssen. Beantworten Sie dazu die W-Fragen.

c) Kontrollieren Sie Ihre Stichworte auf Vollständigkeit und bringen Sie diese in die richtige Reihenfolge.

d) Schreiben Sie – jeder für sich – den Schadensbericht in der Ich-Form und im Präteritum.

e) Tauschen Sie Ihre Ausarbeitungen und kontrollieren Sie Rechtschreibung, Zeichensetzung sowie die Verwendung abwechslungsreicher Satzanfänge.

Basiswissen **Berichte verfassen**

Ein **Bericht** soll informieren. Meist dient er der Darstellung eines Geschehens. Dazu hilft die Beantwortung der W-Fragen: **Wer?, Wann?, Wo?, Was?, Wie?, Warum?, Welche Folgen?** Ereignisse und Verlauf eines Geschehens werden knapp, sachlich und in der richtigen zeitlichen Reihenfolge wiedergegeben, ohne ausschmückende Details, ohne emotionale und persönliche Meinungsäußerungen. In einem schriftlichen Bericht wird die Zeitform Präteritum (1. Vergangenheit) verwendet. Es wird keine Umgangssprache benutzt.

Berichtshefte führen

In den meisten Ausbildungsordnungen für die verschiedenen Berufe ist das Führen von Ausbildungsnachweisen, häufig auch Berichtsheft genannt, verbindlich vorgeschrieben. Ein vollständiges, regelmäßig überprüftes Berichtsheft ist in der Regel auch Voraussetzung für die Zulassung zu den Facharbeiter- bzw. Gehilfenprüfungen.

Basiswissen — Berichtshefte führen

Der Inhalt von Berichtsheften folgt den Regeln zum Verfassen von Berichten (S. 41). Häufig sind aussagekräftige Stichpunkte ausreichend.

Ausbildungsnachweise können geführt werden als:

Tagesbericht

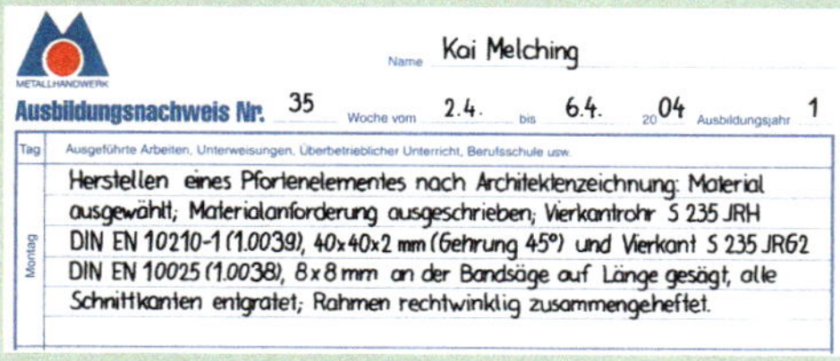
METALLHANDWERK

Name Kai Melching

Ausbildungsnachweis Nr. 35 Woche vom 2.4. bis 6.4. 2004 Ausbildungsjahr 1

Tag	Ausgeführte Arbeiten, Unterweisungen, Überbetrieblicher Unterricht, Berufsschule usw.
Montag	Herstellen eines Pfortenelementes nach Architektenzeichnung: Material ausgewählt; Materialanforderung ausgeschrieben; Vierkantrohr S 235 JRH DIN EN 10210-1 (1.0039), 40x40x2 mm (Gehrung 45°) und Vierkant S 235 JRG2 DIN EN 10025 (1.0038), 8x8 mm an der Bandsäge auf Länge gesägt, alle Schnittkanten entgratet; Rahmen rechtwinklig zusammengeheftet.

Wochenbericht

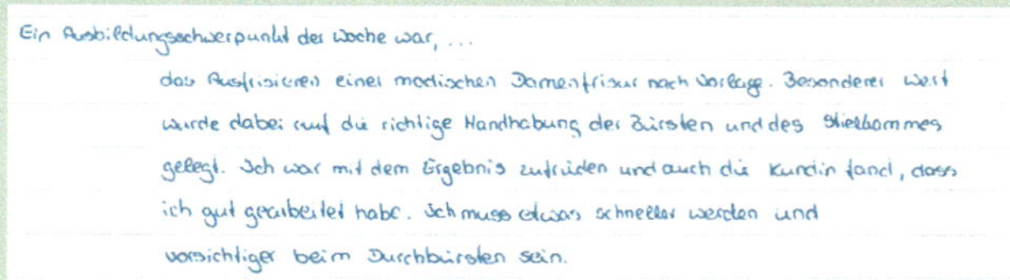
Ein Ausbildungsschwerpunkt der Woche war, …

das Ausfrisieren einer modischen Damenfrisur nach Vorlage. Besonderer Wert wurde dabei auf die richtige Handhabung der Bürsten und des Stielkammes gelegt. Ich war mit dem Ergebnis zufrieden und auch die Kundin fand, dass ich gut gearbeitet habe. Ich muss etwas schneller werden und vorsichtiger beim Durchbürsten sein.

Tipp

Erkundigen Sie sich vor Schreibbeginn nach der gewünschten Form Ihres Berichtshefts.

1 ***Untersuchen Sie den folgenden Bericht.***

a) Wie wirkt der Bericht auf Sie? An welchen Stellen handelt es sich um eigene Meinungen?

b) Nennen Sie Formulierungen, die Sie für gelungen halten, und solche, die Sie unangebracht finden!

Wochenbericht: Erste Woche (16.01. bis 20.01.)

Am ersten Tag wurden mir zunächst alle Bereiche gezeigt und die anderen Mitarbeiter vorgestellt. Danach durfte ich mich direkt an die Arbeit machen. Ich habe mich mit den Kindern bekannt gemacht und mit ihnen gespielt, gemalt und gebastelt. Die Tage danach waren sehr schön. Die Kinder hatten sich an mich gewöhnt und mir ihr Vertrauen geschenkt. Wenn die Kinder eine Frage hatten, kamen sie direkt auf mich zu. Auch die Eltern waren sehr freundlich zu mir. Am Donnerstagnachmittag war Vorschulunterricht. Ich durfte den Kindern beim Weben helfen. Jedes Kind hatte einen kleinen Webrahmen, mit dem es weben musste. Ich denke, das Weben hat ihnen große Freude bereitet. Am Freitag ist Putztag im Kindergarten. Dabei wird der ganze Raum sauber gemacht (Staubsaugen und Staubwischen). Ich habe den Raum und den Eingang gesaugt.

2 ***Schreiben Sie den Wochenbericht in Tagesberichte zu Montag, Donnerstag und Freitag um. Gebrauchen Sie dazu treffende Stichworte.***

3 ***Nehmen Sie Ihr eigenes Berichtsheft zur Hand und kontrollieren Sie die Eintragungen Ihrer letzten vollständigen Arbeitswoche.***

a) Achten Sie auf die Rechtschreibung (hier: Groß- und Kleinschreibung ➪ Kapitel 19, S. 234–237) und auf einen sachlichen Sprachstil; korrigieren Sie, wenn nötig.

b) Schreiben Sie Ihre Aufzeichnungen neu, wenn Sie mehr als drei Fehler gefunden haben.

Der A3-Bericht – ein Werkzeug für das Qualitätsmanagement

Bei Toyota wurde eine besonders übersichtliche Form zur Dokumentation im Projekt- und Qualitätsmanagement entwickelt: der A3-Bericht. Darin wird auf einer DIN-A3-Seite über alle wesentlichen Aspekte eines komplexen Projekts berichtet. Ein A3-Bericht kann zudem in weniger als fünf Minuten präsentiert werden.

Unter insgesamt vier Formen von A3-Berichten soll der ‚Problemlösungsbericht' kurz vorgestellt werden. Er setzt sich stets aus fünf Gliederungspunkten und einem aussagekräftigen Überschriftenblock zusammen:

Thema des Problemlösungsberichts

(1) Problemsituation

- Grafik(en) zur Problemdarstellung
- maximal vier Aufzählungspunkte für Text und Problem
- Warum soll das Problem beseitigt werden?

(2) Problemanalyse

- Problem und Hauptursachen eingrenzen
- so viele Grafiken, Schaubilder und Diagramme wie möglich verwenden, um das Problem einzugrenzen

(3) Maßnahmen

Maßnahme	verantwortlich	Zeitplan	Zeitplan
Was? Wie?	Wer?	Wann?	Wann?

(4) Ergebnisse

- Ergebnisse der Gegenmaßnahmen darstellen und durch Grafiken visualisieren
- maximal vier Aufzählungspunkte für Text verwenden

(5) Zukünftige Schritte

- Darstellung der weiteren Bearbeitung des Problems (falls notwendig)
- Zuständigkeit für Erhalt der Ergebnisse (Standardisierung)

1 *Erörtern Sie in der Klasse Inhalt und Sinn der fünf Gliederungspunkte eines A3-Problemlösungsberichts.*

2 *Verfassen Sie in einer Projektgruppe von maximal vier Personen einen Problemlösungsbericht nach obigem Schema. Notieren Sie handschriftlich. Gestalten Sie auch ein Titelblatt mit Thema, Mitgliedern des Projektteams, Zeit und Ort.*

Themenvorschläge:

- Die Zahl der Fehltage in der Klasse ist zu hoch.
- Die Zahl der Schüler, die morgens zu spät kommen, ist zu hoch.
- Das Angebot im Pausenverkauf der Schule ist zu unausgewogen.
- Der Grad der Verschmutzung auf der Schulanlage durch Müll ist zu hoch.
- Die Schulanlage wirkt wenig einladend (Gestaltung von Klassenzimmern etc.).

3 *Ein Gruppensprecher präsentiert den A3-Problemlösungsbericht der Klasse in maximal fünf Minuten.*

4 *Erfassen Sie den handschriftlichen A3-Bericht aus Aufgabe 2 am PC mit einer Standard-Software. Achten Sie dabei besonders auf den sinnvollen Einsatz von Aufzählungs- und Nummerierungsfunktionen.*

Basiswissen – Aufzählungen und Nummerierungen in Textverarbeitungsprogrammen

Bestimmte Texte werden mit Aufzählungen bzw. Aufzählungszeichen übersichtlicher und sind damit besser zu lesen. Informationen, die etwa gleich wichtig sind, können mit Hilfe von Nummerierungen im Gesamttext hervorgehoben werden.

Texte mit Aufzählungscharakter sowie nummerierte Textabschnitte finden sich sehr häufig in Sachtexten wie Berichten, Ablaufbeschreibungen, Listen und dergleichen.

Jedes moderne Textverarbeitungsprogramm verfügt über komfortable Funktionen für Aufzählungen und Nummerierungen. Häufig starten diese automatisch, sobald man eine Zeile mit einem Bindestrich oder einer Ziffer beginnt. Ein professioneller Umgang mit diesen Werkzeugen verlangt i. d. R. allerdings etwas Übung und die Bereitschaft, sich an dieser Stelle in das jeweilige Textverarbeitungsprogramm einzulesen. Es empfiehlt sich – trotz der vielfältigen Variationen – bei der Gestaltung von gegliederten Texten nur wenige Aufzählungs- und Nummerierungszeichen zu gebrauchen; diese wenigen sollten aber ein inneres System haben.

Fazit

Kapitel 4

Sachtexte lesen und verstehen – Neue Medien erschließen

- 4.1 Texten Informationen entnehmen
- 4.2 Sachtextsorten unterscheiden
- 4.3 Das Internet zur Informationsgewinnung nutzen
- **Förderprogramm:** Informationen entnehmen und visualisieren
- **Aufbauprogramm:** Nichtlineare Texte verstehen und auswerten

Täglich lesen wir aus den unterschiedlichsten Gründen Sachtexte. Sie unterscheiden sich oft schon auf den ersten Blick voneinander. Auch die Quellen, aus denen wir sie entnehmen, sind vielfältig; sie reichen vom Sachbuch über die Zeitung bis hin zum Internet. Um die Qualität dieser Texte zu erkennen, muss man sie inhaltlich verstehen und beurteilen können. Dabei kommt es darauf an, die Sachinformationen von der persönlichen Meinung einer Verfasserin oder eines Verfassers zu unterscheiden.

In diesem Kapitel geht es zunächst darum, verschiedene Techniken der Informationsentnahme aus einem Text zu erproben und einige Textsorten voneinander unterscheiden zu lernen.

Die Nutzung der Neuen Medien zur Informationsgewinnung ist heutzutage von großer Bedeutung. Wie Sie die Ergebnisse einer Internetrecherche beurteilen und diese für einen kurzen Vortrag nutzen können, erfahren Sie im zweiten Teil des Kapitels.

Was ich aus anderen Kapiteln weiß

- ✔ Sprachliche Zeichen müssen entschlüsselt werden (➪ Kapitel 1).
- ✔ Das Gesagte ist nicht immer das Gemeinte (➪ Kapitel 1).
- ✔ Beim Verfassen eines Textes ist ein Schreibplan hilfreich (➪ Kapitel 2).
- ✔ Die Sprache unterscheidet sich je nach Art des Textes (➪ Kapitel 2, 3).

Texten Informationen entnehmen

1 *Welche Befürchtung steckt hinter der Aufforderung in der Sprechblase rechts?*

2 *Erklären Sie den Begriff „Spielsucht" mit eigenen Worten.*

3 *Diskutieren Sie mit einem Partner/einer Partnerin: Welche Auswirkungen und Folgen hat eine Spielsucht?*

4 *Lesen Sie den Sachtext zum Thema „Spielsucht", indem Sie die 5-Schritt-Lesetechnik anwenden. Notieren Sie jedoch nichts in das Buch, sondern verwenden Sie ein Zusatzblatt.*

Arbeitstechnik **5-Schritt-Lesetechnik**

Um einen schwierigen Text leichter zu verstehen, können Sie die 5-Schritt-Lesetechnik anwenden. Falls Ihnen das Thema des Textes völlig unbekannt ist, sollten Sie sich vor der Lektüre fragen, was Sie aufgrund der Überschrift und evtl. der Bilder von dem Text erwarten. Überlegen Sie auch, was Sie bereits über das Thema wissen.

1. Schritt: Verschaffen Sie sich einen **groben Überblick** über den Text, indem Sie den Text **überfliegen**, Zwischenüberschriften erfassen und evtl. Anfänge von Abschnitten lesen.
2. Schritt: Formulieren Sie das Thema und die **Kernaussage** des Textes.
3. Schritt: Lesen Sie den Text jetzt gründlich und **markieren Sie alle Wörter und Textpassagen, die unverständlich** sind. Klären Sie diese im Textzusammenhang oder mit Hilfe eines Nachschlagewerks.
4. **Gliedern Sie den Text in Abschnitte** und finden Sie für jeden Abschnitt eine **Zwischenüberschrift** oder einen **kurzen, zusammenfassenden Satz**. Markieren Sie auch einzelne Schlüsselwörter.
5. Fassen Sie den Text mit eigenen Worten zusammen.

Spielsucht – Wenn das Spiel zum Verhängnis wird

„Nur noch ein einziges Mal will ich mein Glück versuchen, dann höre ich für immer mit der Spielerei auf" – das sagen sich hierzulande jeden Tag zehntausende Spielsüchtige. Doch dann gehen sie trotzdem wieder ins nächste Kasino. Aus eigener Kraft schaffen sie den Absprung nicht. Wissenschaftler gehen davon aus, dass mindestens 100.000 Menschen in Deutschland dem Glücksspiel krankhaft verfallen sind und professionelle Hilfe brauchen.

Am Anfang steht der Spaß

Die ersten Erfahrungen mit Glücksspielen finden häufig eher zufällig in der Freizeit statt. Größere oder mehrere kleine Gewinne führen zu positiven Gefühlen. Nach und nach entwickeln die Spieler stärkere Gewinnerwartungen und setzen höhere Beträge ein. Sie gehen größere Risiken ein.

Kritische Gewöhnung

Die Betroffenen spielen intensiver und häufiger. Das führt dazu, dass sie mehr Geld verlieren als gewinnen. Sie spielen auch, um ihre innere Unruhe, Angespanntheit und den grauen Alltag zu vergessen. Sie beginnen, ihr Spielen zu verheimlichen und sich Geld zu leihen.

Sucht

Die Betroffenen verlieren häufig ihr gesamtes Vermögen und sind von dem Wunsch getrieben, die Verluste wieder zurückzugewinnen. Sie erfinden Lügen, um ihre häufige Abwesenheit zu Hause oder auf der Arbeit zu erklären. Das Spielen bekommt eine Eigendynamik. Krankhafte Glücksspieler versprechen sich selbst und ihrer Umgebung immer wieder vergeblich, mit dem Spielen aufzuhören.

Der Staat verdient mit

27,6 Milliarden Euro Umsatz verzeichnete der deutsche Glücksspielmarkt nach Informationen der Universität Hohenheim vor zwei Jahren. Den größten Umsatz – 10,45 Milliarden Euro – machten die Spielbanken mit Automaten, Roulette und Kartenspielen. Davon profitierte auch der Staat: Ihm flossen vor zwei Jahren allein aus dem Spiel mit dem Glück 4,13 Milliarden Euro an Steuern und Abgaben zu. Doch seit Anfang 2008 scheint nicht mehr gar so viel Geld umgesetzt zu werden. Der Grund: Am ersten Januar ist der Glücksspielstaatsvertrag in Kraft getreten, der die Glücksspiel- und Wettsucht verhindern soll.

Die wichtigsten Regeln des Staatsvertrags

- Jugendliche unter 18 Jahren dürfen nicht zocken.
- Lotto, Glücksspirale und Rubbellose laufen nur noch über Annahmestellen. Spielen im Internet ist verboten.
- Werbung für Glücksspiele im Fernsehen oder per Telefon auch.
- Für die sogenannten schnellen Spiele und Sportwetten im Deutschen Lotto- und Totoblock wie *Keno, Oddset* oder *Toto* benötigen die Tipper jetzt neben Personalausweis oder Reisepass eine spezielle Berechtigungskarte.
- Darüber hinaus müssen Glücksspielanbieter über die Gefahren aufklären: Lose, Spielscheine und Spielquittungen müssen Hinweise auf die jeweilige Suchtgefahr und Hilfsmöglichkeiten enthalten.
- Außerdem müssen die Veranstalter von Glücksspielen ein übergreifendes Sperrsystem für gefährdete Menschen einrichten. Laut Gesetz können Personen gesperrt werden, die selbst eine Sperre beim Veranstalter beantragt haben oder die vom Personal für spielsuchtgefährdet gehalten werden. Abhängige können sich sogar für das samstägliche Lottospiel sperren lassen.

Strengere Regeln lassen Umsatz sinken

Erste Erfolge des Staatsvertrags sind schon spürbar: Der staatliche Sportwettanbieter *Oddset* beklagte im ersten Halbjahr 2008 einen Umsatzrückgang von knapp 21 Prozent im Vergleich zum Vorjahreszeitraum. Der private Lotto-Vermittler *Tipp24 AG* verzeichnete in den ersten sechs Monaten zwei Drittel weniger Neukunden als im gleichen Zeitraum 2007.

(gekürzt und leicht verändert aus: www.br-online.de/ratgeber/gesundheit/gluecksspiel-casino-sucht-ID122277377063.xml; Stand: 30.09.2008; Zeile 9–31: Bundeszentrale für gesundheitliche Aufklärung)

5 ***Welche Aussagen treffen zu? Notieren Sie die richtigen Angaben.***

a) Die meisten Spieler schaffen den Absprung aus eigener Kraft.
b) Krankhafte Spieler versprechen sich selbst und ihren Mitmenschen immer wieder aufzuhören.
c) Die Staatseinnahmen aus dem Glücksspiel betrugen im Jahr 2006 über 4 Milliarden Euro.
d) Der in Kraft getretene Glücksspielstaatsvertrag soll die Staatseinnahmen weiter erhöhen.
e) Eine Folge des Staatsvertrages ist bereits ersichtlich: Staatliche und private Glücksspielanbieter müssen bereits erste Umsatzeinbußen verzeichnen.

6 ***Überlegen Sie, wie einem Spielsüchtigen geholfen werden kann. Recherchieren Sie im Internet. Tragen Sie Lösungsvorschläge im Klassenplenum zusammen.***

Den Inhalt exzerpieren

Manchmal sucht man gezielt nach Informationen zu einem Thema und hat einen oder vielleicht mehrere Texte dazu vorliegen. Dann ist es sinnvoll, nur die gewünschten Informationen herauszusuchen und zusammenzufassen. Diese Methode nennt man auch Exzerpieren (➪Kapitel 22, S. 282).

MOBILFUNK: Wissen Sie, wie Ihr Handy funktioniert?

Sicherlich besitzen auch Sie ein Handy. Sie sind es gewohnt, immer erreichbar zu sein. Aber haben Sie sich schon einmal gefragt, wie es funktioniert, dass Sie von den unterschiedlichsten Plätzen aus telefonieren können?

Wenn Sie Ihr Handy benutzen, werden Gespräche, SMS oder Bilder als Funksignale übertragen. Das funktioniert allerdings nur, wenn wir uns innerhalb eines Mobilfunknetzes bewegen. Jeder Provider unterhält dabei sein eigenes Netz.

Das gesamte Mobilfunknetz ist in einzelne kleinere Gebiete unterteilt, die so genannten Funkzellen. Jede dieser Funkzellen hat eine eigene Mobilfunkanlage (Basisstation). Dabei kann die Größe der einzelnen Funkzellen variieren. Sie hängt vor allem ab von der Geländestruktur und der Anzahl der möglichen Teilnehmer. Im Flachland kann die Größe der Funkzelle bei kleiner Teilnehmerzahl größer gewählt werden (vielleicht über 20 km) als in engen Tälern oder in Straßenschluchten zwischen Hochhäusern. Ein Mobilfunknetz braucht also viele Mobilfunkanlagen. Je mehr Menschen den Mobilfunk nutzen und je mehr Daten dabei verschickt werden, desto mehr Mobilfunkanlagen werden benötigt.

Zum Mobilfunknetz gehört auch ein zentraler Computer, der mit den einzelnen Mobilfunkanlagen verbunden ist. Denn die Funksignale, die die Handyantenne sendet und empfängt, werden von der Mobilfunkanlage in der Funkzelle, in der Sie sich gerade aufhalten, empfangen und an den zentralen Computer weitergeleitet.

Jedes eingeschaltete Handy meldet sich in regelmäßigen Abständen mit einem kurzen Funksignal bei der Mobilfunkanlage, die seine Funkzelle versorgt. Wenn Sie eine Funkzelle verlassen und in die nächste wechseln, meldet Ihr Handy sich automatisch bei der Mobilfunkanlage der neuen Funkzelle an. Die Mobilfunkanlage gibt diese Information an den zentralen Computer weiter, und der weiß dann, wo Ihr Handy sich gerade befindet. So kann er jeden Anruf zu Ihnen weiterleiten.

(Bundesamt für Strahlenschutz, „Mobilfunk: Wie funktioniert das eigentlich?", Salzgitter, 05/2006)

1 ***Exzerpieren Sie den Text mit dem Ziel, die Funktionsweise des Mobilfunks einem anderen erläutern zu können. So können Sie vorgehen:***

a) Suchen Sie im Text nach wichtigen Aussagen und notieren Sie diese in verkürzter Form auf einer Karteikarte (Beispiel: gelb markierte Textstellen). Notieren Sie außerdem Ihnen unbekannte Begriffe, die Sie im Internet oder in einem Lexikon nachschlagen wollen (Beispiel: grün markierte Textstelle).

b) Überlegen Sie, ob Ihnen die Informationen zur Lösung der Aufgabe ausreichen. Notieren Sie sich offene Fragen.

c) Suchen Sie im Internet oder in Zeitschriften nach weiteren Texten zum Thema. Exzerpieren Sie diese. Vergessen Sie nicht, sich auch die Quellen zu notieren.

d) Fassen Sie alle Informationen zur Funktionsweise des Mobilfunks zusammen.

Den Inhalt visualisieren

Technische Beschreibungen lassen sich oft besser durch eine Skizze als durch einen Text zusammenfassen. Diese Technik nennt man „Visualisieren“. Visualisierungen eignen sich besonders gut für Vorträge oder Präsentationen (➪Kapitel 7 und 13).

Mobilfunk – wie funktioniert das?

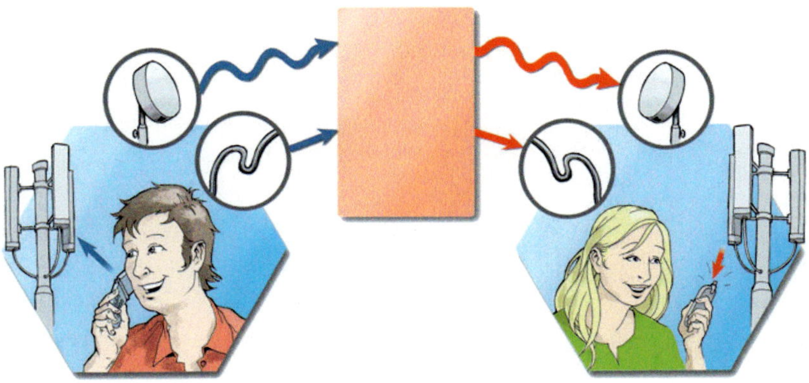

1 *Beschreiben Sie das Schaubild. Welche Informationen zur Wirkungsweise des Mobilfunks (➪Text, S. 48) finden Sie darin zusammengefasst, welche fehlen Ihrer Meinung nach?*

2 *Nennen Sie weitere Möglichkeiten, wie sich Informationen visualisieren lassen.*

3 *Entwerfen Sie mit Hilfe Ihrer Informationen (➪Aufgabe 1, S. 48) ein eigenes Schaubild zum Thema: „Mobilfunk – wie funktioniert das?“*

Zwischenfazit

4.1 Texten Informationen entnehmen

- 5-Schritt-Lesetechnik:
  Einen Text verstehen und wiedergeben
- Exzerpieren:
  Gezielt Informationen zu einem Thema verkürzt mit eigenen Worten zusammenfassen
- Visualisieren:
  Informationen in einem Schaubild zusammenfassen

Sachtextsorten unterscheiden

Basiswissen Sachtextsorten

In **Sachtexten** geben Autoren tatsächlich existierende Sachverhalte wieder und setzen sich mit diesen auseinander. Diese Texte nennt man auch **nichtfiktionale Texte**. Sie sind meist eindeutig geschrieben und lassen keine weiteren Deutungsmöglichkeiten zu.

Merkmale informierender Sachtexte	Merkmale kommentierender Sachtexte
Nachricht: auf Fakten und Vorgänge beschränkte Mitteilung. Tatsachen werden unvoreingenommen (unparteiisch), knapp und ohne Ausschmückungen dargestellt.	**Kommentar:** kritische Stellungnahme zu aktuellen Tagesereignissen. Besonderes Gewicht liegt auf der persönlichen Meinung des Autors. Er will andere von seiner Meinung überzeugen. Der Kommentar setzt Informationen voraus und fordert eine Stellungnahme heraus.
Bericht: umfangreichere Nachricht, wobei der Verfasser noch Erläuterungen beifügt, Hintergründe und deren Bedeutung erläutert sowie die Folgen aufzeigt. Die Meinung des Berichterstatters sollte nicht enthalten sein.	**Leserbrief:** Stellungnahme zu einem Sachverhalt. Er kann als Reaktion, z. B. auf einen Bericht oder Kommentar oder einen anderen Leserbrief, geschrieben werden. Leserbriefe findet man z. B. in Zeitungen, Zeitschriften und im Internet.
Reportage: Ereignisbericht mit Hintergrundinformationen sowie persönlichen Eindrücken. Die Reporterin oder der Reporter schildert so konkret und anschaulich wie möglich das Geschehen „vor Ort“. Die Leser oder Hörer sollen die Atmosphäre eines Ortes oder Ereignisses nacherleben können, um daraus ihre eigenen Schlüsse zu ziehen.	**Glosse:** Kurzkommentar, wird oft als „spöttische Randbemerkung“ bezeichnet. Sie nimmt zu wichtigen Tagesereignissen, aber auch zu allgemeinen Vorkommnissen auf ironische, spöttische oder polemische Weise kritisch Stellung.

Sachtexte
(nichtfiktional, tatsächlich existierende Sachverhalte, Personen)
↓
Textarten → Textsorten
↓ ↓
Informierend: z. B. Nachricht, Unfallbericht, Kochrezept
Kommentierend/argumentierend: z. B. Leserbrief, Kommentar, Erörterung

Literarische Texte
(fiktional, erfunden)
↓
Epik
Dramatik
Lyrik

1 *Sortieren Sie folgende Sachtexte nach dem Kriterium „informierend“ oder „kommentierend/argumentierend“. Begründen Sie jeweils Ihre Zuordnung.*

Brief • Lexikonartikel • politische Rede • Praktikumsbericht • Sportreportage • Fahrplan • Gebrauchsanweisung • Fachtext • Rezept

2 *Ordnen Sie den folgenden Text in das Textsortenmodell ein und begründen Sie Ihre Entscheidung mit Hilfe des Basiswissens auf der vorherigen Seite.*

Papier statt Plastik: Handy zum Wegwerfen

Design-Konzept für Reisende, die im Ausland billig telefonieren wollen

Von Yvonne Göpfert

Sechs asiatische Designer haben ein Konzept für ein Billig-Handy zum Wegwerfen entwickelt. Es soll wenig kosten und damit vor allem für Reisende ein interessantes Angebot darstellen. Statt Roaming-Gebühren fürs eigene Handy zu bezahlen, soll die Kundschaft im Ausland ein voll funktionstüchtiges Papier-Handy für wenig Geld kaufen und damit sofort lostelefonieren können.

Als Vorlage dient das aus der Getränkeindustrie bekannte Tetrapak, das den Rahmen für das Handy bilden soll. Das Material ist robust und trotzdem recycelbar. Im Innern soll ebenfalls wiederverwertbare Technik stecken, Details sind jedoch nicht bekannt. Das Wegwerf-Handy hat Tasten aus Papier, die mit LED-Leuchten illuminiert werden. Auch das Display scheint mit LEDs beleuchtet zu sein, es gibt jedoch keine genauen Angaben dazu.

Ideal soll das Handy auch für die Werbeindustrie sein, die jederzeit ihre bunten Bildchen auf die Hülle des Spielzeugs drucken könnte. Idealerweise sollte das Milchtüten-Handy an Flughäfen, Museen oder in privaten Geschäften verkauft werden. Nach dem Kauf muss der Nutzer nur entlang der gepunkteten Linie das Handy aufreißen und schon kann er die Nummer wählen und lossprechen. Nun bleibt abzuwarten, ob die Idee eines Tages umgesetzt wird und entsprechende Geräte auf den Markt kommen.

(http://www.golem.de/0606/45789.html, 08.06.2006)

3 *Schreiben Sie einen Leserbrief, in dem Sie Ihre Meinung zu Papierhandys äußern. Nehmen Sie die Arbeitstechnik zu Hilfe.*

4 *Welche Sachtexte begegnen Ihnen in Ihrem beruflichen Alltag? Tauschen Sie sich aus.*

5 *Finden Sie verschiedene Beispiele für Sachtexte (z. B. in der Tageszeitung, in Magazinen etc.) und bestimmen Sie genauer, um welche Textsorte es sich handelt.*

Arbeitstechnik — Einen Leserbrief verfassen

In einem Leserbrief nehmen Sie Stellung zu einem Sachverhalt oder einem Zeitungsartikel. Formulieren Sie klar und verständlich und bedenken Sie, dass Sie für ein größeres Publikum schreiben. Leserbriefe erscheinen immer mit dem vollständigen Namen des Autors oder der Autorin, Sie sollten also Ihre Meinung gut überdenken.

In der **Einleitung** wird knapp dargestellt, worauf sich der Leserbrief bezieht, z. B. auf ein Thema oder einen bestimmten Artikel in der Zeitung.

Im **Hauptteil** formulieren Sie Ihre Meinung und begründen diese schlüssig mit Argumenten und Beispielen.

Formulieren Sie einen **Schlusssatz**, der das Thema abrundet, zum Beispiel mit einer Empfehlung oder einem Vorschlag. Achten Sie im gesamten Brief auf korrektes Zitieren (➪Kapitel 10, S. 123).

Sachtexte untersuchen und vergleichen

Wenn Sie im Internet Informationen zu einem Thema suchen, sollten Sie auf Folgendes achten: Für welche Zielgruppe und zu welchem Zweck wurden die Informationen verfasst, aus welcher Quelle stammen sie? Nach Eingabe der Stichworte „Handy" und „Sucht" findet Ihre Suchmaschine z. B. die folgenden Texte:

Text 1

Studie: Handys machen süchtig
Entzugserscheinungen bei Trennung – Telefon wird als menschliches Wesen gesehen

Das Leben ohne Handy ist für immer mehr Menschen offenbar eine beängstigende Vorstellung. Wie eine in London veröffentlichte Studie im Auftrag des Telekommunikationsunternehmens Virgin Mobile ergab, fühlte sich die überwiegende Mehrheit der Befragten schon bei kurzer Trennung vom Mobiltelefon unter Stress gesetzt. 90 Prozent gaben an, mindestens einmal pro Stunde ihr Handy zu benutzen. Vier von fünf Befragten fühlten sich unwohl, wenn ihr Telefon für längere Zeit nicht in Reichweite war. 84 Prozent gaben an, ihr Handy nie aus den Augen zu lassen.
„Die Menschen betrachten ihr Mobiltelefon als menschliches Wesen; es symbolisiert für sie Kontakt, Freundschaft und Aufmerksamkeit", kommentierte der Suchtexperte David Nott aus Southampton das Ergebnis der Studie, für die rund 2000 Handynutzer befragt wurden.

(AFP, 26.01.2006)

Text 2

Einmal süchtig, immer süchtig
Von Karl Kruse

Als hätten wir es nicht schon gewusst: Telefonieren macht süchtig! Das allein ist ja schon schlimm genug. Wenn man sich aber vor Augen hält, dass 90 Prozent der Befragten mindestens einmal in der Stunde das Handy benutzen, ja benutzen wollen, muss man sich über die Zukunft unserer Gesellschaft ernsthaft Sorgen machen. Wer soll denn demnächst eine dreistündige Operation durchführen, wer einen Opernabend überstehen, wenn schon die kurze Trennung vom Handy Stress verursacht? Schon jetzt geben die Krankenkassen enorm viel Geld für die Behandlung von Suchtkranken aus. Wenn Handysucht als neue Krankheit dazukommt, darf man sich nicht wundern, wenn unser Gesundheitssystem endgültig bankrottgeht. Ein Handyverbot an Schulen ist deshalb das Mindeste, was eine Gesellschaft tun kann, um sich vor solchen Fehlentwicklungen zu schützen.

Sachtexte untersuchen und vergleichen

Auch Internettexte lassen sich entsprechend ihren inhaltlichen Merkmalen sowie den Wirkungsabsichten in **informierende** (z. B. Nachricht) oder **kommentierende Textarten** (z. B. Kommentar, Glosse) unterscheiden. Allerdings ordnen Suchmaschinen die zu einem Stichwort gefundenen Beiträge und Links nicht nach solchen Kriterien. Die Texte können außerdem aus den verschiedensten Quellen stammen, z. B. aus Onlinezeitungen, Internetlexika, Schülerprojekten, Universitäten, Internetforen, von Werbefirmen. Um die Eignung eines Textes für eine weitere Verwendung besser einschätzen zu können, sollten Sie mehrere Textangebote vergleichen und bewerten. So können Sie vorgehen:

1 *Vergleichen Sie die beiden Texte hinsichtlich ihrer Gemeinsamkeiten und Unterschiede.*
a) Notieren Sie zu jedem Text die wichtigsten Aussagen stichwortartig.
b) Benennen Sie Gemeinsamkeiten der zwei Texte und nennen Sie mindestens drei Unterschiede.

2 *Untersuchen Sie die Texte im Hinblick auf Sachlichkeit bzw. auf Meinungsäußerung.*
a) Welche Aussagen der Artikel lassen sich überprüfen, welche werden ohne Quellenangabe behauptet?
b) In welchem Text bezieht ein Autor konkret Stellung? Wo wird eine Meinung geäußert?

3 *Machen Sie sich Gedanken über die Ziele und Wirkungsabsichten der Autoren.*
a) Welches Ziel verfolgt der Autor jeweils mit seinem Artikel? Vergleichen Sie dazu auch die Überschriften von Text 1 und Text 2; welchen Zweck sollen sie erfüllen?
b) Welche Zielgruppe (Leserin/Leser) soll jeweils angesprochen werden? Begründen Sie Ihre Meinung.

4 *Beurteilen Sie die beiden Texte hinsichtlich der Verwendbarkeit für Sie.*
a) Bestimmen Sie die jeweilige Textsorte.
b) Welcher Text eignet sich für ein Referat zum Thema „Handy und Sucht"? Begründen Sie Ihre Entscheidung.
c) Formulieren Sie drei Fragen, die für Sie wichtig sind, von den Texten aber nicht beantwortet werden.

5 *In einigen Tageszeitungen gibt es die Rubrik „Jetzt rede ich", in der Jugendliche sich zu einem Thema äußern können. Schreiben Sie einen eigenen Kommentar zum Thema „Handysucht".*

Zwischenfazit

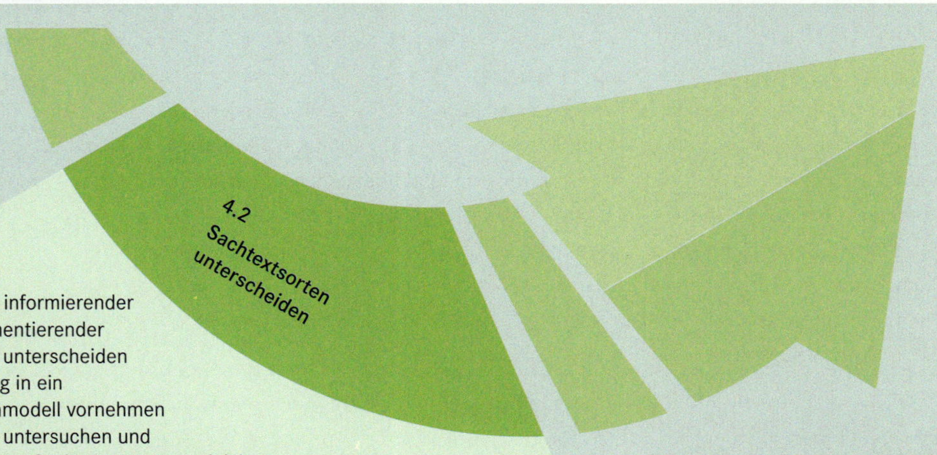

- Merkmale informierender und kommentierender Sachtexte unterscheiden
- Einordnung in ein Textsortenmodell vornehmen
- Sachtexte untersuchen und verschiedene Sachtextsorten vergleichen

Das Internet zur Informationsgewinnung nutzen

Informationen kritisch auswählen

Situation

Paul soll für den Deutschunterricht ein Kurzreferat schreiben und es dann präsentieren. Das Referat soll sich um das Werk einer Autorin oder eines Autors der deutschsprachigen Literatur drehen. Paul weiß zuerst nicht, wie er die Sache angehen soll. Auch liest er nur wenig, ab und zu eine Computerzeitschrift, aber von Sachbüchern, Romanen und deren Autoren hat er keine Ahnung. Seine Freundin erinnert ihn daran, dass sie vor kurzer Zeit dieses Sachbuch über den ermordeten Jungen in Brandenburg gelesen hat. „Der Kick", so der Titel, wird auch Paul begeistern, glaubt sie. Paul recherchiert im Internet:

Andres Veiel, 1959 in Stuttgart geboren, studierte Psychologie und machte parallel eine Regie- und Dramaturgieausbildung. Seine Filme *Balagan, Die Überlebenden, Black Box BRD* und *Die Spielwütigen* wurden mit zahlreichen Preisen ausgezeichnet.

Jurybegründung/Inhalt des Buches:

Im Jahr 2002 ermordeten drei Jugendliche im brandenburgischen Potzlow einen Freund, den 16-jährigen Marinus Schöberl, auf grausamste Weise. Trotz Zeugen blieb der Mord monatelang unentdeckt. Der Filmemacher Andres Veiel suchte vor Ort nach Erklärungen für die Gewalttat. Dazu führte er intensive Gespräche mit den Tätern und ihren Angehörigen, ebenso mit den Hinterbliebenen des Opfers. Aus diesen Recherchen entstand ein Theaterstück, später folgte eine Aufzeichnung der Aufführung und schließlich bündelte Veiel das Material zu einem Buch. Es enthält neben dem Theatertext eine reiche Materialsammlung, die die Interviews und Befragungen verschriftlicht vorlegt, Einblick in die Biografien der Beteiligten erlaubt und eine psychologische Analyse anbietet. Das Buch stellt sachlich dar und liefert eine Chronik dieser unfassbaren Tat. „Ein Lehrstück über Gewalt" lautet der Untertitel. Versucht wird, den „Stoff" auf fiktionalisierte, auf dokumentarische und auf wissenschaftliche Weise einzukreisen. Dieses Sachbuch überzeugt in seiner aufklärerischen Intention, durch seine profunde Information und seine pointiert gearbeitete Konzeption.

(http://www.djlp.jugendliteratur.org/2008/preistraeger_sachbuch-17.htm; Stand 07.04.2009)

Wer Schwäche zeigt, der fällt

Von Jens Bisky

Einer der Freunde von Marinus quälte sich lange mit dem Gedanken, dass er die Tat hätte verhindern können, wenn er damals mitgegangen wäre, mitgetrunken hätte. Warum tat er es nicht? „Warum, warum, warum. Das tut weh." Andres Veiel hat weiter recherchiert und die Geschichte der Tat in einem Buch aufgeschrieben – so nüchtern, aufwühlend und erhellend, wie lange keines mehr erschienen ist. Er stellt die Frage „Warum?", weiß von Anbeginn, dass er sie nicht einfach, nicht in zwei Sätzen und nicht auf vierzig Seiten beantworten kann, und fragt dennoch weiter. Dieses „Lehrstück über Gewalt" könnte ein Klassiker werden: als Geschichtsbuch über die Gegenwart ebenso wie als Modellanalyse eines Gewaltverbrechens.

(Auszug, http://www.buecher.de/shop/ © Süddeutsche Zeitung, 20.03.2007)

Informationen kritisch auswählen

Jeder kann sich – wenn er will – im Internet zu einem Thema äußern. Doch nicht immer sind die Informationen, die ins Internet gestellt werden, geeignet für Ihr Thema bzw. aktuell. Deswegen stehen oft Seiten fragwürdigen Inhalts neben solchen, deren Inhalt allgemein gültig anerkannt ist. Mehr denn je stellt sich die Frage, ob der Inhalt einer Internetseite verwendbar ist.

1 *Was macht für Sie eine gute Informationsquelle im Internet aus? Stellen Sie entsprechende Kriterien auf. Legen Sie die folgenden Punkte zugrunde und ergänzen Sie sie:*

- **Aktualität:**
  Wie neu/alt ist die Information?
  Ist sie noch aktuell?
  ...
- **Herausgeber der Information:**
  Wer hat die Informationen veröffentlicht?
  Wie glaubwürdig ist der Herausgeber?
  ...
- **Adressaten:**
  (z. B. Konsumenten, Wissenschaftler, Schüler, Forumteilnehmer, Interessengruppen)
  ...
- **Zweck:**
  (z. B. Kauf- oder Verkaufsangebot, Informationsangebot, Diskussionsangebot)
  ...
- **Übereinstimmung mit anderen Quellen:**
  (z. B. andere Internetseiten, Lexika)
  ...
- **Empfehlung der Seite in anderen Quellen:**
  (z. B. andere Internetseiten, Schulbücher)
  ...
- **Zusammenspiel von Form und Inhalt:**
  (z. B. Text-Bild-Verhältnis in Abhängigkeit vom Zweck)
  ...

2 *Untersuchen Sie den Nutzen der beiden Rechercheergebnisse (➪ S. 54) mit Hilfe der in Aufgabe 1 zusammengestellten Kriterien. Überprüfen Sie vor allem die Glaubwürdigkeit der Quellen.*

3 *Schreiben und präsentieren Sie selbst ein Kurzreferat.*

a) Suchen Sie sich ein Thema unter den folgenden aus oder finden Sie ein eigenes: Autorin oder Autor Ihres Lieblingsbuches, Namensgeberin oder Namensgeber der Schule, Lieblingssportlerin oder Lieblingssportler ...

b) Suchen Sie Informationen zu Ihrem Thema im Internet.

c) Überprüfen Sie Ihre Rechercheergebnisse mit den Kriterien aus Aufgabe 1.

Informationen entnehmen und visualisieren

Arbeiten mit der Lernkartei

Lerninhalte lassen sich durch das Arbeiten mit einer Lernkartei leichter erschließen, verstehen und behalten. Um sich optimal auf einen Test oder eine Arbeit vorzubereiten, sollten Sie frühzeitig mit dem Erstellen der Lernkartei und dem regelmäßigen Lernen der Inhalte beginnen.

Der Aufbau der Lernkartei

Für die Lernkartei benötigen Sie einen Karteikasten sowie Karteikarten in verschiedenen Farben. Beides können Sie kaufen, aber auch mit wenig Aufwand selbst basteln. Für die Karteikarten können Sie dünne Pappe oder etwas festeres Papier verwenden. Aus einem DIN-A4-Bogen lassen sich acht kleine Kärtchen fertigen. Dazu müssen Sie den Bogen mehrmals falten und die Kärtchen anschließend ausschneiden. Die verschiedenen Farben helfen Ihnen, die Lerninhalte besser auseinanderzuhalten.

Den Karteikasten können Sie auch leicht selbst herstellen, indem Sie eine schmale Schachtel (z.B. einen Schuhkarton) mit vier Unterteilungen versehen, sodass fünf einzelne Fächer entstehen. Die Unterteilungen können Sie mit fester Pappe herstellen. Sie müssen größer sein als die Karteikarten selbst und so genau in den Karton passen, dass sie nicht umfallen.

Wie wird die Lernkartei angelegt?

Auf den Karteikarten notieren Sie nur die wichtigsten Inhalte des Lernstoffs. Auf die Vorderseite schreiben Sie deutlich den zu lernenden Begriff, die Frage oder die Aufgabe, mit deren Hilfe Sie den Lernstoff wiederholen können. Auf der Rückseite notieren Sie jeweils die Erklärung bzw. Antwort.

Wie wird mit der Lernkartei gearbeitet?

Stecken Sie die beschriebenen Kärtchen in das erste Fach, bis sich dort zehn bis zwanzig Karteikarten angesammelt haben. Wiederholen Sie den Lernstoff so lange, bis Sie ihn verinnerlicht haben, dann wandern die Karten ins zweite Fach. Karten, deren Inhalt Sie noch nicht ohne Hilfe wiederholen können, stecken Sie ins erste Fach zurück. Damit Sie die Lerninhalte nicht vergessen, müssen Sie auch die Inhalte der Kästchen zwei bis vier regelmäßig wiederholen. Ins nächste Fach wandern nur die Karten, die bei der Wiederholung gelöst werden. Wenn Sie also eine Aufgabe aus Fach zwei richtig gelöst haben, wandert die entsprechende Karte in das dritte Fach usw. Auf diese Weise füllen und leeren sich die Fächer drei und vier.

Die Karteikarten, bei denen Sie noch Wissenslücken haben, stecken Sie ins erste Fach zurück. Im ersten Fach sind folglich stets die Inhalte, die Sie nochmals lernen müssen.

Je weiter eine Karte nach hinten rutscht, umso besser haben Sie den Lernstoff behalten. Wenn sie in der fünften Zelle angelangt ist, können Sie die Karte beiseitelegen: Sie haben den Stoff bestens gelernt.

1 ***Exzerpieren Sie den Text mit dem Ziel, die Lernkartei einem anderen erläutern zu können (*** ***→ S. 48*** ***). Hierzu suchen Sie nur die gewünschten Informationen heraus und fassen diese zusammen.***

a) Suchen Sie im Text nach wichtigen Aussagen und formulieren Sie hierzu Stichworte und kurze Sätze. Unwichtige Textaussagen lassen Sie weg.

b) Überlegen Sie, ob Ihnen die Informationen zur Lösung des Arbeitsauftrages ausreichen, notieren Sie sich offene Fragen.

c) Fassen Sie alle Informationen zum Thema „Lernkartei“ schriftlich zusammen. Formulieren Sie möglichst eigenständig, denn so behalten Sie die Informationen besser im Gedächtnis.

2 ***Veranschaulichen Sie den Aufbau einer Lernkartei: Fertigen Sie selbstständig eine Zeichnung an.***

3 ***Basteln Sie sich eine Lernkartei und üben Sie damit.***

Nichtlineare Texte verstehen und auswerten

Für viele Jugendliche haben Medien eine große Bedeutung und sie nutzen diese täglich. Jährlich werden in der JIM-Studie Zahlen zum Umgang von Jugendlichen mit Medien erhoben.

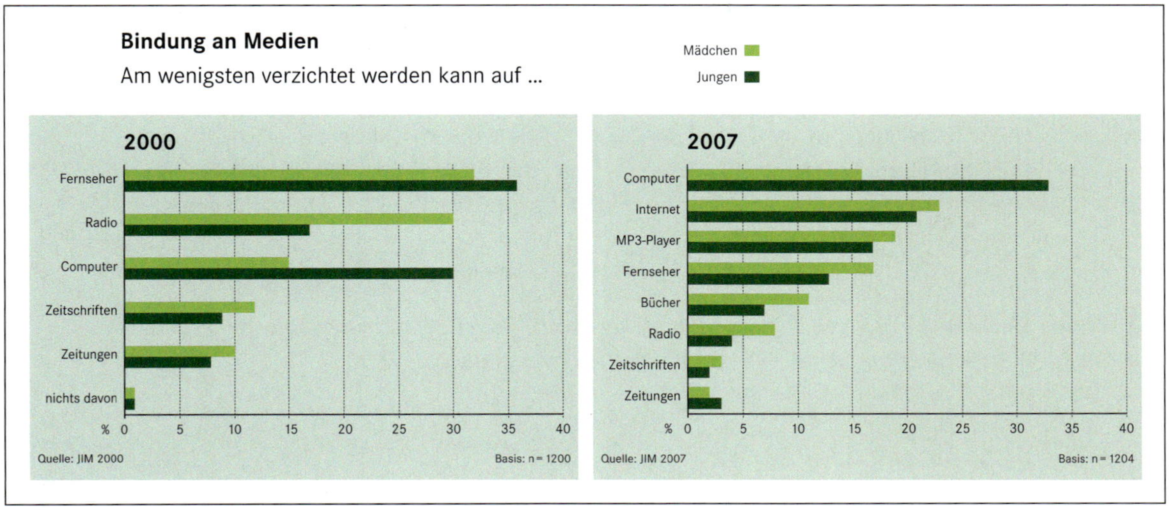

1 ***Werten Sie die beiden Grafiken aus. Machen Sie sich Notizen. Nehmen Sie auch die Arbeitstechnik zu Hilfe.***

a) Vergleichen Sie die Zahlen der Studie aus dem Jahr 2000 mit den Ergebnissen von 2007.

b) Welche Veränderungen können Sie feststellen?

c) Sprechen Sie über die Unterschiede in der Medienbindung zwischen Mädchen und Jungen und finden Sie Gründe für das unterschiedliche Verhalten.

2 ***Fassen Sie die wichtigsten Inhalte der Grafik aus dem Jahr 2007 schriftlich zusammen. Nutzen Sie Ihre Notizen aus Aufgabe 1.***

Die Grafik beschäftigt sich mit der Medienbindung bei Jugendlichen im Jahr 2007. Es wurden insgesamt 1204 Mädchen und Jungen befragt. Der größte Unterschied zeigt sich beim Medium Computer: Während 16 % der Mädchen sagen, sie könnten auf den Computer am wenigsten von allen Medien verzichten, sagen 33 % der …

Arbeitstechnik – Ein Balkendiagramm auswerten

- Was will das Diagramm grundsätzlich verdeutlichen? Um welche Inhalte geht es?
- Welche Informationen sind den beiden Achsen zu entnehmen?
- Von wann ist das Diagramm?
- Wer hat das Diagramm erstellt (Quelle)?
- Welche genauen Informationen beinhaltet das Diagramm?

3 ***Vergleichen Sie Ihr eigenes Verhalten mit den Ergebnissen der Studie von 2007.***

a) Auf welches Medium können Sie am wenigsten verzichten?

b) Wagen Sie eine Zukunftsprognose: Wie wird sich Ihr „Verhältnis" zu den Medien weiterentwickeln?

4 *Wenden Sie die Kopfstandmethode an und gehen Sie vom Gegenteil aus: Wie würde Ihr Leben ohne Internet, Fernsehen etc. aussehen? Beschreiben Sie Ihre Vorstellungen der Klasse*

- für Ihren privaten Alltag
- für Ihren beruflichen Alltag.

5 *Untersuchen Sie die Nutzung von Medien in Ihrer Klasse oder Schule.*

a) Entwickeln Sie in Ihrer Gruppe einen Fragebogen (➪ Kapitel 8, S. 108) zur Nutzung von Medien. Beachten Sie dazu das Basiswissen auf S. 173 und entscheiden Sie, welche Fragetechnik geeignet ist.

b) Verteilen Sie den Fragebogen und lassen Sie ihn von Schülerinnen und Schülern (evtl. von anderen Klassen) ausfüllen.

c) Werten Sie Ihre Ergebnisse aus und präsentieren Sie Ihre Auswertung.

6 *Lassen Sie Ihren Fragebogen auch von Eltern, Verwandten oder Lehrern ausfüllen. Vergleichen Sie diese Ergebnisse mit denen Ihrer Gruppenarbeit. Was stellen Sie fest?*

Fazit

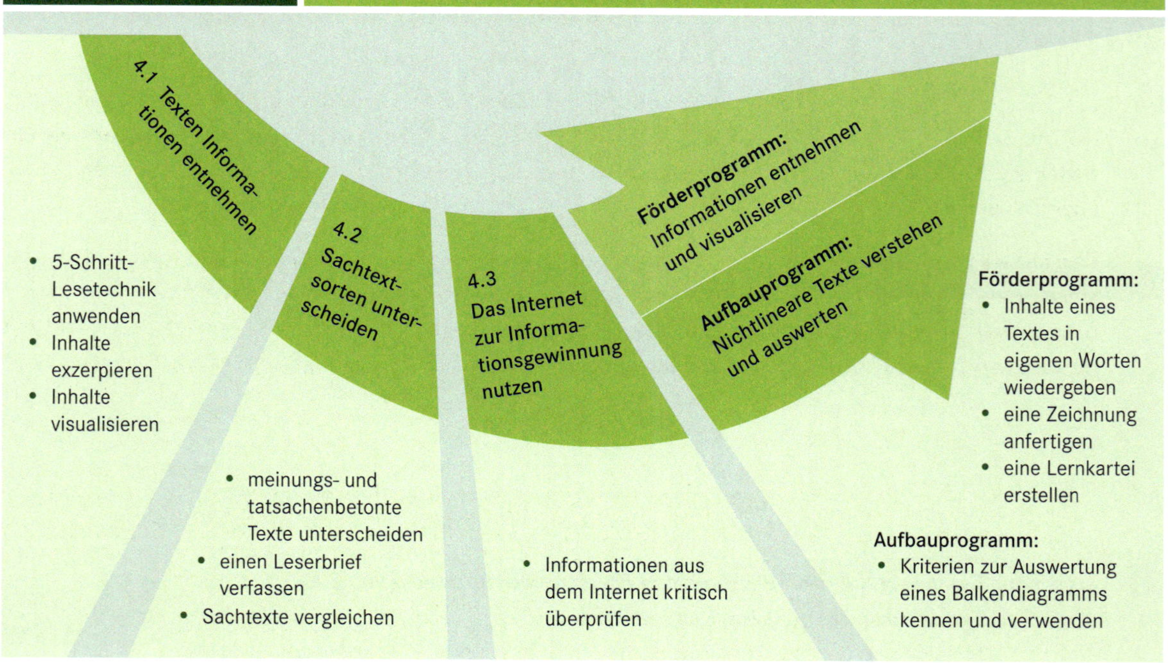

- 5-Schritt-Lesetechnik anwenden
- Inhalte exzerpieren
- Inhalte visualisieren

- meinungs- und tatsachenbetonte Texte unterscheiden
- einen Leserbrief verfassen
- Sachtexte vergleichen

- Informationen aus dem Internet kritisch überprüfen

Förderprogramm:
- Inhalte eines Textes in eigenen Worten wiedergeben
- eine Zeichnung anfertigen
- eine Lernkartei erstellen

Aufbauprogramm:
- Kriterien zur Auswertung eines Balkendiagramms kennen und verwenden

Kapitel 5

Literarische Texte in ihrer Vielfalt kennen lernen

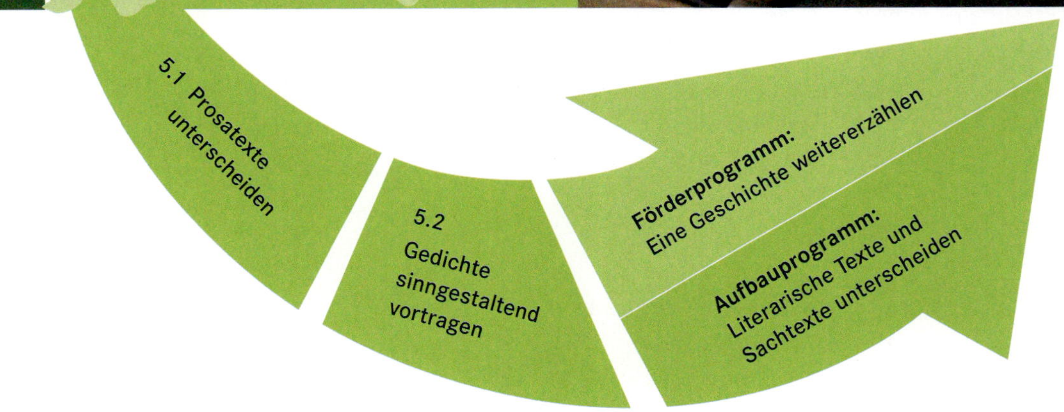

Lesen kann mehr sein als mühevolle Arbeit oder bloßer Zeitvertreib. Wer die verschiedenen Ebenen eines Textes entschlüsseln kann, der erfährt eine Menge über sich und die Welt.

Beschäftigt man sich mit Literatur, so begegnen einem viele Begriffe, die uns helfen sollen, literarische Texte in ihrer Vielfalt zu unterscheiden. Im Unterschied zu sachlichen Texten (Sachtexten) sind literarische Texte fiktional (Fiktion = Ausgedachtes, Dichtung, die nicht wirkliches Geschehen wiedergibt). Sie sind der Fantasie und sprachlichen Schöpferkraft eines Dichters entsprungen.

In diesem Kapitel begegnen Ihnen verschiedene literarische Texte, die Sie zu unterscheiden lernen und die Sie sich durch sinnerfassendes Lesen und mit Hilfe von Schlüsselfragen erschließen werden.

Was ich aus anderen Kapiteln weiß

- ✔ Sprache setzt sich aus verbalen und nonverbalen Signalen zusammen (➪ Kapitel 1).
- ✔ Es gibt einen Sender, der etwas mitteilt, und einen Empfänger, der die Mitteilung interpretiert (➪ Kapitel 1).
- ✔ Die 5-Schritt-Lesetechnik hilft, schwierige Texte leichter zu verstehen (➪ Kapitel 4).
- ✔ Texte unterscheiden sich darin, ob sie erfunden wurden oder sich an einem Sachverhalt orientieren (➪ Kapitel 4).

Prosatexte unterscheiden

Einen Krimi kennen lernen

1 *Tauschen Sie sich über Ihre Leseerfahrungen aus.*

a) Welche Bücher kennen Sie? Nennen Sie Themen, Titel und Autoren.

b) Was lesen Sie neben Romanen und Krimis sonst noch in Ihrem Alltag?

2 *Diskutieren Sie die Frage, ob das Lesen von Büchern wichtig ist.*

a) Sammeln Sie Argumente, die aus Ihrer Sicht für das Lesen sprechen.

b) Sammeln Sie ebenfalls Punkte, die gegen das Lesen sprechen.

c) Bilden Sie zwei Gruppen: Die eine vertritt die Position für, die andere gegen das Lesen. Bestimmen Sie auch einen Diskussionsleiter, der einführende Worte spricht und ggf. vermittelnd eingreift.

3 *Lesen Sie den Text zum Krimi „Seegrund“.*

a) Welche Wirkung haben Text und Cover auf Sie?

b) Was soll jeweils erreicht werden?

Ein mystischer See im Allgäu und ein Mord

Der Alatsee bei Füssen: Ein Taucher liegt tot am Ufer. Zu seinem Missfallen muss Kommissar Kluftinger bei diesem Fall weibliche „Unterstützung“ dulden. Und feststellen, dass ein finsteres Kapitel aus der Geschichte noch gegenwärtig ist.

Einen Krimi kennen lernen

Volker Klüpfel/Michael Kobr: Seegrund

„Oh dear, how marvellous, just like in Disneyland!" Kluftingers Englisch war nicht besonders gut, aber den von der kamerabehängten älteren Frau mit Baseballkappe und riesiger Sonnenbrille ausgerufenen Satz hatte er verstanden. „Hast du das gehört? Wie in Disneyland. Prima! Erst Busladungen voller grinsender und knipsender Japaner und jetzt das. Komm, Erika, wir gehen!"

Es war elf Uhr dreißig. Kluftinger stand mit seiner Frau am Ticketcenter der Königsschlösser Hohenschwangau und Neuschwanstein bei Füssen und war alles andere als gut gelaunt. Nicht nur, weil er fürs bayerische Zuckerbäckerschloss nicht viel übrig hatte. Auch seine Sympathie für die Besucherhorden aus aller Welt, die sich als nicht enden wollender, wuselnder, schnatternder Strom über das Allgäu ergossen, hielt sich in Grenzen. Aber schließlich hatte er doch eingewilligt, ihren Sohn Markus und dessen neue Freundin hier in Füssen abzuholen. Die beiden hatten auf ihrem Weg in die Weihnachtsferien bei Freunden Station gemacht und angekündigt, Heiligabend mit Kluftingers verbringen zu wollen, was Erika in helle Aufregung versetzt hatte. Anscheinend war es Markus ernst mit seiner neuen Liebe, sonst hätte er sie seinen Eltern niemals bereits nach drei Monaten vorgestellt. Die meisten der zahlreichen Vorgängerinnen hatten sie gar nicht erst kennengelernt. „Jetzt mecker halt nicht dauernd rum! Heut ist so ein strahlender Wintertag. Wo doch dein Sohn endlich mal wieder heimkommt. Und auf die Miki bin ich schon so gespannt ..." „Auf wen?" „Auf die Miki, die neue Freundin vom Markus!" „Wie heißt die? Micky? Micky Maus? Passt ja wunderbar nach Disneyland! Und wie heißt sie richtig?" „Der Markus erzählt immer nur von der Miki. Vielleicht Michaela ... Alles, was ich weiß, ist, dass sie auch in Erlangen studiert und zweiundzwanzig Jahre alt ist. Und eine Überraschung gibt es noch, die er mir am Telefon nicht verraten wollte." „Ach so? Bringt sie ihren Hund Pluto mit, oder was?" „Jetzt hör bloß auf! Sonst fährt sie gleich mit dem nächsten Zug zurück."

„Wieso? Gibt's denn einen Direktzug Füssen–Entenhausen?" Erika ignorierte die weiteren Sticheleien ihres Mannes. Sie wusste, dass dies das beste Rezept war, um zu verhindern, dass er einen einmal für gut befundenen Witz den ganzen Tag über in Varianten wiederholte. Da seine Spitzen nun ungehört verhallten, beschloss er, still vor sich hin zu schmollen. „So, hammer's dann?" Kluftinger drehte sich um. Ein Mann schaute missmutig von einem Kutschbock auf ihn herab und gab ihm mit einer Geste zu verstehen, dass er ihm und seiner von zwei glockenbehängten Ponys gezogenen Kutsche im Weg stand. Kluftinger trat einen Schritt zur Seite und winkte die Kutsche mit einer übertrieben freundlichen Geste vorbei. Dieses spöttische Winken hielt die japanische Reisegruppe auf den Sitzen offenbar für einen Ausdruck Allgäuer Gastfreundschaft und winkte ekstatisch zurück.

Kluftinger fragte sich, wie viel eine solche Fahrt wohl kostete. Zehn oder gar zwanzig Euro? Der Kommissar der Kemptener Kriminalpolizei überlegte, ob dies schon den Tatbestand des Wuchers erfüllte, wurde aber vom Anblick eines Pferdes abgelenkt, das seine Äpfel genau vor einem Souvenirladen fallen ließ. Auch wenn er sonst nichts mit Pferden anfangen konnte, fühlte er sich dem Vierbeiner in diesem Moment eigentümlich seelenverwandt. Fassungslos wurde er schließlich Zeuge, wie sich Dutzende Japaner gegenseitig vor einem ordinären Schild fotografierten, auf dem lediglich ein Symbol für Neuschwanstein und ein Hinweis auf den halbstündigen Fußmarsch zum Schloss zu sehen waren. Ihm würde dieses Volk ein ewiges Rätsel bleiben. Ein paar Meter neben dem Schild nahm Kluftinger eine junge Japanerin wahr,

Einen Krimi kennen lernen

die keinen Fotoapparat in der Hand hatte und auch keiner Gruppe anzugehören schien. Die Frau teilte den um sie herumfließenden Touristenstrom wie ein Stein das Wasser eines Baches. Sie ließ sich mit geschlossenen Augen von der Vormittagssonne bescheinen und wirkte auf den Kommissar recht attraktiv – für eine Asiatin jedenfalls. Als sie anfing, in ihrem kleinen Lederrucksack zu kramen, fiel ihr die Sonnenbrille aus dem pechschwarzen Haar. Sie schien den Verlust nicht bemerkt zu haben. Er zögerte. Was ging es ihn an? Andererseits: Dafür, dass die junge Frau sich so touristenuntypisch verhielt, konnte man schon einmal Kavalier spielen. Er gab sich also einen Ruck und ging auf sie zu, bückte sich und hielt ihr schließlich verlegen lächelnd die Brille hin. „Hier, bitte. Verloren. Your sunbrill, Miss. Please!“ Noch bevor die Frau antworten konnte, ertönte hinter Kluftinger eine vertraute Stimme. „Ja Vatter, habt ihr euch schon bekannt gemacht!“ Er drehte sich um. Fragend blickte er in das Gesicht seines Sohnes. Er war so perplex, dass er vergaß, ihn zu begrüßen.

4 *Stellen Sie Vermutungen an, warum Kluftinger am Schluss so perplex ist.*

5 *Beschreiben Sie die Figur Kluftinger mit Hilfe der Arbeitstechnik.*

a) Wie wirkt die Figur auf Sie? Begründen Sie Ihre Antwort.
b) Welche Charaktereigenschaften schreiben Sie ihm zu? Belegen Sie mit Textstellen.
c) Was äußert Kommissar Kluftinger über Japaner? Schließen Sie von diesen Aussagen auf Kluftingers Einstellung gegenüber Touristen.

6 *Schreiben Sie eine kurze Handlungsskizze über den Fortgang des Krimis.*

a) Sammeln Sie im Gespräch Ideen für eine Fortsetzung.
b) Einigen Sie sich auf den Verlauf (was passiert?) und das Ende der Handlung.
c) Notieren Sie in Stichwortsätzen Ihre Ergebnisse und stellen Sie einander „Ihre“ Krimis vor.

7 *Informieren Sie sich im Internet über die Verfasser und ihre weiteren Werke sowie über den Ort der Handlung.*

8 *Sammeln Sie Kurzkrimis, die Sie in Tageszeitungen und Illustrierten finden können, und bringen Sie Ihre Sammlung mit. Wählen Sie einen aus und lesen Sie ihn vor.*

9 *Verfassen Sie nun selbst einen Kurzkrimi, indem Sie Ihre gesammelten Kurzkrimis als Vorlage verwenden.*

10 *Informieren Sie sich über die Textsorte Roman.*

a) Welche Romanarten gibt es?
b) Welche typischen Merkmale kennzeichnen einen Roman? Notieren Sie!

Arbeitstechnik – Eine Figur charakterisieren

Zum Erstellen einer Charakteristik konzentriert man sich auf Textstellen, in denen sich der Erzähler oder die Figuren direkt oder indirekt über eine andere Figur äußern bzw. in denen die Figur selbst spricht.

Die Beschreibung des Äußeren (Gestalt, Gang, Frisur, Kleidung usw.) vermittelt oft den ersten Eindruck. Das Verhalten, die Beziehungen zu den anderen Figuren und die Kommunikation mit ihnen lassen auf den Charakter schließen.

Eine Erzählung auf das eigene Leben übertragen

1 *Welche Erwartungen weckt der Titel „Adler im Hühnerhof“ bei Ihnen?*

James Aggrey: Adler im Hühnerhof

Ein Mann ging in einen Wald, um nach einem Vogel zu suchen, den er mit nach Hause nehmen konnte. Er fing einen jungen Adler, brachte ihn heim und steckte ihn in einen Hühnerhof zu den Hennen. Und er gab ihm Hühnerfutter zu fressen, obwohl er ein Adler war, der König der Vögel.

Nach fünf Jahren erhielt der Mann den Besuch eines naturkundigen Mannes. Als sie miteinander durch den Garten gingen, sagte der: „Dieser Vogel dort ist kein Huhn, er ist ein Adler!“ „Ja“, sagte der Mann, „das stimmt. Aber ich habe ihn zu einem Huhn erzogen. Er ist kein Adler mehr, sondern ein Huhn, auch wenn seine Flügel drei Meter breit sind.“ „Nein“, sagte der andere. „Er ist noch immer ein Adler, denn er hat das Herz eines Adlers. Und das wird ihn hoch hinauf fliegen lassen in die Lüfte.“ „Nein, nein“, sagte der Mann, „er ist jetzt ein richtiges Huhn und wird niemals fliegen.“

Darauf beschlossen sie, eine Probe zu machen. Der naturkundige Mann nahm den Adler, hob ihn in die Höhe und sagte beschwörend: „Du, der du ein Adler bist, der du dem Himmel gehörst und nicht dieser Erde: Breite deine Schwingen aus und fliege!“ Der Adler saß auf der hochgereckten Faust und blickte um sich. Hinter sich sah er die Hühner nach ihren Körnern picken, die der Mann, der die Hühner lieb hütete und für sich aufzog, vor ihnen ausgestreut hatte, und der Adler sprang zu ihnen hinunter. Der Mann sagte: „Ich habe es Ihnen doch gesagt, er ist ein Huhn.“ „Nein“, sagte der andere, „er ist ein Adler und er hat immer das Herz eines Adlers. Lass es uns noch ein einziges Mal versuchen.“

Am nächsten Morgen erhob er sich früh, nahm den Adler und brachte ihn hinaus aus der Stadt, weit weg von den Häusern an den Fuß eines hohen Berges. Die Sonne stieg gerade auf, sie vergoldete den Gipfel des Berges, jede Zinne erstrahlte in der Freude eines wundervollen Morgens. Er hob den Adler hoch und sagte zu ihm: „Adler, du bist ein Adler. Du gehörst dem Himmel und nicht der Erde. Breite deine Schwingen aus und fliege!“

Der Adler blickte umher, zitterte, als erfüllte ihn neues Leben – aber er flog nicht. Da ließ ihn der naturkundige Mann direkt in die Sonne schauen. Und plötzlich breitete er seine gewaltigen Flügel aus, erhob sich mit dem Schrei eines Adlers, flog höher und höher und kehrte nie wieder zurück. Er blieb ein Adler, obwohl er wie ein Huhn aufgezogen und gezähmt worden war.

2 *Untersuchen Sie die Erzählung.*

a) Formulieren Sie eine Kernaussage.
b) Fassen Sie jeden der fünf Abschnitte in einem Satz zusammen.
c) Wie verändert sich der Text inhaltlich von Absatz zu Absatz? Können Sie eine Steigerung erkennen?
d) Finden Sie heraus, aus welcher Perspektive erzählt wird.

3 *Ein Zitat von Ernst Bloch lautet: „In jedem Menschen steckt ein zweiter Mensch, der die Flügel noch nicht ausgebreitet hat.“ Stellen Sie eine Verbindung her*

a) zur Erzählung „Adler im Hühnerhof“,
b) zu Ihrem eigenen Leben.

Tipp

Versetzen Sie sich in die Perspektive des Adlers und erzählen Sie das Geschehen aus seiner Sicht. Vergleichen Sie die beiden Erzählungen in ihrer Wirkung.

Eine Kurzgeschichte untersuchen

Nicht immer ist es einfach, Entscheidungen im Leben zu treffen. Eine Entscheidung kann einen „Sprung in die Zukunft“ bedeuten oder auch „den freien Fall nach unten“. Oft ist nicht von Beginn an deutlich, wo und wie wir „landen“ werden.

Stefan Heusler: Der Fall

Der Herr war sichtlich erregt, was aber kein Wunder war. Er spürte ein flaues Gefühl im Magen, sodass es ihm ganz allgemein nicht sonderlich gut ging. Ganz vorsichtig schielte er nach unten, schreckte aber sofort zurück. Es war ihm ein Horror, daran zu denken, dass er dort hinunterspringen wollte. Wozu überhaupt?

Klar, ganz allein seine Entscheidung war es nicht, diesen Schritt zu tun. Unbewusst oder bewusst hatten ihn seine Mitmenschen bis hierher gebracht. Und jetzt stand er ganz allein vor der Entscheidung, ob er die Konsequenz ziehen sollte.

Was würde passieren, wenn er nicht spränge? Seine Frau wäre enttäuscht. Ja, enttäuscht. So weit war es mit ihnen gekommen, oder ist es schon immer so gewesen, dass seine Frau von ihm erwartete, dass er irgendetwas Außergewöhnliches machte. Egal was, nur außergewöhnlich musste es sein.

Der Herr ging einen winzigen Schritt nach vorn, schloss dann aber seine Augen und dachte weiter. Kinder? Nein, Kinder hatte er nicht, also konnten sie auch nichts von ihm denken, wenn er nicht hinabspränge. Aber Freunde und Bekannte? Für alle Ewigkeit als willenloser Versager abgestempelt? Er fühlte sich unglaublich eingeklemmt, konnte nicht mehr zurück, nicht zur Seite, nur noch nach vorn. Und davor hatte er unglaubliche Angst. Aber nur das war noch möglich. Nur das! Er zuckte nach vorn, hielt sich aber schnell wieder an.

Einen kurzen Augenblick dachte der Herr gar nichts. Das nutzte er aus. Und sprang. Er riss die Augen auf, breitete seine Arme aus und starrte in die Tiefe.

Es erfüllte ihn mit Genugtuung, dass er es geschafft hatte. Die Angst war völlig verschwunden, denn nun schwebte er frei im Raum. Frei, nur noch frei.

Wenige Minuten später landete er auf der großen, grünen Wiese. Seine Freunde eilten herbei und gratulierten dem Herrn zu seinem ersten Sprung. Gemeinsam rollten sie den Fallschirm ein.

1 *Tauschen Sie sich in der Klasse aus.*

a) Wie wirkt der Text auf Sie? Welche Gefühle löst er in Ihnen aus?

b) Was haben Sie zunächst gedacht, worum es im Text geht?

c) Klären Sie die folgenden Begriffe im Textzusammenhang:
- *schielen* (Z. 2),
- *Horror* (Z. 3),
- *Konsequenz* (Z. 7),
- *außergewöhnlich* (Z. 10) und
- *Genugtuung* (Z. 20).

d) Geben Sie den Inhalt des Textes kurz mündlich in eigenen Worten wieder.

Eine Kurzgeschichte untersuchen

Die Kurzgeschichte „Der Fall“ führt zunächst inhaltlich auf eine falsche Spur. Auf diese Weise gelingt dem Autor ein überraschendes Ende.

2 ***Untersuchen Sie den Text inhaltlich genauer.***

a) Fassen Sie die vier Abschnitte des Textes schriftlich in kurzen Sätzen zusammen.

Abschnitte	Inhalt der Textabschnitte
1. Z. 1–7	• *Ein Mann will irgendwo hinunterspringen und hat Angst davor. Er zweifelt, ob er es tun soll.*
2. Z. 8–17	• ...

b) Wie verschleiert der Autor zunächst, um welche Art von Sprung es sich handelt? Nennen Sie entsprechende Textstellen mit Zeilenangaben.
„Ganz vorsichtig schielte er nach unten ...“ (Zeile 2–3)
„... dass er dort hinunterspringen wollte.“ (Zeile 3–4)
...

c) Die Überschrift „Der Fall“ kann unterschiedlich gedeutet werden. Sammeln Sie Vorschläge.

d) Lesen Sie den letzten Abschnitt des Textes noch einmal. Überlegen Sie, welche Bedeutung das Wort „landen“ im Text hat und wie man es über das konkrete Landen des „Herrn“ hinaus noch deuten könnte.

In der Kurzgeschichte wagt der Mann den Sprung schließlich. Als Leser/Leserin kann man versuchen, das Ende der Geschichte auf das eigene Leben zu übertragen.

3 ***Stellen Sie einen Bezug zwischen dem Text und Ihrem eigenen Leben her.***

a) Listen Sie auf, in welchen Lebensbereichen sich bei Ihnen persönlich in nächster Zeit voraussichtlich Veränderungen ergeben werden.

b) Was müssen Sie für einen „gelungenen Absprung“ tun? Wie können Sie sich auf neue Lebenssituationen vorbereiten? Nehmen Sie dazu schriftlich Stellung.

4 ***Finden Sie die Merkmale einer Kurzgeschichte im Text.***

Basiswissen **Kurzgeschichte**

Der Begriff **Kurzgeschichte** entstand in Anlehnung an die amerikanische **Short Story**. Sie ist gekennzeichnet durch einen unvermittelten Anfang („ein Sprung mitten hinein ins Geschehen“) und einen offengehaltenen Schluss, der die Leser dazu auffordert, selbst über ein Ende und eine Lösung nachzudenken. Die Handelnden sind „Alltagsmenschen“, aus deren Leben blitzlichtartig ein wichtiger Ausschnitt, ein einzelnes, besonderes Geschehen dargestellt wird. Die Sprache ist oft klar und konkret, nahe an der Alltagssprache.

Eine Parabel verstehen

Basiswissen **Parabel**

Die Parabel (von griechisch *parabole* = Gleichnis) hat einen lehrhaften Charakter und enthält meist eine allgemeine Erkenntnis, die der Leser auf sein eigenes Leben übertragen kann. Die im Vordergrund stehende Handlung hat damit eine symbolische Bedeutung. Der Leser verbindet das Gesagte und Gemeinte in der Interpretation.

Nossrat Peseschkian: Es fällt kein Meister vom Himmel

Ein Zauberkünstler führte am Hofe des Sultans seine Kunst vor und begeisterte seine Zuschauer. Der Sultan selbst war außer sich vor Bewunderung: „Gott, stehe mir bei, welch Wunder, welch ein Genie." Sein Wesir gab zu bedenken: „Hoheit, kein Meister fällt vom Himmel. Die Kunst des Zauberns ist die Folge seines Fleißes und seiner Übungen." Der Sultan runzelte die Stirn. Der Widerspruch seines Wesirs hatte ihm die Freude an den Zauberkunststücken verdorben. „Du undankbarer Mensch. Wie kannst du behaupten, dass solche Fertigkeiten durch Übung kommen? Es ist, wie ich sage. Entweder man hat das Talent oder man hat es nicht." Abschätzend blickte er seinen Wesir an und rief: „Du hast es jedenfalls nicht. Ab mit dir in den Kerker. Dort kannst du über meine Worte nachdenken. Damit du nicht so einsam bist und du deinesgleichen um dich hast, bekommst du ein Kalb als Kerkergenossen." Vom ersten Tag seiner Kerkerzeit an übte der Wesir, das Kalb hochzuheben, und trug es jeden Tag über die Treppen seines Kerkerturmes. Die Monate vergingen. Aus dem Kalb wurde ein mächtiger Stier und mit jedem Tag der Übung wuchsen die Kräfte des Wesirs. Eines Tages erinnerte sich der Sultan an seinen Gefangenen. Er ließ ihn zu sich holen. Bei seinem Anblick überwältigte ihn das Staunen. „Gott, steh mir bei, welch ein Wunder, welch ein Genie!" Der Wesir, der mit ausgestreckten Armen den Stier trug, antwortete mit den gleichen Worten wie damals: „Hoheit, kein Meister fällt vom Himmel. Dieses Tier hattest du mir in deiner Gnade mitgegeben. Meine Kraft ist eine Folge meines Fleißes und meiner Übungen."

1 ***Untersuchen Sie die Parabel nach folgenden Gesichtspunkten: Welche Ansichten stehen sich hier gegenüber? Was beweist der Wesir dem Sultan und wie tut er das?***

2 ***Fassen Sie den Inhalt mit eigenen Worten zusammen.***

3 ***Ziehen Sie Schlussfolgerungen daraus, dass es sich bei diesem Text um eine Parabel handelt.***

a) Formulieren Sie eine Lehre aus der Geschichte.

b) „Das schaffst du nie!", wird häufig leichtfertig gesagt. Was könnten Sie nun darauf antworten?

Tipp

Finden Sie Sprichwörter, die eine ähnliche Lebenssicht zum Ausdruck bringen wie die des Wesirs.

Arbeitstechnik **Den Inhalt mündlich zusammenfassen**

Nennen Sie im Einleitungssatz Autor, Titel und Textsorte und geben Sie das Thema des Textes an.

Beschränken Sie sich auf das Wesentliche, indem Sie die W-Fragen beantworten (Wer?, Was?, Wann?, Wo?, Wie?, Warum?). Halten Sie die Handlungsschritte und die Reihenfolge der Vorlage ein.

Verzichten Sie auf direkte Rede, spannungssteigernde Elemente und eigene Wertungen. Formulieren Sie so sachlich und knapp wie möglich. Wählen Sie das Präsens (Gegenwart).

Gedichte sinngestaltend vortragen

Schauspieler und Radiosprecher werden speziell dafür ausgebildet, Texte durch lautes Sprechen einem Publikum zu präsentieren und dadurch zum Leben zu erwecken, denn Sprache ist Werkzeug. Sie dient – laut vorgetragen – zur Unterstützung des Sinns.

1 ***Was drücken Sie mit Ihrer Stimme aus,***
- wenn Sie mit lauter, polternder Stimme lesen?
- wenn Sie mit leiser, fast flüsternder Stimme lesen?
- wenn Sie mit schriller Stimme lesen?
- wenn Sie nuscheln?

2 ***Erfassen Sie die Betonung von Wörtern.***

a) Wie werden nachfolgende Wörter betont? Schreiben Sie die Wörter ab und markieren Sie sie nach einem der beiden nebenstehenden Muster.

Handy	Ausbildungsvertrag	Abschlussprüfung
Betonung	Schlafwagen	mutlos
Gedicht	Osterferien	Brieftasche

so: Versúch

oder so: Versuch (Ver: unbetont, such: betont)

b) Lesen Sie sich die Wörter gegenseitig laut und betont vor.

c) Lesen Sie den folgenden Satz mit deutlicher Betonung:
Die Feuerwehr kommt blitzschnell her.

3 ***Üben Sie die Wirkung von Betonung und Pausen an folgendem Satz. Variieren Sie und lesen Sie sich gegenseitig vor.***
Aber glauben Sie ja nicht, meine sehr verehrten Damen und Herren, dass ich das heute hier so noch einmal vortragen werde.

Basiswissen – Die Stimme als Werkzeug verwenden

Die Stimmlage und Stimmintensität

Ihre Stimme umfasst hohe und tiefe Frequenzen. Dies fällt u.a. beim Singen auf, aber auch beim Sprechen und beim lauten Lesen können Sie variieren.

Die Betonung und der Rhythmus

Durch die unterschiedliche Betonung erhält ein Text einen bestimmten Klang. Besonders deutlich wird dies in Gedichten, wenn Wortpaare sich reimen, also einen ähnlichen oder völlig gleichen Klang haben. Ein Sprachrhythmus entsteht durch den Wechsel zwischen betonten und unbetonten Silben. Dieser Wechsel kann regelmäßig sein oder sich verändern.

Wechselt man laute und leise, hohe und tiefe Tonlagen nicht ab, so fehlt die Betonung und der Sprachrhythmus bleibt immer gleich. Die Textpräsentation ist dann monoton und langweilig, der Text wirkt heruntergeleiert.

Die Lesegeschwindigkeit und die Pausen

Wer Pausen beim Vorlesen macht und den Fluss der Worte variiert, erhöht die Aufmerksamkeit der Zuhörer und steigert die Spannung. Häufig werden Texte zu schnell vorgetragen, dabei leidet das Verständnis des Gelesenen.

Lustiges wirkungsvoll vortragen

Wilhelm Busch: Der Einsame

Wer einsam ist, der hat es gut,
weil keiner da, der ihm was tut.
Ihn stört in seinem Lustrevier
kein Tier, kein Mensch und kein Klavier,
und niemand gibt ihm weise Lehren,
die gut gemeint und bös zu hören.
Der Welt entronnen, geht er still
in Filzpantoffeln, wann er will.
Sogar im Schlafrock wandelt er
bequem den ganzen Tag umher.
Er kennt kein weibliches Verbot,
drum raucht und dampft er wie ein Schlot.
Geschützt vor fremden Späherblicken,
kann er sich selbst die Hose flicken.
Liebt er Musik, so darf er flöten,
um angenehm die Zeit zu töten,
und laut und kräftig darf er prusten,
und ohne Rücksicht darf er husten,
und allgemach vergisst man seiner.
Nur allerhöchstens fragt mal einer:
„Was, lebt er noch? Ei, Schwerenot,
ich dachte längst, er wäre tot!“
Kurz, abgesehn vom Steuerzahlen,
lässt sich das Glück nicht schöner malen.
Worauf denn auch der Satz beruht:
Wer einsam ist, der hat es gut.

Gedicht eines Minnesängers

Du bist min? Ich bin din;
des solt du gewis sin;
du bist beslozzen
in minem herzen;
verlorn ist das slüzzelin;
du muost immer drinne sin!

Heinz Erhardt: Der Kabeljau

Das Meer ist weit, das Meer ist blau,
im Wasser schwimmt ein Kabeljau.
Da kömmt ein Hai von ungefähr,
ich glaub' von links, ich weiß nicht mehr,
verschluckt den Fisch mit Haut und Haar,
das ist zwar traurig, aber wahr. ---
Das Meer ist weit, das Meer ist blau,
im Wasser schwimmt kein Kabeljau.

Eugen Roth: Ein Mensch

Ein Mensch erblickt das Licht der Welt –
doch oft hat sich herausgestellt,
nach manchem trüb verbrachten Jahr,
dass dies der einzige Lichtblick war.

1 *Lesen Sie die Gedichte mit deutlicher Betonung vor. Sprechen Sie in unterschiedlichem Tempo und achten Sie auf Pausen.*

2 *Welches Gedicht spricht Sie am meisten an? Begründen Sie Ihre Antwort.*

3 *Formulieren Sie für jedes der Gedichte die Kernaussage.*

4 *Bilden Sie Arbeitsgruppen und recherchieren Sie im Internet nach Informationen zu jeweils einem der obigen Autoren.*

a) Tragen Sie Informationen zum Leben des Autors zusammen.
b) Finden Sie etwas über sein Werk heraus.
c) Wählen Sie die wichtigsten Informationen aus und erstellen Sie damit ein Präsentationsplakat.
d) Stellen Sie sich Ihre Ergebnisse gegenseitig vor.

5 *Werden Sie nun selbst zum Dichter und verfassen Sie ein humorvolles Gedicht zu Ihrem Schul- oder Berufsalltag.*

Eine Ballade vortragen und umschreiben

1 *Lesen Sie die Ballade betont, langsam und mit Pausen vor. Variieren Sie Ihren Vortrag.*

Friedrich Schiller: Der Handschuh

Vor seinem Löwengarten,
Das Kampfspiel zu erwarten,
Saß König Franz,
Und um ihn die Großen der Krone,
Und rings auf hohem Balkone
Die Damen in schönem Kranz.

Und wie er winkt mit dem Finger,
Auf tut sich der weite Zwinger,
Und hinein mit bedächtigem Schritt
Ein Löwe tritt,
Und sieht sich stumm
Rings um,
Mit langem Gähnen,
Und schüttelt die Mähnen,
Und streckt die Glieder,
Und legt sich nieder.

Und der König winkt wieder,
Da öffnet sich behend
Ein zweites Tor,
Daraus rennt
Mit wildem Sprunge
Ein Tiger hervor,
Wie der den Löwen erschaut,
Brüllt er laut,
Schlägt mit dem Schweif
Einen furchtbaren Reif,
Und recket die Zunge,
Und im Kreise scheu
Umgeht er den Leu[1]
Grimmig schnurrend;
Drauf streckt er sich murrend
Zur Seite nieder.

Und der König winkt wieder,
Da speit das doppelt geöffnete Haus
Zwei Leoparden auf einmal aus,
Die stürzen mit mutiger Kampfbegier
Auf das Tigertier,
Das packt sie mit seinen grimmigen Tatzen,
Und der Leu mit Gebrüll
Richtet sich auf, da wird's still,
Und herum im Kreis,
Von Mordsucht heiß,
Lagern die gräulichen Katzen.

Da fällt von des Altans[2] Rand
Ein Handschuh von schöner Hand
Zwischen den Tiger und den Leu'n
Mitten hinein.

Und zu Ritter Delorges spottenderweis
Wendet sich Fräulein Kunigund:
»Herr Ritter, ist Eure Liebe so heiß,
Wie Ihr mir's schwört zu jeder Stund,
Ei, so hebt mir den Handschuh auf.«

Und der Ritter in schnellem Lauf
Steigt hinab in den furchtbarn Zwinger
Mit festem Schritte,
Und aus der Ungeheuer Mitte
Nimmt er den Handschuh mit keckem Finger.

Und mit Erstaunen und mit Grauen
Sehen's die Ritter und Edelfrauen,
Und gelassen bringt er den Handschuh zurück.
Da schallt ihm sein Lob aus jedem Munde,
Aber mit zärtlichem Liebesblick –
Er verheißt ihm sein nahes Glück –
Empfängt ihn Fräulein Kunigunde.
Und er wirft ihr den Handschuh ins Gesicht:
»Den Dank, Dame, begehr ich nicht«,
Und verlässt sie zur selben Stunde.

1 Leu = Löwe; 2 Altan = Balkon

2 *Versetzen Sie sich in die Rolle eines Rundfunk-Reporters. Lesen Sie die Ballade, als sei sie eine Live-Reportage. Wo und wie müssen Sie den Text dafür verändern?*

3 *Verwandeln Sie das Erzählgedicht in einen Augenzeugenbericht (➪ Kapitel 3, S. 41).*

Lautmalerei als Stilmittel kennen lernen

Basiswissen Lautmalerei

Durch geschickte Wortwahl können Sinneseindrücke (z. B. Geräusche) mit Hilfe von Sprachlauten nachgeahmt werden. Dieser Sprachgebrauch heißt Lautmalerei oder Onomatopoesie. Das Wort ahmt das Geschehen nach und verstärkt durch den Klang seine Bedeutung.

James Krüss: Das Feuer

Hörst du, wie die Flammen flüstern,
Knicken, knacken, krachen, knistern,
Wie das Feuer rauscht und saust,
Brodelt, brutzelt, brennt und braust?

Siehst du, wie die Flammen lecken,
Züngeln und die Zunge blecken,
Wie das Feuer tanzt und zuckt,
Trockne Hölzer schlingt und schluckt?

Riechst du, wie die Flammen rauchen,
Brenzlig, brutzlig, brandig schmauchen,
Wie das Feuer, rot und schwarz,
Duftet, schmeckt nach Pech und Harz?

Fühlst du, wie die Flammen schwärmen
Glut aushauchen, wohlig wärmen,
Wie das Feuer, flackrig-wild,
Dich in warme Wellen hüllt?

Hörst du, wie es leiser knackt?
Siehst du, wie es matter flackt?
Riechst du, wie der Rauch verzieht?
Fühlst du, wie die Wärme flieht?

Kleiner wird der Feuersbraus:
Ein letztes Knistern,
Ein feines Flüstern,
Ein schwaches Züngeln,
Ein dünnes Ringeln –
Aus.

1 ***Lesen Sie das Gedicht laut und achten Sie auf eine deutliche Aussprache aller Silben.***

a) Was bezweckt James Krüss mit der Lautmalerei (➪Basiswissen oben)?

b) In dem Gedicht werden neben dem Gehör noch andere Sinne angesprochen. Welche Sinne sind es und wie werden sie angesprochen?

c) Untersuchen Sie das Reimschema (➪Basiswissen unten). Um welchen Reim handelt es sich? Wo wird er unterbrochen und wie kann das begründet werden?

Basiswissen Merkmale eines Gedichts

Gedichte unterscheiden sich von Prosatexten durch die äußere Form. Sie sind sehr ausdrucksstark, häufig emotional und subjektiv und in einer verdichteten, vieldeutigen Sprache verfasst. Eine **Strophe** ist eine Einheit aus mehreren zusammenhängenden Versen, während ein **Vers** eine Zeile des Gedichts darstellt. Der **Reim** entsteht durch den Gleichklang zweier Wörter am Zeilenende eines Gedichts. Die häufigsten Reimformen sind:

Paarreim:		**Kreuzreim:**		**umarmender Reim:**	
... Meister	a	... Laterne	a	... Franz	a
... Geister	a	... mir	b	... Krone	b
... begeben	b	... Sterne	a	... Balkone	b
... leben	b	... wir	b	... Kranz	a

Lautmalerei als Stilmittel kennen lernen

Ernst Jandl: schtzngrmm

schtzngrmm
schtzngrmm
t-t-t-t
t-t-t-t
grrrmmmmm
t-t-t-t
s--------c--------h
tzngrmm
tzngrmm
tzgrmm
grrrmmmmm
schtzn
schtzn
t-t-t-t
t-t-t-t
schtzngrmm
schtzngrmm
tsssssssssssssssssss
grrt
grrrrrt
grrrrrrrrt
scht
scht
t-t-t-t-t-t-t-t-t-t
scht
tzngrmm
tzngrmm
t-t-t-t-t-t-t-t-t-t
scht
scht
scht
scht
scht
grrrrrrrrrrrrrrrrrrrrrrrrrrr
t-tt

2 ***Lesen Sie das Gedicht erst leise und dann laut.***

3 ***Untersuchen Sie das Gedicht.***

a) Vergleichen Sie die Buchstaben der einzelnen Verse mit der Überschrift. Was fällt Ihnen auf?

b) Wovon handelt das Gedicht? Stellen Sie Vermutungen an.

c) Ordnen Sie folgende Bedeutungen den einzelnen Lautgruppen zu: *tot, Schützengraben, Grimm oder Zorn, zischendes Geräusch von fliegenden Geschossen, Abschussgeräusche von Geschossen, grimmiges, zorniges Zähnezusammenbeißen.*

4 ***Hören Sie, wie Ernst Jandl selbst „schtzngrmm" liest.***

a) Suchen Sie dazu im Internet auf der Seite des Dichters.

b) Hören Sie sich weitere Interpretationen des Gedichts an, die Sie ebenfalls im Internet finden können.

Ernst Jandl: ottos mops

ottos mops trotzt
otto: fort mops fort
ottos mops hopst fort
otto: soso

otto holt koks
otto holt obst
otto horcht
otto: mops mops
otto hofft

ottos mops klopft
otto: komm mops komm
ottos mops kommt
ottos mops kotzt
otto: ogottogott

5 ***Tragen Sie „ottos mops" in der Klasse vor und hören Sie anschließend die von Ernst Jandl gelesene Version. Suchen Sie dazu erneut im Internet.***

a) Gewinnt die Aussage des Gedichts durch das laute Lesen? Begründen Sie Ihre Meinung.

b) Geben Sie mit eigenen Worten den Inhalt des Gedichts wieder.

6 ***Verwandeln Sie „ottos mops" in einen kurzen Comic und sprechen Sie bei der Präsentation die passenden Verszeilen dazu.***

Eine Geschichte weitererzählen

Um eine Geschichte weitererzählen zu können, wird Ihnen der Anfang der Geschichte vorgegeben. Sie finden Ort und Zeit der Handlung sowie Figuren und Erzählperspektive vor. Diese übernehmen Sie und erzählen die Geschichte zu Ende.

Michaela Seul: Allmorgendlich

Jeden Morgen sah ich sie. Ich glaube, sie fiel mir gleich bei der ersten Fahrt auf. Ich hatte meinen Arbeitsplatz gewechselt und fuhr vom Ersten des Monats an mit dem Bus um 8:11 Uhr.

Es war Winter. Jeden Morgen trug sie den kirschroten Mantel, weiße, pelzbesetzte Stiefel, weiße Handschuhe, und ihr langes, dunkelbraunes, glattes Haar war zu einem ungewöhnlichen, aber langweiligen Knoten aufgesteckt. Jeden Morgen stieg sie um 8:15 Uhr zu und ging mit hoch erhobenem Kopf auf ihren Stammplatz, vorletzte Reihe rechts, zu.

Das Wort mürrisch passte gut zu ihr. Sie war mir sofort unsympathisch. So geht es mir oft: Ich sehe fremde Menschen, wechsle kein Wort mit ihnen und fühle Ablehnung und Ärger bei ihrem bloßen Anblick. Ich wusste nicht, was mich an ihr so störte, denn ich fand sie nicht schön: Es war also kein Neid.

Sie stieg zu, setzte sich auf ihren seltsamerweise immer freien Platz, holte die Zeitung aus ihrer schwarzen Tasche und begann zu lesen. Jeden Morgen ab Seite drei. Nach der dritten Station griff sie erneut in die Tasche und holte – ohne den Blick von der Zeitung zu wenden – zwei belegte Brote hervor. Einmal mit Salami und einmal mit Mettwurst. Lesend aß sie. Sie schmatzte nicht, und trotzdem erfüllte mich ihr essender Anblick mit Ekel.

Die Brote waren in einem Klarsichtbeutel aufbewahrt, und ich fragte mich oft, ob sie täglich einen neuen Beutel benutzte oder denselben mehrmals verwendete.

Ich beobachtete sie ungefähr zwei Wochen, als sie mir gegenüber das erste Mal ihre mürrische Gleichgültigkeit aufgab. Sie musterte mich prüfend. Ich wich ihr nicht aus. Unsere Feindschaft war besiegelt. Am nächsten Morgen setzte ich mich auf ihren Stammplatz …

1 *Tragen Sie schriftlich die Informationen aus dem Text zusammen über: die Personen, den Ort, das Geschehen.*

2 *Schreiben Sie die Geschichte „Allmorgendlich" in der Ich-Perspektive zu Ende. Achten Sie auf den im Text angelegten Konflikt. Überlegen Sie, wie der Konflikt zugespitzt werden kann.*

Basiswissen **Die Ich-Erzählperspektive**

Ich-Erzählperspektive: Der Ich-Erzähler erzählt aus der Perspektive einer Figur den Handlungsverlauf und durchlebt innerhalb des Geschehens Höhen und Tiefen. Der Ich-Erzähler kann die Gefühle anderer Figuren nur erahnen, letzte Sicherheit hat er nicht.

Literarische Texte und Sachtexte unterscheiden

1. Dan Brown: Sakrileg

Prolog – Der Louvre, Paris – 22.46 Uhr

In der Grande Galerie stürzte Jacques Saunière, der Museumsdirektor, zu einem der kostbaren alten Meister, einem Caravaggio, klammerte sich an den schweren Goldrahmen und hängte sich mit seinem ganzen Gewicht daran, bis das Gemälde sich von seiner Aufhängung löste. Die Leinwand beulte sich aus, als sie den rückwärts fallenden siebenundsechzigjährigen Gelehrten unter sich begrub. Augenblicke später fuhr ganz in der Nähe mit dröhnendem Krachen das stählerne Sicherheits-Trenngitter herunter. Der Parkettboden bebte unter der Wucht des Aufpralls. Irgendwo in der Ferne schrillte eine Alarmglocke …

2. Zu Dan Browns „Sakrileg"

Bücher, bei denen die Fiktion sehr nahe an der Realität ist, faszinieren und bringen eine Seite des Wiedererkennens zum Schwingen, die einen das Buch nicht mehr aus der Hand legen lässt. So auch bei Dan Browns Roman „Sakrileg", im englischen Original als „The Da Vince Code" bekannt, was das Thema des Buchs deutlicher trifft. …

3. Dan Brown-Thriller zeigt neues Interesse an Religion

Katholischer Filmexperte sieht neue Bildungsaufgabe der Kirche

FRANKFURT. – Die Begeisterung für den Film „Der Da Vinci-Code – Sakrileg" zeigt ein durchaus erfreuliches neues Interesse an Religion. Das betonte der Theologe und Leiter des künftigen katholischen Bildungszentrums Haus am Dom in Frankfurt, Dr. Joachim Valentin, zum Filmstart des Hollywood-Streifens am Donnerstag. Wichtiger aber sei, dass den Kirchen hier eine neue Bildungsaufgabe erwachse, denn nur im Sakrothriller seien am Ende der Lektüre alle Glaubensrätsel gelöst. Der Film versucht ebenso wie der Bestseller „Sakrileg" des amerikanischen Autors Dan Brown auf spannende Weise eine neue Geschichtsschreibung zum Leben Jesu zu etablieren. Danach soll Jesus eine Liebesbeziehung mit Maria Magdalena eingegangen sein, aus der Kinder und damit ein alternatives, vom Vatikan aber unterdrücktes Christentum hervorgegangen seien. …

(Internetportal des Bistums Limburg, http://bistumlimburg.de, 18.05.2006)

1 ***Untersuchen Sie die drei Texte und entscheiden Sie, ob es sich jeweils um einen Sachtext oder einen literarischen Text handelt. Begründen Sie Ihre Antwort (*** ***➪ Basiswissen, S. 74*** ***).***

2 ***Fassen Sie kurz in eigenen Worten zusammen, was Sie inhaltlich in den drei Texten erfahren.***

3 *Wenn Sie nun auf den Geschmack gekommen sind, können Sie*

a) eine längere Leseprobe im Internet finden,
b) den Titel in der öffentlichen Bibliothek ausleihen,
c) Bestellnummer (ISBN) und Preis recherchieren, um das Buch zu kaufen,
d) den Film gemeinsam mit Ihrer Klasse anschauen.

Basiswissen – Literarische Texte und Sachtexte unterscheiden

Als **literarische Texte** werden solche Texte bezeichnet, die von einer Autorin oder einem Autor erdacht oder erfunden wurden. Sie können zwar auf realen Erlebnissen beruhen, Handlung und Figuren existieren aber nur in der Vorstellung des Autors. Diese Texte werden auch **fiktionale Texte** genannt. Sie sind oft vieldeutig, d. h., sie lassen mehrere Deutungsmöglichkeiten zu und sind in der Regel sprachlich sehr bewusst gestaltet.

In **Sachtexten** geben Autoren tatsächlich existierende Sachverhalte wieder und setzen sich mit diesen auseinander. Diese Texte nennt man auch **nichtfiktionale Texte**. Sie sind gewöhnlich eindeutig geschrieben, d. h., sie lassen keine weiteren Deutungsmöglichkeiten zu.

Fazit

5.1 Prosatexte unterscheiden

- Textsorten
  - Kriminalroman
  - Erzählung
  - Kurzgeschichte
  - Parabel
- Texte untersuchen
  - Eine Figur charakterisieren
  - Den Aufbau analysieren
  - Merkmale einer Kurzgeschichte kennen und anwenden
  - Inhalte mündlich zusammenfassen

5.2 Gedichte sinngestaltend vortragen

- Stimme als Werkzeug verwenden
  - Stimmlage und -intensität
  - Betonung und Rhythmus
  - Lesegeschwindigkeit und Pausen
- Lautmalerei zur Unterstützung der Aussage kennen
- Gedichte fachgerecht beschreiben
  - Strophe
  - Vers
  - Reim

Förderprogramm: Eine Geschichte weitererzählen

Aufbauprogramm: Literarische Texte und Sachtexte unterscheiden

Förderprogramm:
- Inhalte, Spannungselemente und Erzählperspektive zum Weitererzählen nutzen

Aufbauprogramm:
- Merkmale von Texten zur Bestimmung nutzen

Kapitel 6

Besonderheiten fachsprachlicher Texte untersuchen

Sprache greift zwar immer auf den gleichen Wortschatz zurück und unterliegt stets den gleichen Regeln zur Bildung von Sätzen (Grammatik). Doch ist es abhängig von der Situation und der Absicht des Verfassers, was für ein Text entsteht und welche Funktionen er erfüllt.

In diesem Kapitel lernen Sie, fachsprachliche Texte zu erkennen und deren Elemente zu analysieren.

Sie gewinnen weitere Sicherheit im Satzbau und erhalten Einblick, wie mit Fachsprache manipuliert werden kann.

Was ich aus anderen Kapiteln weiß

- ✔ Kommunikation ist mehr als Sprechen (➪ Kapitel 1).
- ✔ Es ist wichtig, im Gesagten das Gemeinte zu erkennen (➪ Kapitel 1).
- ✔ Die 5-Schritt-Lesetechnik hilft, schwierige Texte leichter zu verstehen (➪ Kapitel 4).
- ✔ Es gibt zahlreiche Textsorten, in denen Sprache unterschiedlich verwendet wird (➪ Kapitel 4, 5).

Fachsprachliche Texte untersuchen

Text A: Stefans Welt

Stefan arbeitet auf dem Bau. Sein Job ist zwar anstrengend, aber nach der Arbeit hat er seinen Spaß. Wo etwas los ist, will er dabei sein. Manchmal gibt's eine Technoparty, aber meistens ist Disco angesagt. Im „K 17" trifft er sich mit seinen Leuten zum Abtanzen, manchmal auch bei Freunden, um die neuesten CDs anzuhören. Nadja, seine Freundin, kommt nicht immer mit. Nach einem stressigen Bürotag braucht sie ihre Ruhe. Dann zieht Stefan alleine los. Natürlich nicht ohne seinen MP3-Player inklusive Power-Kopfhörer. Und den dreht er dann auch voll auf, um in Stimmung zu kommen. In der Disco genießt er die laute Musik. Es ist ihm egal, dass man sich dabei nicht mehr unterhalten kann. Hauptsache alle sind gut drauf.

Wenn am Wochenende ein Konzert angesagt ist, sucht sich Stefan einen Platz direkt vor den Lautsprechern, um die Beats im Körper zu spüren. Findet keine Party oder kein Rockkonzert statt, schraubt er stundenlang an seinem Auto herum. Sein ganzer Stolz sind die neuen Boxen, die er vor kurzem eingebaut hat, die stärksten auf dem Markt. Ohne Musik kann er sich sein Leben nicht vorstellen. Selten sieht man ihn ohne Kopfhörer und seinen MP3-Player. Nadja hat sich daran gewöhnt, dass er oft gar nicht reagiert, wenn sie ihn anspricht. Häufig muss sie ihn erst anstoßen, um ein paar Worte mit ihm zu wechseln. Das nervt.

Als Nadja Freitagnachmittag von der Arbeit nach Hause kommt, dröhnt ihr schon vor der Tür Musik entgegen. „Das reicht! Im Büro war es laut genug. Ich brauche jetzt Ruhe!" Sie stürzt ins Zimmer, schaltet die Anlage aus und schreit Stefan an: „Mach das leiser! Bist du etwa taub?"

(gekürzt und modifiziert nach „Ein cooler Typ", in: „gut zu hören!", Wettbewerb 2005 „Lärm", www.jugend-will-sich-erleben.de)

Text B: Kein Sensor für Lärmgefahr

Krach kann Spaß machen und mit positiven Erlebnissen einhergehen. Das ist tückisch, denn der Mensch hat zwar ein gutes Lautstärkeempfinden, jedoch kein Empfinden für die Gefahr, die laute Geräusche mit sich bringen.

Für das Ausmaß von Gehörschäden durch Lärm ist unter anderem der Wert der Schallintensität entscheidend. Schall entsteht, wenn eine Schallquelle, zum Beispiel eine Kirchenglocke, die umgebende Luft in Schwingungen versetzt. Was man dann hört, sind Schallwellen, die das Ohr durch die Luft erreichen. Durch die Luftschwingungen, die eine Schallquelle auslöst, entstehen Luftdruckschwankungen, der sogenannte Schalldruck. Seine Höhe, den Schalldruckpegel, kann man messen. Er wird in der Regel in der Einheit Dezibel (A), kurz dB(A) angegeben. Beispiele: absolute Stille 0 dB(A), Vogelgezwitscher, Blätterrauschen 20 dB(A), normales Gespräch 60 dB(A), Hauptverkehrsstraße 80 dB(A), Vorbeifahrt eines ICE 90 dB(A), Presslufthammer 100 dB(A), laute Disco 110 dB(A), Flugzeugstart 140 dB(A). Die Schmerzgrenze liegt bei 120 dB(A). Das Besondere der Dezibelskala: Sie verläuft nicht linear, sondern logarithmisch. Jede Verdoppelung der Schallstärke entspricht einer Schallpegelzunahme um 3 dB(A). Jeder Anstieg des Lärmpegels um drei dB(A) heißt Verdoppelung der Gehörgefährdung.

Dabei ist zu beachten: Die das Gehör schädigende Wirkung des Schalls ergibt sich nicht allein aus der Höhe des Schallpegels. Genauso wichtig ist die Dauer der Einwirkzeit. Liegt die Dauerlärmbelastung am Arbeitsplatz bei 88 dB(A), dann haben die Ohren schon nach vier Stunden den gleichen Stress wie nach acht Stunden mit 85 dB(A). Übertragen auf die Freizeit heißt das: Bei 100 dB(A) dürfte sich niemand länger als höchstens 15 Minuten pro Tag ohne Gehörschutz in einer Disco aufhalten.

(Arbeit und Gesundheit next, 03/2007, S. 3)

1 ***Lesen Sie sich die Texte aufmerksam durch. Notieren Sie Gemeinsamkeiten und Unterschiede.***

2 ***Geben Sie die Texte mit eigenen Worten wieder.***

a) Schließen Sie das Buch. Versuchen Sie den Inhalt beider Texte möglichst genau wiederzugeben.

b) Weshalb fällt es Ihnen schwerer, den Inhalt von Text B zu wiederholen? Begründen Sie.

3 ***Untersuchen Sie die beiden Texte genauer.***

a) Schreiben Sie aus beiden Texten alle Schlüsselbegriffe und wichtigen Gedanken zum Fachgebiet „Hören und Lärm" heraus.

b) Vergleichen Sie Ihre Ergebnisse mit Ihrem Nachbarn und ergänzen Sie, wenn nötig.

4 ***Setzen Sie sich mit der Sprache in den beiden Texten auseinander.***

a) Untersuchen Sie die Wortarten: Kommen bestimmte Wortarten in einem Text gehäuft vor?

b) Beschreiben Sie den Satzbau. Was stellen Sie fest?

c) Text B enthält eine Aufzählung, finden Sie diese und benennen Sie den Vorzug und den Nachteil dieses Satzbaus aus Sicht des Lesers.

Basiswissen – Adressatenbezogenheit und Funktion von Texten

Der Gebrauch von Sprache hängt meist davon ab, welche Aufgabe oder Funktion und welchen Adressaten Texte haben sollen. So benutzt man bei der Schilderung einer lustigen Alltagssituation eine andere Sprache als bei der Beschreibung eines konkreten Arbeitsablaufs und hier wiederum eine andere als bei der fachsprachlichen Erklärung eines physikalischen Gesetzes. Abhängig davon, ob der Empfänger (Hörer oder Leser) ein Experte ist, gebraucht man auch einen mehr oder weniger einschlägigen Fachwortschatz. Im Vordergrund stehen immer Funktion und Verständlichkeit von Sprache und Text.

5 ***Beschreiben Sie jeweils eine Situation aus Ihrem beruflichen Umfeld, in der Text oder Sprache folgende Funktion hat:***

- etwas beschreiben;
- etwas bewerten, kommentieren;
- etwas verbindlich vorschreiben, regeln;
- zu etwas auffordern, appellieren.

6 ***Untersuchen Sie den nebenstehenden Text aus einem Fachmagazin für Arbeit und Gesundheit.***

a) Welche Funktion hat dieser Text?

b) Beschreiben Sie die Sprache des Textes (auch im Vergleich zu Text B, S. 76). Begründen Sie die Sprachwahl.

7 ***Verfassen Sie einen informierenden, kurzen Fachtext zu einem Ihnen vertrauten Arbeitsbereich. Verwenden Sie auch Fachbegriffe.***

Höre ich noch gut?

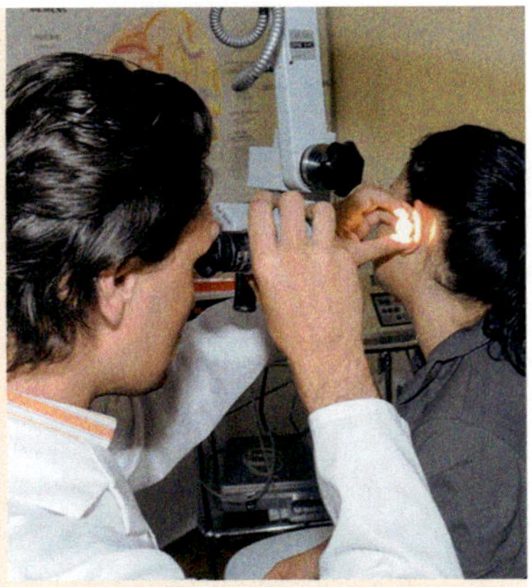

Wer das wissen will, sollte beim HNO-Arzt einen Hörtest machen lassen. Der kann das Ergebnis erklären und über geeignete Maßnahmen informieren. Wer schon einen Hörschaden hat, muss umso mehr aufpassen, da eine drohende Lärmschwerhörigkeit die Lebensqualität stark beeinträchtigt. Wichtig: Nach Discobesuchen und Konzerten den Ohren Ruhe gönnen. Unliebsame Lärmquellen, zum Beispiel während der Arbeit, mit geeignetem Gehörschutz in Schach halten.

(Arbeit und Gesundheit 3/2007; S. 10b)

Den Satzbau in Fachtexten bestimmen

Auszug aus einem Arbeitsblatt zum Thema „Hörschutz und Lärm“

Frederik ist Metallbauer. Er stellt den ganzen Tag U-Profile in der Werkhalle bei einem durchschnittlichen Schallpegel von 80 dB(A) her.

Welche Einschätzung ist richtig?
a) Die Lärmbelastung ist eher gering.
b) Der Abend muss unbedingt lärmarm bleiben!

1 *Untersuchen Sie die Satzarten, die im Text vorkommen.*

a) Dieser kurze Text enthält drei verschiedene Satzarten. Orientieren Sie sich an den Satzschlusszeichen und bestimmen Sie die Sätze.

b) Schreiben Sie zu jeder Satzart ein Beispiel heraus.

c) Welche Funktion (Aufgabe) haben diese Satzarten jeweils?

2 *Formulieren Sie zu jeder Satzart drei Beispielsätze zum Thema „Hörschutz und Lärm“.*

3 *Bestimmen Sie die Satzglieder in dem Satz: „Er stellt den ganzen Tag U-Profile in der Werkhalle bei einem durchschnittlichen Schallpegel von 80 dB(A) her.“ (➪ Kapitel 19, S. 255).*

- Subjekt (Satzgegenstand) → Antwort auf die Frage: Wer oder was tut etwas?
- Prädikat (Satzaussage) → Antwort auf die Frage: Was tut er?
- Objekt (Satzergänzung) → Antwort auf die Frage: Wen oder was stellt er her?

Basiswissen **Satzgefüge**

Zusammengesetzte Sätze aus Haupt- und Nebensatz nennt man Satzgefüge. Der Hauptsatz kann immer alleine stehen, während Nebensätze stets vom Hauptsatz abhängig sind. Sie sind ihm also untergeordnet.

HS (Hauptsatz),
NS (Nebensatz).

Ein Nebensatz kann vor dem Hauptsatz, mitten im Hauptsatz oder nach dem Hauptsatz stehen. Er wird stets durch ein Komma abgetrennt.

4 *Bestimmen Sie in den folgenden Satzgefügen die Haupt- und Nebensätze und zeichnen Sie für jeden Satz das Satzschema wie im Basiswissen.*

- Jeder Mensch hat pro Ohr ca. 18.000 Hörzellen, die im Inneren des Gehörganges liegen.
- Es wachsen keine neuen Hörzellen nach, wenn alte absterben.
- Ruhephasen, die jedes Ohr dringend braucht, gönnt man besonders in der Jugend dem Gehör wenig.
- Nach 24 Stunden, die am sinnvollsten mit Schlaf oder bei minimalem Lärm zu verbringen sind, ist das Ohr vollständig erholt.

5 *Formulieren Sie für jedes Satzschema aus Aufgabe 4 einen eigenen Beispielsatz.*

6 *Beschreiben Sie die Illustration schriftlich in wenigen Sätzen. Bestimmen Sie in Ihrem eigenen Text sowohl Haupt- und Nebensätze als auch die Satzglieder Subjekt, Prädikat und Objekt.*

Manipulative Texte erkennen und untersuchen

Hörschäden – Freispruch für MP3-Player

Laute Musik aus MP3-Playern verschlechtert das Hörvermögen von Jugendlichen nicht. Das hat die Studie eines deutschen Audiologen ergeben. Trotzdem ist sein Ergebnis kein Freifahrtschein.

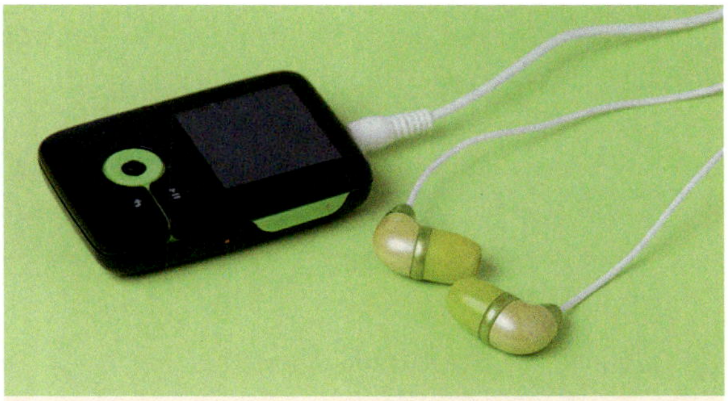

Laute Musik schadet den Ohren genauso viel oder wenig wie leise Beschallung. Das hat Eckard Hoffmann, Audiologe an der Hochschule Aalen, herausgefunden, als er etwa 1000 Jugendliche zwischen 12 und 18 Jahren untersuchte.

In seinen Ergebnissen unterscheidet er drei Gruppen: diejenigen, die keinen MP3-Player besitzen (ca. 18 Prozent), diejenigen, die ihre Player laut nutzen, und diejenigen, die ihn leise benutzen (jeweils 41 Prozent). „Erstaunlich ist, dass die Jugendlichen, die gar keinen MP3-Spieler haben, häufiger einen Hörverlust aufweisen", sagt Hoffmann. In dieser Gruppe hörten neun Prozent der Probanden schlechter. Von denjenigen, die nach eigenen Angaben laute Musik bevorzugen, hatten hingegen nur sieben Prozent eine verminderte Hörleistung – genauso viele wie unter den Leise-Hörern. Auch sei der Schweregrad der Hörschäden vergleichbar. „Daraus kann ich nur schließen, dass laute Musik aus einem Player nicht der Hauptgrund für einen Hörschaden ist", erläutert der Hörforscher. [...]

(Kerstin Artz; Focus-Online; 19.10.2007)

MP3-Player im Visier

Warum warnen Mediziner und Akustiker vor täglichem lauten Musikgenuss per MP3-Player? Dazu Professor Hasso von Wedel von der HNO-Uniklinik in Köln: „Das eigentliche Problem sind die modernen Einsteckhörer dieser Geräte. Seitdem diese auf dem Markt sind, haben die Erkrankungen des Gehörs zugenommen. Im Gegensatz zu den alten Kopfhörern, die noch locker auf der Ohrmuschel auflagen, werden die Einsteckhörer weit in den Gehörgang eingeführt. Die Lautsprecher sitzen direkt am Trommelfell und bewirken eine Verdoppelung der wahrgenommenen Lautstärke.

Dazu kommt, dass jeder, der sich nur etwas im Internet auskennt, ohne Probleme die vorgeschriebene Schallpegelbegrenzung von 100 Dezibel an seinem Gerät aufheben und erheblich lauter Musik hören kann. Nach nur einer Stunde Musikhören im Bereich zwischen 110 und 120 Dezibel kann das Gehör Schaden nehmen."

(Fachmagazin: Arbeit und Gesundheit next, Die Infoseiten für junge Leute, 3/2007)

1 ***Untersuchen Sie die beiden Texte.***

a) Aus welchen Medien stammen sie? Wie schätzen Sie deren Vertrauenswürdigkeit ein?
b) Notieren Sie für beide Texte die Kernaussage(n).
c) An welchen Stellen verwenden die Verfasser Fachsprache? Klären Sie diese Begriffe, wenn nötig.
d) Schreiben Sie die Argumente und Belege/Beispiele der beiden Wissenschaftler heraus.
e) Beurteilen Sie die beiden Texte. Welcher erscheint Ihnen schlüssiger? Begründen Sie Ihre Entscheidung.

2 ***Nehmen Sie Stellung zu den Textaussagen.***

a) Welchem Wissenschaftler würden Sie widersprechen wollen?
b) Formulieren Sie aussagekräftige Gegenargumente mit plausiblen Beispielen oder Belegen.

3 ***Erklären Sie, was man unter dem Begriff „Manipulation" versteht.***

a) Klären Sie den Begriff in der Klasse. Schlagen Sie auch im Wörterbuch nach oder recherchieren Sie im Internet.

b) Einem der beiden Texte kann man den Vorwurf der Manipulation nicht ersparen. Beschreiben Sie möglichst genau, wie der Text manipuliert. Gehen Sie auf den Inhalt und die Sprache ein.

c) Weshalb kann man im Bereich der Fachsprache einfacher manipulieren als mit Umgangssprache, z. B. in der Werbung?

4 ***Hinterfragen Sie Texte in Ihrem persönlichen Umfeld.***

a) In welchen Branchen begegnen Ihnen besonders häufig manipulierende Texte? Stellen Sie eine Vermutung für die Gründe auf.

b) Welche Möglichkeiten haben Sie, sich vor Manipulationen zu schützen?

c) Schreiben Sie zu einer unter a) genannten Branche bewusst einen manipulierenden Text.

Basiswissen **Manipulierende Texte**

Der Gebrauch von fachsprachlichen Elementen in Texten kann das Herauslesen von Textaussagen erschweren. Nur aufmerksames Zuhören und Lesen schützt vor der Gefahr, durch Fachtexte manipuliert zu werden. Auch durch das Hinterfragen von vorgebrachten Argumenten und durch den Abgleich zwischen Behauptungen und dem eigenen Vorwissen oder anderen Informationsquellen kann man einer Manipulation evtl. entgehen.

Fazit

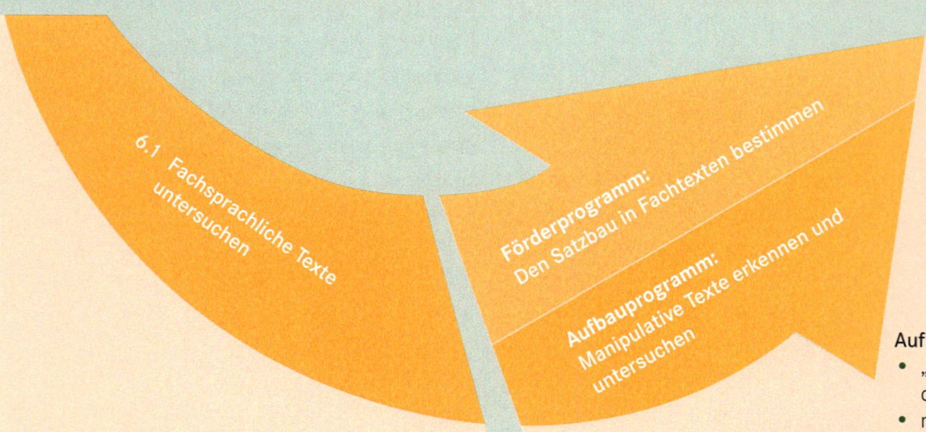

Zwischen fachsprachlichen und standardsprachlichen Texten unterscheiden:
- Wortarten (Nomen, Adjektive)
- Satzstrukturen (z. B. Aufzählungen)
- fachsprachliche Elemente
- Adressatenbezogenheit

Förderprogramm:
- Satzarten unterscheiden (Aussage-, Frage- und Befehls- oder Aufforderungssatz)
- Satzglieder bestimmen (Subjekt, Prädikat, Objekt)
- Satzgefüge bilden

Aufbauprogramm:
- „Manipulation" definieren
- manipulierende Elemente in Texten erkennen
- Argumente und Belege nachvollziehen

Kapitel 7

Sprechen, diskutieren, präsentieren in Alltag und Beruf

In Alltag und Beruf werden ständig verschiedene Gesprächs- und Diskussionsformen verwendet. Wer Gespräche führt, sollte sich darüber im Klaren sein, dass die Botschaften vom Empfänger evtl. anders verstanden werden, als der Sender sie meint. Eine Nachricht kann immer auf „vier Ohren“ treffen.

Setzen wir uns in einer Diskussion mit verschiedenen Meinungen auseinander, kommt es darauf an, dass wir gut vorbereitet sind und bestimmte Regeln einhalten. Wie bei Vorträgen sollte man auch bei Diskussionen darauf achten, sowohl durch Formulierungen als auch durch Körperhaltung, Stimme, Gestik, Mimik und Blickkontakt den gewünschten Erfolg beim Publikum zu erreichen.

In diesem Kapitel lernen Sie, Gespräche zu analysieren und ein Thema zielgerichtet für eine Diskussion vorzubereiten. Erarbeitungshilfen zur erfolgreichen Präsentation runden das Kapitel ab.

Was ich aus anderen Kapiteln weiß

- ✔ Kommunikation ist mehr als Sprechen (➪ Kapitel 1).
- ✔ Der Empfänger einer Botschaft muss das Gemeinte im Gesagten entschlüsseln (➪ Kapitel 1).
- ✔ In Gesprächen müssen bestimmte Regeln eingehalten werden, außerdem sollte man stets aktiv zuhören (➪ Kapitel 1).
- ✔ Sachtexte unterscheiden sich je nach Funktion und Adressat voneinander (➪ Kapitel 4).

Kommunikation untersuchen

Was alles in einer Botschaft steckt

Jede Botschaft hat mehrere Ebenen. Nur der kleinere Teil einer Botschaft wird bewusst gesendet und wahrgenommen. Der wesentlich größere Anteil unserer Kommunikation liegt jedoch verborgen unter der Oberfläche und wird unbewusst gesendet und empfangen. Dies wird oft mit dem Bild eines Eisbergs dargestellt, denn auch bei Eisbergen ist nur etwa 1/7 der Masse sichtbar, 6/7 sind unter der Wasseroberfläche verborgen.

1 ***Nehmen Sie die Gedanken des Paares zur Kenntnis.***

a) Wie würden Sie auf den Satz: „Ich friere!“ bei Ihrer Freundin oder Ihrem Freund reagieren?

b) Schließen Sie von den Gedanken der beiden auf die Beziehung und beschreiben Sie diese.

c) Formulieren Sie eine eindeutige Aussage der jungen Frau.

2 ***Untersuchen Sie folgende Situation: Ein Paar sitzt am Küchentisch beim Essen. Er sagt zu ihr: „Was ist das Braune im Gemüse?“***

a) Zeichnen Sie skizzenhaft einen Sender und einen Empfänger.

b) Zeichnen Sie um den Kopf des Senders Gedankenblasen und schreiben Sie hinein, wie er seine Aussage meinen könnte. Schreiben Sie ebenfalls die Gedanken des Empfängers auf.

c) Schließen Sie von Ihren jeweiligen Aussagen auf die Beziehung der beiden.

Mit vier Ohren hören

Basiswissen — Das Vier-Ohren-Modell

Ein weiteres Modell zur Erklärung von Kommunikation und Kommunikationsproblemen ist das Vier-Ohren-Modell. Danach wird jede Botschaft auf vier Ebenen gesendet und empfangen. Jede Botschaft enthält:

- eine Sachebene: Wie ist der Sachverhalt?
- einen Appell: Was soll der andere tun?
- eine Beziehungsebene: Was halte ich vom Gesprächspartner?
- eine Selbstoffenbarung: Wie fühle ich mich gerade?

Sachebene:
Es ist kein Papier im Drucker.

Appellebene:
Füllen Sie Papier nach!

Sachebene:
Es ist kein Papier im Drucker.

Appellebene:
Ich soll Papier auffüllen.

Beziehungsebene:
Sie sind nachlässig, wieso muss ich Ihnen das überhaupt sagen?

Selbstoffenbarung:
Es ärgert mich, dass Sie nicht mitdenken und mein Büro nicht einwandfrei funktioniert.

Selbstoffenbarung:
Der Chef ist sauer auf mich.

Beziehungsebene:
Wieso soll ich das tun? Der betrachtet mich als das letzte Rad am Wagen.

1 *Wie verändern sich die Gedanken des Chefs und seines Auszubildenden, wenn der Chef bereits mehrfach auf fehlendes Papier im Drucker aufmerksam gemacht hat?*

2 *Untersuchen Sie folgende Situation: Nadine bereitet in der Küche das Essen vor, ihr Freund Nico bastelt an seiner Eisenbahn. Sie sagt zu ihm: „Ich habe fürchterliche Rückenschmerzen!“*

a) Wie wird Nico Ihrer Meinung nach reagieren? Tragen Sie Möglichkeiten zusammen.
b) Was möchte Nadine erreichen? Formulieren Sie eine eindeutige Aussage dazu.
c) Nico fühlt sich hilflos und antwortet mit: „Was soll ich denn da machen?“ Wie fühlt sich Nadine jetzt? Begründen Sie Ihre Antwort.

3 *Überlegen Sie, was in den unten stehenden Aussagen mit den vier Ohren zu hören sein könnte. Fertigen Sie jeweils ein DIN-A4-Blatt nach dem Muster im Basiswissen an.*

- „Mir ist schlecht!“, sagt Karin zu ihrem Freund.
- Im Fernsehen läuft Fußball. „Das Bier ist alle!“, sagt der Mann zur Frau.
- „Die Ampel ist grün!“, sagt der Ehemann zu seiner Ehefrau am Steuer.

4 *Erfinden Sie zusammen mit einem Partner/einer Partnerin Situationen mit Sätzen, die Sie anschließend nach dem Vier-Ohren-Modell analysieren. Greifen Sie auch auf Ihre eigenen Erfahrungen zurück. Wann gab es Missverständnisse und was war der Grund dafür?*

5 *Diskutieren Sie in der Klasse, welche Auswirkungen es hat, wenn Sie etwas auf der Sachebene mitteilen, Ihr Gesprächspartner es aber auf der Beziehungsebene versteht.*

6 *Deuten Sie die Redewendung: „Auf diesem Ohr bin ich taub!“*

Die eigene Meinung in Diskussionen vertreten

Überzeugend argumentieren

Um andere von Ihrer Meinung zu überzeugen, müssen Sie schlüssig argumentieren. Dafür ist es wichtig, eine These und ein Argument korrekt zu formulieren und inhaltlich fundiert darzustellen.

Basiswissen — These, Argument, Beispiel, Folgerung

In der **These** stellt man eine Behauptung auf.
Beispiel: *Meiner Meinung nach ...* *Ich bin der Ansicht, dass ...*

Durch die **Argumente** wird die These gestützt, das heißt, man begründet seine Behauptung.
Beispiel: *Ich behaupte das, weil/denn/da ...*

Konkrete **Beispiele** veranschaulichen die These und unterstützen das Argument in seiner Wirkung. Auch Erläuterungen, Zahlen- und Faktenbelege und Analogien (Vergleiche mit anderen Bereichen) sind Möglichkeiten, ein Argument zu verstärken.
Beispiel: *So ist zum Beispiel ...* *Allein im Jahr 2009 gab es 768 ...*
Wie bei Autos gibt es auch bei Motorrädern einige, die sehr viel mehr Sprit verbrauchen als andere, etwa ...

Am Ende einer Argumentation steht als Zusammenfassung die **Schlussfolgerung**, die sich auf die These bezieht.
Beispiel: *Daraus folgt ...* *Daher kann man sagen ...* *Deshalb schließe ich, dass ...*

Muster

These *Das Bilden von Fahrgemeinschaften ist für Berufsschüler sinnvoller denn je...*

Argumente *... weil viele Schüler dadurch Benzinkosten sparen können und zudem die Umwelt weniger belastet wird.*

Beispiele *Die ständig steigenden Benzinkosten halbieren sich, wenn man z. B. zu zweit fährt, und der Schadstoffausstoß halbiert sich ebenfalls.*

Folgerung *Jedem Berufsschüler, der mit dem Auto zu seiner Schule fährt, kann daher nur empfohlen werden, sich nach Mitfahrern umzuschauen.*

1 ***Formulieren Sie zu folgenden Thesen Argumente und finden Sie Beispiele. Runden Sie mit einer Schlussfolgerung ab. Nehmen Sie „Basiswissen" und „Muster" zu Hilfe.***
- Berufsschüler sollten häufiger das Fahrrad nutzen.
- Regelmäßiger Sport ist für alle Schüler wichtig.
- Ernährung und Lernerfolg bei Prüfungen hängen zusammen.
- Motorradfahren ist gefährlich.
- Häufiges Wiederholen von Lernstoff erhöht meinen persönlichen Erfolg in der Ausbildung.

2 ***Suchen Sie sich ein eigenes Thema und führen Sie eine Argumentation durch.***

a) Schreiben Sie zu Ihrer These mindestens zwei Argumente.
b) Entfalten Sie Ihre Argumente mit Beispielen, Zahlenbelegen oder auch Erläuterungen.
c) Tauschen Sie Ihre Argumentationen in der Klasse aus.
d) Überarbeiten Sie in der Klasse Ihre Argumente und deren Beispiele mit Hilfe folgender Fragen: Passen die Argumente zur These? Passen die Beispiele etc. zu den Argumenten?

Antithesen bilden

In Diskussionen tauschen mehrere Teilnehmer ihre Meinungen aus. Beim Aufstellen von Thesen und der dazugehörigen Begründung, also beim Äußern der eigenen begründeten Meinung, muss man daher mit Gegenthesen und Gegenargumenten der Diskussionspartner rechnen.

Basiswissen Antithese

Die **Antithese** (griechisch „anti“ bedeutet „gegen etwas gerichtet“) stellt die Gegenposition zu einer These dar. Mit einer Antithese kann man eine Widerlegung (Entkräftung) erreichen.

Beispiel: ***These mit Argument:*** *Das Bilden von Fahrgemeinschaften ist für Berufsschüler sinnvoller denn je, weil die Umwelt deutlich entlastet wird.*

Beispiel: ***Antithese mit Argument:*** *Insbesondere für Berufsschüler sind Fahrgemeinschaften wenig sinnvoll, da die Berufsschüler aus den unterschiedlichsten Orten zur Schule kommen.*

1 *Formulieren Sie zu folgenden Thesen je eine Antithese mit Argument.*
- Markenkleidung muss sein, um von anderen anerkannt zu werden.
- Junge Menschen und Tattoos gehören einfach zusammen.
- Alkohol ist wichtig, um Spaß haben zu können.
- Sport birgt viele Verletzungsrisiken.
- Man sollte möglichst früh einen festen Partner finden.

2 *Stellen Sie in Partnerarbeit zu einem Thema Ihrer Wahl eine eigene These auf und stützen Sie diese mit mindestens zwei Argumenten.*

a) Versetzen Sie sich dann in die Gegenposition und formulieren Sie eine Antithese und Gegenargumente.
b) Präsentieren Sie Ihre Ergebnisse in einem Partnervortrag der Klasse.

3 *Führen Sie nun eine Diskussion zum Thema „Fahrgemeinschaften bilden – pro und kontra“ in Ihrer Klasse durch.*

a) Bilden Sie sich zum Thema eine eigene Meinung.
b) Notieren Sie sich möglichst viele Argumente zu Ihrer These und belegen Sie diese wirkungsvoll.
c) Stellen Sie sich auf die Argumente des „Gegners“ ein, damit Sie darauf flexibel reagieren können.
d) Bestimmen Sie einen Diskussionsleiter, der in die Diskussion einführt und Ergebnisse bündelt.
e) Einigen Sie sich auf ein Ergebnis.

4 *Diskutieren Sie nun ein weiteres Thema in Ihrer Klasse. Gehen Sie vor wie in Aufgabe 3.*

Basiswissen Diskussionsverlauf – Diskussionsergebnis

Diskussionen unterscheiden sich in ihrem Verlauf und Ergebnis:

1. Pro- und Kontra-Argumente werden sachlich besprochen und man einigt sich auf einen **Kompromiss** (d. h. Mittelweg).
2. Die Teilnehmer sind sich einig in der Argumentation, Gegenargumente können gemeinsam entkräftet werden und ein **Konsens** (d. h. Einigkeit) wird hergestellt.
3. Die Diskussion gerät zu einem destruktiven Streit, die gegensätzlichen Positionen werden weiter ausgebaut, ein **Dissens** (d. h. Nichtübereinstimmung) entsteht.

Gesprächsformen unterscheiden

Gespräche finden in vielen unterschiedlichen privaten und beruflichen Situationen statt. Man unterscheidet folgende Formen des Sprechens:

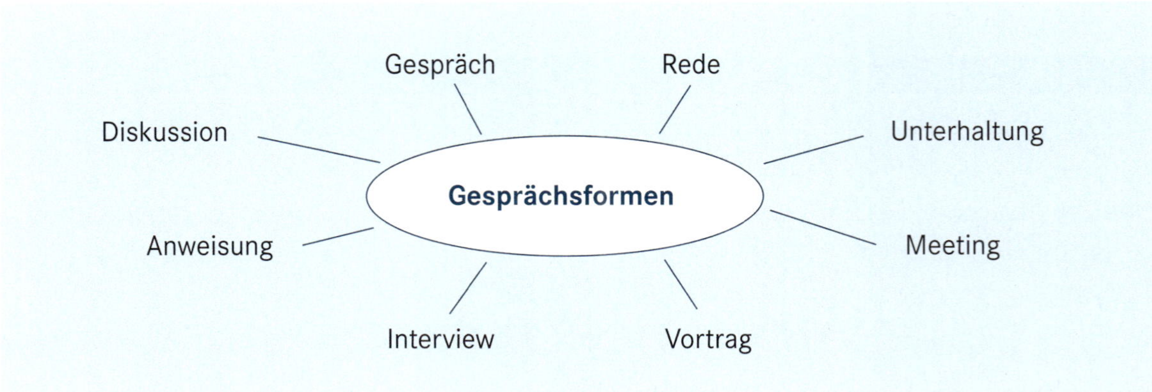

1 ***Überlegen Sie in Partnerarbeit, welche der oben genannten Gesprächsformen jeweils beschrieben wird:***

1. ungezwungener, freundschaftlicher Meinungsaustausch
2. ein Referent informiert die Zuhörer zu einem bestimmten Thema, meist schriftlich vorbereitet
3. geschäftliche Besprechung zu festgelegten Themen
4. ein Partner veranlasst den anderen zu bestimmten Handlungen
5. Befragung einer Person für ein Publikum
6. zur Besprechung eines Problems oder zur Vorbereitung einer Vereinbarung, oft verabredet und vorbereitet

2 ***Zwei der oben genannten Gesprächsformen wurden in Aufgabe 1 nicht beschrieben. Welche sind das? Beschreiben Sie diese in eigenen Worten.***

3 ***Denken Sie sich für jede Gesprächsform einen konkreten Anlass aus Ihrem Berufsfeld aus, z. B. Rede zur Einweihung der neuen Werkhalle.***

4 ***Welche Gesprächsformen sind auf den nachfolgenden Bildern dargestellt?***

5 ***Informieren Sie sich über die Merkmale der verschiedenen Gesprächsformen.***

a) Bilden Sie acht Gruppen und wählen Sie jeweils eine Gesprächsform aus.

b) Sammeln Sie Informationen über die Merkmale (Ablauf, Regeln) „Ihrer" Gesprächsform.

c) Präsentieren Sie sich gegenseitig Ihre Ergebnisse und fassen Sie die Merkmale aller acht Gesprächsformen knapp auf einem Ergebnisplakat oder einer OH-Folie zusammen.

Diskussionsregeln einhalten

Bei einer Gruppendiskussion ist es wichtig, Regeln einzuhalten. Gibt es keine Regeln, wird der Diskussionsverlauf gestört und es kommt zu keinem sinnvollen Diskussionsergebnis.

Im Folgenden sind Teile von Diskussionsregeln ungeordnet aufgeführt.

Nebengespräche oder sonstige

Meinungen/Behauptungen

Nicht zwischendurch

Laut und deutlich

bleiben/Fragen beachten.

oder herabsetzen.

Bezug nehmen.

Auf Vorredner

Beim Reden die

Gut zuhören,

Niemanden auslachen

mit dem Nachbarn erzählen.

argumentieren.

nachplappern.

Störungen vermeiden.

Beim Thema

Nicht einfach

Mitschüler anschauen.

sprechen.

wenn andere reden.

begründen.

Kurz und präzise

1 ***Setzen Sie die einzelnen Teile des Regelsalats zu elf sinnvollen Regeln zusammen. Schreiben Sie sie unter der Überschrift „Diskussionsregeln" auf ein Lernplakat.***

2 ***Überlegen Sie, welche Probleme durch die Nichteinhaltung der Diskussionsregeln entstehen können. Beziehen Sie Ihre eigenen Erfahrungen mit ein.***

a) Diskutieren Sie in der Klasse, welche Regeln am schwierigsten einzuhalten sind. Welche Probleme ergeben sich daraus?

b) Wie kann man diesen Problemen begegnen? Sammeln Sie Vorschläge.
Beispiel: *dazwischenreden – Klasse ignoriert den Beitrag*

Eine Diskussion mit mehreren Beteiligten muss oft geleitet werden. Diese Aufgabe übernimmt die Diskussionsleitung.

Basiswissen – Die Aufgaben der Diskussionsleitung

Die Diskussionsleitung **eröffnet die Diskussion**, sie stellt das Thema vor und nennt Dauer und Ziel der Diskussion.

Die Diskussionsleitung **lenkt den Verlauf** der Diskussion. Dabei beachtet sie die Einhaltung der Diskussionsregeln und der Redezeit. Sie fasst außerdem Teilergebnisse zusammen und stellt klärende bzw. weiterführende Fragen.

Die Diskussionsleitung **beendet die Diskussion**. Sie formuliert ein Schlusswort, in dem sie ein Fazit zieht und auf ausstehende Ergebnisse und Fragen hinweist.

3 ***Welche Fähigkeiten sollte eine Diskussionsleiterin/ein Diskussionsleiter möglichst haben, um die Aufgaben (→ Basiswissen) gut zu lösen? Notieren Sie einige Punkte.***

Sich mit einem Diskussionsthema vertraut machen

Die folgende Situation sowie die verschiedenen Meinungen zum Thema Piercing bilden die Grundlage für eine Diskussion in Ihrer Klasse.

Situation

Sarah hat eine Ausbildung als Reiseverkehrskauffrau vor einem halben Jahr begonnen. Die Ausbildung macht ihr viel Spaß. Letzte Woche hat sie sich ein Zungenpiercing stechen lassen. Ob denn der Stecker nicht störe, hat ihr Ausbilder gemeint. Auch einige der Kunden haben schon Bemerkungen gemacht. Sarahs Probezeit ist vorbei. Also, was soll ihr passieren? Sarah bekommt trotzdem Ärger. Laut Aussage ihrer Chefin wirkt das Zungenpiercing auf Kunden abschreckend und geschäftsschädigend.

Zum Thema Piercing wurden verschiedene Meinungen geäußert:

„Mein Körper gehört mir!" (Anna, 16 Jahre)
„Das ist Teil meiner Persönlichkeit!" (Bennet, 17 Jahre)
„Andere stechen sich Ohrlöcher, das stört niemanden ..." (Felix, 18 Jahre)
„Die gepiercten Jugendlichen verschrecken die Kundschaft!" (Herr Meier, Bäckermeister)
„Sieht das eklig und ungepflegt aus! Widerlich!" (Frau Kurz, Besitzerin einer Schneiderei)
„Piercings sind nicht immer schön! Gerade wenn es schiefgeht, und derartige Entzündungen können auch entstehen, wenn steril gearbeitet worden ist." (Teledoktor, SWR 2006)
„Nach der ersten Freude fließen oft Tränen. Einige Vertreter von Ärzteverbänden lehnen Piercing als Körperverstümmelung strikt ab." (Ärztezeitung, 26.02.2001)

1 *Sammeln Sie Informationen/Hintergrundwissen zum Thema (➪ S. 84, 85).*

Sprache und Stil

Oft fehlen den Diskussionspartnern Formulierungen, um in einer Diskussion jemandem zuzustimmen oder zu widersprechen.

2 *Notieren Sie die Formulierungshilfen in Ihr Heft. Schreiben Sie weitere Beispiele auf, mit denen Sie in einer Diskussion zustimmen oder ergänzen können.*

Beispiele: *Ich bin ganz Ihrer Meinung, weil ich aus Erfahrung auch weiß ...*
Was (Name) vorhin gesagt hat, finde ich ganz wichtig, denn ...

Wenn Sie in einer Diskussion jemandem widersprechen möchten, sollten Sie auf dessen Redebeitrag eingehen. Das verdeutlicht, dass Sie zugehört haben und den anderen achten. So räumen Sie auch Irrtümer aus.

3 *Übernehmen Sie die Formulierungen in Ihr Heft. Ergänzen Sie weitere Beispiele.*

Beispiele: *Sie haben Recht, wenn Sie sagen, dass ..., aber andererseits ...*
Sie heben hervor, dass ..., aber dabei vergessen Sie ...
Ich teile Ihre Ansicht über ..., aber ...

Eine Diskussion planen, durchführen und auswerten

Sarah, ihre Chefin und andere wollen das Thema „Piercing“ gemeinsam diskutieren. Folgende Personen sind an der Diskussion beteiligt: Partei 1: Chefin, 2: Sarah, 3: konservativer, älterer Kunde, 4: lockere, jüngere Kundin, 5: Diskussionsleitung, 6: Zuschauer, 7: Protokollanten.

1 ***Bilden Sie für die Parteien 1–4 Gruppen. Bereiten Sie sich auf Ihre Rolle vor:***

a) Notieren Sie sich Argumente, die die Position „Ihrer“ Partei fundiert verdeutlichen (➪ S. 84).

b) Wählen Sie einen Vertreter, der „Ihre“ Partei in der Diskussion vertritt.

Tipp

Mehr zum Rollenspiel in Kapitel 22, S. 288.

2 ***Als Diskussionsleitung bereiten Sie sich auf Ihre Rolle vor (➪ Basiswissen, S. 87):***

a) Überlegen Sie sich einen Ablauf und ein mögliches Ziel der Diskussion.

b) Notieren Sie sich Stichpunkte bzw. Formulierungshilfen zu Eröffnung und Abschluss der Diskussion.

3 ***Als Zuschauer bereiten Sie sich auf Ihre Rolle vor:***

a) Überlegen Sie, welche Erwartungen Sie an eine gelungene Diskussion haben.

b) Formulieren Sie genaue Beobachtungsaufträge, z. B. wer welche Partei beobachtet.

c) Fertigen Sie einen Beobachtungsbogen an (➪ Kapitel 22, S. 281).

4 ***Als Protokollant haben Sie folgende Aufgaben:***

a) Überlegen Sie sich, welche Art des Protokolls Sie schreiben wollen (➪ Kapitel 2, S. 35, 36).

b) Notieren Sie während der Diskussion Stichworte für Ihr Protokoll.

5 ***Führen Sie die Diskussion durch.***

6 ***Werten Sie in der Gruppe die Diskussion aus (➪ Kapitel 23, S. 293).***

a) Wurden die Thesen und Antithesen sowie die Argumente überzeugend formuliert?

b) Wurden die Diskussionsregeln eingehalten?

c) Hat die Diskussionsleitung ihre Aufgaben erfüllt?

d) Sind Sie mit dem Ergebnis der Diskussion zufrieden? Begründen Sie.

e) Was kann man in der nächsten Diskussion verbessern?

Zwischenfazit

- In Diskussionen werden Pro- und Kontra-Argumente ausgetauscht.
- Am Ende steht ein Konsens, Kompromiss oder Dissens.
- Die Einhaltung von Diskussionsregeln ist wichtig.
- Der Diskussionsleiter achtet auf den geregelten Ablauf.
- Thema vorbereiten, Ablauf planen, Diskussion durchführen, auswerten

Einen Kurzvortrag halten

Den Ablauf planen

Manchmal müssen Sie in Ihrem Betrieb, in der Berufsschule, in einem Verein usw. einen Vortrag halten. Informationen gibt es viele – wie aber verpacken Sie diese zu einem gelungenen Vortrag? Auch Arthur hat dieses Problem. Er soll einen Vortrag über seinen Ausbildungsberuf halten und holt sich Rat bei Britta.

Dialog 1:

Arthur: Ich soll nächste Woche beim „Tag der offenen Tür" in meiner Firma meinen Ausbildungsberuf „Bürokaufmann" vorstellen.

Britta: Und, hast du schon eine Idee?

Arthur: Ich weiß nur, wie ich es nicht machen will, denn einige der Vorträge, die ich gehört habe, waren ziemlich durcheinander.

Britta: Ja, ohne den „roten Faden", der die vielen Einzel-Infos im Hauptteil verbindet, schaltet man als Zuhörer irgendwann ab und hört nicht mehr zu. Aber erst mal musst du wissen, worauf dein Vortrag hinauslaufen soll: Willst du deinen Ausbildungsberuf vorstellen oder sollst du erklären, warum du ihn gewählt hast? Oder willst du andere dafür anwerben?

Arthur: Na, ich denke, das Ziel ist ja wohl klar: Ich soll informieren und vielleicht interessiert der Beruf ja auch andere. Mein Problem ist: Wie fange ich an, ohne dass gleich alle gähnen?

Britta: Ich habe mal gehört, dass man dazu einen „Ohröffner" braucht. Mein früherer Lehrer hat immer gesagt: „You begin with a bang, you end with a bang!"

Arthur: Aha, also etwas Besonderes zu Beginn und auch am Schluss. Aber was soll denn ein Ohröffner sein, das klingt ja wie Flaschenöffner, und dann sprudelt der Geist aus der Flaschenpost, oder wie?

Britta: Den Vergleich finde ich gar nicht so schlecht, das klingt nach neugierig machen.

Arthur: Was mir auch noch Sorgen macht: Ich habe so viel Material gesammelt, dass es mir schwerfällt, irgendwelche Infos wegzulassen. Geht dir das auch manchmal so?

Britta: Klar, aber du weißt ja: Weniger ist oft mehr.

Arthur: Das klingt schlau. Aber wie mache ich das? Und was sage ich zum Schluss?

Britta: Na, das hängt doch davon ab, was du erreichen willst. Mehr informieren, jemanden überzeugen oder zu irgendetwas auffordern?

Den Ablauf planen

1 ***Entnehmen Sie dem Gespräch zwischen Arthur und Britta wichtige Informationen zur Gestaltung von Vorträgen.***

a) Welche Hinweise gibt Britta? Notieren Sie entsprechende Schlüsselwörter.

b) Mit welcher Zielstellung will Arthur seinen Vortrag halten?

2 ***Diskutieren Sie, was sich hinter dem Begriff „Ohröffner" verbirgt, und finden Sie welche.***

a) Finden Sie mögliche Ohröffner für Arthurs Kurzvortrag. Präsentieren Sie diese vor Ihrer Klasse und wählen Sie gemeinsam den besten Ohröffner aus. Beispiele:

- *Du bist gut organisiert, hast keine Angst vor dem PC und möchtest ein Büro perfekt im Griff haben? Dann ist mein Beruf auch der richtige für dich.*
- *Schon seit der 7. Klasse wollte ich Bürokaufmann werden und noch immer finde ich, dass es ein interessanter und abwechslungsreicher Beruf ist …*

b) Überlegen Sie sich Ohröffner für die Vorstellung Ihres eigenen Ausbildungsberufs.

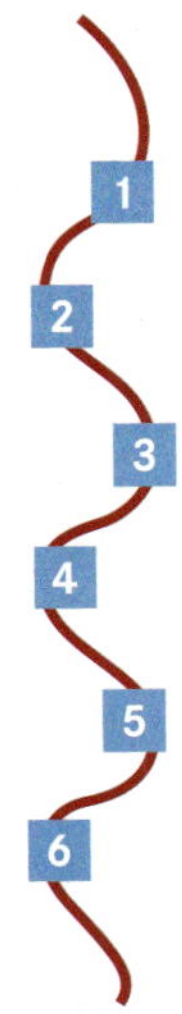

3 ***Diskutieren Sie die Aussage folgender Redewendung im Hinblick auf einen Vortrag:***

„Der Anfang ist die Hälfte vom Ganzen."

4 ***Britta erwähnt den „roten Faden" eines jeden Vortrags.***

a) Sammeln Sie Ideen, wie Sie sicherstellen können, dass Ihr Vortrag einen „roten Faden" hat.

b) Finden Sie Möglichkeiten, um den Zuhörern den „roten Faden" vor Augen zu führen.

5 ***Lesen Sie sich den Tipp-Zettel rechts durch.***

a) Formulieren Sie in eigenen Worten.

b) Verbinden Sie den Tipp mit dem Aufbau des Vortrags (➩Basiswissen). Was können Sie daraus folgern?

Tipp

- Sag ihnen, was du ihnen sagen wirst!
- Sag es ihnen!
- Und sag ihnen, was du ihnen gesagt hast!

6 ***Um welche allgemeinen Zielsetzungen handelt es sich jeweils bei den folgenden Beispielen für Vorträge?***

a) Ordnen Sie die Begriffe *Information*, *Motivation* und *Überzeugung* richtig zu.

- Im Unterricht hält ein Mitschüler einen Vortrag über sein Hobby: „Das Tauchen".
- Im Kollegenkreis wurde beschlossen, für den Aufenthaltsraum eine neue, moderne Kaffeemaschine anzuschaffen. Ein Sprecher bittet mit einem kurzen Vortrag den Chef, die Kosten dafür zu übernehmen.
- Der Abteilungsleiter hat seine Mitarbeiter zusammengerufen. In seinem Vortrag stellt er begeistert die geplante Teilnahme der Firma beim nächsten Gesundheitslauf vor und appelliert zum Mitmachen.

b) Benennen Sie die konkreten Ziele, die mit den Vorträgen erreicht werden sollen.

7 ***Überlegen Sie sich mögliche Schlusssätze für Arthurs Vortrag und für die Vorstellung Ihres eigenen Ausbildungsberufs.***

Basiswissen **Vorträge gliedern**

Jedem guten Vortrag liegt eine dreiteilige Gliederung zugrunde:

Einleitung: Begrüßung, Ohröffner, Inhaltsübersicht

Hauptteil: Informationen und Argumente (roten Faden beachten)

Schluss: Zusammenfassung der wichtigsten Punkte, Appell

Einen Kurzvortrag frei und verständlich vortragen

Dialog 2:

Arthur: Mein Vortrag ist jetzt 5 Seiten lang. Das Vorlesen dauert 12 Minuten, wenn ich schnell spreche. Gut, oder?

Britta: Vorlesen kommt nicht gut an. Cooler ist freies Sprechen. Vielleicht kannst du dir die wichtigsten Stichpunkte auf Moderationskarten notieren?

1 *Diskutieren Sie Brittas Vorschlag. Finden Sie Argumente für die Nutzung von Karteikarten.*

2 *Stellen Sie Ihre eigenen Moderationskarten her und präsentieren Sie Ihren Ausbildungsberuf. Orientieren Sie sich dabei an den Karten, die Arthur für seinen Vortrag vorbereitet hat:*

Aufstiegsmöglichkeiten

Mein Tagesablauf

Mein Arbeitsplatz
- Foto
- Folie 1
- Folie 2

Meine Arbeitszeiten
- Betrieb: 7:00–16.30
- Tage ...
- Pausen ...
- Schule: 8:00–15:15

3 *Üben Sie Ihren Vortrag auch mit anderen Gedächtnisstützen und diskutieren Sie in der Klasse die jeweiligen Vor- und Nachteile, erstellen Sie:*
- einen Stichwortzettel,
- ein Plakat,
- Folien,
- PowerPoint-Folien.

4 *Halten Sie nach jedem Ihrer Probevorträge eine Feedback-Runde ab (➪ Kapitel 1, S. 20) und beurteilen Sie auch die Verständlichkeit des jeweiligen Vortrags. Orientieren Sie sich dazu an den Kriterien im Basiswissen.*

Basiswissen — Merkmale einer verständlichen Vortragsweise

Folgende Merkmale sollten berücksichtigt werden:

1. Einfache, überschaubare Formulierungen	Satzbau: kurze Sätze ohne Verschachtelungen Wortwahl: nur bekannte Fremdwörter und Fachbegriffe, mehr Verben als Nomen oder Partizipien
2. Kurz und bündig	Das Wesentliche sagen, nicht abschweifen, das Ziel nicht aus den Augen verlieren
3. Nachvollziehbarer Aufbau	Die Gliederung deutlich machen, z. B. durch Absätze/Pausen, Wichtiges betonen
4. Lebendige Zusätze	Den Text auflockern, z. B. durch anschauliche Beispiele, persönliche Erfahrungen, Humor; Medien (z. B. Folien, Wandtafel) einsetzen

5 *Testen Sie, wie verständlich Sie sich ausdrücken können.*

a) Fertigen Sie eine einfache Zeichnung auf einem DIN-A4-Blatt an, z. B. eine Anordnung von unterschiedlichen geometrischen Figuren (nicht mehr als 6 Stück).
Achtung: Die anderen Mitschüler dürfen Ihre Zeichnung nicht sehen!

b) Beschreiben Sie Ihre Skizze so, dass die anderen sie nachzeichnen können (➪ Basiswissen).

c) Vergleichen Sie anschließend die Skizzen der Mitschüler mit Ihrem Original. Schätzen Sie gemeinsam ein, wie verständlich Sie Ihre Skizze beschrieben haben.

Körpersprache gekonnt einsetzen

Für die Wirkung auf Zuhörer spielen bei einem Vortrag vor allem die Körpersprache und die Stimme des Redners und weniger die Inhalte eine Rolle: Etwa 50 % macht die Körpersprache aus, ca. 30 % die Stimme und nur 10–20 % die Inhalte.

1 *Betrachten Sie die vier Fotos und beurteilen Sie die Wirkung des Vortragenden auf seine Zuhörer.*

2 *Stellen Sie die Körperhaltungen nach und finden Sie weitere Standbilder, die Sie in der Klasse beurteilen.*

3 *Formulieren Sie Tipps zur Körperhaltung bei Vorträgen und Präsentationen. Nehmen Sie die drei Texte zu Hilfe.*

Offene Haltung, freundlicher Gesichtsausdruck und Blickkontakt zum Publikum zeigen die positive Einstellung des Redners und seine Sicherheit. Die verschränkten Arme hingegen bauen eine Mauer zwischen Publikum und Redner auf.	Ein freier Vortrag, mit lebhafter Mimik und Gestik, zieht das Publikum in seinen Bann. Verkrampftes Ablesen langweilt die Zuhörer. Das Publikum fühlt sich nicht einbezogen.	Wer ein Plakat vorstellt, sollte trotzdem offen zum Publikum stehen und es von der Seite her zeigen. Redner, die mit dem Rücken zum Publikum ein Plakat vorstellen, verlieren an Wirkung und grenzen das Publikum aus.

4 *Fertigen Sie in Gruppen ein Lernplakat für Ihr Klassenzimmer an. Halten Sie darauf übersichtlich strukturiert und in Stichworten fest, wie man:*

- einen Kurzvortrag vorbereitet,
- seinen Ablauf plant,
- den Vortrag frei und verständlich hält
- und die Körpersprache optimal einsetzt.

Mit Medienunterstützung präsentieren

Ein **Vortrag** vermittelt Wissen und informiert. Eine **Rede** will den Zuhörer vom Standpunkt des Redners überzeugen. Eine **Präsentation** ist mehr: Sie ist ein Vortrag oder eine Rede mit Medienunterstützung. Ein Bild sagt mehr als tausend Worte, daher ist es sinnvoll, wenn Sie Bilder bzw. bildhafte Darstellungen zur Visualisierung in Ihre Präsentation einbauen. Die in der Praxis am häufigsten verwendeten Hilfsmittel zur Visualisierung sind: die Pinnwand, das Flipchart, der Overheadprojektor, der Beamer und die Tafel bzw. das Whiteboard.

Dialog 3:

Britta:	Na, wie ist denn deine Präsentation gelaufen, Lampenfieber gehabt?
Arthur:	Das war schon okay, aber der Beamer hat mitten im Vortrag nicht mehr funktioniert und ich hatte keine Alternative. Da war zwar eine Wandtafel, aber die ist ja nicht geeignet.
Britta:	Wieso nicht?
Arthur:	Die Zeit hätte fürs Anschreiben und Anzeichnen nicht gereicht.
Britta:	Was sollte denn auf deinen Bildschirmseiten alles draufstehen?
Arthur:	Na ja, die Gliederung, also mein roter Faden, einige Grafiken und Fotos.

1 *Diskutieren Sie, wie Arthur sich hätte helfen können.*

2 *Arbeiten Sie in Partnerarbeit. Notieren Sie zu jedem oben genannten Medium:*

a) eine allgemeine Beschreibung,

b) wofür sich das Medium besonders eignet und welchen Vorteil seine Verwendung bietet,

c) wann Sie vom Einsatz des Mediums eher abraten würden.

3 *Stellen Sie jeweils ein Medium vor. Teilen Sie sich dazu in Ihrer Klasse so auf, dass jedes Medium von einer Gruppe präsentiert wird, und ergänzen Sie einander im Klassengespräch.*

4 *Bereiten Sie eine dreiminütige Präsentation zu Themen wie z. B. „mein Tagesablauf im Betrieb“, „mein Hobby“, „ein Fest in unserer Familie“ vor. Wählen Sie zur Veranschaulichung ein passendes Medium aus. Beachten Sie auch die Hinweise in der Arbeitstechnik.*

Arbeitstechnik – Medieneinsatz vorbereiten

- **Vorbereitungszeit:** Wie viel Zeit habe ich für das Vorbereiten und für den Aufbau der Medien?
  Tipp: Bei wenig Zeit ist der Beamereinsatz nicht sinnvoll.
- **Räumliche Voraussetzungen:** Hat der Raum z. B. eine Projektionswand? Stört stärkeres Sonnenlicht?
  Tipp: Kann ein Raum nicht verdunkelt werden, sollten keine Folien und kein Beamer eingesetzt werden.
- **Zielgruppe:** Wie viele Personen müssen die Präsentation hören und sehen können?
  Tipp: Sollten mehr als 30 Zuhörer anwesend sein, ist ein Flipchart nicht von jedem gut zu sehen.
- **Vortragszeit:** Wie viel Zeit steht mir zur Verfügung? Tipp: Bei fünf Minuten ist ein Metaplan ungeeignet.
- **Technische Gegebenheiten:** Welche Medien stehen überhaupt zur Verfügung?
  Tipp: Nicht erst Folien entwerfen, wenn gar kein Overheadprojektor vorhanden ist.
- **Technisches Know-how:** Mit welchen Medien kann ich gut umgehen? Tipp: Neue Medien vorher testen.

Einen Vortrag gekonnt starten und beenden

1 ***Sie sollen in einem kurzen Vortrag Ihren Traumurlaub in Kanada vorstellen. Überlegen Sie, welchen Ohröffner Sie auswählen wollen.***

2 ***Gestalten Sie den Hauptteil Ihres Kurzvortrags. Folgen Sie dabei dem roten Faden.***

a) Finden Sie zu jedem der vier aufgeführten Punkte einige Informationen, die Sie Ihren Zuhörern mitteilen wollen. Benutzen Sie dazu z. B. auch Reiseprospekte, Lexika, Atlanten etc.

b) Fertigen Sie zu jedem der vier Hauptpunkte eine Karteikarte an und notieren Sie darauf in Stichworten, was Sie sagen wollen (z. B. Kanada: Lage, Hinfahrt, Sprache, Wetter ...).

c) Tragen Sie Ihrem Nachbarn oder Ihrer Nachbarin die Inhalte des Hauptteils vor. Sprechen Sie dabei in ganzen Sätzen.

Roter Faden für den Kurzvortrag: Mein Traumurlaub

3 ***Wie wollen Sie den Kurzvortrag beenden? Begründen Sie Ihre Wahl.***

Okay, ich bin dann fertig.

Herzlichen Dank für eure Aufmerksamkeit.

Habt ihr jetzt auch Lust auf Kanada bekommen? Ich nehme euch gerne alle mit!

Also, das war´s dann. Servus.

Mehr hab ich nicht.

So, jetzt wisst ihr alles über Kanada.

4 ***Planen Sie nach dem Muster vom „Traumurlaub Kanada“ einen eigenen Kurzvortrag und tragen Sie diesen in Ihrer Klasse vor.***

Spielend überzeugen

Spielend diskutieren

Beim folgenden Entscheidungsspiel „Nasa“ kommt es auf Ihre Überzeugungskraft an. Setzen Sie Ihre argumentativen und rhetorischen Fähigkeiten ein und überzeugen Sie Ihre Mitspieler.

Das Entscheidungsspiel „Nasa“

Anleitung: Sie gehören einer Raumfahrergruppe (5 Personen) an. Sie hatten den Auftrag, sich mit dem Mutterschiff auf der Mondoberfläche zu treffen. Wegen technischer Probleme musste Ihr Raumschiff 300 km entfernt vom Mutterschiff landen. Während der Landung ist viel von der Bordausrüstung zerstört worden. Ihr Überleben hängt davon ab, dass Sie das Mutterschiff zu Fuß erreichen. Sie dürfen nur das Notwendigste mitnehmen. Es folgt eine Aufzählung von 15 unzerstört gebliebenen Dingen. Ihre Aufgabe besteht darin, eine Rangordnung der aufgezählten Dinge zu erstellen.

1 Schachtel Streichhölzer

1 Dose Lebensmittelkonzentrat

20 m Nylonseil

30 m² Fallschirmseide

1 tragbarer Kocher

2 Pistolen (7,65 mm)

1 Dose Trockenmilch

2 Sauerstofftanks à 50 l

1 Sternenkarte (Mondkonstellation)

1 Schlauchboot, automatisch aufblasbar mit CO_2-Flasche

1 Magnetkompass

20 l Wasser

Signalpatronen (brennen auch im luftleeren Raum)

1 Erste-Hilfe-Koffer mit Injektionsspritze

1 FM-Empfänger und Sender, mit Sonnenenergie betrieben

1 *Lösen Sie in Einzelarbeit die gestellte Aufgabe: Ordnen Sie die 1 der allerwichtigsten Position zu, die 2 der nächstwichtigen usw., bis alle 15 Positionen ihrer Wichtigkeit nach gereiht sind.*

2 *Einigen Sie sich in Ihrer Gruppe auf eine Rangfolge. Begründen Sie Ihre Auswahl.*

3 *Jede Gruppe wählt zwei Vertreter. Die Vertreter der Gruppen setzen sich zusammen und entscheiden noch einmal über die Rangfolge. Alle Teilnehmer hören zu.*
Eine mögliche Lösung zum „Nasa“-Spiel finden Sie auf S. 298.

4 *Reflektieren Sie über die Entscheidungsfindung.*

a) Wie verlief der Meinungsfindungsprozess in Ihrer Gruppe? Konnten Sie sich gut einigen? Wie gingen Sie mit Streitigkeiten innerhalb Ihrer Gruppe um?

b) Wie einigten sich die Vertreter der Gruppen? Welche Probleme traten auf? Welche Ursachen gab es dafür?

Rhetorische Mittel einsetzen

1 *Übernehmen Sie die Stilmittel aus dem Basiswissen und finden Sie eigene Beispiele zu jedem rhetorischen Mittel.*

Basiswissen | **Rhetorische Mittel**

Überzeugen Sie Ihre Zuhörer und gewinnen Sie sie für Ihre Seite, indem Sie rhetorische Stilmittel in der Kommunikation verwenden. **Rhetorik** ist die Lehre von der wirkungsvollen Gestaltung der Rede. Folgende Stilmittel sollten Sie kennen und verwenden:

Appell: „Schau hin, anstatt die Augen zu verschließen!"

Rhetorische Frage: „Sollten wir nicht hinschauen, statt die Augen zu verschließen?"

Vergleich: z. B. ein verkürzter Vergleich: „Unsere Schule hat den Charme einer Bahnhofshalle." Oder auch ein Vergleich mit „wie": „Das Gebäude sieht aus wie ein Krankenhaus aus den Siebzigern."

Metapher: „Mein Herz hüpft vor Freude."

Personifikation: „Mutter Natur liegt in den letzten Zügen."

Hyperbel: „Er wartet bereits eine Ewigkeit."

Alliteration: „Sie ziehen mit Kind und Kegel los." „Gib Gas, Gustav!"

Wiederholung: „Ich sage es Ihnen, und ich sage es Ihnen noch einmal."

2 *Untersuchen Sie den folgenden Auszug aus einer Rede auf rhetorische Mittel.*

a) Legen Sie eine Tabelle mit drei Spalten an, in der Sie links das Textbeispiel, mittig die Bezeichnung des rhetorischen Mittels, um das es sich handelt, und recht dessen Wirkung eintragen.

b) Suchen Sie die rhetorischen Mittel aus dem Text heraus und füllen Sie die anderen Spalten mit Hilfe des Basiswissens.

Meine Damen und Herren,
ich fühle mich hier wie der einsame Rufer in der Wüste. Sehen Sie nicht, dass schon der bloße Anblick der neuen Betriebshalle eine Woge der Beklemmung auslöst? Woran liegt es nur, dass auch der Geruch der sanitären Anlage Wellen der Übelkeit auslöst? Hier muss unbedingt Ursachenforschung betrieben werden, doch die Rückmeldungen der beteiligten Architekten liegen Lichtjahre auseinander. Während der eine in der Blüte seiner Jahre steht und bereits drei Vorschläge eingereicht hat, ist der andere eher stumm wie ein Fisch. Er schweigt zu allen unseren Punkten, obwohl er uns doch die großartigste Halle seit Menschengedenken versprochen hat.

3 *Beschreiben Sie mit möglichst vielen verschiedenen Stilmitteln Ihr Traumauto, Ihren letzten Urlaub, Ihr Klassenzimmer, Ihren Arbeitsplatz oder eine Person Ihrer Wahl.*

4 *Formulieren Sie eine kurze Rede zum Anlass Ihrer Abschlussfeier. Verwenden Sie möglichst viele rhetorische Mittel. Berücksichtigen Sie die Adressaten und das Ziel Ihrer Rede.*

Rhetorische Mittel in der Werbung

Werbeanzeigen oder Texte in Werbespots gehören zu den Texten mit besonderem Aufforderungscharakter (Appell). Sie wollen die Empfänger ihrer Nachricht schnell und nachhaltig vom eigenen Anliegen oder Produkt überzeugen. Dazu werden fast immer rhetorische Mittel verwendet.

1 *Untersuchen Sie die folgenden Werbesprüche und benennen Sie die rhetorischen Mittel.*

- Wir geben Ihrer Zukunft ein Zuhause.
- Nichts ist unmöglich.
- Packen wir's an!
- Er läuft und läuft und läuft.
- Wie, wo, was weiß OBI.
- Auf diese Steine können Sie bauen.
- Die zarteste Versuchung, seit es Schokolade gibt
- Alles Müller oder was?
- Wohnst du noch oder lebst du schon?
- Geiz ist geil.
- Milch macht müde Männer munter.
- Gute Preise. Gute Besserung.
- Die längste Praline der Welt

2 *Erfinden Sie eigene Werbesprüche zu ausgewählten Produkten. Verwenden Sie mindestens ein stilistisches Mittel.*

3 *Tauschen Sie Ihre Werbeslogans aus und bestimmen Sie wechselseitig die Stilmittel.*

Fazit

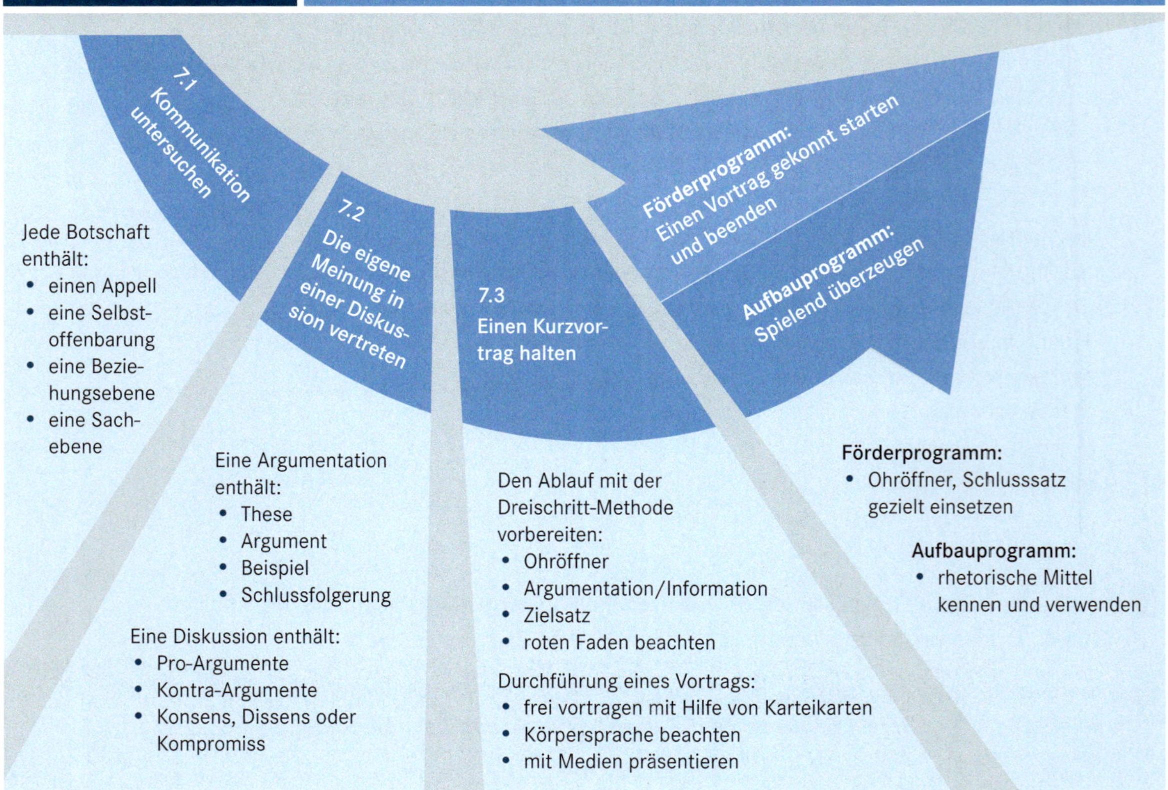

Kapitel 8

Andere überzeugen: schriftlich argumentieren

Nachhaltig überzeugen kann derjenige, der die besseren Argumente hat. Das gilt gleichermaßen im Beruf wie im Privatleben. In schriftlicher Form wird der Schreiber seine Argumente noch sorgfältiger abwägen als im Gespräch, das nicht immer vorbereitet werden kann.

In diesem Kapitel lernen Sie weitere Formen schriftlicher Korrespondenz kennen, in denen auch schlüssiges Argumentieren gefragt ist, um andere von Ihrem Standpunkt zu überzeugen.

Für alle Schreibformen gilt, dass die Texte sorgfältig zu planen sind, bevor sie verfasst, kontrolliert und ggf. überarbeitet werden.

Was ich aus anderen Kapiteln weiß

- ✔ Elemente von Kommunikationsstrategien können auch bei Schreibformen hilfreich sein (➪ Kapitel 1, 7).
- ✔ Schreibpläne helfen, alles Wichtige zu erfassen (➪ Kapitel 2).
- ✔ Geschäftsbriefe verlangen eine überlegte Wortwahl und eine bestimmte Form (➪ Kapitel 2).

Eine Meinung begründen

Julia, 17-jährige Reiseverkehrskauffrau in Ausbildung, chattet mit ihrer Freundin Alina über ICQ, ein Instant-Messaging-Programm, über das sich die Benutzer im Internet miteinander unterhalten oder zeitverschoben Nachrichten versenden können.

J: Hi, Alina! Wie war's denn in der Dom. Rep.?

A: Hallo, Julia! Wollte dich deshalb schon anfunken: Also, der Hit war's nicht.

J: Was? Und ich war so happy, eine Woche mit Flug und Halbpension zu diesem Preis für dich zu bekommen: Immerhin reden wir hier von einer 4-Sterne-Hotelkette.

A: Also, die Zimmer waren ja o.k. Recht geräumig, mit separatem Badezimmer und Balkon, wie beschrieben. Das Frühstücksbuffet allerdings sah jeden Tag ab ca. 9:00 Uhr schon sehr verwaist aus. Ich als Langschläferin war immer der Depp. Von Auswahl konnte man nur morgens um 7:30 Uhr sprechen.

J: Na ja, aber verhungert bist du ja nicht.

A: Du bist gut, da ich das Mittagessen grundsätzlich ausfallen lasse ... Und dann am Strand: Im hoteleigenen Bereich war ständig Baulärm; dort haben die eine neue Strandbar gebaut. Auf dem Beachvolleyball-Feld stand ein Baucontainer. Das Wasser war allerdings wirklich super – glasklar und angenehm warm.

J: Das gibt's doch nicht: Die bauen mitten in der Saison?

A: O.K., die haben als Entschädigung täglich Getränkegutscheine für die Bar am Abend an die Hotelgäste verteilt. Aber ich wollte tagsüber eigentlich bei Meerrauschen ausschlafen.

J: Dafür konntest du dir doch am Abend dicke Barrechnungen sparen – ist ja auch was, oder?

A: Na super, so schlimm war das auch wieder nicht. Musik im Freien gab's nur bis 23:00 Uhr. Dann wurde nur noch was in der muffigen Kellerbude geboten. Das kann ich zu Hause auch haben.

J: Und dabei stand ausdrücklich im Reisekatalog „für Nachtschwärmer ideal". – Versteh ich nicht! Andererseits: Wenn dein Zimmer in der Nähe der Musikanlage ist und da geht's bis 5:00 Uhr morgens rund ...

A: Hey, ich bin 18 und nicht 48! Übrigens, die Animatoren waren alle nicht nur jenseits der 30, die waren z. T. auch ganz schön nervig. Ziehen dich da einfach auf die Tanzfläche zum Clubtanz. Das kann mein Vater machen ... obwohl, ein 5-Gänge-Gala-Menü hätte der wohl nicht spendiert.

J: Wo kam das denn her? – Biste eingeladen worden????

A: I wo, war der Gewinn bei einem Strandspiel - zwischen den Baufahrzeugen ...

J: Also, so schlecht war doch dann die Woche gar nicht!

A: Tut mir leid, ich seh das ganz anders.

J: Ich red mal mit meinem Chef. Immerhin hast du ja bei uns gebucht.

1 *Julia und Alina bewerten den Urlaub unterschiedlich.*

a) Formulieren Sie die jeweilige Sichtweise der beiden als kurze, aussagekräftige Behauptung (These).

b) Schreiben Sie zu jeder These mindestens drei Argumente aus dem ICQ-Dialog heraus.

2 *Welchen Standpunkt vertreten Sie? Begründen Sie Ihre Meinung.*

Geschäftsbriefe mit Vordruck verfassen

Situation

Julia erzählt ihrem Chef von Alinas Urlaubseindrücken. Der ist recht ungehalten, denn über diese Hotelkette gingen schon mehrere Klagen bei ihm ein. Seine Ansprechpartnerin Beate Müller beim Reiseveranstalter „Relax GmbH" ist zwar am Telefon betont freundlich, wenn es aber um Reisekostennachlässe geht, erweist sie sich als sehr schwierig.

Julia wird gebeten, ein Schreiben an den Reiseveranstalter zu verfassen. Ihr Chef möchte eine Rückerstattung von 10 Prozent erwirken, um diese dann seiner Kundin, Julias Freundin Alina, weitergeben zu können. Die Auszubildende ist mit dieser Aufgabe auf sich allein gestellt, da ihr Chef für zwei Tage verreist ist. Julia packt der Ehrgeiz. Sie beginnt mit der Erstellung eines Schreibplans (➪ Kapitel 2, S. 30).

1 ***Planen Sie einen Geschäftsbrief, den Julia verwenden könnte. Nutzen Sie dazu die fünf Schritte zur Erstellung eines Schreibplans.***

1. Schritt: Durchdenken Sie die Aufgabe gründlich und diskutieren Sie mit einem Partner.

a) Welches Ziel verfolgt das Schreiben?
b) Welche Rolle spielt Julias Freundin Alina in dem Schreiben?
c) Wie ist der Adressat des Schreibens einzuschätzen? Welche Konsequenzen hat das?
d) Wer unterschreibt den Brief?

2. Schritt: Sammeln Sie die notwendigen Informationen.

a) Welche formalen Vorgaben für Geschäftsbriefe nach DIN-Norm müssen beachtet werden? Machen Sie sich damit auf der folgenden Doppelseite vertraut (➪ S. 102, 103).
b) Welche Anforderungen stellen die Briefformate mit Vordruck? Vergleichen Sie die Norm-Vorgaben und den Geschäftsbrief mit Vordruck aus Julias Firma (S. 103) und notieren Sie die zusätzlich benötigten Informationen.
c) Vergleichen Sie auch mit den Briefvorlagen Ihrer Firma.
d) Notieren Sie sich alle Punkte in Stichworten, die für den Inhalt des Schreibens wichtig sind.

3. Schritt: Erstellen Sie eine Grobgliederung.

a) Ordnen Sie Ihre Stichworte von Schritt 2 d, indem Sie sie nummerieren.
b) Erstellen Sie eine Grobgliederung für Ihren Geschäftsbrief mit Hilfe der Arbeitstechnik auf der folgenden Seite. Notieren Sie die Grobgliederungspunkte auf einem Blatt und ordnen Sie zu, was in die Einleitung, den Hauptteil und in den Schlussteil gehört.

4. Schritt: Planen Sie die Absätze (Feingliederung).

a) Die Grobgliederung gibt schon Absätze vor. Sind weitere Absätze im Sinne der Übersichtlichkeit und besseren Lesbarkeit sinnvoll?
b) Notieren Sie nun genauer, was inhaltlich in den einzelnen Absätzen thematisiert werden soll. Nehmen Sie auch hierfür die Arbeitstechnik auf der nächsten Seite zu Hilfe.

5. Schritt: Finden Sie eine angemessene Sprache und den passenden Stil für Ihr Schreiben.

a) Welchen Sprachstil sollen Geschäftsbriefe haben? Begründen Sie!
b) Finden Sie passende Formulierungen für Ihr Ziel, 10 Prozent Rückerstattung zu erreichen.

Arbeitstechnik – Gliederung für einen Geschäftsbrief mit Vordruck erstellen

Die inhaltliche Gliederung eines Briefes ergibt sich maßgeblich aus dessen formalem Aufbau.

- Formulieren Sie eine aussagekräftige Betreffzeile, die entweder den Inhalt des Briefes kurz zusammenfasst oder sich auf Vorangegangenes, wie etwa ein Telefonat oder Schreiben, bezieht.
- Nach der Anrede erfolgt in einem Absatz die Einleitung. Hier formulieren Sie in vollständigen Sätzen den Anlass Ihres Briefes.
- Im eigentlichen Hauptteil, der aus mehreren Absätzen bestehen kann, stellen Sie Ihre Reaktion, Antwort bzw. Schlussfolgerung und die evtl. zu ergreifenden Maßnahmen dar. Handelt es sich um einen Beschwerdebrief, so können Sie sich am Aufbau einer Argumentation orientieren. Notieren Sie die Behauptung (These), begründen Sie sie mit einem Argument und belegen Sie dieses mit einem Beispiel (➪ Kapitel 7, S. 84). Abschließend können Sie die Folge schildern und einen Lösungsvorschlag unterbreiten.
- Der Schluss sollte verbindlich sein. Er kann einen Ausblick auf die Zukunft enthalten, eine Zusammenfassung des Inhalts mit der Bitte um Verständnis, einen Wunsch oder Dank, je nach Adressat.

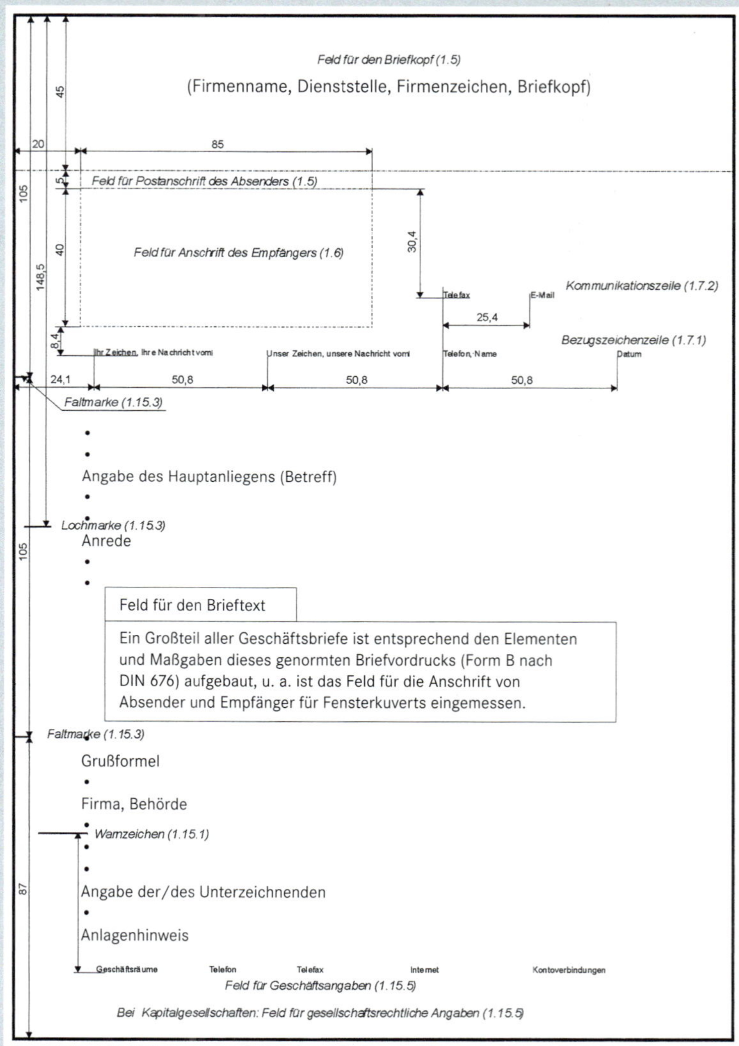

Briefvordruck Form B nach DIN 676, alle Maße in mm

2 ***Verfassen Sie mit Hilfe Ihres Schreibplans einen vollständigen Geschäftsbrief mit Vordruck.***

a) Nutzen Sie dazu die Vorlage (vor allem den Kopf) auf der gegenüberliegenden Seite.

b) Falls Sie keinen PC zur Verfügung haben, verwenden Sie kariertes Papier. Den Firmen-Briefkopf ersetzen Sie in diesem Fall durch ein angemessen großes Rechteck, Leerzeilen durch Punkte.

FISCHER REISEN

Fischer Reisen
Inh. Georg Fischer
Frankenstr. 17, 94351 Nürnberg
Tel.: 0911 2973-500
Fax: 0911 2973-99
E-Mail: Georg.fischer@xyz.de
Web: www.fischer-reisen.com

Bankverbindung:
Frankenbank Nürnberg
BLZ: 70008965
Kontonummer: 123456

Fischer Reisen Frankenstr. 17 94351 Nürnberg

Werbegrafik
Stefan Sulzer GmbH
Trixstr. 244
97523 Nürnberg

Ihr Zeichen, Ihre Nachricht vom	*Unser Zeichen, unsere Nachricht vom*	*Telefon, Name*	*Datum*
Va/34e, 17.04.09	*fi-675-ae, 23.01.09*	*- 555, Fischer*	*24.04.09*

Lieferung der Reisekataloge „Spanien-Sommer"

Sehr geehrter Herr Sulzer,
wir bitten um fristgerechte Lieferung der 500 Reisekataloge „Spanien-Sommer" ...

Mit freundlichen Grüßen

Fischer Reisen

Georg Fischer
Georg Fischer

Anlagen
Bestellschein vom 17.04.09

3 *Überarbeiten Sie Ihren Brief kritisch anhand der folgenden Checkliste.*

Tipp
Orientieren Sie sich auch an dem Geschäftsbrief ohne Vordruck in Kapitel 2, S. 33.

Checkliste

Aufbau

- ☑ Sind in meinem Schreiben alle Elemente (z. B. Anschriftenfeld, Datum, Betreffzeile, Anrede, Grußformel, Unterschrift, Anlagen) vorhanden und formgerecht angeordnet?
- ☑ Habe ich den Brief an die richtige Person adressiert und die Anredeform richtig gewählt?
- ☑ Ist der Betreff aussagekräftig?
- ☑ Ist die Argumentation nachvollziehbar?

Sprache, Rechtschreibung, Zeichensetzung

- ☑ Ist der Ausdruck klar, verständlich und angemessen?
- ☑ Habe ich auf Umgangssprache und Abkürzungen verzichtet?
- ☑ Habe ich meine Sätze sinnvoll und grammatikalisch richtig verknüpft?
- ☑ Habe ich die Regeln der Zeichensetzung beachtet?
- ☑ Habe ich meine Arbeit nochmals auf meine Fehlerschwerpunkte hin überprüft und Flüchtigkeitsfehler korrigiert?
- ☑ Habe ich Wörter nachgeschlagen, bei deren Schreibung ich unsicher war?

Mit einem Brief überzeugen

Eine Mindmap zur Vorbereitung nutzen

Situation

Alina wird von dem Reisebüro, das ihre Reise gebucht hat, gebeten, eine knappe Einschätzung ihrer Eindrücke vom letzten Urlaub zu geben. Ihre Freundin Julia meint, dass ein formloser Brief vollkommen ausreichend sei. Man benötige Alinas Bewertung für den Antrag auf eine Reisekostenrückerstattung. Alina wählt zur Vorbereitung des Briefes die Mindmap als Strukturierungshilfe.

1 ***Lesen Sie sich Alinas Urlaubserfahrungen auf Seite 100 nochmals aufmerksam durch. Was meint das Reisebüro damit, sie solle eine „Einschätzung ihrer Eindrücke" des Urlaubs geben? Welche Informationen sind wesentlich?***

2 ***Legen Sie eine Gliederung zu Alinas Urlaubserfahrungen an.***

a) Nutzen Sie die folgende Arbeitstechnik und legen Sie eine Mindmap an. Wahlweise können Sie auch eine lineare Gliederung anfertigen.

b) Vergleichen Sie Ihre Gliederung mit der Ihres Nachbarn und ergänzen Sie, wenn nötig.

c) Welches Argument im Positiven wie Negativen halten Sie für das wichtigste? Rahmen Sie ein.

Arbeitstechnik | **Informationen strukturieren: Mindmap und lineare Gliederung**

1. Das zentrale Thema (oder Vorhaben) wird in die Mitte des Blattes geschrieben und eingekreist.
2. Hauptäste anlegen. Hierbei handelt es sich um die Formulierung von Gliederungspunkten. Das Thema erhält eine Struktur, indem die Hauptgedanken (Schlüsselwörter) stichwortartig auf den Ästen notiert werden. Jeder neue Aspekt erhält einen weiteren Ast.
3. Nebenäste anlegen. Zur Differenzierung der Hauptthemen lässt man weitere Teilaspekte von den Hauptästen abzweigen (Feingliederung).

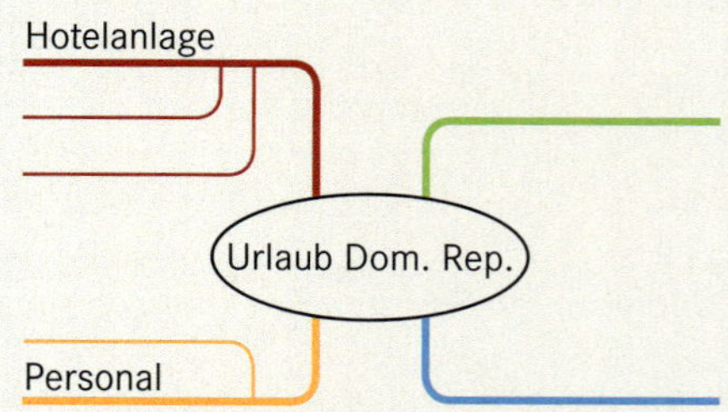

Zur besseren Übersichtlichkeit kann mit unterschiedlichen Farben und mit Zeichnungen gearbeitet werden. Auch sollten die Haupt- und Nebenäste von unterschiedlicher Dicke sein.

Lineare Gliederung

1.	1.
1.1	a)
1.2	b)
2.	2.
2.1	a)

Die Informationen zu einem Thema werden Punkten und Unterpunkten zugeordnet. Zur Bezeichnung der Punkte eignen sich Zahlen besonders gut, aber auch Buchstaben können benutzt werden.

Der große Unterschied zur Mindmap besteht darin, dass die Reihenfolge der einzelnen Unterthemen bereits festgelegt werden muss. Entweder steht das Wichtigste zu Beginn und die nachfolgenden Aufzählungspunkte werden unwichtiger oder es verhält sich genau andersherum, sodass das Wichtigste ganz am Ende steht (Steigerung).

Einen kurzen, sachlichen Brief verfassen

1 ***Berichten Sie nun von Alinas Urlaubserfahrungen in Form eines kurzen, sachlichen Briefes.***

a) Bestimmen Sie, mit welchem Thema Sie beginnen wollen. In der Regel fängt man mit dem weniger wichtigen an und endet mit dem wichtigsten Argument.

b) Finden Sie Formulierungen für die drei Abschnitte Ihres Schreibens. Nutzen Sie dazu die folgenden Hilfen und ergänzen Sie sie durch eigene.

Muster: Formulierungshilfen für geschäftliche Briefe

Einleitung:	*Leider muss ich Ihnen mitteilen, dass mein Urlaub nicht zu meiner Zufriedenheit … / Nach meiner Reise in die Dominikanische Republik möchte ich Ihnen kurz meine Eindrücke … / Aufgrund einiger Kundenrückmeldungen möchte ich heute mit Ihnen bezüglich des Hotels „Sun" Kontakt aufnehmen … / Wie schon am Telefon besprochen … / Aus Anlass der bevorstehenden Messe möchte ich Ihnen heute …*
Hauptteil:	*Die Animateure waren leider nicht auf die angegebene Altersgruppe zugeschnitten … / Im Zeitraum meines Urlaubs kam der Zimmerservice nur jeden dritten Tag, um das Bad zu reinigen, sodass … /… Nachdem unsere Mitarbeiter von vielen zufriedenen Kunden um neue Angebote gebeten wurden … / Zur Beilegung des entstandenen Schadens erhoffen wir … / Aufgrund der Verzögerung bitten wir erneut um die Zusendung …*
Schluss:	*Ich hoffe, dass Sie meine Anregungen in Erwägung ziehen und wir auch weiterhin … / Abschließend möchte ich nochmals auf … hinweisen, da … / Für Ihr Entgegenkommen möchten wir uns recht herzlich bedanken … / Um auch zukünftig unsere langjährige, gute Zusammenarbeit fortsetzen zu können, erhoffen wir uns …*

c) Belegen Sie Ihre Thesen (Behauptungen) stets mit Argumenten und notieren Sie auch einige Beispiele, Belege oder Erläuterungen (sogenannte Entfaltungen), um Ihre Behauptungen zu veranschaulichen.

Basiswissen — Thesen und Argumente formulieren

In einer überzeugenden Argumentation muss die Meinung immer durch mindestens ein Argument gestützt werden. Wenn möglich, sollte noch ein Beispiel zur Veranschaulichung folgen:

These:	Ich bin der Meinung, dass der Service insgesamt nicht ausreichend war,
Argument:	weil das Personal überarbeitet und nicht ausgebildet ist.
Beispiel/Beleg:	Die Zimmer wurden nur jeden dritten Tag gereinigt und häufig wurde der Mülleimer vergessen.
Neue These:	Die Lärmbelästigung war kaum auszuhalten,
Argument:	weil ...

2 ***Überarbeiten Sie Ihren Brief.***

a) Korrigieren Sie die Rechtschreibung und Grammatik (sind die Sätze vollständig?).

b) Gehen Sie alle Behauptungen daraufhin durch, ob sie begründet sind, und ergänzen Sie, wenn nötig.

c) Kontrollieren Sie den Sprachstil Ihres Briefes: Bleiben Sie stets sachlich und werden Sie an keiner Stelle verletzend?

Tipp

Versetzen Sie sich in die Situation des Empfängers! Welche Wirkung haben die Worte nun auf Sie?

Handouts erstellen

Situation

Georg Fischer, Inhaber des Reisebüros „Fischer Reisen", bittet seine Auszubildende Julia, ihm bei der Zusammenstellung eines Handouts für das nächste Regionaltreffen des Berufsverbandes der Reiseverkehrskaufleute zu helfen.

Sein Ziel ist es, dass zum 1. Januar des kommenden Jahres alle Kunden einen einseitigen Fragebogen in ihrem Reisebüro zum Ausfüllen bekommen. Darin soll die Zufriedenheit mit dem Reisebüro, aber auch mit dem verbrachten Urlaub erfragt werden. Damit möchte er sowohl die Kundenzufriedenheit erhöhen als auch rascher auf problematische Hotelanlagen reagieren können.

Basiswissen — Ein Handout erstellen

Ein **Handout** (auch: **Tischvorlage**) ist in der Verwaltungssprache ein Papier, das vor dem Beginn eines Vortrags allen Zuhörern zur Verfügung gestellt wird, um die Informationsaufnahme und die möglicherweise daraus folgenden Entscheidungen zu erleichtern. Es kann sich um ein Thesenpapier handeln, jedoch können auch zusätzliche Informationen (zum Beispiel Zahlenmaterial) angeboten werden. Je nach den Bestimmungen der Geschäftsordnung können auch Anträge als Tischvorlage eingebracht werden.

Der Umfang eine Handouts sollte eine, allenfalls zwei Seiten nicht überschreiten. Auf ein übersichtliches Schriftbild und eine deutliche Gliederung ist unbedingt zu achten. Der Zweck der Vorlage (Thesenpapier, Gliederung des Referats, Zusatzmaterial, Änderungsantrag ...) sollte sofort ersichtlich sein.

Als Handout im engeren Sinne gilt eine Tischvorlage, die etwas detaillierter gehalten ist als ein Thesenpapier, die die Gliederung (Kapitel) des Vortrags, die wichtigsten Details und Thesen, einige Grafiken, das Literatur- und Webverzeichnis und möglichst auch einen Ausblick enthält.

Julia bekommt von ihrem Chef zwei Notizblätter:

1. Seite

Gliederung Handout
Veranstaltung: ...
Ort: ...
Datum: ...
Verantwortlicher: ...

Thematik/Tagesordnungspunkt:
Zielsetzung: Einführung eines Fragebogens

Gründe:
- ...

Gegenargumente:
- ...

Geplanter Termin der Einführung: ...

Vorschlag für ein Formular: Vgl. S. 2!

2. Seite

Fragebogenentwurf:

ca. 30 % der Seite:
- Anschrift des Reisebüros und Firmenlogo
- Absender des Kunden

ca. 50 % der Seite:
- Zufriedenheit mit dem Reisebüro (3 Fragen)
- Zufriedenheit mit dem verbrachten Urlaub (5 Fragen)
- Ausblick (künftiger Urlaub, Wünsche ...) (2 Fragen)

ca. 20 % der Seite:
Anreiz für Kunden zum Abgeben des Fragebogens
→ noch keine Idee

1 *Bilden Sie Arbeitsgruppen von 4–6 Personen. Darin beschäftigt sich die eine Hälfte mit der Konzeption der ersten Seite des Handouts, die andere mit dem Entwurf eines Fragebogens* *(➪S. 108)*.

Arbeitsauftrag A: Erste Seite der Tischvorlage

1 Machen Sie sich mit den Gliederungspunkten auf Herrn Fischers Notizblatt vertraut. Fehlen wichtige Aspekte? Klären Sie ggf. Deutungsunterschiede.

2 Sammeln Sie Gründe, die für einen Fragebogen sprechen, aber auch Argumente dagegen.

3 Entscheiden Sie sich für drei Pro- und drei Kontra-Argumente. Haben Sie dabei aber die Zielsetzung von Julias Chef im Auge.

4 Entwerfen Sie die erste Seite der Tischvorlage auf kariertem Papier oder – wenn möglich – gleich am PC mit Standard-Software.

Arbeitsauftrag B: Fragebogen als Anlage zur Tischvorlage (zweite Seite)

1 Erörtern Sie Herrn Fischers Vorstellungen zu seinem Fragebogen. Denken Sie auch an Aspekte wie
- Auswertbarkeit von gestellten Fragen,
- Zeitökonomie beim Kunden,
- Bereitschaft, Fragebögen auszufüllen (→ Anreizsystem).

2 Sammeln Sie Fragen zu den drei Bereichen.

3 Treffen Sie eine Auswahl entsprechend Herrn Fischers Vorgaben.

4 Entwerfen Sie den Fragebogen als zweite Seite der Tischvorlage auf kariertem Papier oder – wenn möglich – gleich am PC mit Standard-Software.

2 *Führen Sie in Ihrer jeweiligen Gruppe die Arbeitsergebnisse zusammen.*

a) Tauschen Sie Ihre beiden Teile aus und lesen Sie jeweils Korrektur (Rechtschreibung, Zeichensetzung, Sprache, Stil, Inhalte ...).

b) Arbeiten Sie ggf. Verbesserungen, Berichtigungen oder Ergänzungen in Ihre Vorlagen ein.

3 *Präsentieren Sie der Klasse das Handout.*

a) Teilen Sie sich die Aufgaben vor der eigentlichen Präsentation auf: Einer spricht, während der andere den Zuhörern den Gliederungspunkt auf dem Handout anzeigt. Wechseln Sie sich beim Sprechen ab, das steigert in den meisten Fällen die Bereitschaft zum Zuhören.

b) Sprechen Sie langsam, laut und deutlich. Stellen Sie sicher, dass Sie sich Ihrem Publikum zuwenden und von allen zu verstehen sind.

Arbeitstechnik | Einen Fragebogen entwerfen

Der Aufwand zur Erstellung eines Fragebogens ist ungleich höher als die Zeit, diesen auszufüllen bzw. zu beantworten.

Am Anfang einer jeden Entwicklung von Fragebögen stehen umfangreiche Vorarbeiten. Man muss Antworten finden zu folgenden Fragen:

- Was möchte ich genau erfragen/wissen? → Inhalt
- Welche Details möchte ich erfragen/wissen? → Tiefe des Inhalts
- Wen spreche ich an? → Zielgruppe
- Welches Vorwissen bringt die Zielgruppe mit? → Schwierigkeitsgrad
- Wie viele Fragen darf ich stellen? → Umfang, Zeit
- Welche Arten von Fragen möchte ich stellen? → Fragearten
- Wie umfangreich soll/darf die Auswertung werden? → Zeitaufwand für Auswertung

Man unterscheidet im Wesentlichen drei Arten von Fragen: **offene Fragen**, bei denen die Antwort mit eigenen Worten verfasst wird; **geschlossene Fragen**, bei denen es vorgegebene Antwortmöglichkeiten zum Ankreuzen gibt, und **halb offene Fragen**, eine Mischform aus offener und geschlossener Frage (➪Kapitel 13, S. 173).

Drei Tipps zum guten Gelingen:

1. Weniger ist manchmal mehr!
2. Fragen beantwortbar formulieren!
3. Zwei Probeläufe mit anschließender Verbesserung sichern einen guten Fragebogen!

Fazit

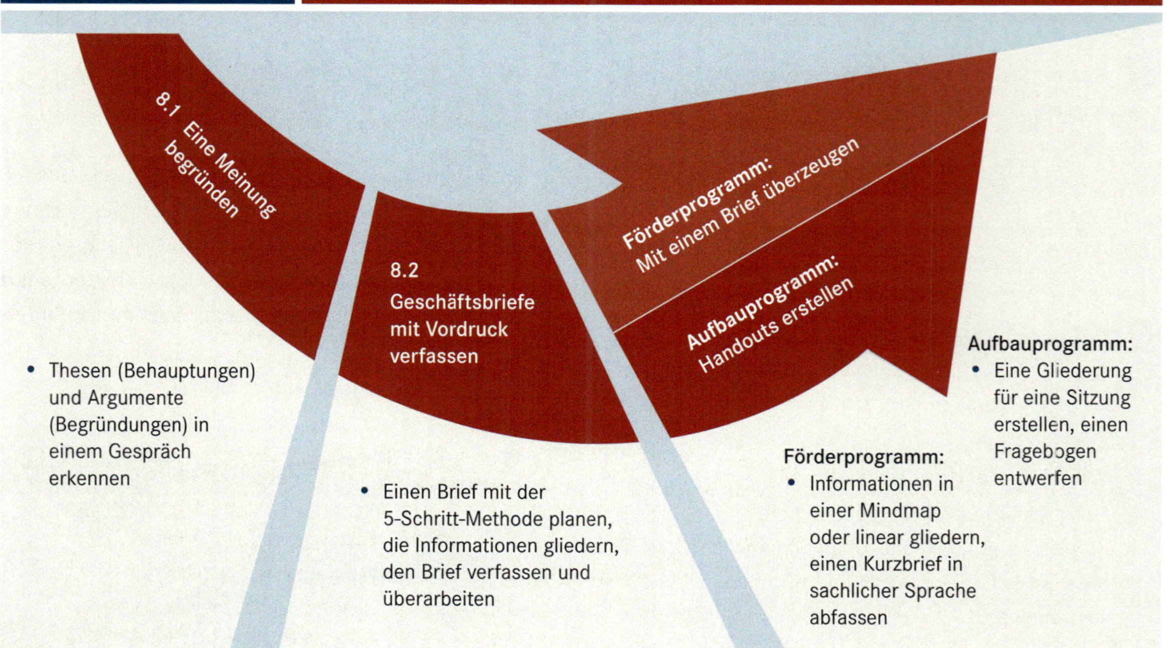

Kapitel 9

Beschreiben im beruflichen Umfeld

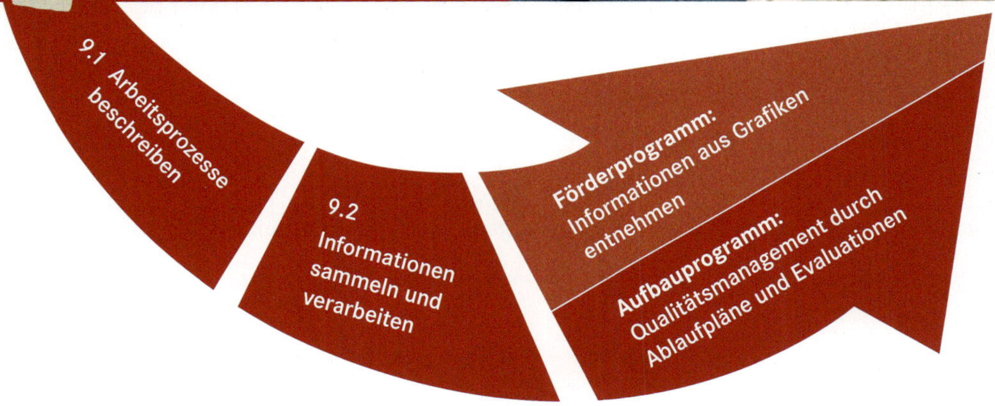

In nahezu allen Bereichen der modernen Arbeitswelt ist die ständige Verbesserung von Arbeitsabläufen unverzichtbar, will man vor der heimischen und internationalen Konkurrenz bestehen. Ständig steigende Anforderungen an den Umweltschutz und die Gesundheit am Arbeitsplatz tun ein Übriges.

Dazu ist es aber erforderlich, wiederkehrende Vorgänge, häufig auch Arbeitsprozesse genannt, genau zu beschreiben. Erst dann können weitere Verbesserungen gezielt ansetzen.

In diesem Kapitel erfahren Sie, wie Sie verschiedene Formen der Beschreibung von betrieblichen Abläufen und Vorgängen verfassen. Auch sind Sie aufgefordert, Informationen aus unterschiedlichen Texten auszuwerten und auf sinnvolle Weise zusammenzuführen.

Was ich aus anderen Kapiteln weiß

- ✔ Bevor mit dem Schreiben begonnen wird, sollte man sich stets einen Schreibplan erstellen (➪ Kapitel 2).
- ✔ Das Berichten bezieht sich in der Regel auf einmalige Vorgänge und Geschehnisse in der Vergangenheit (➪ Kapitel 3).
- ✔ Um einen Text anschaulich zu machen, kann er exzerpiert und visualisiert werden (➪ Kapitel 4).
- ✔ Will man ein Thema von verschiedenen Seiten beleuchten, dann muss man sich mit ihm umfassend vertraut machen (➪ Kapitel 7).

Arbeitsprozesse beschreiben

Gefährdungen beurteilen

Bereits seit zehn Jahren ist die Gefährdungsbeurteilung gesetzlich vorgeschrieben. Doch noch immer tun sich viele Unternehmen – vor allem Kleinbetriebe – schwer, sie in ihrem Betrieb vorzunehmen und die daraus resultierenden Maßnahmen umzusetzen.

Situation

Michaels Betrieb will Arbeitsablaufbeschreibungen erarbeiten lassen. Dazu hat die Geschäftsführung ein Informationsblatt entworfen, das den Mitarbeitern die Bedeutung dieses Schrittes näherbringen will:

Projekt: Sicherheit am Arbeitsplatz

Das Kernstück unserer speziellen arbeitsplatzbezogenen Gefährdungsbeurteilung ist die Arbeitsablaufbeschreibung. Durch die lückenlose und detaillierte Erfassung des Arbeitsablaufs werden für alle Beteiligten die auftretenden Gefährdungen deutlich erkennbar. Der Arbeitsablauf beinhaltet auch Wartungs- und Überwachungstätigkeiten sowie mögliche betriebliche Störungen. Die Erarbeitung des Arbeitsablaufs im Team unterstreicht die Unternehmensphilosophie, die auf eine kontinuierliche Gefahrenerkennung ausgerichtet ist. Die Mitarbeiter werden für die Gefahren an ihrem Arbeitsplatz sensibilisiert und so zur Mitarbeit der Verbesserung des Gesundheitsschutzes beim Umgang mit Gefahrenstoffen motiviert.

(J. Leschinsky, Kompass 5/6, 2006, S. 17)

1 *Welche Gründe gibt der Verfasser für die Anfertigung einer Arbeitsablaufbeschreibung an?*

2 *Weshalb bezieht ein Unternehmen seine Mitarbeiter in ein solches Projekt mit ein? Nennen Sie wenigstens drei Gründe!*

3 *Lesen Sie sich die Darstellung aufmerksam durch und übertragen Sie sie auf Ihren Arbeitsbereich.*

a) Suchen Sie sich drei Gefährdungsfaktoren aus und beschreiben Sie diese mündlich.

b) Beschreiben Sie zwei Abläufe, die in Ihrem Betrieb eine mögliche Gefährdung darstellen.

c) Überlegen Sie sich Wege zur Behebung dieser Gefahren an Ihrem Arbeitsplatz.

d) Machen Sie sich Notizen zu Ihren Überlegungen.

1.	1.1	1.2	1.3	1.4
Mechanische Gefährdung	ungeschützt bewegte Maschinenteile	Teile mit gefährlichen Oberflächen	bewegte Transportmittel, bewegte Arbeitsmittel	unkontrolliert bewegte Teile
2.	2.1	2.2		
Elektrische Gefährdung	gefährliche Körperströme	Lichtbögen		
3.	3.1	3.2	3.3	3.4
Gefahrstoffe	Gase	Dämpfe	Aerosole	Flüssigkeiten
4.	4.1	4.2		
Thermische Gefährdung	Kontakt mit heißen Medien	Kontakt mit kalten Medien		
5.	5.1	5.2	5.3	5.4
Gefährdung durch spezielle physikalische Einwirkungen	Lärm	Ultraschall, Infraschall	Ganzkörperschwingungen	Hand-Arm-Schwingungen
6.	6.1	6.2	6.3	
Gefährdung durch Arbeitsumgebungsbedingungen	Klima	Beleuchtung	Raumbedarf/ Verkehrswege	
7.	7.1	7.2	7.3	7.4
Physische Belastung/ Arbeitsschwere	schwere dynamische Arbeit	einseitige dynamische Arbeit	Haltungsarbeit/ Haltearbeit	Kombination aus statischer und dynamischer Arbeit

Abläufe analysieren

1 *Ordnen Sie im folgenden Ablaufplan den Ziffern 1–5 die Abteilungen „Warenlager", „Poststelle", „Verkauf", „Lieferanten" und „Einkauf" zu.*

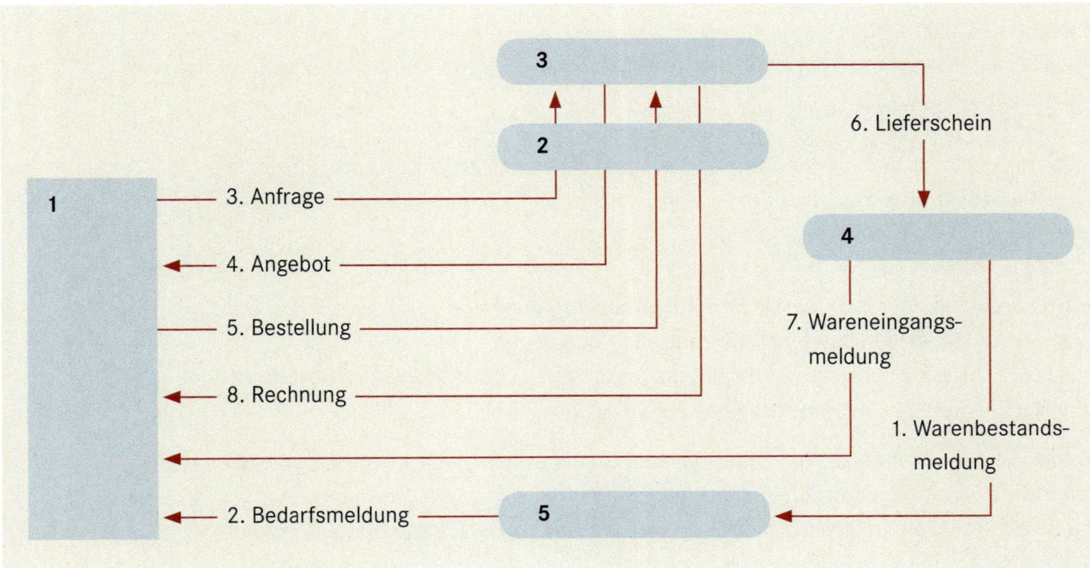

Ablaufplan: Wareneinkauf und Wareneingang

2 *Bringen Sie die folgenden Tätigkeiten in die Reihenfolge, in der sie im Betrieb anfallen. Legen Sie dazu eine eigene Liste an und orientieren Sie sich an der Abbildung oben.*

1. Angebote einholen (l)
2. …

a) Verpackung überprüfen
b) Lieferanten auswählen
c) Angebote vergleichen
d) Eingang der gelieferten Ware melden (Wareneingangsmeldung erstellen)
e) Auspacken der Ware
f) Rechnung prüfen und abzeichnen (Wareneingangsmeldung, Bestellung)
g) Bestellmenge und Liefermenge vergleichen (Bestellung und Lieferschein)
h) Anzahl der gelieferten Teile kontrollieren (Lieferschein)
i) Ware ordnungsgemäß lagern und in Lagerdatei erfassen
j) Bestellung schreiben
k) Rechnung buchen und ausgleichen (bezahlen)
l) Angebote einholen
m) Gelieferte Ware (Menge, Qualität, Beschaffenheit usw.) überprüfen; dabei Verpackung nicht beschädigen
n) Mängel und Fehler feststellen

3 *Ordnen Sie die Tätigkeiten den einzelnen Abteilungen zu. Notieren Sie die Abteilung jeweils hinter der Tätigkeit in Ihrer Liste.*

Ablaufbeschreibung verfassen

1 ***Verfassen Sie mit Hilfe der Informationen von der vorherigen Seite und des Basiswissens unten eine Arbeitsablaufbeschreibung.***

a) Schreiben Sie in vollständigen Sätzen und binden Sie dabei die beteiligten Abteilungen und Schriftstücke mit ihrer jeweiligen Funktion ein.

b) Achten Sie auf einen sprachlich abwechslungsreichen Satzbau. Verwenden Sie dazu auch die folgenden Konjunktionen (Bindewörter):

danach, zusätzlich, bevor, anschließend, zuerst, darüber hinaus, zunächst, vorher, nachdem, während, gleichzeitig, nachher, zuletzt, im Anschluss daran, jetzt, daraufhin, abschließend, schließlich

2 ***Kontrollieren und überarbeiten Sie Ihre Ablaufbeschreibung.***

a) Vermeiden Sie die Wiederholung von Wörtern oder Wortgruppen.

b) Verwenden Sie grammatikalisch korrekte Passivkonstruktionen (wird, werden ...) (➪ Kapitel 19, S. 252).

c) Vermeiden Sie wertende Aussagen und persönliche Meinungen.

3 ***Durchdenken Sie den Ablauf für „Wareneinkauf und Wareneingang“ nochmals gründlich und stellen Sie Überlegungen zu folgenden Punkten an:***

a) An welchen Stellen im Arbeitsablauf sollte auf eine Ergebnis- oder Qualitätskontrolle geachtet werden?

b) Enthalten die Abläufe Schwachstellen im Sinne der Effektivität? Wenn ja, schlagen Sie Verbesserungen vor.

c) Gibt es Gefahrenbereiche, die durch entsprechende Schutzvorkehrungen gesichert werden sollten?

Basiswissen – Arbeitsabläufe gliedern und beschreiben

Arbeitsablaufbeschreibungen stellen **sachliche Zusammenhänge** folgerichtig, präzise und verständlich dar. Dazu werden die Schritte in der entsprechenden Reihenfolge beschrieben und es wird auf den Zusammenhang von Ursache und Wirkung hingewiesen. Häufig können sie gegliedert werden nach:

1. Arbeitsvorbereitung
2. Arbeitsdurchführung
3. Ergebniskontrolle (→ z. B. mittels Checkliste)
4. Verbesserung/Weiterentwicklung

Die Ausarbeitung erfolgt **stichpunktartig** oder ausformuliert als **Fließtext** in der Zeitstufe **Präsens** (Gegenwart). Der Sprachstil ist **betont sachlich**: Es kommt keine Ich-Form und keine Anrede vor. Häufig werden Fachbegriffe verwendet, die je nach Adressat erklärt werden sollten.

4 ***Üben Sie das Beschreiben von Arbeitsabläufen zusammen mit Ihrem Nachbarn.***

a) Einigen Sie sich auf einen Arbeitsablauf, der für Ihren Ausbildungsberuf typisch ist. Er sollte aber nicht zu umfangreich sein.

b) Schreiben Sie zunächst alle wesentlichen Arbeitsschritte in Stichworten untereinander.

c) Bringen Sie Ihre Arbeitsschritte durch Nummerierung in die richtige Reihenfolge. Falls möglich, arbeiten Sie mit den drei Grobgliederungspunkten *Arbeitsvorbereitung*, *Arbeitsdurchführung* und *Ergebniskontrolle*.

d) Verfassen Sie eine Arbeitsablaufbeschreibung in abwechslungsreichen Sätzen am Computer.

Von der Zeichnung zum Text

C
unten liegenden Arm abwinkeln

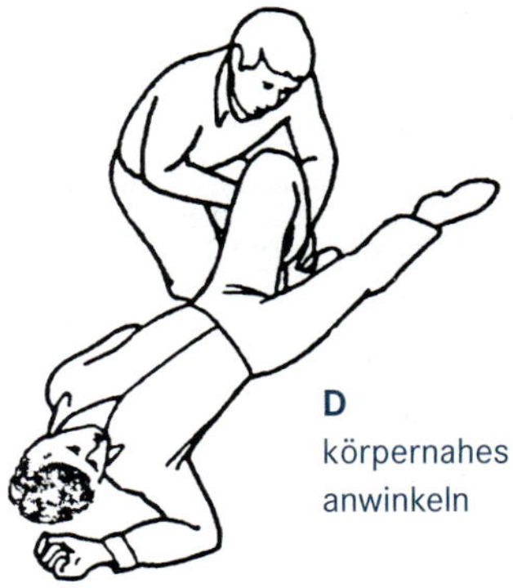

D
körpernahes Bein anwinkeln

A
Gesicht auf den Handrücken legen

E
Hand des Verletzten unter sein Gesäß schieben

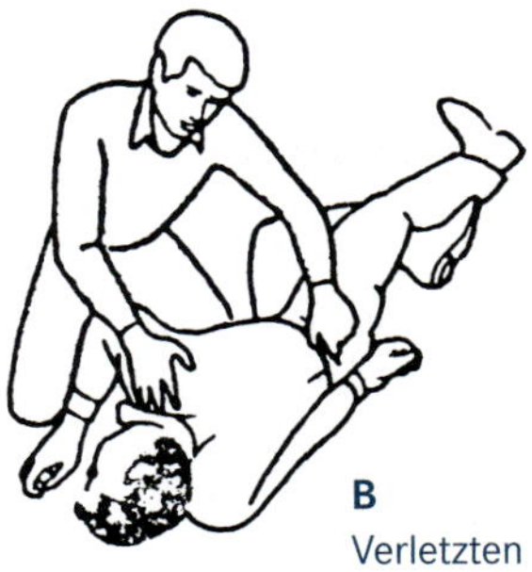

B
Verletzten vorsichtig drehen

F
Kopf weit in den Nacken strecken

1 ***Verfassen Sie eine Ablaufbeschreibung für die „stabile Seitenlage“.***

a) Bringen Sie die Handlungsschritte in die richtige Reihenfolge, indem Sie die Buchstaben sortiert notieren.

b) Ergänzen Sie die Erläuterungen der Zeichnungen mit den folgenden Hinweisen. Achten Sie auf eine plausible Zuordnung.
- Diese „Überstreckung“ hält die Atemwege frei.
- Der zugewandte Arm des Bewusstlosen wird dicht an seinen Körper geführt.
- Der unten liegende Arm wird herausgezogen.
- Die Handfläche zeigt nach unten, das Gesicht ruht auf dem Handrücken.
- Mit beiden Händen werden Hüfte und Schulter gefasst.

c) Verfassen Sie mit allen Angaben eine ausführliche Ablaufbeschreibung.

d) Kontrollieren Sie die Richtigkeit Ihrer Beschreibung, indem Sie Ihren Text langsam vorlesen, während ein Mitschüler oder eine Mitschülerin jemanden nach Ihren Anweisungen in die stabile Seitenlage bringt.

2 ***Machen Sie sich mit Ihrem Notfallplan/Fluchtplan/Rettungswegeplan im Klassenzimmer vertraut.***

a) Notieren Sie in Stichworten die einzelnen Schritte.

b) Kontrollieren Sie Ihre Notizen auf Vollständigkeit und Plausibilität.

c) Fertigen Sie eine aussagekräftige Ablaufbeschreibung an.

d) Tragen Sie Ihre Ausarbeitung langsam vor; ein Mitschüler oder eine Mitschülerin vergleicht mit den Skizzen auf dem Plan.

Informationen sammeln und verarbeiten

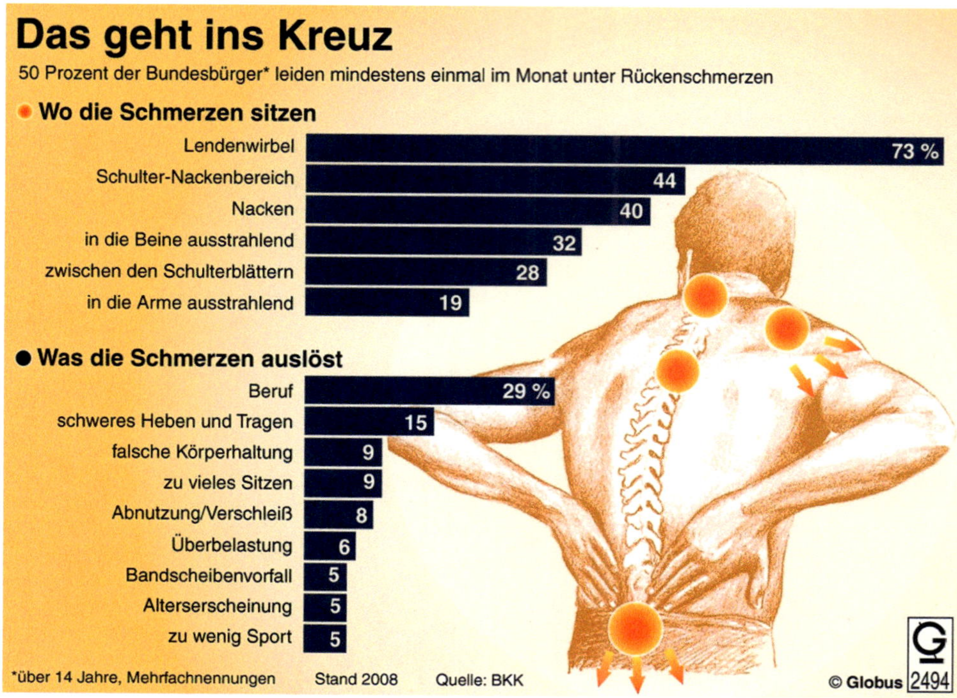

1 *Werten Sie die Grafik aus.*

a) Formulieren Sie, worum es in der Grafik geht.

b) Welche Kernaussage können Sie ihr entnehmen?

c) Beschreiben Sie den Inhalt so genau wie möglich.

d) Fassen Sie die beiden Balkendiagramme in jeweils zwei bis drei Sätzen schriftlich zusammen.

2 *Exzerpieren Sie den Text.*

a) Suchen Sie im Text nach wichtigen Aussagen und notieren Sie diese in verkürzter Form.

b) Geben Sie den Inhalt des Textes in eigenen Worten wieder.

3 *Stellen Sie Zusammenhänge her zwischen der Grafik und dem Text. Notieren Sie in Stichpunkten Zusammenhänge bzw. Gemeinsamkeiten und Unterschiede.*

4 *Formulieren Sie aus Ihren Stichpunkten aus Aufgabe 3 einen ausführlichen und zusammenhängenden Text in vollständigen Sätzen. Achten Sie auf flüssige Satzübergänge.*

5 *Beschreiben Sie berufliche Situationen aus Ihrem Umfeld, in denen Sie Informationen aus Texten mit grafischen Darstellungen vergleichen müssen.*

Haltung bewahren – Gesunder Rücken

Jeder zweite Erwachsene kennt Rückenschmerzen, fast jeder dritte war deswegen schon in ärztlicher Behandlung. Der Rücken ist offenbar eine Fehlkonstruktion.

Im Büro nur am Computer sitzen, schweres Heben bei der Hausarbeit oder auf dem Bau, lange Autofahrten, stundenlanges Stehen als Verkäuferin – alle Tätigkeiten haben eines gemeinsam: eine einseitige und übermäßige Belastung bestimmter Muskelpartien oder Wirbelsäulenabschnitte. Der Ausgleich fehlt dann. Das führt zu einem Ungleichgewicht der Rumpfmuskulatur oder zu ungünstigen Veränderungen der Bandscheibe. Durch geeignete und einfache Übungen lassen sich jedoch die Muskeln trainieren und damit Beschwerden weitgehend vermeiden.

(aok, infothek 4, Starker Rücken, S. 4)

Informationen aus Grafiken entnehmen

1 ***Lesen Sie die Grafik und entnehmen Sie ihr die enthaltenden Informationen.***

a) Klären Sie, worum es in der Darstellung geht.

b) Beurteilen Sie die Überschrift. Trifft sie die Aussage der Grafik? Begründen Sie Ihre Meinung!

c) Erläutern Sie kurz die rote Linie.

d) Weshalb ist die Angabe zum Jahr 2007 aussagekräftiger als die zu 2006?

e) Wie beurteilen Sie die Aussagekraft dieser Grafik?

2 ***Formulieren Sie die wesentlichen Informationen der Grafik in einem verständlichen Text.***

3 ***Vergleichen Sie Ihren Text mit der grafischen Darstellung. Nennen Sie Vor- und Nachteile beider Darstellungsarten.***

4 ***Stellen Sie die wesentlichen Inhalte des Textes unten zunächst in Tabellenform (zwei Spalten, sechs Zeilen) dar.***

a) Finden Sie eine einfache, aber aussagekräftige Überschrift.

b) Geben Sie den zwei Spalten Ihrer Tabelle knappe Bezeichnungen und füllen Sie die sechs Zeilen mit den Angaben aus dem Text.

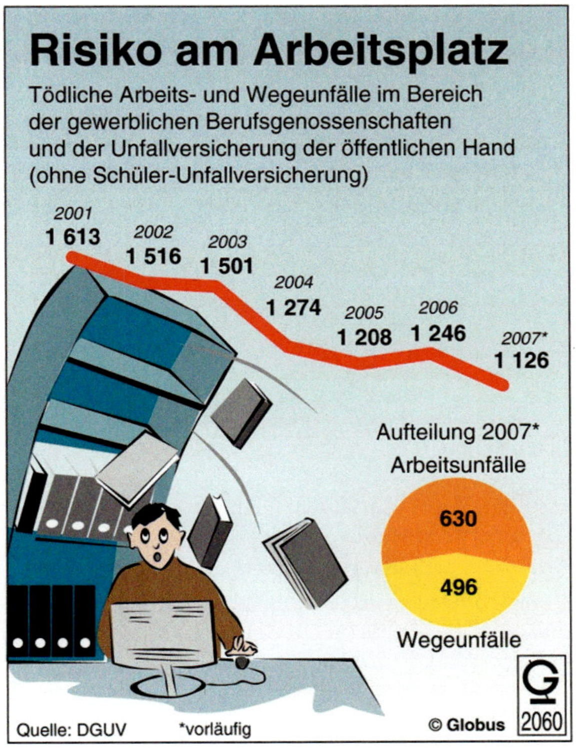

Unfälle auf der Baustelle

Ausgewertet wurden 321 Gefährdungsbeurteilungen der regionalen Bauunternehmen aus dem Jahr 2007. Im Bereich Unfallgefährdung **auf der Baustelle** kommt die Absturzgefahr auf 37 Prozent. Eine Gefährdung durch Hinfallen oder Stolpern geben 68 Prozent an. Die Einklemmungsgefahr dagegen liegt nur bei 15 Prozent. Spitzenreiter ist die Verletzungsgefährdung durch scharfe Kanten oder spitze Gegenstände mit 73 Prozent. Auf jeweils 23 Prozent kommen die Gefahren durch elektrische Schläge und Schnittverletzungen.

5 ***Gestalten Sie zusammen mit Ihrem Nachbarn aus der Tabelle eine Grafik.***

a) Skizzieren Sie zunächst auf einem Blatt zwei Varianten der Darstellung.

b) Entscheiden Sie sich für die bessere Darstellung und entwickeln Sie aus Ihrer Skizze eine übersichtliche Grafik.

c) Kontrollieren Sie Ihre Grafik nicht nur auf ihre inhaltliche Richtigkeit, sondern auch auf die Rechtschreibung.

d) Erstellen Sie Ihre Grafik mit Hilfe des Computers.

Qualitätsmanagement durch Ablaufpläne und Evaluationen

Arbeitsprozesse werden nicht nur beschrieben, um eine Gefährdungsbeurteilung vornehmen zu können, sondern auch, um sie im Rahmen des Qualitätsmanagements (QM) zu evaluieren. Evaluationsberichte bauen häufig auf sorgfältig protokollierten Ablaufplänen auf.

1 *Lesen Sie die acht Textblöcke aufmerksam durch und bringen Sie sie in die richtige Reihenfolge.*

a) Notieren Sie die folgenden Oberbegriffe in richtiger Reihenfolge: *Durchführen, Dokumentieren, Vorbereiten, Bewerten, Fortschreiben, Ermitteln, Kontrollieren, Festlegen.*

b) Sortieren Sie die Textabschnitte dem passenden Oberbegriff zu, indem Sie hinter den Oberbegriff den entsprechenden Buchstaben notieren.

Die acht Felder der Gefährdungsbeurteilung

a) Legen Sie die Maßnahmen zur Beseitigung der festgestellten Gefährdungen fest. Dies können technische, organisatorische und personenbezogene Maßnahmen sein (angegebene Rangfolge beachten).

b) Ermitteln Sie alle Gefährdungen, welche die Beschäftigten am Arbeitsplatz betreffen (z.B. mechanische Gefährdungen, Gefährdungen durch Gefahrstoffe und durch Arbeitsumgebungsbedingungen). In die Ermittlung müssen Sie auch die Gefährdungen einbeziehen, die von den Arbeitsmitteln ausgehen.

c) Dokumentiert werden müssen z.B. die Ergebnisse der Gefährdungsbeurteilung, die festgelegten Maßnahmen des Arbeitsschutzes, aber auch die Ergebnisse der Überprüfung der Maßnahmen.

d) Legen Sie zur Durchführung Verantwortlichkeiten und Termine fest (WER macht WAS bis WANN?). Bei der Terminstellung muss die vorgenommene Bewertung der Gefährdung unbedingt berücksichtigt werden.

e) Jede ermittelte Gefährdung muss bewertet werden. Dabei kann es zu folgenden Ergebnissen kommen: Es liegt Sicherheit vor, demnach besteht kein Handlungsbedarf zur Risikovermeidung. Es liegt Gefahr vor und das Risiko kann nicht akzeptiert werden. In diesem Fall werden Maßnahmen zur Risikominderung notwendig. Bei der Bewertung müssen Sie die maßgeblichen Gesetze, Verordnungen, technischen Regeln beachten.

f) Ein Fortschreiben wird z.B. notwendig, wenn Veränderungen im Betrieb vorgenommen werden (z. B. Änderungen des Arbeitsverfahrens, Verwendung neuer Arbeitsstoffe oder neuer Arbeitsmittel, Einsatz von Leiharbeitnehmern oder Auszubildenden) oder auch wenn neue Vorschriften eingeführt werden oder sich der Stand der Technik ändert.

g) Bevor Sie eine Gefährdungsbeurteilung durchführen, beschaffen Sie sich alle notwendigen Informationen. Dazu gehören die Beschreibung der Betriebsstruktur, darunter fällt die Festlegung der Arbeitsbereiche (z.B. Werkstatt, Büro, Lager), die Zuordnung der Arbeitsplätze (z.B. Schweißarbeiten, Bildschirmarbeitsplatz, Regallager) bzw. der Tätigkeiten zu den Arbeitsbereichen (z.B. Schweißen, Handtransport) und das Erfassen von Berufsgruppen (z.B. Instandhalter bei nicht ortsfesten Arbeitsplätzen). Dann werden alle vorhandenen Unterlagen zusammengestellt: die Unfallmeldungen, die Berufskrankenanzeigen, das Verbandbuch. Die Begehungsprotokolle und der Nachweis von Unterweisungen gehören ebenso in diese Unterlagen wie die Prüfprotokolle, die Herstellerinformationen und die Betriebsanweisungen.

h) Stets kontrolliert werden muss, ob die Maßnahmen durchgeführt wurden, ob sie wirksam sind, d.h. ob die Gefährdungen beseitigt wurden bzw. ob das verbliebene Restrisiko akzeptabel ist. Auch muss erkundet werden, ob durch die Maßnahmen nicht neue oder andere Gefährdungen entstanden sind und ob der angestrebte (sichere) Zustand erhalten bleibt.

2 ***Verfassen Sie mit Hilfe Ihrer Ergebnisse aus Aufgabe 1 und des Textes eine kurze Prozessablaufbeschreibung zur systematischen Gefährdungsbeurteilung.***

a) Erstellen Sie zu jedem Abschnitt eine Kurzform, indem Sie Stichwortsätze bilden und Aufzählungspunkte nutzen.

c) Lesen Sie Ihre Ausarbeitung gegenseitig Korrektur und verbessern Sie. Achten Sie auf eine einheitliche Form im Satzbau.

3 ***Gestalten Sie in Gruppenarbeit ein Plakat zum Thema „Gefahrenbeurteilung am Arbeitsplatz".***

a) Nutzen Sie die gegebenen Überschriften und Ihre kurzen, übersichtlichen Texte.

b) Achten Sie auf eine sinnvolle Anordnung der Textabschnitte.

c) Arbeiten Sie mit verschiedenen Farben und unterschiedlich großen Schriften.

d) Kleben Sie passende Bilder ein und illustrieren Sie einige Sachverhalte.

e) Stellen Sie sich Ihre Plakate gegenseitig vor und bewerten Sie jeweils Text und Gestaltung.

PED Process Evaluation Division	**Evaluationsbericht zur Durchführung der Gefährdungsbeurteilung in der Firma Reuter**	**HelDir GmbH** Bermandstr. 17 84500 Trauben

...

Zusammenfassung:

Arbeitssicherheit und Gesundheitsschutz haben in Ihrem Unternehmen einen hohen Stellenwert, auch wenn keine eigene Arbeitssicherheitsabteilung mit Arbeitsschutzexperten existiert. Ihrer Gefährdungsbeurteilung fehlt aber eine systematische Vorgehensweise. So kann ohne eine Fortschreibung der Gefährdungsbeurteilung keine nachhaltige Verbesserung von Sicherheit und Gesundheitsschutz der Beschäftigten bei der Arbeit erreicht werden. Genau das fordert aber das Arbeitsschutzgesetz und es würde dem Betrieb auch mittelfristig hohe Kosten sparen (z. B. durch Reduzierung von Krankheitstagen und längere Maschinenlaufzeiten mit weniger Wartungsarbeiten) ...

4 ***Analysieren Sie den obigen Auszug aus einem Evaluationsbericht. Notieren Sie:***

- die Kritikpunkte an der Firma Reuter,
- die konstruktiven Vorschläge, die der Verfasser macht,
- die Argumente, die für die Vorschläge sprechen.

5 ***Auf der nächsten Seite finden Sie einen Protokollauszug. Werten Sie diesen aus.***

a) Beschreiben Sie die festgestellten Stärken bzw. Schwächen der Fa. TELDAC.

b) Verfassen Sie daraus einen Auszug für den Evaluationsbericht in sprachlich angemessener Form.

Auszug aus dem Protokoll einer durchgeführten Gefährdungsbeurteilung bei Fa. TELDAC KG

Schritt 1: *Vorbereitungsarbeiten*

Beschreibungen der Betriebsstruktur (dokumentiert in Textform und als Organigramm)
– Festlegen der Arbeitsbereiche (sehr klar definierte Beschreibungen)
– Keine eindeutige Zuordnung der Arbeitsplätze (z. B. bei Löten und Schweißen → unterschiedliche Absaugsysteme)
– Missverständliche Erfassung von zwei Berufsgruppen, alle übrigen i. O.

Zusammenstellung vorhandener Unterlagen
– Unfallmeldungen (vollst. sortiert nach Datum und Kalenderjahren)
– Berufskrankheitsanzeigen (vollst. sortiert nach Mitarbeitern in alphabetischer Reihenfolge)
– Verbandbuch (nach offensichtlicher Durchnässung nicht mehr lesbar; Seiten verklebt)
– Nachweise von Sicherheitsunterweisungen (entsprechend den einschlägigen Vorschriften lückenlos vorhanden)
– Prüfprotokolle (vollständig; bis auf die der drei CNC-Fräsmaschinen → offensichtlich verlegt; Nachweis über Durchführung in Form von Rechnungen aber vorhanden)

Fazit

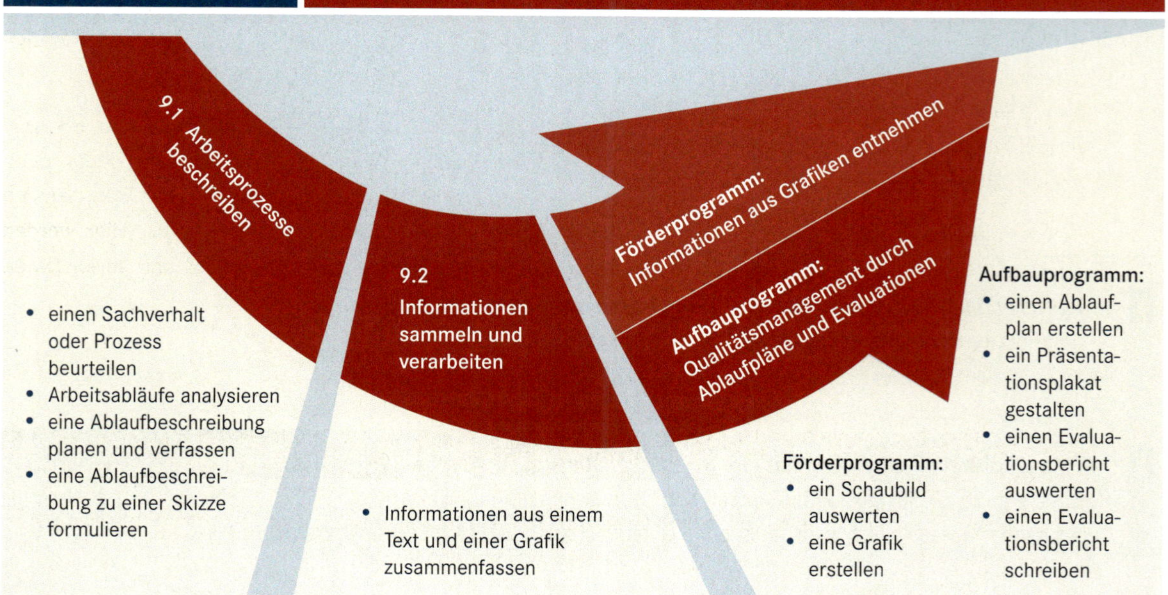

Kapitel 10

Sachtexte untersuchen und verfassen – Neue Medien nutzen

- 10.1 Texten Informationen entnehmen
- 10.2 Recherchieren und zitieren
- 10.3 Sachtexte analysieren
- 10.4 Chancen und Risiken der Neuen Medien
- **Förderprogramm:** Eigene Artikel für ein Weblog schreiben
- **Aufbauprogramm:** Rollenspiele durchführen und reflektieren

Zu vielen Themen finden sich Kommentare und Stellungnahmen in den unterschiedlichsten Medien. Menschen melden sich ständig mit ihrer Meinung zu Wort, kommentieren andere Texte und versuchen, die Leserschaft von ihrem Standpunkt zu überzeugen.

In diesem Kapitel lernen Sie, weitere Sachtextsorten zu unterscheiden und die Merkmale dieser Texte für die eigene Textproduktion zu nutzen. Überzeugendes Argumentieren setzen Sie in kommentierenden Sachtexten ein und auch beim Zitieren anderer Autorinnen und Autoren gewinnen Sie Sicherheit.

Das Internet als eine der meistgenutzten Informationsquellen bietet nicht nur immer wieder neue Möglichkeiten, sondern birgt auch Gefahren, nämlich bei der Preisgabe persönlicher Daten. Hier werden Sie für einen bedachten Umgang mit Ihren Daten sensibilisiert.

Was ich aus anderen Kapiteln weiß

- ✔ Ein Sender verschickt Botschaften an einen Empfänger, der diese unterschiedlich interpretieren kann (➪ Kapitel 1, 7).
- ✔ Die 5-Schritt-Lesetechnik hilft, schwierige Texte leichter zu verstehen (➪ Kapitel 4).
- ✔ Man unterscheidet Sachtextsorten danach, ob sie informierend oder kommentierend sind (➪ Kapitel 4).
- ✔ Um andere zu überzeugen, untermauert man seine These mit einem Argument und einem Beispiel (➪ Kapitel 7, 8).

Texten Informationen entnehmen

Lesetechniken vertiefen und erweitern

In Kapitel 4 haben Sie die 5-Schritt-Lesetechnik kennen gelernt (➪ Kapitel 4, S. 46). Diese sollen Sie nun an weiteren Texten erproben und ausbauen.

1 ***Verschaffen Sie sich einen Überblick über die beiden Texte auf dieser Doppelseite.***

a) Überfliegen Sie die Texte, indem Sie das Hauptaugenmerk auf die Nomen (Hauptwörter) legen.

b) Verständigen Sie sich mit Ihrer Partnerin oder Ihrem Partner kurz über den jeweiligen Inhalt.

c) Beurteilen Sie, ob die Texte eine geeignete Grundlage für ein Referat zum Thema „Beruf und Fitness“ wären. Begründen Sie Ihre Aussage.

Zu dick und unbeweglich für den Berufseinstieg

Eine Studie der Kölner Sporthochschule zeigt, dass viele der 16- bis 25-Jährigen nur noch wenig belastbar sind.

Von Yuriko Wahl

Köln. Thomas will Dachdecker werden. Der Meister sieht sofort: Der stark übergewichtige Bewerber kommt für einen flinken Einsatz auf dem Dach nicht infrage. Thomas mag Fastfood, raucht, ist sportabstinent – und schon mit 18 Jahren körperlich wenig leistungsfähig.

Dass viele Kids zu dick sind, ist bekannt. Wie drastisch falsche Lebensgewohnheiten aber auch unter jungen Erwachsenen verbreitet sind, zeigt erstmals eine Untersuchung der Deutschen Sporthochschule in Köln. Die Folgen sind für Berufseinsteiger und so manches Unternehmen besorgniserregend. Zentrales Ergebnis nach Befragung, Untersuchung und körperlichen Leistungstests der Probanden im Alter von 16 bis 25 Jahren: Falsche Ernährung, Übergewicht, Rauchen und Bewegungsmangel nehmen ab 18 Jahren noch einmal deutlich zu. So ist unter den 25 Jahre alten Männern schon jeder zweite zu dick, 60 Prozent rauchen, ein Drittel treibt nie Sport. Rund 25 Prozent der 25-jährigen Frauen haben Übergewicht, nur noch 19 Prozent sind im Sportverein aktiv, ebenfalls rund 60 Prozent rauchen. Von allen 12.835 Probanden haben drei Viertel Risiken, sich infolge ihres ungesunden Lebensstils eine Herz-Kreislauf-Erkrankung zuzuziehen. „Dieses Problem ist gravierend für die jungen Leute, die im Übergang zwischen Schule und Beruf stehen und damit in einer entscheidenden Phase ihres Lebens“, erklärt Max Wunderlich vom Kölner Wissenschaftlerteam. Mit sinkendem Bildungsstand wachsen die negativen Auffälligkeiten. Die Entwicklung sei zudem brisant für Arbeitsmarkt und Gesundheitssystem. „Betroffen sind Berufe, bei denen ein Mindestmaß an körperlicher Leistungsfähigkeit erforderlich ist, also vor allem handwerkliche Tätigkeiten.“ Auch im Produktionsbereich oder etwa bei der Polizei könnte es ernste Nachwuchsprobleme geben. „Der aktuelle Fachkräftemangel nimmt zu, auf Firmen könnten eine erhöhte Ausfallquote und eine frühere Erwerbsunfähigkeit zukommen.“ Politik und Wirtschaft müssten gegensteuern, fordern die Kölner Wissenschaftler um Professor Dieter Leyk. Erste Betriebe hätten mit gezielten Bewegungs- und Ernährungsangeboten reagiert. Im Handwerk seien häufiger einzelne Fälle aufgetaucht, in denen ein Traumberuf an Fettleibigkeit scheiterte, bestätigt Alexander Legowski vom Zentralverband des Deutschen Handwerks. Zahlen gebe es aber noch nicht. Bei den 16- bis 25-Jährigen kann Prävention laut Medizinern noch sehr viel bewirken – und damit auch zusätzliche Kosten für das Gesundheitswesen verhindern. Krankheiten wegen falscher Ernährung und ungesunder Lebensweise verursachen den gesetzlichen Krankenkassen jährliche Kosten in Milliardenhöhe. Betriebssport habe oft „Turnbeutel-Charakter“, bewege aber nichts, sagt Wunderlich. Sport müsse Priorität an den Berufsschulen haben. Betriebe sollten Teile der Arbeitszeit zur Verfügung stellen. Und in Schulen müsse bei jedem Einzelnen mehr Bewusstsein geschaffen werden.

(http://www.general-anzeiger-bonn.de/index.php?k=loka&itemid=10001&detailid=535372; 16.12.2008)

Lesetechniken vertiefen und erweitern

Fett statt fit: „Die Soldaten sind zu dick“

Die Fitness vieler Bundeswehrsoldaten lässt nach Einschätzung des Wehrbeauftragten Reinhold Robbe stark zu wünschen übrig. Mehr als 40 Prozent der jungen Soldaten hätten Übergewicht, kritisierte Robbe bei der Vorstellung seines Jahresberichts. Dagegen brächten nur 35 Prozent der gleichaltrigen Zivilisten zu viel auf die Waage. Außerdem werde in der Truppe zu viel geraucht und zu wenig Sport getrieben. Aktuelle Untersuchungen dazu seien besorgniserregend. Verteidigungsminister Franz Josef Jung müsse hier Abhilfe schaffen. „Auf den einfachen Nenner gebracht: Die Soldatinnen und Soldaten sind zu dick, treiben zu wenig Sport und achten zu wenig auf ihre Ernährung“, bemängelte Robbe in seinem Bericht. Untersucht wurden junge Männer zwischen 18 und 29 Jahren. Dabei habe sich herausgestellt, dass auch die Zahl der stark Übergewichtigen in der Armee größer sei als unter Zivilisten: 8,5 Prozent der Soldaten brächten deutlich zu viel auf die Waage, während es bei den Altersgenossen im Zivilleben nur 7,1 Prozent seien. Hinzu komme, dass mehr als die Hälfte der Soldaten rauche und über 20 Prozent gar keinen Sport trieben. Viele Soldaten würden sich nur mit schlechtem Gewissen die Zeit für den Dienstsport nehmen.

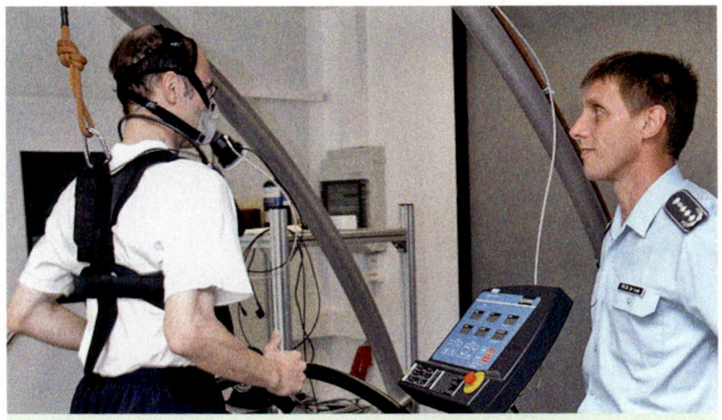

„Sie wissen, dass sich in dieser Zeit der Aktenstapel auf dem Schreibtisch weiter erhöht“, bemängelte der SPD-Politiker. Dabei gebe die Bundeswehr jedes Jahr rund 26 Millionen Euro für die Förderung des Spitzensports aus. Die wenigsten Soldaten wüssten aber, dass Wintersport-Asse wie Georg Hackl und Ronny Ackermann bei der Bundeswehr seien. Spitzensportler wie sie müssten in der Truppe stärker als Vorbilder genutzt werden. Missstände rügte Robbe auch in der alltäglichen Arbeit der Soldaten. Die überbordende Bürokratie bei Auslandseinsätzen bereite große Probleme. Penible Abgasuntersuchungen, Mülltrennung und Betriebsprüfungen, z. B. für kleine Veränderungen an Fahrzeugen, zerrten an den Nerven der Soldaten. Diese Regelungswut passe nicht mehr in die heutige Zeit und stehe der modernen Einsatzarmee im Weg.

(gekürzt, http://www.n-tv.de/928746.html, 04.03.2008)

2 ***Untersuchen Sie die Texte genauer. Gehen Sie beide nach folgenden Arbeitsschritten durch:***

a) Klären Sie Ihnen unbekannte Begriffe.
b) Gliedern Sie den Text in Abschnitte, indem Sie sich die Zeilen notieren.
c) Formulieren Sie für jeden Abschnitt eine passende Zwischenüberschrift.
d) Geben Sie den Inhalt des Textes mit Hilfe Ihrer Zwischenüberschriften wieder. Beenden Sie die Zusammenfassung mit der Kernaussage des Textes.

3 ***Vergleichen Sie die beiden Texte hinsichtlich ihrer Unterschiede und Gemeinsamkeiten.***

a) Notieren Sie die wichtigsten Aussagen stichwortartig.
b) Benennen Sie die Gemeinsamkeiten und mindestens drei Unterschiede.
c) Vergleichen Sie das Zahlenmaterial der Texte genauer. Ergänzt es sich oder bestehen Widersprüche?

4 ***Schreiben Sie einen Text zum Thema „Beruf und Fitness bei jungen Erwachsenen“.***

a) Sortieren Sie Ihre Informationen, sodass eine klare Struktur erkennbar wird.
b) Formulieren Sie die Aussagen in Ihren Worten aus.
c) Tauschen Sie Ihre Texte wechselseitig aus und korrigieren Sie sie.

Recherchieren und zitieren

Bibliotheken nutzen

Situation

Sie haben im Deutschunterricht den Text „Zu dick und unbeweglich für den Berufseinstieg“ (S. 120) gelesen und sollen nun zu diesem Thema weitere Informationen sammeln und auswerten, um darüber einen Aufsatz zu schreiben. Die Überschrift des Aufsatzes soll „Fit im Beruf“ lauten und sich auf Ihre Altersgruppe beziehen. Bevor Sie in die Bibliothek gehen, schauen Sie im Internet nach, welche Bücher und Zeitschriften die nächstgelegene Bibliothek überhaupt zur Verfügung hat.

1 ***Recherchieren Sie im Internet nach einer für Sie erreichbaren Bibliothek und deren Katalog.***
Hinweis: Die Münchner Stadtbibliotheken sind zum Beispiel zentral unter dem OPAC-Katalog versammelt. Sie finden sie unter dem Link https://ssl.muenchen.de/.

2 ***Sammeln Sie Stich- bzw. Schlagwörter, die Sie für Ihre Themensuche verwenden können.***

a) Überlegen Sie erst, welche Stichwörter Ihr Thema am genauesten treffen.
b) Suchen Sie auch Begriffe aus verwandten Bereichen.
c) Probieren Sie Ihre Stichwörter einzeln oder in Kombination in der Suchmaske aus.

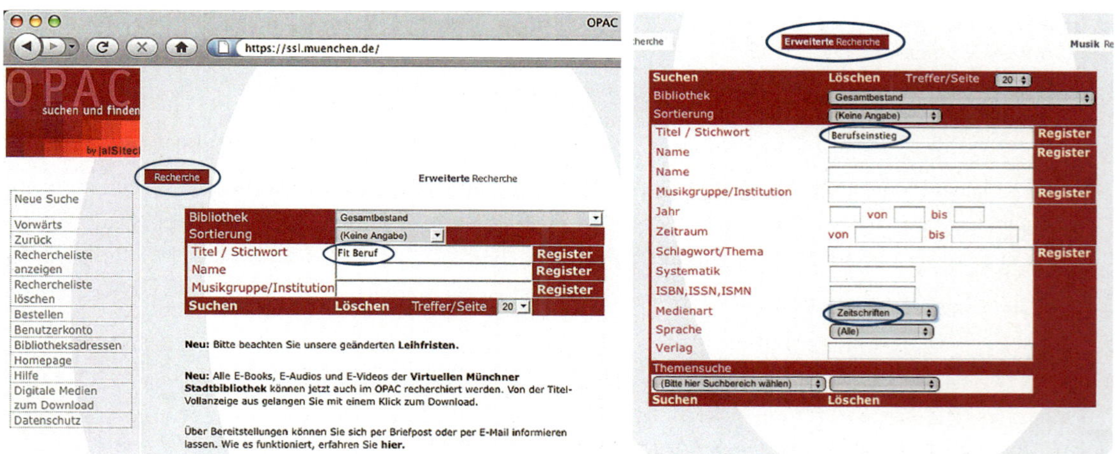

3 ***Die Suche mit den Begriffen „fit“ und „Beruf“ hat u. a. folgende Buchtitel als Treffer ergeben:***
„Fit for work“, „Spaß im Beruf“, „Kompetent und erfolgreich im Beruf“, „Soziale Kompetenz für Jugendliche“, „Berufswahl mit Zukunft“.

a) Entspricht das Ergebnis Ihren Wünschen? Grenzen Sie die Suche besser ein.
b) Bei der sogenannten „Erweiterten Suche“ können Sie z. B. auch nach Zeitschriften in bestimmten Zeiträumen suchen. Testen Sie Möglichkeiten in der erweiterten Suchfunktion.

4 ***Besuchen Sie eine Bibliothek und suchen Sie nach Büchern zu obigem Thema oder zu einem Thema Ihrer Wahl.***

5 ***Testen Sie nach Möglichkeit mit Ihrem Bibliotheksausweis auch die virtuellen Bibliotheken.***

a) Welche Vor- und Nachteile hat eine E-Ausleihe von Büchern, Hörbüchern, Videos und Musik?
b) Informieren Sie sich in Ihrer E-Bibliothek nach Auswahl, Themenbereichen und Kategorien.
c) Finden Sie die Bedingungen heraus, unter denen eine elektronische Ausleihe möglich ist.

Zitate und Quellen richtig verwenden

Bei Ihrer Recherche zum Thema „Fit im Beruf“ haben Sie ein Buch mit dem folgenden Textauszug gefunden:

Jugend und Beruf

Von Harry Stein-Müller

Zwei Millionen Kinder und Jugendliche leiden an Übergewicht und alles deutet darauf hin, dass es in den nächsten Jahren noch mehr werden. Der größte Teil von ihnen wird sein Übergewicht nicht wieder abbauen können, was möglicherweise schwere Folgeerkrankungen nach sich zieht. Neben Knochenschäden und Stoffwechselstörungen kommt es bei langjährigem Übergewicht auch oft zu Herzproblemen. Die Ursachen sind der zunehmende Fernseh- und Computer-Konsum und die ungesunde, weil viel zu kalorienreiche, Ernährung. Wissenschaftler vermuten, dass die Kinder und Jugendlichen von heute zunehmend Probleme bei ihrer Berufswahl haben werden, da sie körperlich den Ansprüchen nicht mehr genügen.

(Harry Stein-Müller: Jugend und Beruf, 2. Auflage, Oyten: Bori-Verlag 2009, S. 333)

1 ***Zitieren Sie die Befürchtung der Wissenschaftler am Ende des Textes. Nehmen Sie die Arbeitstechnik zu Hilfe. Bauen Sie das Zitat in einen vollständigen Satz ein.***

Arbeitstechnik **Richtig zitieren**

1. Anfang und Ende eines Zitats werden durch Anführungszeichen deutlich gemacht.
2. Wird eine Textpassage nicht vollständig zitiert, werden die Auslassungen durch [...] gekennzeichnet.
3. Zitierte Überschriften, Titel von Büchern oder Namen von Zeitschriften und auch besondere Einzelwörter werden in Anführungszeichen gesetzt.
4. Sinngemäße Zitate dürfen nicht entstellt und müssen durch die Nennung des Autors kenntlich gemacht werden.

Beispiel: Stein-Müller stellt in seinem Buch fest, dass die Zahl der Kinder und Jugendlichen, die an Übergewicht leiden, sich auf zwei Millionen beläuft. Er befürchtet, „dass es in den nächsten Jahren noch mehr werden“ und der überwiegende Teil „wird sein Übergewicht nicht wieder abbauen können [...]. Neben Knochenschäden und Stoffwechselstörungen kommt es bei langjährigem Übergewicht auch oft zu Herzproblemen“ (Stein-Müller: Jugend und Beruf, S. 333).

Tipp

Wenn am Ende des Textes oder Buchs ein Quellenverzeichnis besteht, dann zitiert man innerhalb des Textes in einer Kurzform.

2 ***Üben Sie das Zitieren mit Sätzen aus anderen Texten, indem Sie sie in eigene Sätze einbauen.***

3 ***Erstellen Sie eine korrekte Quellenangabe des Deutschbuchs mit Hilfe des Basiswissens.***

Basiswissen **Quellenangaben**

- Sie erscheinen im Text oder als Fuß- oder Endnoten.
- Sie enthalten den Nachnamen und den Vornamen des Autors/Herausgebers, Titel, Auflage, Verlagsort, Verlag, Erscheinungsjahr, Seitenangabe.
  Beispiel: Berthold, Siegwart: Reden lernen, 1. Aufl., Frankfurt am Main: Cornelsen Scriptor Verlag 1993, S. 15.
- Die URL (Webadresse) vollständig anführen; es genügt nicht, nur die Domain anzugeben. Das Downloaddatum angeben. *Beispiel: http://www.bbs-sander.de/Kommunikation/Telefonieren.html, 12.08.08.*

Sachtexte analysieren

Berichten, appellieren, kommentieren

„Klimawandel ist die vom Menschen angestoßene Veränderung des Erdklimas“, sagt Hans Joachim Schellnhuber, Leiter des Potsdam-Instituts für Klimafolgenforschung. Experten warnen seit Jahren vor einer rasanten Erwärmung des Erdklimas. Jetzt stellt sich heraus, dass sie die Lage noch unterschätzt haben.

1 *Tragen Sie zusammen, was Sie bereits über den Klimawandel wissen.*

Text A: Wärmer als warm

Von Christopher Schrader

Die globale Erwärmung fällt dramatischer aus als erwartet, warnen US-Wissenschaftler: Die Wirklichkeit hat die schlimmsten Annahmen der Klimaforscher übertroffen.

Das Wetter in Chicago war am Samstag auch nicht besser als in Bayern: Leicht bedeckter Himmel, die Temperaturen näherten sich dem Gefrierpunkt von unten. Doch im Grand Ballroom des Hyatt-Regency Hotels war der Winter gebannt.

Dort warnten Forscher vor einer globalen Erwärmung, die dramatischer ausfällt als erwartet. „Unsere Gesellschaft steht vor einer Klimakrise, die schwerer zu beherrschen ist, als irgendeiner von uns dachte“, sagte Chris Field von der Stanford University auf dem Jahreskongress der amerikanischen Gesellschaft zur Förderung der Wissenschaften. „Wir bewegen uns auf unerforschtem Gebiet, und die Folgen werden viel schlimmer sein als im jüngsten Bericht des Weltklimarats IPCC beschrieben.“

Das UN-Gremium, in dem Field eine leitende Position hat, warnte im Februar 2007 vor einer Erwärmung um 1,1 bis 6,4 Grad Celsius bis Ende des Jahrhunderts.

Doch inzwischen hat die Wirklichkeit die schlimmsten Annahmen der Klimaforscher übertroffen. „Die Szenarien des IPCC unterschätzen dramatisch, wie viel Kohlendioxid die Welt ausstößt“, sagt Pep Canadell von der australischen Forschungsorganisation CSIRO, der das sogenannte Global Carbon Project leitet und die Emissionen jedes Jahr bilanziert. „Die Annahmen des IPCC sind seit dem Jahr 2000 nicht mehr verändert worden.“

Doch just in jenem Jahr änderte sich der Charakter der Emissionen, wie Canadells Buchhaltung zeigt. Stieg der Treibhausgas-Ausstoß in den 1990er Jahren um 0,9 Prozent pro Jahr an, so sind es in diesem Jahrzehnt 3,5 Prozent pro Jahr – fast viermal so viel.

Längst hat China die USA als größter Emittent von CO_2 abgelöst. Die Industrieländer insgesamt stoßen jetzt weniger Kohlendioxid aus als der Rest der Welt. Seit einigen Jahren steigt auch die Menge CO_2 an, die pro Euro Wirtschaftsleistung freigesetzt wird. Vorher war der Wert jahrzehntelang gefallen.

Die wichtigste Ursache für die Trendumkehr ist, dass China und Indien ihren gewaltig gestiegenen Energiebedarf zum großen Teil mit Kohle decken. Chris Field warnt daher vor einer Entwicklung, die nicht mehr zu beherrschen ist. „Wir wollen keine kritische Schwelle überschreiten, von der an die Emission von Kohlendioxid auf Autopilot läuft.“

Er sieht drei große Regionen der Erde gefährdet. Im Südpolarmeer hätten sich bereits Windmuster verändert, sodass der Ozean in Zukunft weniger CO_2 aufnehmen kann. In den tropischen Regenwäldern könnte es zu verheerenden Buschbränden kommen, falls sie aufgrund des Klimawandels weiter austrocknen.

In der Tundra von Sibirien bis Alaska schließlich könnten Permafrostböden auftauen und große Mengen der dort eingeschlossenen Treibhausgase freisetzen. Alle drei Effekte tragen zur weiteren Erwärmung bei und werden dadurch noch beschleunigt.

(gekürzt, Süddeutsche Zeitung, 16.02.2009)

Berichten, appellieren, kommentieren

Text B: Klimaschutz muss ungebremst weiterlaufen!

Von Christoph Käppeler, HR,
ARD-Hauptstadtstudio Berlin

Wer glaubt, der Klimaschutz müsse jetzt mal ein wenig zurückstehen, der nimmt das Problem gar nicht ernst. Für den ist Klimaschutz ein Modethema, das in der neuen Saison vom neuen „In"-Problem „Finanzkrise" abgelöst wurde. Das ist so, wie wenn ein Rettungswagen mit einem Schwerverletzten zum Krankenhaus eilt, ihm jemand hinten drauf fährt und der Fahrer lieber anhält und wartet, bis die Polizei kommt und den Schaden aufnimmt – auch wenn der Verletzte in der Zwischenzeit stirbt.

Klimaschutz darf kein Modethema sein

Dabei, sagen Klimaforscher, wird der Kampf gegen den Klimawandel immer mehr zum Wettlauf mit der Zeit. Der Klimawandel sorgt für immer mehr Stürme, Überschwemmungen und Hitzewellen. Mit wirtschaftlichen Milliardenschäden. Beim weltweiten Kampf gegen die Treibhausgase zu bremsen, das ist schlichtweg hirnverbrannt. So werden die deutschen Energie- und Autokonzerne ihre Arbeitsplätze nicht schützen – im Gegenteil. Wer nicht die neueste Technik hat, wird aus dem Markt fliegen. Dagegen schaffen erneuerbare, klimafreundliche Energien seit Jahren neue Arbeitsplätze in Deutschland.

Ohne Klimaschutz wird die Krise schlimmer

Also erstens: Klimaschutz ist überlebensnotwendig und muss ungebremst weiter verfolgt werden. Und zweitens: Wer den Vorreiter beim Umweltschützen gibt, der profitiert sogar wirtschaftlich davon. Klimaschutz darf also nicht wegen der Wirtschaftskrise verringert werden. Denn ohne Klimaschutz wird sich die Krise sogar noch verschlimmern und am Ende chronisch werden!

(http://www.tagesschau.de/kommentar/kommentarklimaschutz100.html, 11.12.2008)

Text C: Helfen Sie mit, das Klima zu retten.

Denn wir müssen uns auf allen Ebenen anstrengen, um die Folgen der weltweiten Erwärmung abzumildern. Alle Verbraucher und Verbraucherinnen, die Politik und die Wirtschaft sind gefragt. Jeder und jede Einzelne muss einen persönlichen Beitrag zum Klimaschutz leisten, die Politik muss dem Klimaschutz Verfassungsrang einräumen und wirksame Klimaschutzmaßnahmen einleiten. Nachhaltiges und innovatives Wirtschaften muss zur obersten Maxime der Firmen werden. Denn Klimaschutz geht uns alle an.

(http://www.greenpeace.de/themen/klima/klimawandel_aufhalten/, 15.03.09)

2 ***Klären Sie den Inhalt der drei Texte.***

a) Schlagen Sie unbekannte Begriffe nach oder klären Sie sie im Textzusammenhang.
b) Formulieren Sie die Kernaussage für jeden Text.
c) Gliedern Sie die Texte in Abschnitte und fassen Sie jeden Abschnitt kurz zusammen.
d) Geben Sie kurz die Inhalte wieder.

3 ***Vergleichen Sie die Texte. Nennen Sie Gemeinsamkeiten und mindestens drei Unterschiede.***

Berichten, appellieren, kommentieren

Basiswissen – Sachtexte untersuchen und unterscheiden

Sachtexte unterscheidet man nach ihrer kommunikativen Absicht, d. h., sie werden danach beurteilt, welche Funktion/Aufgabe sie zwischen einem Sender (Autor/Autorin) und einem Empfänger (Leser/Leserin) übernehmen sollen.

In Kapitel 4 (➪ S. 50) haben Sie bereits die informierenden und die kommentierenden/argumentierenden Texte kennen gelernt. Während in den informierenden Texten ein Sachverhalt im Vordergrund steht und die Meinung des Verfassers nicht geäußert wird (z. B. Nachricht, Bericht), sind kommentierende/argumentierende Texte eher meinungsbetont. In appellativen Texten steht die Aufforderung des Lesers/der Leserin im Vordergrund und in normierenden Texten werden Regeln aufgestellt. Viele Textsorten erfüllen jedoch nicht nur eine Funktion, sondern sind Mischformen (z. B. der persönliche Brief).

Sachtexte

Informierende Texte: setzen sich mit einem bestimmten Gegenstand, Sachverhalt auseinander, sind beschreibend, auch kritisch, aber ohne Meinungsäußerung, z. B. Bericht, Gebrauchsanweisung, Sachbuchtext.

Kommentierende/argumentierende Texte: nehmen zu einem bestimmten Sachverhalt Stellung und erläutern ihn. Die Meinung des Autors/der Autorin ist meist gut auszumachen, z. B. Kommentar, Glosse, Leserbrief.

Appellierende Texte: wenden sich an den Leser/die Leserin und fordern sie zu etwas auf, z. B. Plakat, Flugblatt, Werbung, Prospekt, Aufruf.

Normierende Texte: werden oft von Behörden und Institutionen verfasst und regeln Verhaltensweisen oder schreiben Rechte und Pflichten fest, z. B. Gesetzestext, Schul- und Hausordnung.

4 ***Bestimmen Sie die Aussageabsicht und die Textsorte der drei Texte (➪ S. 124, 125).***

a) Welche Absicht verfolgt der jeweilige Verfasser? Was soll der Text beim Leser erreichen?

b) Bestimmen Sie mit Hilfe des Basiswissens oben und demjenigen auf S. 50 die Textsorten.

5 ***Tragen Sie Ihre Ergebnisse in einer Tabelle zusammen und ergänzen Sie sie wie folgt:***

	Text A	Text B	Text C
Quelle			
Kernaussage			
Textsorte			
Sprachliche Besonderheiten			

6 ***Untersuchen Sie Text B auf seine Argumentationsstruktur.***

a) Notieren Sie die These(n) des Autors.

b) Suchen Sie mindestens zwei Argumente.

c) Finden Sie Belege, Beispiele oder Erläuterungen für die von Ihnen herausgeschriebenen Argumente?

Einen Kommentar verfassen

Situation

An Ihrer Berufsschule gab es vor Kurzem einen Pächterwechsel beim Pausenverkauf/Kiosk. Der neue Pächter muss nun eine höhere Pacht als sein Vorgänger bezahlen und hat deshalb die Preise für Pausensnacks, kalte und warme Gerichte, Süßigkeiten und Getränke beträchtlich erhöht.

Die Diskussionen rund um die Preiserhöhung beim Pausenverkauf laufen heiß, auch die regionale Presse hat das Thema bereits in einigen Beiträgen thematisiert.

Ihre Klasse möchte nun hierzu ebenfalls kritisch Stellung nehmen und entscheidet sich, einen Kommentar für die Regionalzeitung zu verfassen.

1 ***Planen Sie den Kommentar. Sammeln Sie dazu die nötigen Argumente.***

a) Formulieren Sie eine aussagekräftige These.

b) Sammeln Sie so viele Argumente wie möglich für Ihre These und belegen Sie diese auch, etwa mit Beispielen oder Erläuterungen.

c) Sortieren Sie Ihre Argumente nach Wichtigkeit. Beginnen Sie mit dem schwächsten Argument und steigern Sie Ihre Argumente zum Ende hin.

2 ***Verfassen Sie einen Kommentar zum Thema „Preiserhöhung beim Pausenverkauf".***

a) Nehmen Sie Ihre Materialiensammlung aus Aufgabe 1 als Grundlage und orientieren Sie sich an der Arbeitstechnik unten.

b) Finden Sie einen Einstieg, der das Interesse, die Neugier des Lesers/der Leserin weckt.

c) Formulieren Sie einen Abschlusssatz, der die Leser zu einer eigenen Meinungsbildung auffordert.

Arbeitstechnik — Einen Kommentar verfassen

Ein Kommentar nimmt Stellung zu einer aktuellen Nachricht oder einem aktuellen Thema. Die persönliche Meinung des Schreibers sollte deutlich werden, d. h., es handelt sich um einen Meinungsbeitrag. Als solcher ist er auch durch die namentliche Nennung des Autors gekennzeichnet. In der Regel setzt der Kommentar bei seiner Leserschaft Informationen voraus und fordert sie zu einer eigenen Meinungsbildung bzw. Stellungnahme zum Thema auf.

- Erläutern Sie zu Beginn kurz das Thema, auf das Sie sich beziehen.
- Stellen Sie die Standpunkte und unterschiedlichen Auffassungen zum Thema dar.
- Äußern Sie verständlich, gut begründet und überzeugend belegt Ihre eigene Meinung.
- Machen Sie auch deutlich, wie wichtig das Thema für Sie ist. Sie wollen Ihre Leser überzeugen!

3 ***Tauschen Sie Ihre Kommentare gegenseitig aus und korrigieren Sie sie.***

a) Ist das Thema nachvollziehbar eingeleitet und verständlich dargestellt?

b) Wird die eigene Meinung deutlich geäußert und überzeugend belegt?

c) Fordert der Kommentar indirekt zu eigenen Meinungsbildung bzw. zum Nachdenken auf?

d) Werden alle Rechtschreib-, Zeichensetzungs- und Grammatikregeln eingehalten?

4 ***Wählen Sie den überzeugendsten Kommentar Ihrer Klasse aus.***

a) Hängen Sie alle Kommentare im Klassenraum auf und lesen Sie sie.

b) Verteilen Sie Punkte und küren Sie so die drei besten Kommentare.

Argumentierende Texte untersuchen

Tempolimit muss sein

Von Gernot Kramper

Hass am Lenkrad

Wie das aussieht, weiß jeder. Die kleinsten Fische dieseln bis zur 220er Marke um die Wette. Über Stunden liefern sich Dienstwagenfahrer erbitterte Duelle, bei denen es keinen Sieger geben kann, weil die Gehaltsklasse allen den gleichen PS-Rahmen serviert hat. Lodert der Hass am Lenkrad erst einmal, sind 50 Meter Abstand im Amok-Konvoi eher die Regel als die Ausnahme. Und was passiert, wenn jetzt ein Polo blinkt und mit Tempo 120 einen Bus überholen möchte? Beruhigen sich die Rennpiloten, erinnern sich an die Richtgeschwindigkeit, bremsen beherzt ab und behelligen den Polo nicht weiter mit ihren Hormonspielchen? Sicher nicht, die Realität sieht anders aus: Anstatt auf die Bremse zu treten, wird zur Lichthupe gegriffen.

Im Kopf der deutschen Möchtegern-Testpiloten gehen Richtgeschwindigkeit von 130 km/h und das Rechtsfahrgebot eine ebenso wirre wie brisante Mischung ein. Im krassen Missverständnis wird die Gesetzeslage als Anleitung zur Rücksichtslosigkeit verstanden: An die Richtgeschwindigkeit brauche man sich nicht zu halten und Langsam-Fahrer hätten nur ausnahmsweise auf der linken Spur etwas zu suchen. Dass die Selbstbeschränkung nicht funktioniert, kann jeder jederzeit erleben. […]

Deutsche Autobahn kein herrenloses Terrain

Der einzige Grund fürs regellose Schnellfahren ist das aufgeputschte Gefühl des Fahrers, schneller anzukommen tut er meist nämlich nicht. Aber für orgasmusartige Fahrgefühle gibt es einen geeigneten Ort, das ist die Rennstrecke und nicht die allgemeine Autobahn. Die deutsche Autobahn ist schon längst kein herrenloses Terrain mehr, das auf den energischen Herrenfahrer wartet. Sie gehört den Pendlern und beherbergt nebenbei das größte rollende Warenlager der Welt. Ein bis zwei Spuren sind daher permanent mit „Tempo 100"-Fahrzeugen belegt, für Geschwindigkeitsexzesse bleibt kein Platz. […]

Ob eine Autobahn-Höchstgeschwindigkeit die CO_2-Bilanz merklich entlastet, ist fraglich, denn prozentual machen Hochgeschwindigkeitsfahrten nicht allzu viel aus. Hier geht es um ein Zeichen. Aber dass jeder Wagen am Limit deutlich mehr verbraucht, versteht sich von selbst, bei hohen Geschwindigkeiten wächst der Luftwiderstand extrem an. Die Verbrauchsangaben im Prospekt haben übrigens überhaupt nichts mit realen Verbrauchswerten zu tun, denn dafür wird kein Modell mit 280 km/h über die Strecke geprügelt, beim Normverbrauch gibt es natürlich längst eine Höchstgeschwindigkeit.

(gekürzt, http://www.stern.de/politik/deutschland/601202.html, 29.10.2007)

Tempolimit ist Unfug

Von Christoph M. Schwarzer

Das Tempolimit ist Unfug, weil keines der Argumente zieht. Da ist zuerst die Sprit- und damit Kohlendioxidersparnis: unter einem Prozent, wenn's hoch kommt. Das ist erheblich weniger, als der durch Fahrverhalten und sparsamere Autos ohnehin stetig sinkende Gesamtverbrauch jedes Jahr bringt. Und überhaupt, liebe SPD, wo ist denn eure Forderung von Umweltminister Gabriel oder von Verkehrsminister Tiefensee nach einer kohlendioxid-basierten Kfz-Steuer? Nirgends. […]

Der Mythos der Freiheit zieht noch

Klar, etwa 6000 tempolimit-freie Autobahnkilometer gibt es noch. Und die sollen geopfert werden – wozu denn? Dass die SPD keine Ökopartei ist,

Argumentierende Texte untersuchen

beweist sie jeden Tag durch Nichtstun. Für die Sicherheit bringt es auch nichts, weil es in der Stadt 14(!)-mal gefährlicher ist und bei den fiesen Unfällen oft 80-km/h-LKWs im Spiel sind. Ins Fäustchen lachen werden sich derweil die Japaner, die Franzosen, die Chinesen und alle anderen, die mehr Autos verkaufen wollen. Wer's immer noch nicht verstanden hat: Der Mythos der Freiheit auf der Autobahn zieht immer noch, auch wenn's eben ein Mythos, eine Legende ist. Beim internationalen Käufer wirkt's, und darum werden deutsche Autos gekauft, die immer noch sehr oft von Deutschen entwickelt und produziert werden. Psychologische Gründe sind eben auch Gründe.

Zugegeben: Ich selbst fahre selten schneller als 130. Weil meine Hausstrecke über die A7 und die A2 mindestens zwei Staus hat und die Zeitersparnis wegen dieser Pace-Car-Phasen gleich null ist. Weil ich ökologisch denke und mein Golf dann eine Vier vorm Komma im Verbrauch hat. Weil's leiser ist und damit stressarm. Aber bitte, das will ich selbst entscheiden. Irgendwann muss mal Schluss sein mit den staatlichen Vorgaben, wie ich mein Leben zu führen habe ...

(gekürzt, http://www.stern.de/politik/ deutschland/601202.html, 29.10.2007)

1 ***Untersuchen Sie die beiden Texte jeweils mit Hilfe der Arbeitstechnik.***

Arbeitstechnik – Argumentierende Texte untersuchen

- Wer beschäftigt sich wo mit welchem Thema? (Verfasser, Quelle, Fragestellung)
- Welche These stellt der Verfasser auf?
- Mit welchen Argumenten und Beispielen stützt der Verfasser seine These?
- An wen wendet sich der Verfasser? Welche Absicht verfolgt er dabei?
- Wurden sprachliche Mittel eingesetzt? Welche?

2 ***Bereiten Sie eine Podiumsdiskussion zum Thema „Von Heuchlern und Rasern – pro und kontra Tempolimit" vor.***

a) Teilen Sie die Klasse in zwei Lager: pro und kontra Tempolimit.

b) Notieren Sie jedes Argument, das Sie den Texten oben entnehmen können, auf eine Karteikarte.

c) Finden Sie in Ihrer Gruppe gemeinsam weitere Argumente für oder gegen das Tempolimit und notieren Sie auch diese auf Karteikarten.

d) Überdenken Sie zu Ihren Argumenten auch die Position der Gegenseite, damit Sie schnell und überzeugend reagieren können.

3 ***Führen Sie eine Diskussion in Ihrer Klasse durch.***

a) Wählen Sie aus Ihrer Gruppe drei Vertreter, die ihre Meinung auf dem Podium stellvertretend für die ganze Gruppe diskutieren werden.

b) Bestimmen Sie auch einen Diskussionsleiter oder eine Diskussionsleiterin (➪ Kapitel 7, S. 87).

4 ***Verfassen Sie selbst einen argumentierenden Text zu einem der folgenden Themen:***

• Todesstrafe • Globalisierung • Atomkraft • NPD-Verbot

5 ***Wählen Sie ein eigenes Thema, das in Ihrer Klasse oder Schule zurzeit diskutiert wird, und führen Sie eine vorbereitete Klassen- oder Podiumsdiskussion durch.***

Chancen und Risiken der Neuen Medien

Medien im Wandel – Beispiel Buch

Masaki Fujihata stellt in seinem Werk „Beyond Pages“ (engl.: hinter den Seiten) dar, wie das Buch der Zukunft aussehen könnte.

Hier kann der Betrachter in einem virtuellen Buch schmökern, das auf die Oberfläche eines Tisches projiziert wird. Berührt man mit einem Stift die Blattflächen, wenden sich die virtuellen Buchseiten raschelnd um. Es erscheinen verschiedene Objekte, die bei Berührung ihre Form ändern oder Geräusche auslösen: Ein Apfel schrumpft Biss für Biss dahin, japanische Textfragmente werden sichtbar und bei Berührung gleichzeitig hörbar, auf einer Illustration können die Blätter eines Zweiges hin und her bewegt werden. Überraschende Effekte ergeben sich beim Anklicken eines Schalterbildes und einer Türklinke: Ein Licht im Besucherraum leuchtet auf, eine Tür wird an die Wand projiziert und öffnet und schließt sich blitzschnell unter dem Gelächter eines herausschauenden Kindes.

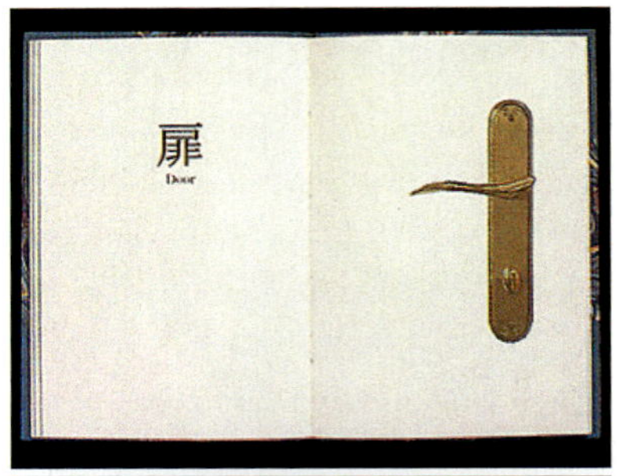

1 ***Beschreiben Sie das Buch der Zukunft.***

a) Welche Unterschiede gibt es zwischen dem virtuellen Buch und einem Buch im traditionellen Sinne? Wie funktioniert ein virtuelles Buch?

b) Welche Form des Buches spricht Sie mehr an? Begründen Sie Ihre Meinung.

2 ***Recherchieren Sie im Internet, was sich hinter dem Begriff E-Book verbirgt. Wie funktioniert es? Welche Vor- und Nachteile hat es?***

Arbeitstechnik – Einen Hypertext erstellen

Eine weitere Form von Texten findet sich in Computern: Hypertexte. Diese haben den Vorteil, dass Sie neue Text- und Bildverbindungen erstellen können.

So können Sie vorgehen, wenn Sie einen Hypertext erstellen:

- Schreiben Sie einen Ausgangstext und speichern Sie diesen als Word-Datei.
- Speichern Sie ergänzende Texte, Textbausteine oder auch Bilder und Grafiken, die Sie damit in Verbindung setzen wollen, einzeln ab.
- Markieren Sie die Textstelle Ihres Ausgangstextes, von der aus Sie zu einem zusätzlichen Text gelangen wollen.
- Öffnen Sie die Option „Hyperlink einfügen“ (im Menü unter „Einfügen“) und geben Sie den Dateinamen des ergänzenden Textes ein.

3 ***Erstellen Sie Hypertexte und entwerfen Sie so Ihr „Buch der Zukunft“.***

a) Schreiben Sie mit Ihrer Arbeitsgruppe einen Hypertext, in dem Sie Ihre Klasse vorstellen.

b) Vergleichen Sie Ihr Ergebnis mit dem anderer Gruppen.

c) Diskutieren Sie, inwieweit sich die Rolle der Autorin/des Autors sowie der Leserin/des Lesers beim Umgang mit dieser Textart verändert.

Das Internet und seine Tücken

Situation

Christian beendet bald seine Ausbildung und hat bereits etliche Bewerbungen geschrieben, bislang aber nur Absagen erhalten. Frustriert schreibt er dazu in der Internetplattform *Lokalisten* verschiedene Kommentare. Seine Freundin Katja meint zu Christian: „Vielleicht liegt es an den Fotos und Videos von diversen Feiern mit Freunden, die du über dich ins Netz gestellt hast? Außerdem lästerst du auch gerne öffentlich." Christian versteht Katjas Einwand nicht.

1 ***Tauschen Sie sich aus: Wie ist Katjas Einwand zu verstehen?***

Verstecken gilt nicht im Web

Von FOCUS-Online-Autor Till Wortmann

Viele Personalchefs nehmen schon vor dem Vorstellungsgespräch die Kandidaten per Internetrecherche gezielt ins Fadenkreuz. Für Bewerber mit dunklen Flecken auf der Internetweste kann das schon mal das vorzeitige Aus bedeuten.

Oft hängt die Einladung zum Gespräch vom Rechercheergebnis ab.

In Foren und Weblogs ist es schick, nach Herzenslust über andere Menschen – einschließlich Arbeitgeber und Kollegen – zu lästern. Auch mit der Online-Preisgabe pikanter Details aus dem eigenen Privatleben haben viele Zeitgenossen kein Problem.

Doch viel zu selten ist sich der Schreiber über die möglichen Folgen seiner Äußerungen im Klaren. „Ein Bewerber muss sich überlegen, was er aktiv ins Netz hineinstellt", sagt Susanna Wieseneder, Personal Counselor und Reputationsforscherin aus Wien. Muss ein Kandidat wirklich jedes Detail oder jede Vorliebe im Netz publizieren? Lästereien und eigener Narzissmus rächen sich nämlich spätestens dann, wenn es darum geht, sich um einen Arbeitsplatz zu bewerben.

Ein Drittel der Personaler nutzt das Internet

Eine Studie des Bundesverbands Deutscher Unternehmensberater (BDU) in Bonn ergab, dass knapp ein Drittel aller Personalberater – neben der Direktansprache sowie Anzeigen – das Internet nutzen, um an Informationen über Kandidaten zu kommen. Wieseneder bestätigt: „Für Personaler besitzt das Internet eine rasant steigende Bedeutung." Oft erhält der Kandidat aufgrund der Ergebnisse der Online-Recherche keine Einladung zum Interview – ohne dass der Bewerber jemals den Grund für die Absage erfährt, so die Expertin.

Dabei geht es den Spürnasen gar nicht darum, im Privatleben der Bewerber nach möglichen Fehltritten zu schnüffeln. Eher im Gegenteil: „Die Experten interessieren sich vor allem für Zusatzinfos. Etwa welche ehrenamtlichen Ämter ein Kandidat ausübt", berichtet Wolfgang Lichius, Vorsitzender des BDU-Fachverbands Personalberatung.

(gekürzt, http://www.focus.de/karriere/bewerbung/internet/tid-7051/bewerbung_aid_69068.html, 23.12.2008)

2 ***Erklären Sie die Tücken des Internets mit eigenen Worten.***

3 ***Legen Sie eine Checkliste dazu an, welche Regeln Sie im Internet beachten sollten.***

a) Die Netiquette, also festgelegte Benimmregeln im Internet, bietet eine gute Orientierungshilfe, recherchieren Sie danach.

b) Beginnen Sie wie rechts gezeigt.

4 ***Tragen Sie auch die Chancen zusammen, die das Internet einem Bewerber bietet.***

Checkliste für Benimmregeln im Internet

1. Je weniger persönliche Daten im Internet stehen, desto besser.
2. Entwickeln Sie ein Bewusstsein dafür, was veröffentlicht werden kann und was auf keinen Fall für eine große Öffentlichkeit bestimmt ist.
3. ...

Eigene Artikel für ein Weblog schreiben

Basiswissen **Weblog (Blog)**

Weblog ist eine Neuschöpfung aus den Wörtern *Web* und *Logbuch* und wird oft nur **Blog** genannt.

Weblogs (Blogs) sind Webseiten, auf denen man eigene Texte veröffentlichen kann. Die Weblogformen sind vielfältig und entwickeln sich rasch, z. B. wird in einem Warblog (engl. *war* – Krieg) aus Krisen- und Kriegsgebieten berichtet. Blogger agieren und reagieren schnell. Ihre Äußerungen werden überall auf der Welt „empfangen". Eine Auseinandersetzung mit den Inhalten des Blogs kann stattfinden.

1 ***Gestalten Sie ein eigenes Weblog zu selbst geschriebenen Artikeln.***

a) Bilden Sie drei Gruppen. Schreiben Sie am PC zu den drei Texten unten Artikel für eine Zeitung (kommentierend oder informierend). Gestalten Sie Ihre Artikel möglichst ansprechend.

b) Tauschen Sie Ihre Artikel aus und kommentieren Sie sie. Legen Sie für jeden Artikel eine eigene Datei an und schreiben Sie alle Kommentare der Klasse hintereinander dort hinein. Die Kommentare können sich auch auf andere Kommentare zum Artikel beziehen. Notieren Sie unter Ihrem Kommentar jeweils Datum und Uhrzeit des Eintrags.

Text 1

Gelsenkirchen: Zehnjähriger kam mit Pistole und Handgranate in die Schule

In Gelsenkirchen musste am heutigen Tag eine Grundschule evakuiert werden, nachdem ein Junge im Alter von zehn Jahren mit einer Schreckschusspistole und einer Handgranate in die Schule kam. Eine Lehrerin sah den Jungen, als er seinen Mitschülern die Pistole zeigte. Daraufhin wurde die Polizei alarmiert, die dann in seiner Tasche eine Handgranate fand. Diese sei zu Übungszwecken bei der Bundeswehr benutzt worden, deshalb war sie leer.

Text 2

Texas: Anstatt zu töten, warnte ein angeheuerter Mann das Opfer

Als eine schwangere Frau nach Hause kam, fand sie einen Mann in ihrem Schlafzimmer, der sie mit seiner Geschichte erschreckte: „Dein Mann möchte dich umbringen lassen." Er drang in das Haus ein, als der Ehemann mit dem dreijährigen Sohn zu Besuch bei Verwandten in Mexiko weilte. Ihr Mann sitzt in Alamogordo, New Mexico, in U-Haft und muss sich nun in zwei Fällen wegen Anwerbung zum Mord vor Gericht verantworten. Die Polizei teilte mit, dass der Mann, der ins Haus eindrang und die Frau informierte, nicht angeklagt werden wird.

Text 3

Autofahrer fast ohne Kratzer nach einem Fall aus über 230 Metern Höhe

Der kroatische Autofahrer Cedo J. hatte unglaubliches Glück im Unglück. Er verlor die Kontrolle über seinen Wagen, geriet ins Schleudern und kam von der Fahrbahn ab. 230 Meter tiefer landete er in einer Schlucht. Ein schlimmes Ende konnte durch Bäume und Nebengestein vermieden werden. Der Fahrer war in der Lage, selbstständig Hilfe anzufordern und einen Rettungstrupp zu rufen. J. war zum Zeitpunkt des Unfalls angeschnallt und zu seinem Glück hat auch der Airbag funktioniert.

Rollenspiele durchführen und reflektieren

Situation

Ihr Ausbildungsbetrieb hat ein neues Beurteilungssystem eingeführt, das die Führungskräfte verpflichtet, jedes Jahr mit ihren Mitarbeitern ein Beurteilungs- und Perspektivgespräch zu führen. Besonderen Wert legt der Geschäftsführer darauf, das Entwicklungspotenzial der Mitarbeiter in Zukunft optimal auszuschöpfen. Heute findet ein Gespräch mit einem jungen Mitarbeiter statt, welcher seit ca. 2 Jahren im Unternehmen ausgebildet und in Kürze die Ausbildung beenden wird.

1 ***Bereiten Sie sich darauf vor, das Gespräch in einem Rollenspiel durchzuführen. Informieren Sie sich zunächst über die Vorgehensweise beim Rollenspiel.***

Basiswissen **Rollenspiel**

Was ist ein Rollenspiel?

Bei einem Rollenspiel überprüfen Sie vorhandene Verhaltensweisen und lernen neue kennen. Sie schlüpfen in eine vorgegebene Rolle (z. B. Führungskraft) und „durchleben" eine bestimmte Situation (z. B. Beurteilungs- und Perspektivgespräch). Anschließend bekommen Sie Feedback von der Gruppe der Beobachter.

Vorbereitung und Vorgehensweise bei einem Rollenspiel:

Die gesamte Klasse bereitet das Spiel in Gruppen vor.

1. Das Thema wird festgelegt, die Rollen werden vorgestellt.
2. Jede Rolle wird innerhalb der Gruppe von einem Spieler besetzt, der sich darauf vorbereitet. Die Mitspieler lesen hierzu die Rollenkarten.
3. Das Rollenspiel wird von jeder Gruppe durchgeführt.
4. Die Mitspieler werden von den anderen Mitschülern (= Beobachter) beobachtet.
5. Auswertung des Rollenspiels: Die Spieler werden aus ihren Rollen entlassen und gefragt, wie sie sich in ihrer Rolle gefühlt haben.
6. Die Klasse teilt ihre Beobachtungsergebnisse mit.

2 ***Bestimmen Sie Spieler für die Rollen „Führungskraft" und „Mitarbeiter". Diese bereiten sich dann auf ihre Rolle mit Hilfe der Rollenkarte vor.***

Rollenkarte Führungskraft:

Die Führungskraft ist Abteilungsleiter. Die Mitarbeiter im Verkauf berichten, dass der junge Herr meist interesselos wirkt. Deshalb haben die Kollegen bald die Lust verloren, ihm etwas zu erklären. Er fragt auch im Regelfall nicht nach. Die Arbeitsmenge und -güte sind deshalb gering und keineswegs ausreichend. Einige Kunden gaben an, dass der Mitarbeiter sehr „unpersönlich" auf sie wirkte. Die Auffassungsgabe, Merk- und Denkfähigkeit sind jedoch gut. Der Auszubildende begreift sehr rasch neue Sachverhalte. Leider erfüllt er nicht alle Aufträge sorgfältig. Im Umgang mit Kollegen ist er unauffällig.

Rollenkarte Mitarbeiter:

Er ist unter 20 Jahre alt und hat sich für eine Ausbildung zum Bürokaufmann entschieden, weil ein Bekannter geraten hat, sich dort zu bewerben. In der theoretischen Ausbildung kommt er ohne großen Lernaufwand gut mit. In der letzten Ausbildungsphase im Einkauf hat es ihm super gefallen; der Chef war sehr kooperativ, alle Teammitglieder waren unter 30 Jahre alt. In der Verkaufsabteilung, in der er jetzt eingesetzt ist, arbeiten Mitarbeiter zwischen 20 und 65 Jahren. Vom ersten Tag an hatte er das Gefühl, als kleiner Junge behandelt zu werden. Die Bereitschaft, ihn zu unterstützen, empfindet er als sehr gering. Privat hat er Probleme, weil seine Eltern in Scheidung leben. Auch mit seiner Freundin gibt es zunehmend Streit.

3 ***Die restlichen Mitschüler und Mitschülerinnen sind kritische Beobachter. Auch sie bereiten sich auf das Rollenspiel vor.***

a) Notieren Sie Merkmale, die ein gutes Beurteilungs- und Perspektivgespräch kennzeichnen.

b) Achten Sie während des Rollenspiels auf folgende Beobachtungskriterien:
- Was läuft besonders gut? Was klappt aus Ihrer Sicht nicht?
- Finden sich die Spieler in ihren Rollen zurecht? In welchem Tonfall wird gesprochen?
- Welche Lösungen werden genannt? Welche Entscheidungen getroffen?
- Welchen Eindruck haben Sie insgesamt vom Gespräch?

c) Geben Sie nach dem Rollenspiel ein Feedback (➪Kapitel 1, S. 20).

4 ***Fassen Sie gemeinsam zusammen: Warum sind Rollenspiele eine sinnvolle Methode?***

Fazit

Kapitel 11

Literarische Texte untersuchen

Literarische Texte erschließen sich uns nicht immer auf den ersten Blick – man muss sie häufig erst genauer untersuchen. Ein Werkzeug zur Textinterpretation ist das Entschlüsseln und Deuten von Sprachbildern. Besonders häufig sind Sprachbilder in Gedichten zu finden, aber auch in epischen Texten kommen sie in großer Zahl vor.

In diesem Kapitel lernen Sie einige wesentliche Sprachbilder kennen, nämlich Vergleiche, Metaphern und Personifikationen, die Ihnen den Zugang zum Textverständnis erleichtern. Auch begegnen Ihnen aus jeder Textgattung (Lyrik, Dramatik und Epik) Beispiele, die Sie auf unterschiedliche Weise erschließen werden.

Was ich aus anderen Kapiteln weiß

- ✔ Jede Botschaft kann auf unterschiedlichen Ebenen empfangen und entschlüsselt werden (➪Kapitel 1, 7).
- ✔ Die 5-Schritt-Lesetechnik hilft dabei, schwierige Texte leichter zu verstehen (➪Kapitel 4).
- ✔ Literarische Texte unterscheiden sich von Sachtexten dadurch, dass ihr Inhalt erfunden ist und sie oft mehrere Deutungsmöglichkeiten (Interpretationen) zulassen (➪Kapitel 4, 5).
- ✔ In Bibliotheken kann man sowohl Sachbücher als auch Krimis, Erzählungen und Romane ausleihen (➪Kapitel 10).

Literarische Texte erschließen

Mit einer Kurzgeschichte kreativ umgehen

Wer einen literarischen Text genauer betrachtet, kann darin Bezüge zum eigenen Leben entdecken. Dies gelingt umso leichter, wenn man weiß, nach welchen Bausteinen man einen Prosatext untersuchen kann.

Einer	erzählt	einem	etwas
Der Autor bzw. Erzähler des Textes	einen Erzählvorgang auf eine bestimmte Art und Weise, z. B. aus der Ich-Perspektive,	Zuhörer bzw. Leser im Text oder außerhalb des Textes	den Inhalt: Thema, Zeit, Ort, Personen.

Walter Helmut Fritz: Augenblicke

Kaum stand sie vor dem Spiegel im Badezimmer, um sich herzurichten, als ihre Mutter aus dem Zimmer nebenan zu ihr hereinkam, unter dem Vorwand, sie wolle sich nur die Hände waschen. Also doch! Wie immer, wie fast immer. Elsas Mund krampfte sich zusammen. Ihre Finger spannten sich. Ihre Augen wurden schmal. Ruhig bleiben! Sie hatte darauf gewartet, dass ihre Mutter auch dieses Mal hereinkommen würde, voller Behutsamkeit: mit jener scheinbaren Zurückhaltung, die durch ihre Aufdringlichkeit die Nerven freilegt. Sie hatte – behext, entsetzt, gepeinigt – darauf gewartet, weil sie sich davor fürchtete. – Komm, ich mach dir Platz, sagte sie zu ihrer Mutter und lächelte ihr zu. – Nein, bleib nur hier, ich bin gleich so weit, antwortete die Mutter und lächelte. – Aber es ist doch so eng, sagte Elsa und ging rasch hinaus, über den Flur, in ihr Zimmer. Sie behielt einige Augenblicke länger als nötig die Klinke in der Hand, wie um die Tür mit Gewalt zuzuhalten. Sie ging auf und ab, von der Tür zum Fenster, vom Fenster zur Tür. Vorsichtig öffnete ihre Mutter. Ich bin schon fertig, sagte sie. Elsa tat, als ob ihr inzwischen etwas anderes eingefallen wäre, und machte sich an ihrem Tisch zu schaffen. – Du kannst weitermachen, sagte die Mutter. – Ja, gleich. Die Mutter nahm die Verzweiflung ihrer Tochter nicht einmal als Ungeduld wahr. Wenig später allerdings verließ Elsa das Haus, ohne ihrer Mutter adieu zu sagen.

Mit der Tram fuhr sie in die Stadt, in die Gegend der Post. Dort sollte es eine Wohnungsvermittlung geben, hatte sie einmal gehört. Sie hätte zu Hause im Telefonbuch eine Adresse nachsehen können. Sie hatte nicht daran gedacht, als sie die Treppen hinuntergeeilt war. In einem Geschäft für Haushaltungsgegenstände fragte sie, ob es in der Nähe nicht eine Wohnungsvermittlung gebe. Man bedauerte. Sie fragte in der Apotheke, bekam eine ungenaue Auskunft. Vielleicht im nächsten Haus. Dort läutete sie. Schilder einer Abendzeitung, einer Reisegesellschaft, einer Kohlenfirma. Sie läutete umsonst. Es war später Nachmittag, Samstag, zweiundzwanzigster Dezember.

Mit einer Kurzgeschichte kreativ umgehen

Sie sah in eine Bar hinein. Sie sah den Menschen nach, die vorbeigingen. Sie trieb mit. Sie betrachtete Kinoreklamen. Sie ging Stunden umher. Sie würde erst spät zurückkehren. Ihre Mutter würde zu Bett gegangen sein. Sie würde ihr nicht mehr gute Nacht zu sagen brauchen. Sie würde sich, gleich nach Weihnachten, eine Wohnung nehmen. Sie war zwanzig Jahre alt und verdiente. Kein einziges Mal würde sie sich mehr beherrschen können, wenn ihre Mutter zu ihr ins Bad kommen würde, wenn sie sich schminkte. Kein einziges Mal. Ihre Mutter lebte seit dem Tod ihres Mannes allein. Oft empfand sie Langeweile. Sie wollte mit ihrer Tochter sprechen. Weil sich die Gelegenheit selten ergab (Elsa schützte Arbeit vor), suchte sie sie auf dem Flur zu erreichen oder wenn sie im Bad zu tun hatte. Sie liebte Elsa. Sie verwöhnte sie. Aber sie, Elsa, würde kein einziges Mal mehr ruhig bleiben können, wenn sie wieder zu ihr ins Bad käme. Elsa floh. Über der Straße künstliche, blau, rot, gelb erleuchtete Sterne. Sie spürte Zuneigung zu den vielen Leuten, zwischen denen sie ging. Als sie kurz vor Mitternacht zurückkehrte, war es still in der Wohnung. Sie ging in ihr Zimmer, und es blieb still. Sie dachte daran, dass ihre Mutter alt und oft krank war. Sie kauerte sich in ihren Sessel, und sie hätte unartikuliert schreien mögen, in die Nacht mit ihrer entsetzlichen Gelassenheit.

1 ***Erklären Sie, weshalb der Autor die Überschrift „Augenblicke" gewählt hat. Um welche besonderen Augenblicke handelt es sich?***

2 ***Unterteilen Sie den Text in drei Abschnitte, indem Sie sich die Zeilen notieren, und fassen Sie sie jeweils in Zwischenüberschriften oder Stichwortsätzen zusammen.***

3 ***Weisen Sie mit Hilfe der besonderen Merkmale von Kurzgeschichten (➪ Kapitel 5, S. 65) nach, dass es sich um eine solche handelt.***

4 ***Versetzen Sie sich in die Figur Elsa und schreiben Sie wahlweise einen Tagebucheintrag oder einen Brief an die beste Freundin. Nehmen Sie die Arbeitstechnik zu Hilfe.***

a) In welchem Konflikt befindet sich Elsa? Finden Sie Lösungsmöglichkeiten!

b) Interpretieren Sie den letzten Ihrer Abschnitte. Verwenden Sie hierfür folgende Begriffe: Alter • Mutter • Liebe • Wut • Einsamkeit • Verständnis • Treue • Selbstständigkeit • Freiheit • Freunde
Beachten Sie die Zerrissenheit Elsas bei Ihrer Textproduktion.

c) Untersuchen Sie die Sprache: Wie ist der Satzbau? Fällt eine Satz- oder Wortart besonders auf?

Arbeitstechnik – Einen Tagebucheintrag bzw. Brief verfassen

Notieren Sie sich wichtige Informationen der Textvorlage, die Ihnen etwas über die Figur verraten, aus deren Sicht Sie schreiben. Entscheiden Sie auch, welche Inhalte Sie in Ihr Schreibprodukt aufnehmen wollen.

Versetzen Sie sich in die Figur: Welche Gefühle und Gedanken könnte sie haben? Wie ist ihre Stimmung?

Überlegen Sie, wie die Figur spricht. Orientieren Sie sich wenn möglich an den Vorgaben im Text: Wenn dies nicht möglich ist, dann überlegen Sie, welche Sprache zu der Figur passt (jung oder alt, derb oder zart).

Falls Sie einen **Tagebucheintrag** schreiben, bedenken Sie, dass die Figur nur für sich selbst schreibt. Verfassen Sie jedoch einen **Brief**, so sollten Sie den Adressaten dieses Briefes im Blick haben. Erfahren Sie etwas über ihn im Text? Stellen Sie zu Beginn und am Ende des Briefes einen Adressatenbezug her.

Einem Drama aus der Zeit des Sturm und Drang (1770–1785) begegnen

Friedrich Schiller (geb. 1759 in Marbach am Neckar, gest. 1805 in Weimar) musste auf Befehl des württembergischen Herzogs Karl Eugen bereits mit 13 Jahren die „militärische Pflanzschule" des Landes, eine Militärakademie, besuchen. In dieser Eliteschule sollten die Söhne aus angesehenen württembergischen Familien in unbedingtem Gehorsam ausgebildet werden, um dem Herzog später als Beamte zur Verfügung stehen zu können. Sein Schauspiel „Die Räuber" verfasste er heimlich nachts – Theaterstücke oder Gedichte zu schreiben war in der herzoglichen Akademie verboten.

1 ***Informieren Sie sich über Friedrich Schiller und gestalten Sie ein Plakat zu ihm.***

a) Stellen Sie Recherchen zu seinem Lebenslauf an. Er wird aus heutiger Sicht gern als „Rebell" bezeichnet. Welche Gründe hat das?

b) Informieren Sie sich über seine Werke. Legen Sie dazu den Schwerpunkt auf die Stücke „Die Räuber" und „Kabale und Liebe".

c) Der Künstler HORUS hat Schillers Leben in einem Comic dargestellt. Wie wirkt Schiller als Comicfigur auf Sie? Weshalb ist Schiller attraktiv für einen Comic-Zeichner von heute? Schauen Sie sich einige Ausschnitte des Comics im Internet an oder besorgen Sie sich das Buch.

Friedrich Schiller: Kabale und Liebe

Das Drama entstand 1783, Schiller war erst 24 Jahre alt. Der junge Baron Ferdinand von Walter liebt die Bürgerstochter Luise Millerin und möchte sie heiraten. Doch für seinen Vater, der Präsident am Hof des Fürsten ist, ist eine Ehe mit einer Bürgerlichen völlig ausgeschlossen. Er hat für seinen Sohn die Ehe mit einer Adeligen vorgesehen. Wütend sucht der Präsident das Haus der Millers auf.

2. Akt, 6. Szene (Auszug)

PRÄSIDENT *im Hereintreten:* Da ist er schon.
ALLE *erschrocken.*
PRÄSIDENT *ZU MILLERN:* Er ist der Vater?
MILLER: Stadtmusikant Miller.
PRÄSIDENT *zur Frau:* Sie die Mutter?
FRAU: Ach ja! Die Mutter.
PRÄSIDENT: […] *Zu Luise:* Wie lang kennt Sie den Sohn des Präsidenten?
LUISE: Diesem habe ich nie nachgefragt. Ferdinand von Walter besucht mich seit dem November.
FERDINAND: Betet sie an.
PRÄSIDENT: Erhielt Sie Versicherungen?
FERDINAND: Vor wenigen Augenblicken die feierlichste im Angesicht Gottes.
PRÄSIDENT *zornig zu seinem Sohn:* Zur Beichte d e i n e r Torheit wird man dir schon das Zeichen geben. *Zu Luisen:* Ich warte auf Antwort.
LUISE: Er schwur mir Liebe.
FERDINAND: Und wird sie halten.
Präsident: Muss ich befehlen, dass du schweigst? – Nahm Sie den Schwur an?

Einem Drama aus der Zeit des Sturm und Drang (1770–1785) begegnen

LUISE *zärtlich:* Ich erwiderte ihn.

FERDINAND *mit fester Stimme:* Der Bund ist geschlossen.

PRÄSIDENT: Ich werde das Echo hinauswerfen lassen. *Boshaft zu Luisen:* Aber er bezahlte Sie doch jederzeit bar?

LUISE *aufmerksam:* Diese Frage verstehe ich nicht ganz.

PRÄSIDENT *mit beißendem Lachen:* Nicht? Nun! Ich meine nur – jedes Handwerk hat, wie man sagt, seinen goldenen Boden – auch Sie, hoff ich, wird Ihre Gunst nicht verschenkt haben – oder war's Ihr vielleicht mit dem bloßen V e r s c h l u s s gedient? Wie?

FERDINAND *fährt wie rasend auf:* Hölle! Was war das?

LUISE *zu Ferdinand mit Würde und Unwillen:* Herr von Walter, jetzt sind Sie frei.

FERDINAND: Vater! E h r f u r c h t befiehlt die Tugend auch im Bettlerkleid.

PRÄSIDENT *lacht:* Eine lustige Zumutung! Der Vater soll die H u r e des Sohnes respektieren.

LUISE *stürzt nieder:* O Himmel und Erde!

FERDINAND *indem er den Degen nach dem Präsidenten zückt, den er aber schnell wieder sinken lässt:* Vater! Sie hatten einmal ein Leben an mich zu fordern – es ist bezahlt. *Den Degen einsteckend.* Der Schuldbrief der kindlichen Pflicht liegt zerrissen da –

2 ***Lesen Sie die Szene mit verteilten Rollen und fühlen Sie sich dabei in die Personen hinein.***

3 ***Untersuchen Sie die Szene.***

a) Wie wirkt der Auftritt von Ferdinands Vater auf Sie?

b) Geben Sie den Inhalt wieder. Beantworten Sie dazu auch die folgenden Fragen: Was will der Präsident erreichen und welche Mittel wählt er dazu? Wie reagieren Ferdinand und Luise auf die Worte des Präsidenten?

c) Charakterisieren Sie die Personen und belegen Sie Ihre Aussagen mit Textstellen.

d) Stellen Sie Vermutungen dazu an, wie das Drama weitergehen könnte.

4 ***Inszenieren Sie diese Szene.***

a) Skizzieren Sie das Bühnenbild. Wie könnte das Zimmer der Millers eingerichtet sein?

b) Welche Kostüme würden Sie für die Personen wählen?

c) Planen Sie, wo die Personen während der Szene stehen/sitzen und wie sie sich bewegen.

d) Spielen Sie die Szene im Klassenzimmer.

5 ***Stellen Sie eine Beziehung zwischen dem Drama „Kabale und Liebe" und seiner Entstehungszeit her. Woran erkennen Sie die Zugehörigkeit des Dramas zur Epoche des Sturm und Drang?***

Basiswissen – **Sturm und Drang**

Die literarische Jugend in der Epoche des „Sturm und Drang" (ca. 1770–1785) – und hier vor allem der junge Schiller und der junge Goethe (geb. 1749) – trat für eine freiheitliche Gesellschaft ohne ständische Schranken ein. Sie grenzte sich damit ab gegen die von Vernunft und feudalem Ständedenken geprägte streng geregelte Lebensform im Zeitalter der Aufklärung. In ihren literarischen Werken wurden Gefühle überschwänglich wiedergegeben und freie Rhythmen ohne feste Reime lösten die Fesseln der strengen Versmaße ab. Auch die Umgangssprache brachte sie in ihre literarischen Werke mit hinein.

Eine Ballade als Rap inszenieren

Theodor Fontane: Herr von Ribbeck auf Ribbeck im Havelland

Herr von Ribbeck auf Ribbeck im Havelland,
Ein Birnbaum in seinem Garten stand,
Und kam die goldene Herbsteszeit
Und die Birnen leuchteten weit und breit,
Da stopfte, wenn's Mittag vom Turme scholl,
Der von Ribbeck sich beide Taschen voll,
Und kam in Pantinen ein Junge daher,
So rief er: „Junge, wiste 'ne Beer?"
Und kam ein Mädel, so rief er: „Lütt Dirn,
Kumm man röwer, ick hebb 'ne Birn."

So ging es viele Jahre, bis lobesam
Der von Ribbeck auf Ribbeck zu sterben kam.
Er fühlte sein Ende. 's war Herbsteszeit,
Wieder lachten die Birnen weit und breit;
Da sagte von Ribbeck: „Ich scheide nun ab.
Legt mir eine Birne mit ins Grab."
Und drei Tage drauf, aus dem Doppeldachhaus,
Trugen von Ribbeck sie hinaus,
Alle Bauern und Büdner mit Feiergesicht
Sangen „Jesus, meine Zuversicht",
Und die Kinder klagten, das Herze schwer:
„He is dod nu. Wer giwt uns nu 'ne Beer?"

So klagten die Kinder. Das war nicht recht –
Ach, sie kannten den alten Ribbeck schlecht;
Der *neue* freilich, der knausert und spart,
Hält Park und Birnbaum strenge verwahrt.
Aber der *alte*, vorahnend schon
Und voll Misstraun gegen den eigenen Sohn,
Der wusste genau, was damals er tat,
Als um eine Birn' ins Grab er bat,
Und im dritten Jahr aus dem stillen Haus
Ein Birnbaumsprössling sprosst heraus.

Und die Jahre gehen wohl auf und ab,
Längst wölbt sich ein Birnbaum über dem Grab,
Und in der goldnen Herbsteszeit
Leuchtet's wieder weit und breit.
Und kommt ein Jung' übern Kirchhof her,
So flüstert's im Baume: „Wiste 'ne Beer?"
Und kommt ein Mädel, so flüstert's: „Lütt Dirn,
Kumm man röwer, ick gew' di 'ne Birn."
So spendet Segen noch immer die Hand
Des von Ribbeck auf Ribbeck im Havelland.

Eine Ballade als Rap inszenieren

1 ***Klären Sie zunächst folgende Begriffe und Textpassagen:***
Havelland, wenn's Mittag vom Turme scholl (Z. 5), Pantinen (Z. 7), lobesam (Z. 11), Büdner (Z. 19), das stille Haus (Z. 31)

2 ***Klären Sie den Inhalt der Ballade.***
a) Finden Sie zu jeder Strophe eine Überschrift, die das Geschehen verdeutlicht.
b) Geben Sie die Geschichte in eigenen Worten wieder.
c) Welche Textstellen charakterisieren Herrn von Ribbeck als liebenswerten Menschen?
d) Herr von Ribbeck erweist sich als guter Menschenkenner. Wie zeigt sich das in seinem Verhalten gegenüber seinem Sohn und den Kindern?

3 ***Tragen Sie diese Ballade nun einmal anders vor: Verbinden Sie Lyrik mit zeitgenössischer Musik und sprechen Sie die Ballade als Rap.***
a) Teilen Sie sich dazu in Gruppen ein.
b) Sprechen Sie die Ballade in einem stark betonten einheitlichen Rhythmus, wie bei einem Rap.
c) Probieren Sie Ihren Vortrag mit wechselnden Sprechern. Versuchen Sie auch im Chor zu sprechen.
d) Begleiten Sie Ihren Sprechgesang mit Rhythmuselementen (z. B. klopfen mit Stiften, schnipsen, schnalzen, klatschen, stampfen ...).
e) Veranstalten Sie einen Rap-Wettstreit in Ihrer Klasse. Ein Moderator stellt dabei die Gruppen vor.

4 ***Suchen Sie andere Balladen und Gedichte und sprechen Sie diese als Rap, z. B.:***
- Goethe: „Der Erlkönig"
- Goethe: „Der Zauberlehrling"
- Schiller: „Der Handschuh" (Kapitel 5, S. 69)
- Wilhelm Busch: „Der Einsame" (Kapitel 5, S. 68)

Basiswissen – Literarische Texte unterscheiden

Literarische Texte werden in drei große Grundformen unterteilt: die literarischen Gattungen Dramatik, Epik und Lyrik. Unter jede Textgattung fasst man verschiedene Textsorten:

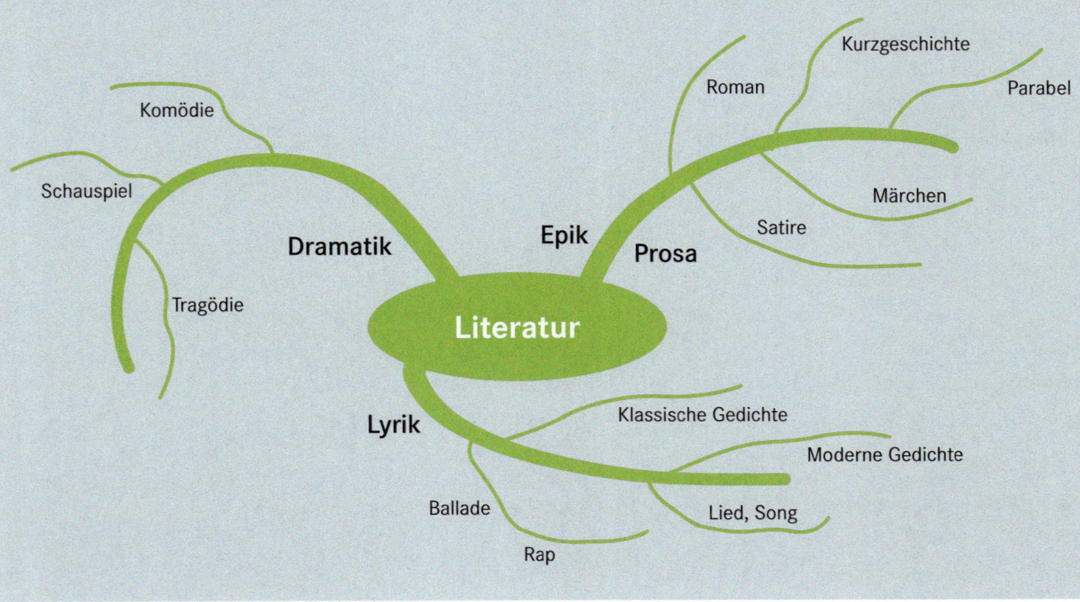

Sprachbilder entschlüsseln

Vergleiche und Metaphern in der Literatur

Schön wie ..., dumm wie ..., er ist ein ... Sprachbilder sind in unserer Alltagssprache oft zu finden. Sie dienen der Veranschaulichung einer sprachlichen Äußerung. In der Literatur finden wir besonders häufig in Gedichten, aber auch in epischen Texten Vergleiche, Metaphern und Personifikationen. Um das Mitgeteilte genau zu verstehen, müssen wir die Sprachbilder entschlüsseln. Das Entschlüsseln und Deuten von Sprachbildern ist ein zentraler Aspekt der Textinterpretation.

Antonio Skármeta: Mit brennender Geduld

Der Romanausschnitt beginnt damit, dass der chilenische Dichter Pablo Neruda keine Zeit für den Briefträger Mario hat. Mario gelingt es dennoch, den Dichter in ein Gespräch zu verwickeln – über Metaphern.

Neruda machte sich über seine Geldbörse her und entnahm ihr einen Schein der Kategorie „mehr als üblich“. Weniger über den Betrag als über die plötzliche Entlassung betrübt, sagte der Briefträger „danke“, und seine Traurigkeit ließ ihn so stocksteif stehen bleiben, dass es schon besorgniserregend wirkte. Den Dichter, der wieder ins Haus gehen wollte, ließ solch auffällige Beharrlichkeit nicht ungerührt.

„Was ist los mit dir?“ […] „Du stehst da wie ein Laternenpfahl.“ Mario wandte den Kopf und suchte von unten die Augen des Dichters.

„Eingerammt wie eine Lanze?“

„Nein, still wie ein Turm auf dem Schachbrett.“

„Noch unbeweglicher als eine Katze aus Porzellan?“ Neruda nahm die Hand vom Türgriff und strich sich über das Kinn.

„Mario Jiménez, neben den *Elementaren Oden* habe ich noch sehr viele bessere Bücher. Es ist nicht recht von dir, mich mit allen möglichen Vergleichen und Metaphern hinzuhalten.“

„Mit was, Don Pablo?“

„Metaphern, Mann.“

„Was ist das?“ Der Dichter legte dem Jungen eine Hand auf die Schulter.

„Um es dir ungefähr klarzumachen: Es ist eine Art, etwas auszudrücken, indem man es mit etwas anderem vergleicht.“

„Zum Beispiel?“ Neruda sah seufzend auf seine Uhr.

„Also gut, wenn du sagst ‚der Himmel weint', was willst du damit sagen?“

„Ist doch klar! Dass es regnet, natürlich.“

„Na also, das ist eine Metapher.“

„Und warum hat eine so einfache Sache einen so komplizierten Namen?“

„Weil die Namen nichts mit der Einfachheit oder Kompliziertheit einer Sache zu tun haben. Nach dieser Theorie dürfte ein kleines Ding, das fliegt, nicht so einen langen Namen wie Schmetterling haben. Denk nur mal, dass Elefant viel weniger Buchstaben hat, aber ein viel größeres Tier ist und nicht fliegt“, sagte Neruda erschöpft. Und mit einer letzten Willensanstrengung wies er Mario höflich, aber bestimmt den Weg zur Bucht. Doch der Briefträger fand noch Zeit zu bemerken: „Verdammt, ich würde furchtbar gern Dichter sein.“

1 *Formulieren Sie in eigenen Worten, wie Pablo Neruda erklärt, was eine Metapher ist.*

Vergleiche und Metaphern in der Literatur

2 ***Schreiben Sie aus dem Text die Vergleiche und Metaphern heraus und formulieren Sie eine entsprechende „Übersetzung". Arbeiten Sie mit einer Tabelle.***

Vergleich/Metapher	Information/Bild
stocksteif (Z. 3)	sehr gerade und unbeweglich dastehen ...

3 ***Falsche, unpassende Vergleiche und Metaphern können zu Irrtümern führen.***

a) Notieren Sie, welche Wirkung die folgenden Sätze auf Sie haben.
Gehen Sie davon aus, dass Sie die Person gerade erst kennen lernen.

- Ich muss dir gestehen, dass ich dich attraktiv wie einen Sahnepudding finde.
- Wenn ich dich sehe, ist mir, als ob in meinem Magen Milch zu Quark gerinnt.
- Wir ergänzen uns wie das Kompott den Pfannkuchen.
- Gern würde ich dich vernaschen, meine Zuckerpuppe.

b) Ersetzen Sie die unpassenden Vergleiche und Metaphern durch angemessene.

4 ***Aussagen werden durch Sprachbilder anschaulicher.***

a) Ergänzen Sie die folgenden Aussagen durch Vergleiche und Metaphern.
Beispiel: *Ich habe Kopfschmerzen. – Ich spüre einen ständigen stechenden Schmerz, der sich in mein Gehirn zu bohren scheint.*

- Im Urlaub regnete es die ganze Zeit sehr stark.
- Der Motor meines Autos macht ein seltsames Geräusch.
- Es ist heiß gewesen.
- Er ist zu schnell gefahren.

b) Vergleichen Sie die Sätze (mit und ohne Sprachbilder) mit Blick auf ihre Wirkung.

5 ***Schreiben Sie eine kurze Erzählung über eine Situation oder Begebenheit aus Ihrem Leben, die Ihnen besonders wichtig erscheint. Verwenden Sie möglichst viele Metaphern und Vergleiche. Stellen Sie Ihre Erzählung der Klasse vor.***

Basiswissen — **Sprachbilder**

Der **Vergleich** verknüpft zwei Bedeutungsbereiche und hebt das Gemeinsame hervor.
Beispiel: *Sie singt wie eine Nachtigall.*

Die **Metapher** ist ein verkürzter Vergleich ohne das Wort *wie*. Sie ist eine sprachliche Verknüpfung zweier Bedeutungsbereiche, die gewöhnlich unverbunden sind. Es entsteht ein neues Bild.

Die **Personifikation** (Vermenschlichung) wird als Sprachbild immer dann verwendet, wenn Gegenstände, Tiere oder Pflanzen in Gestalt von Personen dargestellt werden, die handeln und sprechen können oder menschliche Eigenschaften besitzen.
Beispiel: *Der Vergleich hinkt, Mutter Natur ernährt uns, Vater Staat regelt alles, die Aktie fällt.*

Beispiel für eine Metapher: *Max ist ein Fuchs.*

Personifikation in der Literatur

Am 12. Juli 1788 begegnete Goethe mit fast 39 Jahren der 23-jährigen Christiane Vulpius. Nach 18 Jahren „wilder Ehe" heiratete er sie schließlich. In seinem Gedicht „Gefunden" nimmt Goethe auf die Begegnung mit Christiane Vulpius Bezug.

Johann Wolfgang Goethe: Gefunden

Ich ging im Walde
So für mich hin,
Und nichts zu suchen,
Das war mein Sinn.

Im Schatten sah ich
Ein Blümchen stehn,
Wie Sterne leuchtend,
Wie Äuglein schön.

Ich wollt' es brechen,
Da sagt' es fein:
Soll ich zum Welken
Gebrochen sein?

Ich grub's mit allen
Den Würzlein aus,
Zum Garten trug ich's
Am hübschen Haus.

Und pflanzt' es wieder
Am stillen Ort;
Nun zweigt es immer
Und blüht so fort.

1 ***Die Blume in Goethes Gedicht zeigt menschliche Eigenschaften. Deuten Sie die im Gedicht verwendete Personifikation.***

a) Deuten Sie die Wörter *brechen, welken, zweigen, fortblühen* in Bezug auf eine Pflanze.

b) Übertragen Sie die Bedeutung der Wörter (➪ Aufgabe a)) auf das Verhalten eines Menschen.

2 ***Diskutieren Sie, ob der Dichter mit der Personifikation eines Blümchens tatsächlich eine Person gemeint hat. Recherchieren Sie dazu auch im Internet zu Goethe und Christiane Vulpius.***

Inszenierungen untersuchen und gestalten

Einen Sketch gestalten

Loriot: Das Ei

ER: Berta!
SIE: Ja ...
ER: Das Ei ist hart!
SIE: *(schweigt)*
ER: Das Ei ist hart!!!
SIE: Ich habe es gehört ...
ER: Wie lange hat das Ei denn gekocht?
SIE: Zu viele Eier sind gar nicht gesund!
ER: Ich meine, wie lange dieses Ei gekocht hat ...?
SIE: Du willst es doch immer viereinhalb Minuten haben ...
ER: Das weiß ich ...
SIE: Was fragst du denn dann?
ER: Weil dieses Ei nicht viereinhalb Minuten gekocht haben kann!
SIE: Ich koche es aber jeden Morgen viereinhalb Minuten.
ER: Wieso ist es dann mal zu hart und mal zu weich?
SIE: Ich weiß es nicht ... ich bin kein Huhn!
ER: Ach! ... Und woher weißt du, wann das Ei gut ist?
SIE: Ich nehme es nach viereinhalb Minuten heraus, mein Gott!
ER: Nach der Uhr oder wie?
SIE: Nach Gefühl ... eine Hausfrau hat das im Gefühl ...
ER: Im Gefühl? Was hast du im Gefühl?
SIE: Ich habe es im Gefühl, wann das Ei weich ist ...
ER: Aber es ist hart ... vielleicht stimmt da mit deinem Gefühl was nicht ...
SIE: Mit meinem Gefühl stimmt was nicht? Ich stehe den ganzen Tag in der Küche, mache die Wäsche, bring deine Sachen in Ordnung, mache die Wohnung gemütlich, ärgere mich mit den Kindern rum und du sagst, mit meinem Gefühl stimmt was nicht?
ER: Jaja ... jaja ... jaja ... wenn ein Ei nach Gefühl kocht, kocht es eben nur zufällig genau viereinhalb Minuten.
SIE: Es kann dir doch ganz egal sein, ob das Ei zufällig viereinhalb Minuten kocht ... Hauptsache, es kocht viereinhalb Minuten!
ER: Ich hätte nur gern ein weiches Ei und nicht ein zufällig weiches Ei! Es ist mir egal, wie lange es kocht!
SIE: Aha! Das ist dir egal ... es ist dir also egal, ob ich viereinhalb Minuten in der Küche schufte!
ER: Nein – nein ...
SIE: Aber es ist nicht egal ... das Ei muß nämlich viereinhalb Minuten kochen ...
ER: Das habe ich doch gesagt ...
SIE: Aber eben hast du doch gesagt, es ist dir egal!
ER: Ich hätte nur gern ein weiches Ei ...
SIE: Gott, was sind Männer primitiv!
ER: *(düster vor sich hin)* Ich bringe sie um ... morgen bringe ich sie um! [R]

Tipp: Sammeln Sie in Arbeitsgruppen auch Vorschläge für das Bühnenbild, die Requisiten, die Kostüme.

1 *Proben Sie den Sketch zunächst in kleinen Gruppen und führen Sie ihn dann der Klasse vor.*

Theaterinszenierungen untersuchen

Dramatische Texte werden nicht nur geschrieben, um gelesen, sondern vor allem, um von Schauspielern im Theater aufgeführt zu werden. Bühnenbild und Kostüme sind dabei jedes Mal anders, denn auch Theaterinszenierungen sind immer dem Zeitgeschmack unterworfen.

Bild A

Ferdinand schwört Luise seine ewige Liebe.

Szene aus „Kabale und Liebe“ am Pfalztheater in Kaiserslautern

Bild B

Ferdinand schwört Luise seine ewige Liebe.

Szene aus „Kabale und Liebe“ am Anhaltischen Theater in Dessau

Die Hauptfiguren in dem bürgerlichen Trauerspiel „Kabale und Liebe“ von Friedrich Schiller sind Luise, die Tochter des Stadtmusikanten Miller, und Ferdinand, der Sohn des einflussreichen adligen Präsidenten von Walter. Ferdinand liebt Luise. Jedoch ist diese Verbindung über Standesgrenzen hinweg für beide Väter aus verschiedenen Gründen inakzeptabel. Ferdinands Vater ist gegen die Heirat seines Sohnes mit einer Bürgerlichen. Er hat den Plan, seinen Sohn mit Lady Milford, der Mätresse des Herzogs, zu verheiraten, um so seinen eigenen Einfluss bei Hofe zu vergrößern. Ferdinand hält jedoch an seiner Liebe zu Luise fest. Daraufhin initiiert sein Vater eine heimtückische Intrige: Luises Eltern werden unter dem Vorwand der „Majestätsbeleidigung“ verhaftet und Luise wird genötigt, einen fingierten Liebesbrief an einen Hofmarschall zu schreiben. Man droht ihr, die Eltern hinzurichten, wenn Sie sich weigere den Brief zu schreiben. Auch muss sie schwören, den Liebesbrief jederzeit als freiwillig geschrieben zu bezeichnen. Dieser Brief wird dann absichtlich Ferdinand zugespielt. In rasender Eifersucht und blind vor Wut vergiftet Ferdinand Luise und sich selbst. Sterbend ist Luise nun endlich von ihrem Schwur befreit und vergibt Ferdinand.

Tipp

Eine Szene aus dem Trauerspiel „Kabale und Liebe“ finden Sie auf den Seiten 138, 139.

Theaterinszenierungen untersuchen

1 ***Beschreiben Sie die Szenenbilder.***

a) Was sehen Sie auf den beiden Fotos? Beschreiben Sie die Kostüme, Bühnenbilder und Requisiten und stellen Sie Unterschiede fest.

b) Welche Wirkung haben die beiden Szenenbilder auf Sie? Begründen Sie Ihre Aussage.

c) Welche Absicht könnte ein Regisseur damit verfolgen, wenn er die Schauspieler in den Kostümen der Gegenwart oder der Vergangenheit auftreten lässt?

d) Welche unterschiedlichen Erwartungen haben Sie an die beiden Inszenierungen?

2 ***Übertragen Sie die Kernaussage des Dramas „Kabale und Liebe" auf die heutige Zeit und verfassen Sie in kleinen Gruppen selbst eine kurze Theaterhandlung.***

a) Erfinden Sie zeitgemäße Namen und Berufe für die handelnden Figuren.

b) Beschreiben Sie das Aussehen der Personen.

c) Finden Sie Gründe dafür, weshalb heutige Väter die Freundin der eigenen Söhne nicht akzeptieren wollen.

d) Notieren Sie in Stichworten eine kurze Handlung mit einem solchen Liebeskonflikt.

e) Überlegen Sie sich, wie der Konflikt in der heutigen Zeit ausgehen könnte.

f) Stellen Sie sich Ihre Gruppenergebnisse gegenseitig vor.

3 ***Formulieren Sie eine Szene Ihres Dramas aus Aufgabe 2 aus und spielen Sie sie. Dazu sollten Sie sich über die Art der Inszenierung (Bühne, Kostüme, Requisiten) im Klaren sein.***

4 ***Sammeln Sie Informationen über den Theaterbetrieb, denn am Theater arbeiten Menschen in den verschiedensten Berufen. Was machen z. B. Souffleuse, Intendant, Dramaturg, Maskenbildner, Requisiteur? Kennen Sie weitere Berufe am Theater?***

Basiswissen – **Theaterinszenierungen**

Wenn ein Drama (= Theaterstück) auf der Bühne vor Publikum aufgeführt werden soll, müssen viele Entscheidungen zur Inszenierung der Handlung (inszenieren = in Szene setzen) getroffen werden. Ein Drama kann z. B. modern oder klassisch inszeniert werden. Diese Entscheidungen übernimmt hauptverantwortlich ein Regisseur, der die Regie (= Spielanweisung) des Stücks hat und Regieanweisungen gibt.

Zu seinen Aufgaben gehört die Auswahl der Schauspieler. Der Regisseur ist auch derjenige, der einem Schauspieler sagt, wie er die Person darstellen soll (Mimik, Gestik, Haltung, Sprechweise). Außerdem entscheidet er mit bei Kostümen, Bühnenbild, Requisiten (Gegenständen), Beleuchtung und Technik (Geräusche, Film, Musik ...).

5 ***Literarische Texte können auch als Film inszeniert werden. Finden Sie Unterschiede zwischen Theater und Film und stellen Sie diese in einer Tabelle dar.***

Film	Theater
aufgezeichnet	live
beliebig oft wiederholbar	...
...	bei Pannen muss improvisiert werden
...	...

6 ***Begründen Sie, weshalb Sie lieber ins Kino als ins Theater gehen (oder umgekehrt).***

Einen Dialog wirkungsvoll vortragen

Otto Waalkes: Die mündliche Führerscheinprüfung

Sie wollen Ihren Führerschein machen. Ich hätte da noch eine Frage an Sie.

O, eine Frage! Fragt nur zu, denn nur wer fragt, dem wird auf dieser Erden …

Also. Sie kommen an eine Kreuzung zweier gleichberechtigter Straßen. Von rechts kommt ein Auto. Wer hat die Vorfahrt?

Da kommt ein Auto, sagten Sie? Eins jener Fortbewegungsmittel, die, wie von Geisterhand beflügelt, den Menschen hierhin bald, bald dorthin tragen?

Wer hat die Vorfahrt?

Wer Vorfahrt hat? Welch wunderliche Frage! Weiß ich doch gar nicht, wer in jenem Auto sitzt. Ist es ein Jüngling, auf dem Weg zur Liebsten, den Amors Flammenspiel zur Eile trieb? Dem ließe ich die Vorfahrt gern. Und auch dem Greis, der einmal noch im Leben der Greisin weißes Haar – denn weiß wird´s, unser Haar, das in der Jugend in mannigfacher Farbgestalt sich zeigt, in Blond, in Braun, ja selbst in Schwarz …

Herr Block! Beantworten Sie meine Frage! Da ist eine Kreuzung …

Sieh an! So zieht der Ritter Schar nun wieder fort, der Christen Botschaft kämpfend in die Welt zu tragen? Ein Kreuzzug? Bin auch ich berufen?

Nein! Kreuzung! Zwei Straßen treffen aufeinander …

Zwei Straßen. Sie treffen aufeinander. O kniet mit mir, dies seltne Glück zu preisen! Denn da, wo man sich trifft, ist auch Begegnung, ist Leben, ist Musik, sind schöne Frauen …

Herr Block, es reicht! Rechts oder links?

Rechts oder links! Welch große Frage! Vor ihr stand Beckenbauer einst, als er – von Rummenigge angespielt – sich frug, wohin des Leders rund er flanken sollte. Nach links? Auf Müllers schussgewalt´gen Fuß? Nach rechts? Wo schon das Lockenhaupt des Uli Hoeneß nach dem Ball sich reckte?

Herr Block, zum letzten Male! Welcher Wagen hat die Vorfahrt?

Welch Wagen! Wie müßig, nutzlos und dem Augenblick verhaftet solch Frag´ mir dünkt. Denn wie der Wagen selber, der, eben noch in bunt lackiertem Bleche, schon morgen rostend auf der Halde ruht, so auch der Mensch! So Sie! So ich! Dann hat´s ein Ende mit der Fragerei nach Vorfahrt, Vorfahrt! Vorfahrt!

Herr Block, Sie sagen es. Ich habe keine Fragen mehr an Sie.

Nein? Keine mehr? Welch frohe Botschaft!

Sie sind durchgefallen.

O! Durchgefallen? Schrecklich Wort. Wie sage ich´s dem Vater? Wie der Mutter? Wie der Geschwister siebenköpf´ger Schar?

Raus!

Arschloch!

1 ***Spielen Sie den Text mit verteilten Rollen. Notieren Sie dazu in einer Kopie des Textes:***
- welche Wörter oder Silben Sie betonen wollen,
- Ihre Regieanweisungen zur Art des Vortrags (z. B. laut, fragend, empört, belustigt …),
- welche Requisiten Sie verwenden wollen und an welchen Stellen,
- wie sie Ihre Körpersprache einsetzen wollen.

Sprachbilder deuten

Der folgende Text enthält alle drei Sprachbilder: den Vergleich, die Metapher und die Personifikation. Ihre Deutung dient dem Textverständnis.

Fettes Brot: Definition von „Fett"

Du fragst: „Fettes Brot, was'n das für'n Name?"
Hört sich an wie irgendeine dumme Brotreklame.
Doch weit gefehlt, die Frage, die dich quält,
Wird beantwortet und König Boris erzählt:
Fett zu sein bedarf es wenig, und wer fett ist,
Hört den König.
Fett ist alles, was dich anmacht,
Fett ist auch die Sonne, die dich samstagmorgens anlacht.
Fett ist deine Lieblingsplatte und fett war auch der Spaß,
Den ich auf der Party hatte. Wenn du auf der Tanzfläche stehst
Und den Lautstärkeregler etwas höher drehst,
Weißt du sofort, warum wir Fettes Brot heißen,
Denn unser fetter Sound wird dir die Ohren wegreißen.
Fettes Brot ist fett, denn fettes Brot macht Spaß.
Fett ist unser Rhythmus und fett ist auch der Bass.
Fett, das heißt nicht matschig und glitschig;
Mit fett mein ich cool, geil, bombastisch und witzig.
Du fragst dich, wie wir so fette Lieder backen?
Na, weil wir in unsere Lieder nur fette Sachen packen.
Doch mit diesen Worten über Fett will ich dich nicht bekehrn,
Ich will dir nur den Sinn von Fettes Brot erklärn.
Sind die Reime das Feuer, ist Fettes Brot das Brikett,
Das ist die Definition von Fett.
[…]
Pass auf, ich gehe jetzt ins Detail,
Denn fett zu sein als Style, sag „fett" und nicht „geil".
Wenn du fett bist, kannst du auch über dich selbst lachen,
Trittst immer ins Fettnäpfchen; machst ständig pralle Sachen.
[…]
O, là, là, „fête" bedeutet auf Französisch „Party".
Spart nie an „Party", denn Feiern bewahrt die Gemütlichkeit.
Gemütlichkeit ist äußerst fett, wenn ihr betrübt seid,
Zusamm' ein' saufen, bis nichts übrig bleibt.
Vergnüg' dich halt, mach dich frei von allen Ketten,
Denn nach sieben dünnen Jahren, da komm' die sieben fetten,
Wetten sind meine Reime, Fettes Brot ist mein TED,
Das ist die Definition von Fett.

Im Mittelpunkt des Liedtextes steht das Wort „fett“. Viele Bilder, die einem zu dem Wort einfallen, werden assoziativ (durch die Verknüpfung unserer Vorstellungen) aneinandergereiht.

1 *Notieren Sie alle Assoziationen zum Begriff „Fett“, die in dem Liedtext genannt werden.*

Wort	**Assoziation (Bild)**
FETT	• alles, was dich anmacht (Z. 7) • cool

2 *Erstellen Sie in Gruppenarbeit eine Collage zu je einem ausgewählten Begriff. Präsentieren Sie diese in der Klasse.*

3 *Formulieren Sie Ihre Meinung zur Aussage des Liedtextes. Gehen Sie so vor:*

a) Nehmen Sie an, Sie sollen Ihre Meinung über den Aussagewert des Songs in einer Internetbefragung abgeben.

b) Tauschen Sie sich mit Ihren Mitschülern aus. Verfahren Sie zum Beispiel nach der Methode „Kugellager“ (➪ Kapitel 22, S. 286).

c) Formulieren Sie Ihre Meinung zur Aussage des Songs.

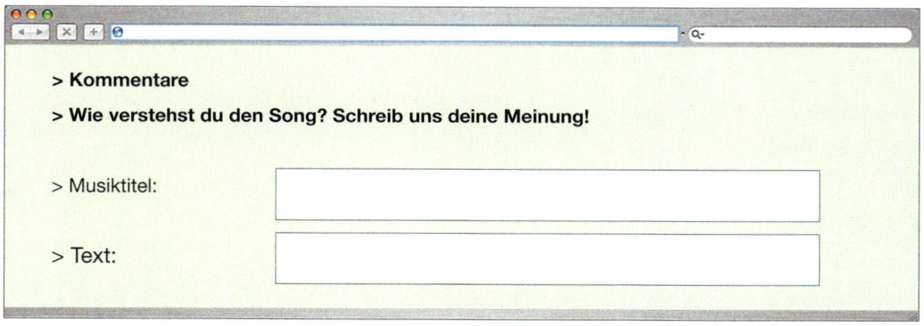

Fazit

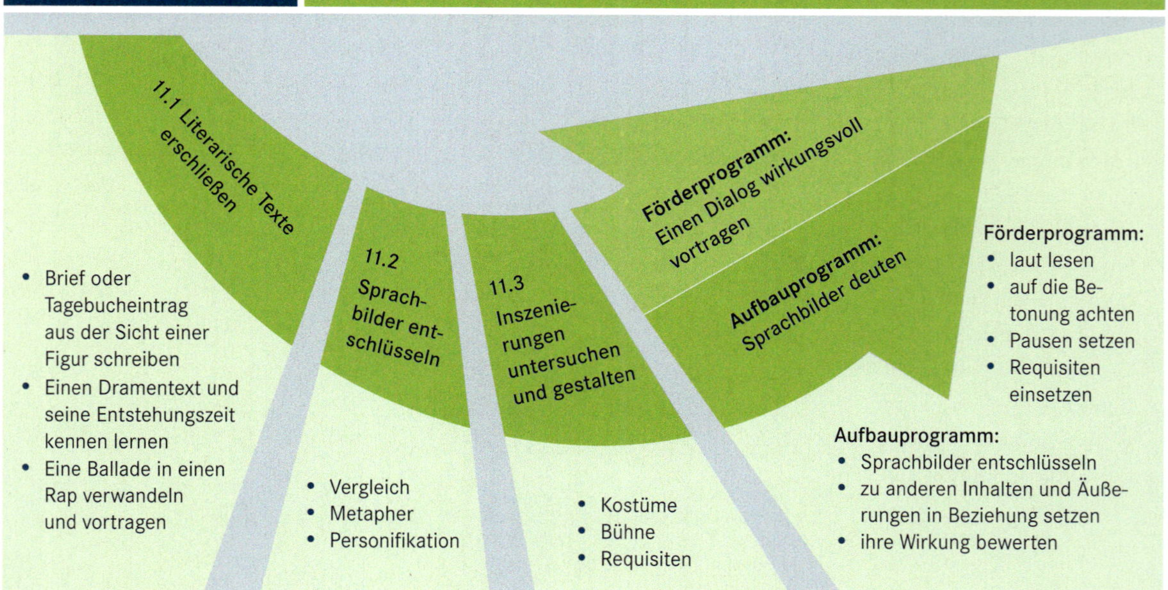

Kapitel 12

Sprache im Wandel

12.1 Veränderungen der Sprache bewerten

Förderprogramm: Simsen – eine eigene Sprache erfinden

Aufbauprogramm: Sprache als Kunst

Es „mehrt sich neuerdings in bedenklicher Weise die Zahl der aus dem Englischen stammenden entbehrlichen Fremdwörter“, klagte der Berliner Schulmeister Hermann Dunger anno 1899 und bescheinigte seinen Landsleuten „Überschätzung des Fremden, Mangel an Selbstgefühl, Missachtung der eigenen Sprache“. Diese Aussage gilt heute mehr denn je, wenn man den Sprachgebrauch der Gegenwart genauer betrachtet. In diesem Kapitel bekommen Sie einen Einblick in den Sprachwandel im Beruf und im öffentlichen Leben. Daran schließt sich ein kritischer Blick auf die moderne SMS-Welt an. Ein Beispiel dafür, dass „Deutsch-Englisch“ auch Stilmittel sein kann, schließt das Kapitel ab.

Was ich aus anderen Kapiteln weiß

- ✔ Kommunikation ist mehr als Sprechen (Kapitel 1).
- ✔ Der Empfänger einer Nachricht muss diese erst entschlüsseln und das Gemeinte im Gesagten erkennen (Kapitel 1, 7).
- ✔ Die 5-Schritt-Lesetechnik hilft, Texte leichter zu verstehen (Kapitel 4).
- ✔ Sprache verändert sich je nach Funktion und Empfänger der Nachricht (Kapitel 6).

Veränderungen der Sprache bewerten

Sprache in Beruf und Alltag untersuchen

1 *Untersuchen Sie das Hinweisschild rechts.*

a) Umschreiben Sie die Begriffe „DB-Lounge“ und „Service-Center“ mit eigenen Worten.

b) Finden Sie treffende deutsche Begriffe.

c) Diskutieren Sie, aus welchen Gründen sich die Deutsche Bahn wohl des Englischen bedient?

2 *Schauen Sie sich die beiden Beispiele unten und die Abbildung auf der Auftaktseite (S. 151) an; bearbeiten Sie folgende Aufgaben:*

a) Wie wirkt der Gebrauch der Fremdwörter in den drei Beispielen auf Sie?

b) Ersetzen Sie jeweils die Fremdwörter durch deutsche Begriffe.

c) Vergleichen Sie die Formulierungen mit und ohne Fremdwörter. Was stellen Sie fest?

d) Bewerten Sie die Beispiele aus Ihrer persönlichen Sicht.

3 *Suchen Sie mindestens drei Beispiele für englische Fremdwörter aus Ihrem Berufsbereich.*

a) Ersetzen Sie die Begriffe durch treffende deutsche Ausdrücke.

b) Weshalb gebrauchen Sie bevorzugt diese Fremdwörter, anstatt sie in der deutschen Übersetzung zu benutzen? Begründen Sie!

4 *Der Auszubildende sagt zu seinem Ausbilder: „Hallo Chef, ich habe für unser Meeting heute Nachmittag ein cooles Handout vorbereitet.“*

a) Umschreiben Sie diese Formulierung mit eigenen Worten, ohne englische Begriffe zu gebrauchen.

b) Welche Wirkung könnte sich der Mitarbeiter vom Gebrauch der Fremdwörter erhoffen?

c) Versetzen Sie sich in die Rolle des Chefs: Unter welchen Bedingungen hat das Gesagte des Mitarbeiters (Sender) die erhoffte Wirkung beim Chef (Empfänger)? (Kapitel 1, S. 14 – 16)

5 *„Handout von Karl Moosvogel“ – Weshalb wirkt dieser Text in gewisser Weise lustig und lenkt deutlich von der Sache ab?*

Sprachwandel geschichtlich betrachtet

Seit es die deutsche Sprache gibt, wird sie durch Wörter aus anderen Sprachen bereichert oder überfremdet, je nach Sicht des Betrachters. Die Befürworter der Aufnahme von Fremdwörtern argumentieren damit, dass die Sprache etwas Lebendiges sei und sie durch die Benutzer stets verändert werde, zum Beispiel durch die sich schnell wandelnde Sprache der Jugendlichen.

1 *Suchen Sie zu den folgenden eingedeutschten Fremdwörtern die deutschen Begriffe. Im Zweifelsfall helfen Fremdwörterlexikon oder Internet weiter.*
- aus dem 17. Jahrhundert: Bibliothek, Adresse, Fundament
- aus dem 18. Jahrhundert: faktisch, antik, Debatte, Appetit

Michael Klonovsky / Martin Scherer: Englischflut

Erstens: Seinerzeit blieb der Fremdsprachengebrauch vorwiegend auf die Oberschicht beschränkt, und nur einzelne Wörter flossen von den oberen sozialen Niveaus nach unten, das heißt, die Aneignung erfolgte durch die besseren Sprecher. Heute kommen die englischen Wörter gewissermaßen von allen Seiten, aus der Werbung, den Medien, der Popwelt, der Jugendsprache, der Unternehmenskommunikation und so fort. Zweitens: Dieser Zustrom wird einstweilen nicht enden, weil fast alle neuen Techniken und Trends im angelsächsischen Sprachraum entstehen. [...]

Seit Jahren plädieren Linguisten wie der Münchner Professor Konrad Ehlich für eine „substanzielle Zweisprachigkeit". Das bedeutet, beide Sprachen zu beherrschen, aber jede für sich zu sprechen – je nach Anlass und mit etwas mehr Selbstbewusstsein.

(gekürzt aus: FOCUS 11/2005, S. 64, 66)

2 *Analysieren Sie den Text.*

a) Welche Erklärungen haben die Autoren für die Tatsache, dass immer mehr Begriffe aus dem Englischen in den deutschen Sprachraum einziehen?

b) Teilen Sie ihre Einschätzungen? Begründen Sie Ihre Meinung mit Beispielen Ihres persönlichen Umfeldes.

c) Der Text behauptet, dass in vergangenen Zeiten Fremdwörter anders als heute in die deutsche Sprache Eingang gefunden haben. Wie geschah das? Finden Sie mindestens ein Beispiel für diese Behauptung.

d) Formulieren Sie den Tipp für die Zukunft des Sprachgebrauchs am Ende des Textes mit eigenen Worten.

e) Wie beurteilen Sie dieses Plädoyer? Begründen Sie Ihre Meinung.

Basiswissen **Sprachwandel**

Sprachwandel im Deutschen findet in nahezu allen Bereichen des öffentlichen Lebens und in fast allen Berufsfeldern statt. Englisch als unumstrittene Weltsprache prägt Trends, technische Entwicklungen und beeinflusst daher auch das Deutsche in besonderem Maße. Trotzdem gilt es zu unterscheiden zwischen:

1. logischen, sinnvollen Fremdwörtern, deren Gebrauch auf einen sicheren Sprecher hinweist und nicht selten zu gesellschaftlicher Anerkennung verhilft,
2. oberflächlichen, aufgesetzten Fremdwörtern, deren Gebrauch zu einem Ansehensverlust führen könnte und Ausdruck sprachlicher Hilflosigkeit ist.

3 *Suchen Sie Beispiele für die beiden im Basiswissen genannten Fälle des Fremdwortgebrauchs.*

Simsen – eine eigene Sprache erfinden

Selbst Experten sind sich nicht einig, wenn es um die Zahl der SMS (short message service = Kurznachricht) geht, die jährlich im deutschen Mobilfunknetz ausgetauscht werden. Es dürften mittlerweile mehr als 30 Milliarden sein, d. h. durchschnittlich etwa 450 je Handynutzer. Das „Simsen" gehört mittlerweile zum deutschen Sprachgebrauch.

1 ***Übersetzen Sie die nebenstehende Kurznachricht schriftlich.***

a) Vergleichen Sie Ihre Lösung mit derjenigen Ihres Nachbarn/Ihrer Nachbarin.

b) Zählen Sie die verwendeten Zeichen (einschl. Leerzeichen) der SMS und Ihrer Übersetzung und vergleichen Sie.

c) Diskutieren Sie Vor- und Nachteile der neuen SMS-Kultur aus Ihrer Sicht.

2 ***Die folgenden SMS-Abkürzungen stammen von einer Internet-SMS-Plattform. Schreiben Sie diese vollständig aus.***

- CU
- CUL8r
- HEGL
- HDL
- KGW
- LAMAWI
- SMS
- TABU

3 ***Schreiben Sie eine SMS in eigener SMS-Sprache, sofern Ihre Lehrkraft es erlaubt (Handyverbot!).***

a) Erfinden Sie eigene Abkürzungen zu einem gewählten Thema, etwa dem heutigen Schultag.

b) Schreiben Sie damit eine SMS und versenden Sie sie an einen Mitschüler oder eine Mitschülerin.

c) Versuchen Sie die SMS der anderen zu entschlüsseln.

4 ***Überlegen Sie sich eine einfache berufsbezogene Mitteilung, die Sie einem Arbeitskollegen per SMS zuleiten könnten.***

a) Halten Sie Ihre Nachricht in ausführlicher deutscher Sprache schriftlich fest. Achten Sie auf korrekte Rechtschreibung und Zeichensetzung.

b) Übersetzen Sie die Nachricht in eine SMS-Sprache.

c) Tauschen Sie Ihre SMS mit der Ihres Nachbarn oder Ihrer Nachbarin und übersetzen Sie diese.

d) Diskutieren Sie Ihre Ergebnisse. Vergleichen Sie auch mit privaten SMS.

5 ***Beschreiben Sie je eine Situation in Freizeit und Beruf, in der „Simsen" besser vermieden werden sollte. Begründen Sie Ihre Entscheidung.***

Ein deutscher Verlag hat in der Vergangenheit einen Wettbewerb mit dem Titel „SMS-Wettbewerb: Literatur in 160 Zeichen" ausgeschrieben, und zwar in den Kategorien „Liebe", „Spaß" und „Literatur". In der Kategorie „Spaß" gewann Heinz Bornemann aus Hamburg mit nebenstehender SMS.

6 ***Bilden Sie Gruppen und gestalten Sie in der Klasse einen SMS-Wettbewerb.***

a) Entscheiden Sie sich in Ihrer Gruppe für eine der oben genannten Sparten und formulieren Sie eine SMS.

b) Machen Sie Ihren Vorschlag der Klasse zugänglich, indem Sie sich entweder alle SMS gegenseitig zuschicken oder die Wettbewerbsbeiträge groß auf ein Blatt Papier zum Aufhängen notieren.

c) Wählen Sie die beste SMS zum Wettbewerbssieger.

Sprache als Kunst

„Die Prinzen" sind eine aus Leipzig stammende deutsche Musikgruppe. Ihre bekanntesten Songs sind „(Du musst ein) Schwein sein", „Küssen verboten", „Alles nur geklaut" und „Deutschland".

Die Mitglieder erhielten ihre Gesangsausbildung beim Thomanerchor und dem Dresdner Kreuzchor. 1987 begannen sie ihre Karriere als „Die Herzbuben" in der DDR. Wegen einer Verwechslung mit den „Wildecker Herzbuben" benannten sie sich 1991 in „Die Prinzen" um. Gleich darauf hatten sie ihren Durchbruch mit ihrem ersten Hit „Gabi und Klaus". Im selben Jahr brachten sie ihr erstes Album „Das Leben ist grausam" heraus und gingen mit

Udo Lindenberg auf Tournee. Die Prinzen erhielten 14 Goldene Schallplatten und sechs Platinauszeichnungen.

(gekürzt aus: http://de.wikipedia.org/wiki/Die_Prinzen, Stand 26.11.09)

Die Prinzen: Be cool, speak Deutsch

1, 2, 3

ich wollte mit der Bahn ganz spontan in Urlaub fahr'n und der Typ sagt:
stell'n sie sich mit der Bahncard am Ticketcounter an
woll'n sie Intercity, Rail Mail oder Metropolitan
oh ja, aber was is' das denn?
damit fahren sie stressfree zu ihrem Meeting im First Class Businesszug
danach chillen sie in der Lounge … oh das klingt ja gut
und gibts an Bord auch einen Wurstwagen mein Freund?
ne aber'n „Service Point"
da kriegen sie'n Snack Pack for Wellness

be cool, speak Deutsch
can you speak ein bisschen Deutsch with me
be cool, speak Deutsch with me
maybe then vielleicht versteh ich Sie

guten Tag ich such'n Kleinwagen oder sowas in der Art
da haben wir grad'n Special den Roadstar hier von Smart
mit allen Accessoires Soft-Touch, Runner Tools und Hardtop
ich hatte eigentlich mehr rot im Kopp
ja die gibt's in Blue, Stream Green, Scratch Black und Nimmeric
und auch die Body Panels vorm Showroom die sind schick
ja das mag sein, doch das ist nicht, wofür ich mich interessier'
ich glaub, ich nehm' den Käfer hier
sie meinen den Beetle …

be cool, speak Deutsch …

(Auszug, © Peermusic (Germany) GmbH, Hamburg)

1 ***Lesen Sie den Songtext auf der vorherigen Seite konzentriert durch.***

a) Wie wirkt der Text auf Sie?

b) Welche stilistischen Besonderheiten zeichnen diesen Text aus?

c) Welche Gründe mögen „Die Prinzen“ dazu bewogen haben, diesen Liedtext zu verfassen? Stellen Sie Vermutungen an.

2 ***Ersetzen Sie sämtliche englischen Ausdrücke durch treffende Begriffe aus der deutschen Sprache. Im Zweifelsfall helfen ein Englisch-Wörterbuch oder das Internet weiter.***

3 ***Vergleichen Sie Ihre eingedeutschte Version aus Aufgabe 2 mit dem Originaltext der Musikgruppe. Beurteilen Sie beide aus Sicht des Senders (einer Musikgruppe) und aus Sicht des Empfängers (des Hörers oder Lesers).***

Hi Alter,
war gestern phat down. Bin wieder Single. Shit happens!
Mike hat mich bei der Lady, die ich gestern bei der Sneak Preview gedated habe, derb geblamed. War nicht so der Burner! Ich bike jetzt erst mal in die City und geh shoppen. Wollte mir noch neue Sneakers, ne Baggy und ein paar Basics kaufen.
Bin doch ein fashion victim ...

4 ***Vergleichen Sie den obigen E-Mail-Text mit dem Songtext der „Prinzen“.***

a) Wie wirkt der Text auf Sie?

b) Ersetzen Sie die Fremdwörter durch treffende deutsche Wörter.

c) Worin unterscheidet sich dieser Text vom Liedtext „Be cool ...“?

Fazit

- Fremdwörter durch deutsche Begriffe ersetzen
- die Wirkung von Fremdwörtern reflektieren
- den Gebrauch von Fremdwörtern bewerten
- die historische Dimension des Sprachwandels erkennen

Förderprogramm:
- eine eigene SMS-Sprache verwenden
- Grenzen des „Simsens“ in Beruf und Alltag erkennen
- Kurznachrichten als Kunstprodukte anfertigen

Aufbauprogramm:
- stilistische Besonderheiten erkennen
- Kunst- und Umgangssprache unterscheiden

Kapitel 13

Situationsbezogen sprechen und präsentieren

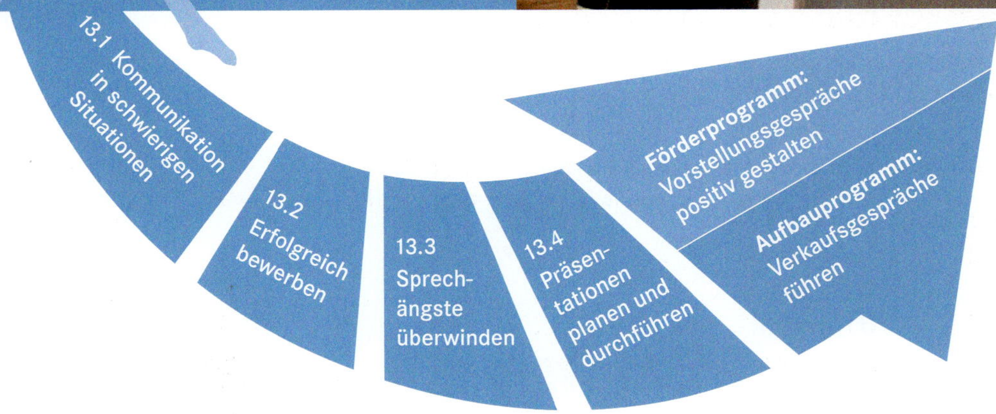

Immer öfter wird von Ihnen verlangt, vor einem Publikum zu sprechen. Das fällt nicht allen leicht.

Sie reagieren auf solche Situationen mit roten Wangen und feuchten Händen? Lesen Sie in diesem Kapitel nach, wie Sie Ihre Sprechangst besser in den Griff bekommen. Außerdem erarbeiten Sie sich in diesem Kapitel die Feinstruktur eines längeren Vortrags und vertiefen Ihre Präsentationstechnik.

Mit einem Bewertungsbogen können Sie systematisch über Präsentationen reflektieren, was nicht nur bei der Nachbereitung, sondern auch bei der Vorbereitung hilfreich ist. Zusätzlich üben Sie Ihr Verhalten in schwierigen Gesprächssituationen, wie z. B. in einem Bewerbungsgespräch oder einem Kritikgespräch.

Was ich aus anderen Kapiteln weiß

- ✔ Beim Sprechen und Zuhören sollten gewisse Regeln eingehalten werden (➪ Kapitel 1).
- ✔ Botschaften werden auf verschiedenen Ebenen gesendet und empfangen (➪ Kapitel 1, 7).
- ✔ Gute Vorträge haben einen Ohröffner, einen roten Faden und einen effektvollen Schlusssatz (➪ Kapitel 7).
- ✔ Will man andere überzeugen, dann sollte man begründet seine Meinung äußern (➪ Kapitel 7).

Kommunikation in schwierigen Situationen

Kritik verstehen

Es gibt Gesprächssituationen, die in Verstimmung oder sogar in einen Konflikt münden.

HÄGAR der Schreckliche von Dik Browne

1 ***Untersuchen Sie den Comic mit Hilfe der folgenden Arbeitsaufträge:***

a) Helga teilt sich indirekt mit. Was sagt sie und was meint sie?

b) Welche körpersprachlichen Signale Helgas könnten Hägar helfen, die kommunikativen Absichten seiner Ehefrau zu erkennen?

c) Formulieren Sie Helgas Aussage so, dass ihre Absicht deutlich wird.

d) Wie hätte Hägar reagieren müssen, um einen Konflikt zu vermeiden?

2 ***Wie wirkt der Comic auf Sie?***

Situation

Eine Mitschülerin hat Ihnen vor vier Wochen ihre Lieblings-CD für zwei Tage geborgt. Sie haben die CD noch immer nicht zurückgegeben.
Die Mitschülerin sagt:

Variante 1: Also, es gibt Leute, denen sollte man wirklich nichts borgen, wenn man da nicht nachhakt, sind die Sachen weg. Fällt dir da was ein?

Variante 2: Ich habe dir vor vier Wochen eine CD geborgt. Du wolltest mir diese zwei Tage später zurückgeben. Bitte bringe sie noch heute bei mir vorbei!

Variante 3: Das hätte ich wirklich nicht von dir gedacht, dass du auch so schlampig bist und nichts zurückgibst, wenn man dir was borgt.

3 ***Setzen Sie sich mit der Situation und den drei Aussagen dazu auseinander (→ Kapitel 23, S. 294):***

a) Sprechen Sie sich gegenseitig die drei Aussagen vor. Variieren Sie dabei auch Mimik, Gestik, Tonfall. Überlegen Sie, wie die geäußerte Kritik jeweils auf Sie wirkt.

b) Formulieren Sie Antworten. Besprechen Sie, ob die Antwort einen Konflikt verschärfen oder entschärfen kann.

Kritik äußern, Kritik annehmen

Kritik am Verhalten anderer äußern und Kritik anderer aufnehmen und verarbeiten – das sind zwei Seiten einer kommunikativen Situation. Ob sie erfolgreich gemeistert wird, das hängt zunächst entscheidend vom Verhalten des Senders, also des Kritisierenden, ab.

Situation

Sprach der Meister zum Auszubildenden:

„Du wirst nie fertig. Du sitzt da und träumst in der Werkstatt vor dich hin. Glaubst du, du wirst hier fürs Träumen bezahlt? Von Pünktlichkeit hast du scheinbar auch noch nichts gehört. Aber das ist typisch für dich. Keiner sonst ist hier so. Du bist der jüngste Azubi und erlaubst dir mehr Faulheit als alle anderen zusammen. Wenn man dir etwas zeigt, passt du nicht auf. Kein Wunder, dass du nichts Ordentliches zustande bringst. Nichts kannst du, du bist wirklich das Letzte. Das sehen übrigens auch alle Kollegen so. Schau dir nur mal deinen Arbeitsplatz an. Immer lässt du all deine Sachen herumliegen, eine Riesenschlamperei ist das. Was Hänschen nicht lernt, lernt Hans auch nicht mehr.“

1 ***Stellen Sie die Situation in einem Rollenspiel (→ Kapitel 10, S. 133) dar.***

a) Arbeiten Sie in kleinen Gruppen. Ergänzen Sie im Spiel den Dialog: Wie könnte sich der Auszubildende verhalten? Führen Sie der Klasse das Rollenspiel vor.

b) Die gerade nicht vorspielenden Gruppen beobachten das Rollenspiel nach folgenden Gesichtspunkten:
- Welche Gestik, Mimik und welchen Tonfall benutzen die am Dialog beteiligten Personen?
- Halten Sie außerdem fest, mit welchen Worten der Auszubildende angesprochen wird.

2 ***Werten Sie nach jedem Spiel Ihre Beobachtungen aus:***

a) Welche Gefühle und Regungen wird das Gespräch in den jeweiligen Personen auslösen? Notieren Sie Beispiele.

b) Diskutieren Sie: Tragen die entstandenen Gefühle und Regungen zu einer Problemlösung bei?

c) Halten Sie Ihre Ergebnisse jeweils in einer Tabelle fest:

Person	Körpersprache	Gefühle/Regungen	Lösung
Meister	steht drohend ...	Ich muss mir endlich Luft verschaffen ...	
Auszubildende	sitzt, Blick nach unten ...	Am besten nichts sagen. Der kann mich mal.	

3 ***Formulieren Sie den Dialog zwischen dem Meister und dem Auszubildenden so um, dass daraus ein konstruktives Kritikgespräch wird.***

4 ***Stellen Sie auch dieses Gespräch in einem Rollenspiel dar und werten Sie es im Anschluss aus.***

Kritik äußern, Kritik annehmen

Basiswissen | Kritikgespräche konstruktiv führen

Berechtigte Kritik strebt eine Verhaltensänderung an. Dazu muss der Gesprächspartner überzeugt und nicht nur beschimpft werden. Das heißt aber keinesfalls, dass kein Streit stattfinden darf, denn Auseinandersetzungen können auch konstruktiv geführt werden. Regeln für konstruktives Sprechen sind:

Vermeiden Sie:	Stattdessen:
„Du-Botschaften" Beispiel: „Du wirst nie fertig."	„Ich-Botschaften" Beispiel: „Ich habe in dieser Woche drei Mal auf Arbeiten von dir gewartet."
Verallgemeinerungen Beispiel: „Immer lässt du deine Sachen herumliegen."	Konkrete Hinweise Beispiel: „Mir fällt auf, dass deine Werkzeuge noch auf dem Tisch liegen."
Kritik aus „zweiter Hand" Beispiel: „Das sehen auch alle Kollegen so."	Eigene Kritik äußern Beispiel: „Mir missfällt deine Einstellung zur Arbeit."
Kritik gegen die „ganze Person" Beispiel: „Nichts kannst du, du bist wirklich das Letzte."	Sachlich beim Problem bleiben Beispiel: „Mir missfallen deine Arbeitseinstellung und deine Unpünktlichkeit."
Machtdemonstrationen Beispiel: „Du bist hier der jüngste Azubi und erlaubst dir ..."	Auf der gleichen Ebene kommunizieren Beispiel: „Gemeinsam kriegen wir das schon hin."

Der Verlauf von Kritikgesprächen hängt einerseits von der Person ab, die eine Kritik vorträgt. Andererseits kann aber auch der Kritisierte den Gesprächsverlauf mit seiner Reaktion positiv oder negativ beeinflussen.

Situation 1

„Junge Frau, Sie haben mich wohl völlig vergessen? Ich sitze hier nun schon ewig im Wartezimmer! Sie sind wohl unfähig ..."

Situation 2

„Meine Güte, Frau Meier, dieser Vorschlag ist ja wohl völliger Schwachsinn! Muss man denn hier immer alles alleine machen?"

Situation 3

„Also, so geht das nicht. Ich lass mir doch von Ihnen nicht sagen, wie meine Möbel stehen sollen. Bestellt hatte ich den Tisch in klein ..."

5 *Klären Sie in Gruppenarbeit, wie Sie auf die dargestellten Situationen reagieren würden.*

a) Folgen Sie dem Grundsatz: „Ich lasse mich nicht beleidigen und beschimpfen. Dann wehre ich mich lautstark."

b) Versuchen Sie, einen Streit zu vermeiden, ohne sich jedoch beleidigen zu lassen.

c) Führen Sie die in der Gruppe besprochenen Reaktionen vor und setzen Sie auch körpersprachliche Mittel dabei ein.

d) Werten Sie die Rollenspiele in der Klasse aus. Halten Sie Ratschläge für eine positive Gesprächsgestaltung in einem Merkblatt „Kritik äußern und annehmen" fest.

Konfliktgespräche konstruktiv führen

Gerade in Konfliktsituationen in Beruf und Alltag vergessen wir oft unser konstruktives Gesprächsverhalten und fallen in gewohnte Verhaltensmuster zurück. So wird aus einem Konflikt ein Kampf, den wir ausfechten müssen, statt etwas aus ihm zu lernen.

1 ***Betrachten Sie die abgebildete Illustration zur Lösung einer Konfliktsituation.***

a) Beschreiben Sie die sechs Schritte.

b) Übertragen Sie diese sechs grafisch dargestellten Schritte auf ein Konfliktgespräch, z. B. zwischen zwei Kollegen.

c) In welchem Schritt können Sie aktives Zuhören (➪ Kapitel 1, S. 21) einsetzen?

2 ***Informieren Sie sich über Mediatoren bzw. Streitschlichter.***

a) Was versteht man unter einem Mediator bzw. Streitschlichter?

b) Welche Aufgaben sollte der Mediator übernehmen?

c) Was sollte er auf keinen Fall tun?

3 ***Planen Sie Rahmenbedingungen für ein Konfliktgespräch, damit Sie es ungestört führen können. Welche Vorbereitungen müssen getroffen werden?***

4 ***Tragen Sie in kleinen Gruppen zusammen, wie ein Konflikt zu vermeiden wäre. Denn wenn Konflikte frühzeitig erkannt werden, können sie leichter gelöst werden.***

a) An welchen Zeichen können Sie erkennen, dass sich ein Konflikt anbahnt?

b) Was könnte man zur Vorbeugung von Konflikten als Mitarbeiter unternehmen?

c) Was könnte zur Vorbeugung von Konflikten vom Chef getan werden?

Erfolgreich bewerben

Ein Bewerbungsgespräch vorbereiten

Situation

Sie hatten Erfolg mit Ihrer schriftlichen Bewerbung und sind zu einem Vorstellungsgespräch eingeladen. Damit haben Sie bereits den „Fuß in der Tür". Jetzt haben Sie die Chance, im persönlichen Vorstellungsgespräch zu punkten. Je besser Sie sich selbst darstellen können, umso eher erreichen Sie Ihr Ziel! Ihr Termin ist morgen Vormittag um 10:30 Uhr in einer ca. 30 km entfernten Kleinstadt.

1 *Was gibt es für Sie alles zu bedenken? Bilden Sie 4er-Gruppen und bearbeiten Sie folgende Punkte.*

1. Schritt: Organisatorische **Vorbereitung**

Weg
- Wie lange benötige ich?
- Wie komme ich hin?
- ...

Kleidung
- Welche Kleidung ist angemessen?
- Ist alles gebügelt und passt es zueinander?
- Welches Outfit ist für die folgenden Berufe passend: Fachkraft für Lagerlogistik, Schreiner, Bankkaufmann, Fachverkäuferin im Nahrungsmittelhandwerk, Kfz-Mechatroniker, Medizinische Fachangestellte?

Erscheinungsbild
- Haare
- Make-up und Schmuck
- Hände und Fingernägel
- Piercing
- Schuhe und Socken
- Ausschnitt
- ...

Körpersprache
- Wie verhalte ich mich zu Beginn?
- Was will ich tun und sagen?
- Wie will ich während des Gesprächs sitzen?
- Beachten Sie: Handhaltung, Beinhaltung, Blickrichtung/-kontakt, Mimik
- ...

Tipp
Sich anpassen, ohne sich zu verbiegen.

2 *Erproben Sie in Partnerarbeit die Begrüßungsphase des Vorstellungsgesprächs und geben Sie sich gegenseitig ein Feedback.*

3 *Erstellen Sie in Ihrer Gruppe eine Checkliste „Vorbereitung auf ein Vorstellungsgespräch". Verarbeiten Sie hier Ihre Ergebnisse der vorhergehenden Aufgaben.*

2. Schritt: Darstellung Ihrer **fachlichen Kompetenz**

4 *Notieren Sie Ihre Erfahrungen und Stärken im fachlichen Bereich.*

a) Durchdenken Sie einen typischen Arbeitstag und listen Sie Ihre Tätigkeiten mit den entsprechenden Fachbegriffen auf.

b) Notieren Sie ebenso, mit welchen Maschinen/Geräten/Arbeitsmitteln Sie gearbeitet haben.

c) Was liegt Ihnen besonders? Worüber besitzen Sie ein Spezialwissen?

d) Formulieren Sie nun in einigen Sätzen das Ergebnis Ihrer Überlegungen (z. B.: *Im Umgang mit folgenden Arbeitsmitteln habe ich Erfahrung ... / Diese Tätigkeiten beherrsche ich... / Besonders gut kann ich ...*).

Ein Bewerbungsgespräch vorbereiten

3. Schritt: Vorbereitung auf die **Fragen zur Person**

Ein weiterer Fragenkomplex im Vorstellungsgespräch bezieht sich auf die Person des Bewerbers. Dazu gehören auch die Fragen nach den persönlichen Stärken und Schwächen, die unvorbereitet schwer zu beantworten sind. Deshalb gilt: Bereiten Sie sich darauf vor, indem Sie eine persönliche Stärken-Schwächen-Analyse durchführen. Hierbei hat es sich bewährt, Meinungen von anderen einzuholen, denn das Selbstbild trügt manchmal etwas.

5 ***Finden Sie Ihre besonderen persönlichen Stärken und Schwächen. Nutzen Sie dazu die nebenstehende Liste. Erweitern Sie diese bei Bedarf.***

a) Schätzen Sie selbst ein, wie stark diese Persönlichkeitsmerkmale bei Ihnen ausgeprägt sind, und belegen Sie Ihre Einschätzung mit Beispielen.

b) Bitten Sie nun Ihren Partner oder Ihre Partnerin um eine Einschätzung zu Ihren Persönlichkeitsmerkmalen.

c) Vergleichen Sie die Selbst- und die Fremdeinschätzung. Diskutieren Sie über die Diskrepanzen und gelangen Sie so zu einem klareren Selbstbild.

d) Bedenken Sie genau, was für Schwächen Sie nennen wollen. Welche Bedeutung haben diese Schwächen ggf. in Ihrem Beruf?

e) Formulieren Sie das Ergebnis Ihrer Stärken-Schwächen-Analyse für sich selbst in einigen Sätzen.

Persönliche Stärken

- Belastbarkeit
- Ausdauer
- Anpassungsfähigkeit
- Durchsetzungsvermögen
- Flexibilität
- Kommunikationsfähigkeit
- Lernbereitschaft
- Organisationsgeschick
- Sorgfalt
- Teamfähigkeit
- Entscheidungsfreudigkeit
- ...

4. Schritt: Informationen über den **Betrieb** und die Arbeitsstelle sammeln

Einerseits sollte man den Eindruck erwecken, dass man über Betrieb und Stelle informiert ist, andererseits wird aber auch erwartet, dass man zu diesen Themen Fragen stellt. Auch dieser Teil des Gesprächs muss also gut vorbereitet sein.

6 ***Tragen Sie Informationen über Ihren Wunschbetrieb und die Stelle zusammen.***

a) Welche Informationen können für Sie nützlich sein? Formulieren Sie allgemein und notieren Sie.

b) Woher könnten Sie Informationen erhalten?

7 ***Welche Fragen wollen Sie in dem Bewerbungsgespräch stellen?***

a) Notieren Sie Ihre Fragen.

b) Legen Sie eine sinnvolle Reihenfolge fest.

8 ***Auch Ihr künftiger Arbeitgeber hat sich vorab auf das Gespräch mit Ihnen vorbereitet und sich Fragen für Sie überlegt.***

a) Beantworten Sie die nebenstehenden Fragen schriftlich.

b) Führen Sie das Gespräch zur Übung im Rollenspiel durch.

Fragen, mit denen Sie rechnen müssen:

- Warum möchten Sie in diesem Betrieb arbeiten?
- Sind Sie bereit, Überstunden zu machen?
- Was machen Sie in Ihrer Freizeit?
- Treiben Sie Sport?
- Welches Gehalt stellen Sie sich vor?
- Welche besonderen Stärken haben Sie?
- Was sind ihre Schwächen?
- Wie beurteilen Sie Ihre Teamfähigkeit?
- Welche Aufgaben übernehmen Sie besonders gern?
- Wieso glauben Sie, die richtige Person für die Stelle zu sein?

Hinweis: Fragen zu Parteizugehörigkeit, Religion, Krankheiten, Kinderwunsch, Heiratswunsch, Schwangerschaft müssen nicht beantwortet werden!

Ein Bewerbungsgespräch führen

Der Büroausstatter Heiter-Büro sucht einen neuen Mitarbeiter. Herr Sälzle (Personalchef, 38 Jahre) hat heute zwei Bewerber zum Gespräch eingeladen.

Sälzle: Guten Tag, Herr Kaiser. Schön, dass Sie jetzt da sind. Bitte nehmen Sie Platz. Möchten Sie Kaffee oder Wasser? Was darf ich Ihnen anbieten?

Kaiser: Kaffee, bitte! *(Er bedient sich selbst.)*

S.: Herr Kaiser, Sie wissen ja, wir sind ein aufstrebendes Unternehmen. Wie sind Sie denn darauf gekommen, sich gerade in unserem Betrieb zu bewerben? Was ist denn das Besondere bei uns?

K.: Ja, also – Herr Salzmann *(Er nimmt seine Kaffeetasse und trinkt erst einmal.)* – na ja, ich habe gehofft, dass Sie mir das heute sagen werden ...

S.: Herr Kaiser, diese Stelle als Kundenbetreuer beinhaltet ja auch den Verkauf unserer Produkte. Was unterscheidet Sie von anderen Bewerbern? Warum sollten wir gerade Sie einstellen?

K.: Also, ich bin gut im Verkaufen, ich habe schon viel verkauft, auch privat und so – also verkaufen kann ich!

S.: Haben Sie Erfahrungen mit dem Anlegen von Datenbanken und der Verwaltung von Kundenkarteien? Mit welchen Programmen haben Sie da gearbeitet?

K.: *(Sein Handy klingelt.)* Oh Verzeihung! *(Er stellt das Handy ab und zieht bei dieser Gelegenheit gleich sein Jackett aus.)*
Wie war doch noch mal Ihre Frage? Ach so, ja! Also, ich habe schon viele Kunden betreut – auch Kunden in USA und Japan. Also, ich bin sehr international ausgerichtet und sicher auch eine Bereicherung für Sie! Wie sieht es übrigens mit Urlaub bei Ihnen aus?

S.: Ja, danke schön, Herr Kaiser, ich denke, wir sind jetzt schon zu einem Ergebnis gekommen. Haben Sie ...

K.: *(unterbricht)* Ach, schon zu Ende? Wann soll ich denn jetzt eigentlich anfangen? Na, ich schlaf dann auch noch mal drüber, dann hab ich sicher noch ein paar Fragen. *(Er steht auf und zieht sein Jackett an.)*
Ähh, eine Frage noch: Wie sieht es aus mit der Erstattung der Benzinkosten? Ich musste ja herfahren ... wo reiche ich das ein?

S.: Herr Kaiser, Sie hören von uns. Auf Wiedersehen!

1 ***Tragen Sie das Gespräch vor.***

a) Lesen Sie betont und mit verteilten Rollen vor.

b) Stellen Sie das Gespräch nach. Achten Sie dabei besonders auf Gestik und Mimik.

2 ***Sammeln Sie alle Fehler, die Herr Kaiser macht.***

3 ***Erstellen Sie ein Merkblatt „Fehler im Vorstellungsgespräch“.***

a) Listen Sie mindestens zehn Fehler schriftlich auf.

b) Notieren Sie daneben, wie sich diese Fehler vermeiden lassen bzw. was Sie stattdessen tun sollten.

Ein Bewerbungsgespräch führen

Der zweite Kandidat ist Herr König. Er erscheint 5 Minuten vor dem vereinbarten Termin und meldet sich bei der Sekretärin des Personalchefs an. Der Personalchef Herr Sälzle bittet ihn herein.

Sälzle: Guten Tag, Herr König. Bitte nehmen Sie Platz. Möchten Sie Kaffee oder Wasser? Was darf ich Ihnen anbieten?

König: Ich nehme gerne ein Glas Wasser, danke sehr, Herr Sälzle.

S.: Herr König, Sie wissen ja, wir sind ein aufstrebendes Unternehmen. Wie sind Sie denn darauf gekommen, sich gerade in unserem Betrieb zu bewerben? Was ist denn das Besondere bei uns?

K.: Ja, also – zunächst mal gefallen mir Ihre hochwertigen Produkte, sodass ich mir gut vorstellen kann, diese mit Überzeugung vertreiben zu können. Und dann hat mich angesprochen, dass Sie so großen Wert auf Teamarbeit legen.

4 ***Vergleichen Sie die beiden Bewerbungsgespräche miteinander.***

a) Lesen Sie mit verteilten Rollen das Gespräch mit Herrn König.

b) Was macht Herr König besser als Herr Kaiser?

c) Überprüfen Sie anhand Ihres Merkblattes „Fehler im Vorstellungsgespräch" das Gespräch von Herrn König.

5 ***Entwickeln Sie das Bewerbungsgespräch weiter.***

a) Formulieren Sie in Gruppenarbeit schriftlich den weiteren Verlauf des Bewerbungsgespräches von Herrn König.

b) Tragen Sie sich gegenseitig Ihre Ergebnisse als Rollenspiel vor.

c) Beobachten Sie dabei auch die Körpersprache der Darsteller und geben Sie dazu Feedback.

d) Vollziehen Sie die „4 Phasen eines Bewerbungsgespräches" an den Beispielen nach.

Basiswissen – Ablauf eines Bewerbungsgespräches

Vorstellungsgespräche laufen meistens nach folgendem Muster ab:

Phase 1 Begrüßung, Small Talk

Phase 2 Fragen an den Bewerber, z. B.:

- Fragen zum Lebenslauf
- Fragen zur fachlichen Kompetenz, beruflichen Erfahrung
- Fragen zur Person (Charakter, Konfliktfähigkeit, Freizeit)
- Fragen zur Motivation

Phase 3 Fragen des Bewerbers, z. B.:

- Fragen zum Betrieb
- Fragen zu den Arbeitsbedingungen
- Fragen zu Ansprechpartnern, Vorgesetzten
- Fragen zur Einarbeitungsphase und möglichen Fortbildungen
- Frage zum weiteren Verlauf des Verfahrens

Phase 4 Verabschiedung, Dank

Sprechängste überwinden

So äußert sich Lampenfieber

1 ***Ist Ihnen das schon passiert: Sie waren sehr gut vorbereitet und dann hatten Sie das Gefühl, keinen Ton herauszubekommen? Berichten Sie über Ihre Erfahrungen.***

a) In welchen Situationen haben Sie schon einmal Lampenfieber erlebt?
b) Wie sind Sie damit umgegangen?
c) Welche Reaktionen haben Sie beim Publikum erlebt?

Basiswissen	Lampenfieber

Lampenfieber und Anspannung vor einer Präsentation oder einem Auftritt wirken leistungssteigernd und sind bis zu einem gewissen Grad völlig normal. Wenn man sich das bewusst macht, kann man evtl. eine neue Einstellung zur eigenen Aufregung gewinnen – man sollte einfach akzeptieren, dass man hin und wieder Lampenfieber spürt. Die Hauptursache von Lampenfieber ist die Angst zu versagen. Das Überlebensrezept der Urmenschen bei Angst war Flucht oder Kampf. Auch heute noch mobilisiert unser Organismus alle Energiereserven, schüttet viel Adrenalin (Stresshormon) aus und versetzt den Körper damit in Hochleistungsbereitschaft. Diese starke Adrenalinausschüttung führt als Nebenwirkung zu den Symptomen, die man Lampenfieber nennt.

Diese Symptome spüren Sie bei sich selbst:

Herzrasen
trockener Mund, Kloßgefühl
belegte Stimme
verstärktes Schwitzen
feuchte, zitternde Hände
Verdauungsstörung
wackelige Knie
Vergesslichkeit

Diese Symptome nimmt Ihr Publikum an Ihnen wahr:

rote Wangen
Räuspern
Zittern in der Stimme
Sprechtempo zu schnell
sichtbares Schwitzen
kein Blickkontakt
hektische Bewegungen oder fehlende Gestik

Erste Hilfe bei Lampenfieber

„Ein Auftritt ohne Lampenfieber ist wie Liebe ohne Gefühl." (Sammy Davis jr.)

Auch Schauspieler oder Sänger berichten davon, dass sie vor jedem Auftritt von Lampenfieber geplagt werden. Lampenfieber kann man nicht entgehen, aber man kann lernen, damit umzugehen und die Symptome gelassener hinzunehmen. Die Auswirkungen unserer Sprechangst empfinden wir selbst übrigens wesentlich stärker als unser Publikum.

1 ***Informieren Sie sich über die körperlichen Reaktionen bei Lampenfieber.***

a) Lesen Sie das Basiswissen (➪ S. 166) und erkundigen Sie sich im Internet, in Biologie- oder Medizin-Büchern.

b) Klären Sie die folgenden Fragen: Warum kommt es zu einer starken Adrenalinausschüttung? Welche positiven Wirkungen hat der Adrenalinschub? Welche störenden Symptome entstehen als Nebenwirkung des Adrenalinausstoßes?

c) Tragen Sie Ihre Ergebnisse im Klassenplenum zusammen.

2 ***Finden Sie Strategien gegen Lampenfieber.***

a) Tragen Sie erste Ideen zusammen.

b) Strukturieren Sie Ihre Ideen in einer Mindmap.

3 ***Bilden Sie Gruppen und holen Sie pro Gruppe Erkundigungen über eine Entspannungstechnik ein.***

a) Informieren Sie sich über „Progressive Muskelentspannung", „Atemtechniken", „Autogenes Training", „Yoga", „Meditation", „Qigong".

b) Stellen Sie sich die unterschiedlichen Methoden möglichst mit einer Übung wechselseitig vor.
Hinweis: Entspannungstechniken muss man üben. Bei starkem Lampenfieber sollten Sie über einen Kurs nachdenken.

Atemübung

Setzen Sie sich entspannt auf Ihren Stuhl und schließen Sie die Augen.

Legen Sie die Hände auf Ihren Bauch und atmen Sie ruhig weiter.

Konzentrieren Sie sich ganz auf das Atmen und beobachten Sie, welche Körperteile bewegt werden und wo Ihr Atem hinfließt.

4 ***Tragen Sie zusammen, welche Möglichkeiten Sie organisatorisch – durch gute Vorbereitung – haben, das Lampenfieber zu minimieren.***

5 ***Das Adrenalin, das Ihr Körper ausstößt, muss wieder abgebaut werden. Bei einer Flucht geht das recht schnell, aber was, wenn Sie nicht fliehen können?***

a) Sie haben vor der Präsentation noch 15 Minuten Zeit. Was könnten Sie zum Abbau des Adrenalins tun?

b) Denken Sie darüber nach, welche Energieventile Sie während der Präsentation einbauen können.

6 ***Denken Sie sich in für Sie besonders angstauslösende Redesituationen hinein.***

a) Notieren Sie Sprechsituationen, die Ihnen Angst machen.

b) Bringen Sie diese in eine Reihenfolge mit zunehmender Belastung.

c) Stellen Sie diese Angsthierarchie grafisch dar, z. B. als Berg, und notieren Sie Hilfen, um ihn zu besteigen.

7 ***Ergänzen Sie das Merkblatt rechts um Ihre Tipps und strukturieren Sie es sinnvoll.***

Erste Hilfe bei Lampenfieber

- bewusst und ruhig atmen
- die Zuhörerzahl allmählich steigern
- zweifache Ausführungen der Präsentationsunterlagen dabeihaben
- ...
- ...
- ...

Präsentationen planen und durchführen

Feedbackbögen entwickeln

Einerseits ist es wichtig, für eine gehaltene Präsentation ein strukturiertes und produktives Feedback vom Publikum zu erhalten. Andererseits kann man eine Präsentation aber auch viel besser vorbereiten, wenn man weiß, nach welchen Kriterien sie beurteilt wird. Für beide Aspekte ist ein Feedbackbogen hilfreich, der die Kriterien zur Bewertung von Präsentationen enthält.

1 ***Erstellen Sie einen Bewertungsbogen zur Beobachtung von Präsentationen.***

a) Nutzen Sie dabei die nachfolgenden Formulierungen.

Formulierungshilfen für einen Bewertungsbogen:

Ein roter Faden ist erkennbar.
Der Inhalt ist gut strukturiert.
Die Medien sind sinnvoll ausgewählt.
Die Sprache ist verständlich.
Der Zuhörer hat von der Präsentation einen Nutzen.
Der Zuhörer fühlt sich angesprochen.
Die Inhalte werden verständlich visualisiert.
Der Präsentierende begeistert die Zuhörer.
Die Argumente sind überzeugend.
Die Abstimmung zwischen den Präsentierenden stimmt.

Es wird Blickkontakt zum Publikum gehalten.
Es wird frei gesprochen.
Die Körperhaltung zeigt Sicherheit.
Die verwendeten Grafiken sind ansprechend.
Die Stoffauswahl überzeugt.
Sprechtempo und Lautstärke sind angenehm.
Die Beispiele sind ansprechend.
Der Gesichtsausdruck ist freundlich.
Die Ausdrucksweise ist klar und verständlich.
Der Inhalt ist fachlich richtig.

b) Ergänzen Sie die Kriterien nach eigenen Vorstellungen.

c) Gruppieren Sie die Formulierungen unter folgende Oberbegriffe: Inhalt, Aufbau, Sprache, Körpersprache, Präsentation/Medieneinsatz.

d) Entwickeln Sie dazu eine Bewertungsskala, in der Sie auch festlegen, wie viel Prozent etwa der Inhalt bei der Präsentation ausmacht etc.

e) Gestalten Sie am PC einen gut strukturierten und übersichtlichen Bewertungsbogen.

f) Setzen Sie Ihren Feedbackbogen ab jetzt auch bei Präsentationen im Fachunterricht ein.

Die Bewertungskriterien können Sie auch für die Vorbereitung Ihrer Präsentation nutzen. So können Sie überprüfen, ob Sie bei der Planung an alles gedacht haben.

2 ***Erstellen Sie eine Checkliste zur Vorbereitung von Präsentationen.***

a) Orientieren Sie sich an den Beobachtungskriterien und formulieren Sie diese in die Ich-Form für Ihre Checkliste um, z. B.: *Ich spreche bei der Präsentation frei.*

b) Ergänzen Sie diese Liste nach eigenen Vorstellungen.

c) Illustrieren Sie Ihre Checkliste mit passenden Symbolen.

d) Setzen Sie Ihre Checkliste zur Vorbereitung Ihrer künftigen Präsentationen ein.

3 ***Erfolgreich ist eine Präsentation, wenn man ihr eine Problemfrage zugrunde legt, die im Laufe der Präsentation erläutert und gelöst wird. Beurteilen Sie die folgenden Themenstellungen daraufhin:***

Die Entwicklung der Gentechnik; Fluch und Segen der Gentechnik; Gentechnik – da liegt die Zukunft; Zeigt die Gentechnik den Weg aus Krankheit und Leid?

Eine Präsentation gliedern

Wenn Sie eine größere Präsentation halten wollen, müssen Sie den Ablauf genau planen, um Ihre Zuhörer dauerhaft zu fesseln. Ebenso von zentraler Bedeutung ist die Berücksichtigung Ihrer speziellen Zielgruppe, also Ihres Publikums, vor dem Sie Ihre Präsentation halten werden.

1 ***Planen Sie die Feinstruktur einer größeren Präsentation.***

a) Bilden Sie Arbeitsgruppen und wählen Sie ein Thema, etwa:
- Traditionen in Bayern
- Plädoyer für das Ehrenamt
- Unfallvermeidung am Arbeitsplatz
- Der neue Gabelstapler

b) Finden Sie einen Titel für Ihr Thema im Sinne einer Problematisierung (➪ S. 168, Aufgabe 3).

c) Legen Sie fest, vor welcher Zielgruppe Sie präsentieren wollen.

d) Formulieren Sie zu den Punkten 1–12 des Basiswissens Ideen und Beispielsätze.

e) Finden Sie Möglichkeiten der Visualisierung und planen Sie den Medieneinsatz (➪ Kapitel 7, S. 94).

f) Üben Sie Einleitung und Schluss Ihrer Präsentation vor einer Gruppe und holen Sie sich Feedback dazu ein.

Basiswissen | Feinstruktur einer Präsentation

Einleitung (ca. 15 % Zeitanteil)

1. Freundliche Begrüßung der Zuhörer
2. Persönliche Vorstellung
3. Hinführung zum Thema der Präsentation (Ohröffner: aktuelles Ereignis, Statistik, Zitat, interessantes Beispiel, eigenes Erlebnis ...)
4. Thema als griffige Schlagzeile formulieren
5. Bedeutung des Themas für die Zuhörer herausstellen
6. Vorstellung des Ablaufs zur Orientierung

Hauptteil (ca. 75 % Zeitanteil)

7. Informationen und Argumente gesteigert vortragen (zu Beginn das zweitstärkste Argument, in der Mitte die schwächeren Argumente, am Ende das stärkste Argument)
8. Den Blickwinkel des Publikums berücksichtigen (zielgruppenspezifisch vortragen)

Schluss (ca. 10 % Zeitanteil)

9. Schluss ankündigen
10. Kernpunkte zusammenfassen
11. Aufforderung zum Handeln aussprechen
12. Den Zuhörern danken

2 ***Wählen Sie eine andere Zielgruppe, z. B. Freundeskreis, Vereinsversammlung, Vorgesetzte, und diskutieren Sie, ob Ihre Planung aus Aufgabe 1 angepasst werden müsste. Begründen Sie!***

a) Bedenken Sie Alter, Geschlecht, Vorkenntnisse, Interessen und den Nutzen für die Zuhörer.

b) Passen Sie evtl. den Ohröffner, das Schwierigkeitsniveau, die Beispiele und Argumente, die Sprachebene, den Medieneinsatz und die Bedeutung des Themas für die Zuhörer an.

Im Team präsentieren

1 ***Betrachten Sie die Fotos und geben Sie den beiden Präsentierenden ein Feedback zur Präsentation im Team.***

a) Diskutieren Sie, was gut gelungen ist und was noch verbessert werden könnte.

b) Geben Sie den beiden allgemeine Tipps für die Präsentation zu zweit.

c) Erstellen Sie mit Ihren Tipps auch ein Merkblatt „So gelingt eine Präsentation im Team“.

2 ***Diskutieren Sie: Ist eine PowerPoint-Präsentation auf jeden Fall das Mittel zum Erfolg?***

a) Welche Erfahrungen haben Sie mit PowerPoint-Präsentationen gemacht?

b) Bei welchen Themen/Präsentationen ist eine PowerPoint-Präsentation sinnvoll, bei welchen nicht?

c) Was sollte man bei der Erstellung der PowerPoint-Präsentation besonders beachten? Ergänzen Sie die Tipps rechts.

3 ***Gestalten Sie eine Präsentation zu einem Thema Ihrer Wahl mit PowerPoint.***

a) Beachten Sie dabei die abgebildeten Tipps.

b) Testen Sie den Umgang mit der Technik (PC/Laptop, Beamer usw.).

c) Halten Sie Ihren Vortrag zu zweit.

d) Erweitern Sie Ihren Feedbackbogen (➪ S. 168) um Kriterien zur Bewertung von computergestützten Präsentationen.

e) Formulieren Sie ein Feedback zur PowerPoint-Präsentation.

Gestaltungsregeln

- Stichwörter
- Weniger ist mehr
- Bilder einsetzen

Präsentieren mit PowerPoint

- Einheitliches Folienlayout
- Durchgehende Farbgestaltung
- Bilder einsetzen

Lesbarkeit

- Große Schrift
- Nur eine Schriftart
- Übersichtliche Anordnung
- Gut lesbare Schriftfarbe wählen

Funktionen der Präsentation

Für den Vortragenden:
- Gedankenstütze
- Hilfe für freies Sprechen

Für den Zuhörer:
- Roter Faden
- Visualisierung

Vorstellungsgespräche positiv gestalten

Bei einem Vorstellungsgespräch fühlt man sich leicht verkrampft. Aber gerade die ersten Minuten entscheiden oft schon darüber, was man vom anderen denkt. Daher ist es gut, vorab zu überlegen, worauf man achten sollte.

1 ***Formulieren Sie für sich selbst zu den folgenden Fragen passende Ratschläge.***
- Wie soll der Händedruck sein?
- Was sage ich zur Begrüßung?
- Wie sitze ich richtig?
- Wohin schaue ich während des Gesprächs?
- Was mache ich mit meinen Händen?

2 ***Bilden Sie 3er-Gruppen und üben Sie im Rollenspiel.***

a) Achten Sie auf das Einhalten Ihrer Ratschläge.

b) Spielen Sie nur die Begrüßung bis zum Hinsetzen und achten Sie genau auf Gestik, Mimik und Körperhaltung, auch noch im Sitzen.

c) Bitten Sie das dritte Gruppenmitglied um ein Feedback.

3 ***Bringen Sie die folgenden Bausteine eines Vorstellungsgespräches in eine sinnvolle Reihenfolge:***

Verabschiedung • Fragen des Bewerbers • Schilderung des Lebenslaufes • Small Talk • Fragen an den Bewerber • Begrüßung • Betriebsrundgang

4 ***Finden Sie für die folgenden Formulierungen positiver klingende Ausdrücke, die zu Ihrem Vorteil sind.***
- Von Mai bis November war ich daheim.
- Schriftliche Arbeiten sind gar nicht mein Fall.
- Mit Ordnung habe ich es nicht so.
- Ich habe in der Schule am Computer gearbeitet. Aber davon weiß ich nicht mehr viel.
- Von dem Programm hab ich schon mal was gehört, aber das ist schon lange her.
- Bei handwerklichen Dingen habe ich zwei linke Hände.
- Mit unbekannten Menschen komme ich nicht so gut zurecht.
- An der Fünf in Mathe ist mein Lehrer schuld.
- Ich habe noch nie gerne Anweisungen anderer befolgt.
- Am liebsten arbeite ich allein. Mit anderen zusammen dauert es meistens länger.

5 ***Wählen Sie aus, welche Reaktion auf die Fragen der Personalchefin am positivsten wirkt, begründen Sie Ihre Auswahl:***

„Weshalb haben Sie den Ausbildungsplatz gewechselt?“
- „In dem Betrieb hat es mir nicht gefallen!“
- „Die Kollegen waren alle so alt. Es herrschte eine ernste Atmosphäre.“
- „Der Betrieb hat mich nur einseitig ausgebildet, als ich die Chance zum Wechsel erhielt, habe ich sie ergriffen.“
- „Mein Chef ließ mir keine Freiheiten.“

„Weshalb haben Sie eine so schlechte Note in Englisch?“
- „Fremdsprachen liegen mir einfach nicht.“
- „Die schlechten Englischkenntnisse möchte ich im nächsten Jahr durch einen Sprachkurs aufbessern.“
- „Englisch war zwar nicht mein bestes Fach, aber in den Naturwissenschaften bin ich viel besser.“

Verkaufsgespräche führen

Eine Verkaufsveranstaltung als Projekt planen

Situation

Sie sind zurzeit in der Kundenbetreuung eingesetzt. Auch in diesem Herbst soll wieder der jährliche Verkaufsevent stattfinden. Als Motto wurde bereits vor Monaten „Lichtblicke im Herbst" festgelegt. Um insbesondere mehr jüngere Kunden zu gewinnen, sollen Sie als Auszubildender in der Projektleitung mitarbeiten.

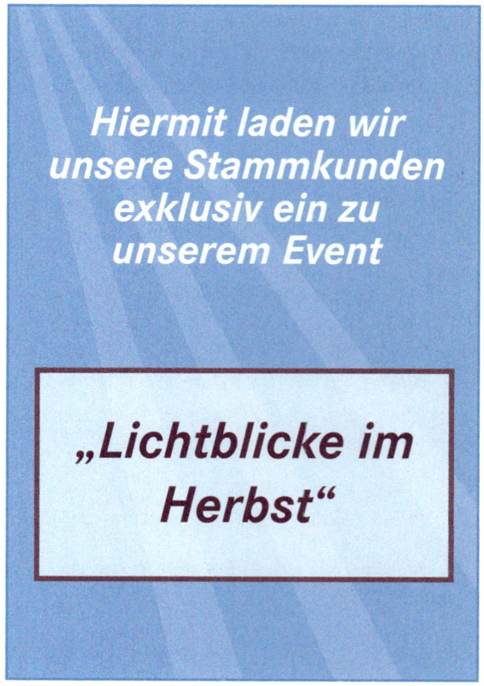

1 ***Planen Sie in Gruppenarbeit für einen typischen Betrieb Ihres Ausbildungsberufes das Projekt „Verkaufsevent Lichtblicke im Herbst".***

a) Informieren Sie sich dazu vorab über die Planung eines Projektes im Kapitel 21.
b) Starten Sie mit einer gemeinsamen ersten Besprechung (➪ Kapitel 1, S. 27) – dem sogenannten Kick-off-Meeting – und stellen Sie einen Maßnahmenplan auf.
c) Bilden Sie aus den Maßnahmen zusammengehörige Arbeitspakete.
d) Teilen Sie sich in mehrere Gruppen auf und bearbeiten Sie jeweils ein Arbeitspaket (z. B. Rahmenprogramm, Catering, Raumskizze, Dekoration ...).
e) Setzen Sie bei Bedarf Meilensteine.
f) Wählen Sie in jeder Arbeitsgruppe einen Sprecher aus. Dieser darf die Planungsergebnisse vor der Klasse präsentieren.
g) Schreiben Sie die wichtigsten Punkte der Präsentationen in Kurzform mit.
h) Stellen Sie auf einer Seite den Gesamtablauf des Projektes anhand Ihrer Stichpunkte dar.
i) Fassen Sie zur Information Ihres Abteilungsleiters den geplanten Projektablauf mündlich zusammen.

2 ***Interpretieren Sie das Zitat von Gero Lomnitz:***
„Sage mir, wie ein Projekt beginnt, und ich sage dir, wie es endet."

Basiswissen | **Ein Projekt durchführen**

Phasen:	Aufgaben:
1. Starten	Projektantrag stellen, Ideen sammeln, Maßnahmen planen
2. Planen	Arbeitspakete schnüren, Meilensteine setzen
3. Durchführen	Meilensteine einhalten, Soll-Ist-Vergleich
4. Abschließen	Abschlussbericht vorstellen

Verkaufspsychologie einsetzen

Im Verkaufsgespräch geht es darum, Kunden von der Qualität einer Ware zu überzeugen und sie zum Kauf zu motivieren. Gute Verkäufer haben die Bedürfnisse ihrer Kundschaft im Auge. Sie filtern im Kundengespräch die Ziele der Kunden heraus, um ihnen dann ein passendes Produkt verkaufen zu können.

„Sie interessieren sich für Skier? Dann greifen Sie zu! Diese wendigen und einzigartigen Skier hier kosten nur noch 279 Euro."

Gemeintes

- Die Ski sind günstig und ausgefallen (*Sachebene*).
- Der Verkäufer hätte die Ski selbst gern (*Selbstoffenbarung*).
- Er möchte, dass der Kunde sich seiner Meinung anschließt (*Beziehungsebene*).
- Der Verkäufer fordert den Kunden zum Kauf auf (*Appellebene*).

Verstandenes

- Die Ski sind günstig und ausgefallen (*Sachebene*).
- Der Kunde bemerkt, dass der Verkäufer die Ski selbst gern hätte (*Selbstoffenbarung*).
- Der Kunde fühlt sich mit seinen Wünschen nicht ernst genommen (*Beziehungsebene*).
- Der Kunde fühlt sich vom Verkäufer bedrängt (*Appellebene*).

1 ***Beurteilen Sie das Verhalten des Verkäufers.***

a) Welche Fehler macht der Verkäufer? Diskutieren Sie in Ihrer Klasse.

b) Formulieren Sie die Aussage des Verkäufers so um, dass der Kunde sich verstanden fühlt.

2 ***Bereiten Sie ein Verkaufsgespräch vor.***

a) Suchen Sie sich ein Produkt aus, über das Sie sich zuvor genau informieren (Produktsteckbrief).

a) Notieren Sie sich die Vorzüge dieses Produktes (z. B. Testurteile, technische Daten, Design, Preis, Handhabung, Pflege, Wartung, Garantie).

Basiswissen **Fragetechnik**

Mit der Art Ihrer Frage können Sie im Verkaufsgespräch viel erreichen – und viel falsch machen!

Offene Fragen	„Wozu möchten Sie es tragen?" Damit sollen der Verwendungszweck und das Kaufmotiv erfragt werden.
Geschlossene Fragen	„Haben Sie die richtige Größe gefunden?" Man kann nur mit „ja" und „nein" antworten.
Alternativfragen	„Bevorzugen Sie blasse oder starke Farben?" Fragen mit „oder" sollen dem Kunden die Kaufentscheidung erleichtern.
Suggestivfragen	„Sie sind doch sicher auch qualitätsbewusst?" Sie wollen den Kunden in eine bestimmte Richtung beeinflussen.

Verkaufspsychologie einsetzen

3 *Trainieren Sie nun Verkaufsgespräche im Rollenspiel.*

a) Spielen Sie das Verkaufsgespräch mit seinen vier Phasen im Rollenspiel durch. Bilden Sie dazu 3er-Gruppen (Kunde, Verkäufer, Beobachter). Beachten Sie auch Ihre Fragetechnik.

a) Variieren Sie Ihr Rollenspiel, indem Sie sich in verschiedene Kundentypen hineinversetzen (z. B. verschlossen, eilig, wählerisch, unentschlossen).

Arbeitstechnik – Verkaufsgespräche planen

Je besser der Ablauf eines Verkaufsgespräches im Voraus geplant wird, umso erfolgreicher kann es verlaufen. Beachten Sie daher, dass ein erfolgreiches Verkaufsgespräch in vier Phasen aufgebaut werden sollte:

Aufwärmphase	Begrüßen Sie Ihren Kunden. Ihr äußeres Erscheinungsbild, Ihre Sprechweise und Ihre Körpersprache tragen zu einer sympathischen Gesprächsatmosphäre bei.
Fragephase	Ermitteln Sie die Wünsche und Kaufmotive Ihres Kunden. Ermutigen Sie ihn, Fragen zu stellen, und hören Sie aufmerksam zu. Beachten Sie auch die Technik „aktives Zuhören“.
Angebotsphase	Überzeugen Sie mit wenigen, aber gut vorbereiteten Sachinformationen zum Produkt und zu Ihren Serviceleistungen.
Abschlussphase	Bedanken Sie sich bei Ihrem Kunden (für sein Interesse, seinen Kauf ...). Wünschen Sie ihm einen schönen Tag. Sagen Sie ihm ggf., dass er sich richtig entschieden hat.

Fazit

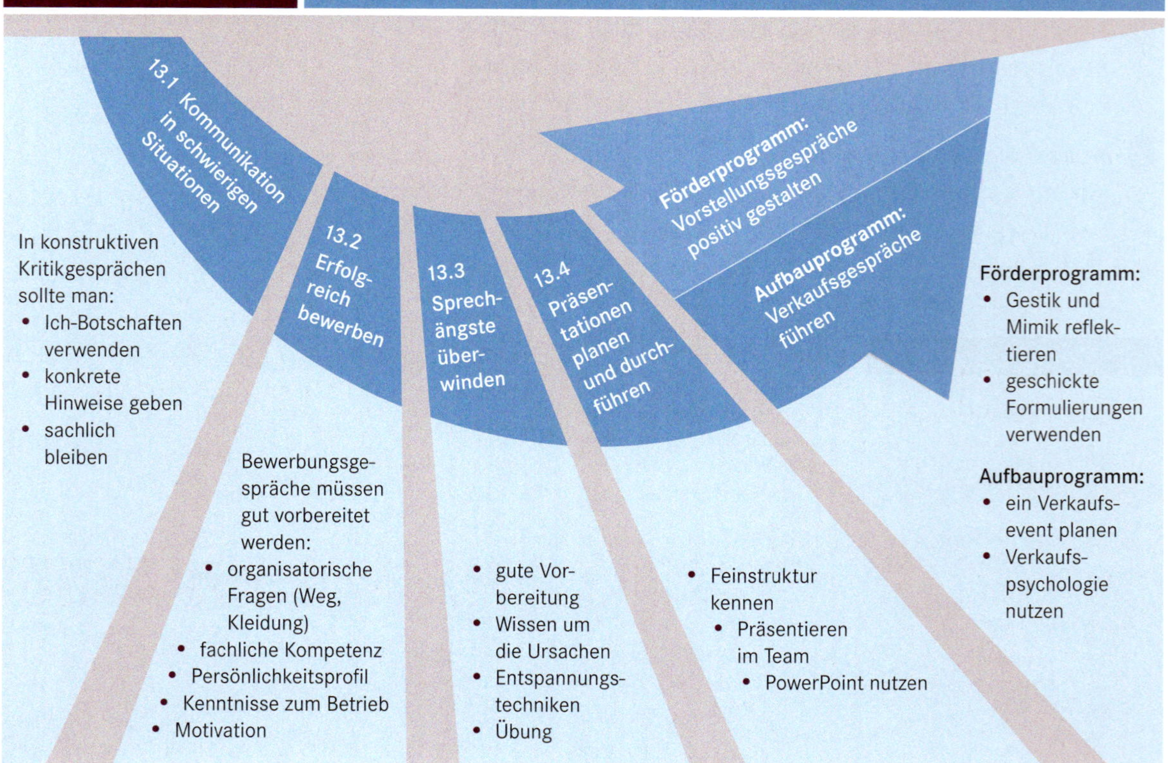

Kapitel 14

Bewerbungen schreiben

Mit der anstehenden Abschlussprüfung endet die Berufsausbildung. Dann heißt es in der Regel wieder: Bewerbungen schreiben. Doch dieses Mal sind die Vorzeichen andere, denn Sie müssen viele Entscheidungen treffen: An welchem Ort möchten Sie arbeiten, bei welchem Arbeitgeber und mit welchen Aussichten auf spezielle berufliche Tätigkeiten möchten Sie starten, auf welche besonderen Verdienstmöglichkeiten legen Sie Wert?

Um jedoch überhaupt eine Wahl zu haben, muss Ihre schriftliche Bewerbung zuallererst mehr überzeugen als diejenigen vieler anderer Mitbewerber.

In diesem Kapitel frischen Sie Ihre Kenntnisse über das Bewerben auf und lernen darüber hinaus, wie Sie am besten für sich werben und auf welche Besonderheiten Sie dabei achten sollten.

Was ich aus anderen Kapiteln weiß

- ✔ Kommunikation bedeutet immer, etwas von sich preiszugeben und andere zum Handeln zu bewegen (➪Kapitel 1, 7).
- ✔ Schreibpläne helfen, alles Wichtige zu bedenken (➪Kapitel 2).
- ✔ Geschäftsbriefe ohne Vordruck verlangen eine bestimmte Form (➪Kapitel 2).
- ✔ Um andere zu überzeugen, muss man schlüssig argumentieren (➪Kapitel 7, 8).

Bewerbungsschreiben formulieren

Bewerbungsschreiben untersuchen

Max, Stefanie und Agnes sind verschiedene Schul- und Ausbildungswege gegangen, stehen nun jedoch alle drei vor der gleichen Herausforderung: Sie wollen nach bestandener Facharbeiterprüfung eine neue Stelle finden. Agnes möchte gerne am Ort bleiben, Stefanie strebt als begeisterte Sportlerin ins Voralpenland und Max sucht eine innovative Firma im deutschsprachigen Raum. Stefanie stößt nach mehreren Wochen der Suche in einer überregionalen Tageszeitung auf ein Inserat, das ihr auf Anhieb zusagt.

1 *Sammeln Sie weitere Möglichkeiten, wie die drei Freunde geeignete Stellenangebote finden können.*

2 *Untersuchen Sie die Anzeige: Worauf sollte ein Bewerber eingehen? Was wird von ihm erwartet?*

SPORTARTIKELVERKÄUFER(IN)

Schuh-, Lauf- und Langlaufabteilung

Wenn Sport Ihre Leidenschaft ist, dann sind Sie bei uns genau richtig!
Wir stellen uns eine(n) engagierte(n) Sportler(in) vor, der/die persönliche Erfahrungen gerne an unsere Kunden weitergibt. Sie sind bereit, eigenverantwortlich zu arbeiten.

Wir bieten Ihnen
eine interessante, abwechslungsreiche Aufgabe mit Aufstiegschancen in einem expandierenden Unternehmen und leistungsgerechter Bezahlung.
dispo ist der größte Sportartikelanbieter im Süden Deutschlands.
Ihre vollständigen Bewerbungsunterlagen richten Sie bitte an:

dispo – Sports world
Personalabteilung, z. H. Frau Richter
Badener Str. 666
83064 Raubling
Tel.: +49 (0) 8035/8888-111,
www.dispo-sport.de

Achtung, Fehler!

Thomas Schmude
Erlenstr. 63
84577 Tüßling

Tüßling, den 28.03.20...

Firma dispo
Badener Str. 666

83064 Raubling

Muster A

Betrifft: Stellenangebot vom 24.03.20... aus Mühldorfer Anzeiger

Sehr geehrte Herren und Frauen!
Ich bewerbe mich für die Anzeige vom 24.03.20... aus der Zeitung um die Verkäuferstelle.
Zurzeit arbeite ich bei der Firma Huber-Sport und bin als Auszubildender tätig.
Ich habe im Rahmen meiner Ausbildung schon überall gearbeitet. Auch im Umgang mit Kunden bin ich schon über vieles informiert worden.

Warum ich diese Stellung wechsle, liegt daran, dass mein jetziger Chef zurzeit keinen neuen Fachverkäufer brauchen kann.

Ich möchte mich noch für ein Vorstellungsgespräch bei Ihnen anmelden.

Mit freundlichen Grüßen

Schmude

Anlagen
tabellarischer Lebenslauf
Abschlusszeugnis der Hauptschule
Jahreszeugnis der Berufsschule (11. Klasse)

Bewerbungsschreiben untersuchen

•
•
•
•

Stefanie Gschwandtner
Sedlmaierstr. 2
84571 Reischach
Tel.: 08670/123456

Muster B

Reischach, 27.03.20...

•
•
•
•
•
•
•

dispo – Sports world
Personalabteilung Frau Richter
Badener Str. 666
83064 Raubling

•
•
•
•

Stellenangebot vom 24.03.20... in der Süddeutschen Zeitung

•
•

Sehr geehrte Frau Richter,

•

hiermit bewerbe ich mich um die Stelle als Sportartikelverkäuferin, die Sie am 24.03.20... in der Süddeutschen Zeitung ausgeschrieben haben.

•

Derzeit werde ich bei der Firma Sport-Stüberl GmbH, Dürrstr. 5, 84571 Reischach, zur Fachverkäuferin ... ausgebildet. Mitte Juli dieses Jahres werde ich meine Gehilfenprüfung ablegen. Nach bestandener Prüfung suche ich ein neues Betätigungsfeld, da der Bedarf an Verkäufern in meinem Ausbildungsbetrieb langfristig gedeckt ist.

•

Bereits nach sechs Monaten des ersten Ausbildungsjahres erstreckte sich mein Einsatz vorwiegend auf den Bereich Sport- und Bergschuhe. Als begeisterte Langläuferin mit Trainerschein C1 konnte ich zudem in allen Fragen des Langlaufsports Erfahrungen sammeln. Die Arbeit in Ihrem Sporthaus unmittelbar vor den Bergen würde mir daher besonders zusagen. Selbstverständlich wäre ich bereit, in die Kufsteiner Gegend zu ziehen.

•

Über ein persönliches Vorstellungsgespräch bei Ihnen würde ich mich sehr freuen.

•

Mit freundlichen Grüßen

•
•

Stefanie Gschwandtner

•

Anlagen
tabellarischer Lebenslauf
Abschlusszeugnis der Hauptschule
Jahreszeugnis der Berufsschule (11. Klasse)
Trainerschein C1

Bewerbungsschreiben untersuchen

3 ***Untersuchen Sie die beiden Bewerbungsschreiben auf den vorherigen Seiten.***

a) Welches Bewerbungsschreiben macht auf Anhieb den besseren Eindruck? Begründen Sie Ihre Entscheidung.

b) Wodurch unterscheiden sich die beiden Schreiben inhaltlich?

c) Welches Schreiben genügt den formalen Anforderungen nicht? Stellen Sie mindestens drei Verstöße fest.

Tipp
Das Bewerbungsschreiben wird wie jeder Geschäftsbrief nach DIN 5008 verfasst (➪ Kapitel 2, S. 32, 33).

4 ***Erarbeiten Sie den inhaltlichen und formalen Aufbau der Bewerbung B. Notieren Sie in Stichpunkten.***

5 ***Untersuchen Sie das Bewerbungsschreiben A.***

a) Welche grammatikalischen Fehler beging der Verfasser? Verbessern Sie diese.

b) Schreiben Sie alle stilistischen Mängel aus dem Text heraus. Machen Sie schriftlich je zwei Verbesserungsvorschläge.

c) Tauschen Sie mit Ihrem Nachbarn Ihr Blatt. Beurteilen Sie dessen Vorschläge und entscheiden Sie sich für den jeweils besseren Vorschlag.

6 ***Stellen Sie Überlegungen zu folgenden Punkten an.***

a) Welche Unterlagen sind einem Bewerbungsschreiben unbedingt beizulegen?

b) Warum sollen sämtliche Zeugnisse nur in Kopie beigelegt werden?

c) Weshalb sollten Sie keine Handy-Nummer angeben?

7 ***Bewerten Sie die folgenden Formulierungen aus einem Bewerbungsschreiben. Verbessern Sie Fehler oder formulieren Sie neu.***

- Ich möchte gern als Bürokaufmann arbeiten. Hierzu wäre eine Anstellung in einem solchen Bereich Grundlage.
- Der Berufsberater des Arbeitsamtes hat mir empfohlen, mich bei Ihnen zu bewerben.
- Ich habe großes kaufmännisches Verständnis.
- Aus meinen Bewerbungsunterlagen können Sie entnehmen, dass ich mich für die Stelle als Bürokaufmann besonders eigne.

8 ***Überlegen Sie, wie Sie folgende Sachverhalte in einem Bewerbungsschreiben formulieren könnten. Schreiben Sie in vollständigen Sätzen.***

- Sie haben mit Frau Groß aus der Personalabteilung telefoniert; sie hat Ihnen mitgeteilt, dass in ihrer Firma eine Stelle zu besetzen ist.
- Sie haben sich bereits mit der Stelle und der Firma beschäftigt und wissen, was auf Sie zukommt.
- Sie haben in der Firma während Ihrer Schulzeit bereits ein Praktikum gemacht, welches Ihnen sehr gefallen hat.

9 ***Erstellen Sie am Computer mit Hilfe eines Textverarbeitungsprogramms Bewerbungsschreiben.***

a) Verbessern Sie das Bewerbungsschreiben von Thomas Schmude (Seite 176).

b) Verfassen Sie ein Bewerbungsschreiben für eine Stelle, die Sie sich über eine Stellenausschreibung aussuchen.

Den tabellarischen Lebenslauf schreiben

Stefanie hat ihrem Bewerbungsschreiben den folgenden Lebenslauf beigelegt:

Muster

Lebenslauf

Persönliche Daten

Familienname:	Gschwandtner
Vorname:	Stefanie
Geburtsdatum:	14.03.1990
Geburtsort:	Würzburg
Eltern:	Johann Gschwandtner Maria Gschwandtner (geb. Erler)
Staatsangehörigkeit:	deutsch
Familienstand:	ledig

Schulbildung

Sept. 1996 – Juli 2000	Grundschule in Obertaufkirchen
Sept. 2000 – Juli 2006	Hauptschule in Mühldorf/Inn Abschluss: qualifizierender Hauptschulabschluss

Berufsausbildung

August 2006 – voraussichtl. Juli 2009	Ausbildung zur Kauffrau im Einzelhandel in der Firma Sport-Stüberl, Reischach Besuch der Berufsschule in Altötting

Besondere Kenntnisse und Fertigkeiten

	Führerschein Klasse B Englischkenntnisse Trainerschein C1 (Langlauf)

Reischach, 27.3.20...

Stefanie Gschwandtner

1 ***Stellen Sie Überlegungen zu folgenden Fragestellung an.***

a) Welchem Zweck dient ein Lebenslauf?

b) Warum sollte er keine zeitlichen Lücken aufweisen?

c) Welche Vorteile hat ein tabellarischer Lebenslauf gegenüber einem Lebenslauf in vollständigen Sätzen, als zusammenhängender Text?

2 ***Erstellen Sie am Computer einen persönlichen, tabellarischen Lebenslauf.***

Ein Bewerbungsschreiben planen

Bevor Sie ein Bewerbungsschreiben ausformulieren, sollten Sie – wie bei jedem Schreibplan (➪Kapitel 2, S. 30) – zunächst Ihre Aufgabe genau durchdenken, Informationen sammeln und gliedern sowie eine geeignete Sprache wählen.

Doch zuallererst benötigen Sie eine Stellenausschreibung, auf die Sie Ihre Bewerbung sinnvoll zuschneiden können.

1 *Suchen Sie auf der Seite der Bundesagentur für Arbeit (www.arbeitsagentur.de) oder in einer Tageszeitung eine passende Stellenausschreibung.*

2 *Durchdenken Sie folgende Punkte und notieren Sie Ihre Antworten.*

- Welche Ziele verfolgen Sie und welche verfolgt der Verfasser der Stellenanzeige?
- Vervollständigen Sie die nebenstehende Mindmap (➪Kapitel 8, S. 104). Seien Sie dabei möglichst ehrlich und selbstkritisch.
- Versetzen Sie sich in die Lage des Arbeitgebers und streichen Sie alles durch, was Ihnen an einem zukünftigen Mitarbeiter nicht gefallen würde.

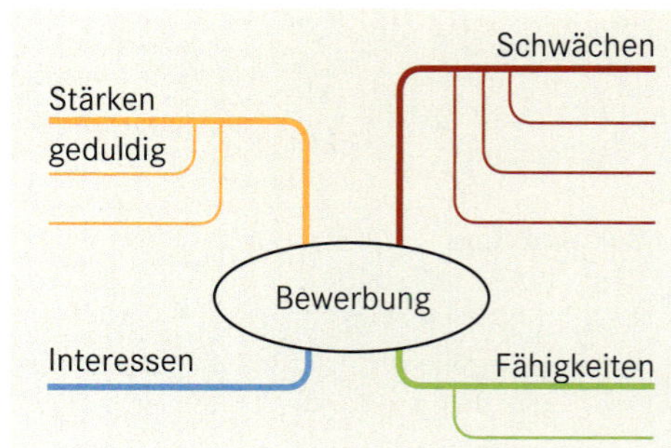

3 *Notieren Sie alle Informationen und Materialien, die Sie für eine Bewerbung benötigen.*

4 *Planen Sie nach der folgenden Gliederung die Inhalte der einzelnen Absätze Ihrer Bewerbung.*

Arbeitstechnik | Ein Bewerbungsschreiben gliedern

Der **Hauptteil des Bewerbungsschreibens** besteht aus vier Abschnitten.

1. Abschnitt: Hier schreiben Sie einleitend, wofür Sie sich bewerben und woher Sie wissen, dass eine Stelle angeboten wird. Sie beziehen sich z. B. auf eine Anzeige, ein Telefonat oder die Empfehlung eines Mitarbeiters der Firma.
Wofür bewerbe ich mich?

2. Abschnitt: Er soll Interesse wecken und bezieht sich auf das, was Sie derzeit machen.
Welche Ausbildung mache ich gerade und mit welchem Abschluss werde ich diese beenden?

3. Abschnitt: Dies ist der ausführlichste und wichtigste Teil des Anschreibens. Der/Die Leser Ihres Bewerbungsschreibens soll/-en Lust bekommen, Sie näher kennen zu lernen. Formulieren Sie Argumente, die Ihre Eignung für die Stelle untermauern.
Warum interessiere ich mich für die Stelle?
Warum interessiere ich mich für diese Firma?
Was erhoffe ich mir von der Tätigkeit?
Welche Eigenschaften, Fähigkeiten und Kenntnisse habe ich?
Welche Erfahrungen bringe ich mit?

4. Abschnitt: Der Schlusssatz zielt auf eine Einladung zu einem Vorstellungsgespräch.
Was erhoffe ich mir jetzt als nächsten konkreten Schritt?

5 ***Formulieren Sie nun Ihr Bewerbungsschreiben in ganzen Sätzen. Die folgenden Textbausteine können Ihnen dabei helfen. Passen Sie diese aber immer an Ihre spezielle Situation an.***

1. Abschnitt

- Ich möchte mich bei Ihnen um die Stelle als ... bewerben.
- Ich bewerbe mich um die von Ihnen angebotene Stelle als ...
- Ich interessiere mich sehr für die Anstellung als ... und möchte mich deshalb bei Ihnen bewerben.
- Durch Ihre Anzeige in ... vom ... habe ich erfahren, dass Sie eine/-n ...
- Ich beziehe mich auf die von Ihnen angebotene Anstellung im ...
- ... hat mir empfohlen, mich bei Ihnen um eine Anstellung als ... zu bewerben.

2. Abschnitt

- Zurzeit mache ich eine Ausbildung bei ...
- Momentan befinde ich mich in der Ausbildung zur ... Diese werde ich im Sommer 20.. beenden.

3. Abschnitt

- Ich interessiere mich für die Tätigkeit, weil ...
- Das Interesse für diesen Beruf beruht auf ...
- Pünktlichkeit und Zuverlässigkeit sind für mich selbstverständlich.
- Meine Interessen liegen besonders in den Bereichen ...
- Meine Lieblingsfächer sind ... Es macht mir Freude ...
- Ich denke, dass ich gute Voraussetzungen mitbringe, weil ich sehr kontaktfreudig bin und gut mit Zahlen umgehen kann.
- Der Umgang mit Menschen macht mir Freude, deshalb möchte ich gerne in einem Team arbeiten.
- Während meiner Ausbildung konnte ich Erfahrungen im Bereich ... sammeln.
- Ich habe an einer Weiterbildung für ... teilgenommen.

4. Abschnitt

- Über eine Einladung zu einem Vorstellungsgespräch würde ich mich sehr freuen.
- Ich würde mich freuen, wenn ich mich bei Ihnen persönlich vorstellen dürfte.

Basiswissen **Bewerbungsschreiben**

Mit der Bewerbungsmappe, v. a. dem Bewerbungsschreiben, geben Sie Ihrem möglichen Arbeitgeber einen ersten Eindruck von sich. Das Schreiben muss bestimmte formale Vorgaben erfüllen (Muster S. 177). Um eine möglichst passende Bewerbung zu schreiben, sollte man über die entsprechende Firma und über die erwartete Tätigkeit gut Bescheid wissen.

Das gewisse Etwas einer Bewerbung: die persönliche Note

Ein Persönlichkeitsprofil erstellen

Vor der eigentlichen Bewerbung und dem Vorstellungsgespräch sollten Sie herausfinden, welche besonderen Stärken Sie besitzen und welche Anforderungen der zukünftige Beruf und das Unternehmen an Sie stellen. Es gilt, die Schnittmenge zwischen Ihrer Persönlichkeit, Ihrem zukünftigen Beruf und dem Unternehmen, bei dem Sie sich bewerben, zu finden.

1 ***Welche Erfahrungen bei der Suche nach Ihrem Ausbildungsplatz haben Sie bereits gesammelt? Tragen Sie mit Hilfe einer Mindmap Ihre Erfahrungen, Erwartungen, Wünsche, Ängste oder Hoffnungen zum Thema „Meine Suche nach einer Arbeitsstelle" zusammen.***

2 ***Beschreiben Sie die Karikatur und beurteilen Sie sie nach folgenden Gesichtpunkten:***

a) Was erfährt der Chef durch die Antwort des Jugendlichen? Wie wirkt die Antwort auf den Chef?
b) Ist die Kommunikation zwischen den beiden gescheitert?
c) Welchen Rat geben Sie dem Jugendlichen?

3 ***Lernen Sie sich selbst kennen und sich sachlich zu charakterisieren.***

a) Fertigen Sie am Computer eine Checkliste mit Persönlichkeitsmerkmalen nach folgendem Muster an, nennen Sie auch negative Persönlichkeitsmerkmale (Schwächen):

Persönlichkeitsmerkmale	stark ausgeprägt	normal ausgeprägt	gar nicht ausgeprägt
Freundlichkeit ...			

b) Drucken Sie die Checkliste aus und kopieren Sie sie mehrmals. Füllen Sie diese für sich selbst aus und bitten Sie andere, dies für Sie zu tun.
c) Vergleichen Sie die Ergebnisse. Begründen Sie die Abweichungen zwischen Selbst- und Fremdeinschätzung.

4 ***Fertigen Sie ein Persönlichkeitsprofil von sich selbst an. Stellen Sie dafür Ihre Persönlichkeitsmerkmale zusammen und belegen Sie sie mit Beispielen.***
Beispiel: Teamfähigkeit – Beleg: Vereinstätigkeit im FC Schnaitsee

Ein Anforderungsprofil erstellen

1 ***Erkunden Sie, welche Anforderungen unterschiedliche Unternehmen an Arbeitnehmer stellen. Bilden Sie dazu mehrere Gruppen und suchen Sie pro Gruppe eine Stellenausschreibung für Ihren Beruf im Internet.***

a) Untersuchen Sie die Anzeige auf Kriterien, die der Arbeitnehmer erfüllen muss. Sie finden sie in Formulierungen wie: „Sie haben …", „Sie sind …", „… wird vorausgesetzt." Notieren Sie.

b) Untersuchen Sie die Anzeige auf sogenannte „Kann-Kriterien". Hierauf weisen Formulierungen wie „idealerweise", „von Vorteil" oder „wünschenswert". Notieren Sie auch diese.

c) Welche Unterlagen und Angaben werden in der Anzeige gefordert?

2 ***Vergleichen Sie die Anforderungen mit Ihrem Persönlichkeitsprofil und Ihren Kenntnissen und Fähigkeiten.***

a) Was erfüllen Sie und wie belegen Sie das? Formulieren Sie in vollständigen Sätzen.

b) Was erfüllen Sie nicht und was bieten Sie stattdessen an? Finden Sie auch hierfür Formulierungen.

Tipp
Viele Stellenausschreibungen finden Sie bei der Bundesagentur für Arbeit: www.arbeitsagentur.de.

Tipp
Bei mittelgroßen und großen Betrieben sollte man vor der Bewerbung auch Informationen über das Unternehmen sammeln.

Informationen gliedern, die Bewerbung schreiben

1 ***Planen Sie nach der Gliederung auf S. 180 den Inhalt der Absätze Ihres Bewerbungsschreibens. Arbeiten Sie mit Ihren Ergebnissen aus den vorherigen Aufgaben.***

2 ***Verfassen Sie ein vollständiges Bewerbungsschreiben. Nutzen Sie dazu Ihre Vorarbeiten und werben Sie mit individuellen Formulierungen für sich.***

3 ***Tauschen Sie Ihre Bewerbungsschreiben untereinander und lesen Sie Korrektur. Markieren Sie alle inhaltlichen, sprachlichen und formalen Fehler. Korrigieren Sie anschließend.***

Arbeitstechnik — Bewerbungsunterlagen zusammenstellen

- Stellen Sie Ihre positiven und negativen Persönlichkeitsmerkmale auf einem Blatt gegenüber.
- Fügen Sie die in dem von Ihnen gewählten Beruf geforderten Qualifikationen hinzu.
- Fassen Sie Gemeinsamkeiten zusammen.
- Ermitteln Sie die Adresse eines geeigneten Arbeitgebers.
- Erstellen Sie den Inhalt des Bewerbungsschreibens. Achten Sie besonders auf individuelle Formulierungen. Verfassen Sie das Bewerbungsschreiben und beachten Sie dabei die Formvorschriften.
- Schreiben Sie den Lebenslauf und achten Sie auf das aktuelle Datum.
- Fügen Sie alle notwendigen Unterlagen zeitlich geordnet und als Kopien hinzu.

Basiswissen | Vollständige Bewerbungsunterlagen

Bewerbungsschreiben

- Inhalt interessant gestalten (Interesse bekunden, Angaben zur Person und zu Kenntnissen und Fähigkeiten machen)
- Formvorschriften nach DIN 5008 beachten (➪ Kapitel 2, S. 32, 33)
- freundlich-persönlichen Sprachstil wählen

Lebenslauf

- lückenlos
- Unterschrift und Datum (aktuell) beachten

Passfoto

- aktuell, von guter Qualität
- auf passende Kleidung achten

Zeugnisse/Leistungsnachweise

- sauber und vollständig
- chronologisch geordnet
- als Kopien

Fazit

14.1 Bewerbungsschreiben formulieren

- Stellenausschreibungen genau lesen, ein Bewerbungsschreiben formal richtig (DIN 5008), inhaltlich sorgfältig und sprachlich angemessen ausgestalten

14.2 Den tabellarischen Lebenslauf schreiben

- Sich über Ziel, Aufbau und Form eines Lebenslaufs Klarheit verschaffen

Förderprogramm: Ein Bewerbungsschreiben planen

Aufbauprogramm: Das gewisse Etwas einer Bewerbung: die persönliche Note

Förderprogramm:

- Eine Bewerbung sorgfältig planen, ein Bewerbungsschreiben in Absätze gliedern, die richtigen Formulierungen finden

Aufbauprogramm:

- Ein Persönlichkeits- und ein Anforderungsprofil erstellen, Informationen gliedern, vollständige Bewerbungsunterlagen zusammenstellen

Kapitel 15

Eine Stellungnahme verfassen und an andere appellieren

15.1 Schriftlich Stellung nehmen

15.2 Für eine Sache werben

Förderprogramm: Ein Flugblatt gestalten – appellieren

Aufbauprogramm: Dokumentationen erstellen und überarbeiten

Untersucht man mündliche Äußerungen oder den Schriftverkehr in Alltag und Beruf genauer, so stellt sich häufig heraus, dass Menschen ihre Meinung vertreten, zu einem Thema Stellung nehmen und dabei stets argumentieren. Damit einher geht oft auch das Bemühen, andere aufzufordern, etwas zu tun oder eine bestimmte (erwünschte) Haltung einzunehmen. Je besser man dabei argumentiert und appelliert (wirbt), desto leichter erreicht man seine Ziele.

In diesem Kapitel lernen Sie, eine überzeugende Stellungnahme zu formulieren sowie appellierende Texte zu verfassen. Daran schließt sich ein Einblick in die Erstellung von Dokumentationen an.

Für alle Schreibformen gilt, dass die Texte sorgfältig zu planen sind, bevor sie verfasst, kontrolliert und ggf. überarbeitet werden.

Was ich aus anderen Kapiteln weiß

- ✔ Das gesprochene Wort kann auf unterschiedliche Weise vom Empfänger verstanden werden (➪ Kapitel 1, 7).
- ✔ Für das Qualitätsmanagement sind Berichte und Beschreibungen der Arbeitsabläufe notwendig (➪ Kapitel 3, 9).
- ✔ Mit dem Einsatz bestimmter rhetorischer Mittel kann Sprache manipulieren oder überzeugen (➪ Kapitel 6, 7).
- ✔ Ein Argument besteht immer aus einer These, Argumenten und Belegen (➪ Kapitel 7, 8).

Schriftlich Stellung nehmen

Einen Text analysieren

ERLEBNISPÄDAGOGIK IM AUSLAND: Der Problemfall-Export

Von Stephan Orth

Holzhacken in Schweden, Plumpsklo ausheben in Sibirien, dazu pädagogische Einzelbetreuung: Fern der Heimat sollen jugendliche Straftäter resozialisiert werden. Doch die Abenteuerreisen für Verhaltensauffällige sind unter Forschern umstritten – und nicht alle entsprechen Recht und Gesetz.

Wenn es mit der Erziehung in Deutschland nicht klappt, wird das Problem exportiert. Jedes Jahr schicken deutsche Jugendeinrichtungen Hunderte Teenager ins Ausland, wo sie nach erlebnispädagogischen Konzepten lernen sollen, ein Leben ohne Ausfälle zu führen. Meistens geht es in der Praxis darum, geregelte Tagesabläufe zu entwickeln, die Natur zu entdecken – und Holz zu hacken.

Der Fall eines 16-jährigen hessischen Gewalttäters, der für neun Monate in der sibirischen Tundra lebt und dort in eisiger Kälte sein eigenes Plumpsklo ausheben muss, brachte die Diskussion um Sinn und Unsinn der Erlebnispädagogik wieder auf. Der Junge soll in der reizarmen Umgebung seine Aggressivität in den Griff bekommen. Weil es kaum andere Ablenkung gibt, muss er sich in Sibirien mit der Unterstützung eines Betreuers hauptsächlich um die eigene Grundversorgung kümmern. Weglaufen ist zwecklos, außerhalb des 5000-Einwohner-Ortes gibt es nur Ödnis und Steppe.

Sein Fall ist möglicherweise besonders drastisch – aber nicht der einzige: Nach Angaben der Arbeitsgemeinschaft für Kinder- und Jugendhilfe (AGJ) liefen im Dezember 2006 noch 595 „intensivpädagogische Auslandsmaßnahmen“, doch die Zahl ist nach Schätzungen von Experten inzwischen um etwa ein Drittel zurückgegangen.

Doch weder gibt es bisher verlässliche wissenschaftliche Studien über Erfolge des Problemkind-Exports, noch wird in allen Fällen transparent dokumentiert, was genau in der Ukraine, in Spanien oder Südafrika passiert. Denn eine Heimaufsicht wie in Deutschland, die schon mal unangemeldet zu Besuch kommt und den plangemäßen Ablauf erzieherischer Maßnahmen kontrolliert, gibt es im Ausland nicht. „Die deutsche Gesetzgebung endet an den deutschen Grenzen“, sagt Professor Jörg Ziegenspeck, der an der Universität Lüneburg seit 25 Jahren zur Erlebnispädagogik forscht.

Beim Kölner Projekt „Husky“ findet sie auch eher unter Tannen und Fichten statt. Dort werden verhaltensauffällige, schwer erziehbare und straffällige Jugendliche nach Schweden oder Polen geschickt. „Die Teenager erlernen in einem familienähnlichen Setting einen strukturierten Alltag mit Eins-zu-Eins-Betreuung“, sagt Diplompädagoge Volker Harre, einer der beiden Leiter des Projekts. Es geht um einen Milieuwechsel, um das Unterbrechen von Routinen und um die Krise als Chance. Etwa 150 Euro pro Tag kostet die Individualbetreuung.

Holzhacken und Gartenarbeit gehören zum Alltag, per Fernunterricht wird Schulstoff gepaukt. „Es muss schon mit Anstrengung zu tun haben, reine Kuschelpädagogik ist für mich eine Witznummer“, sagt Harre. Gleichzeitig betont er aber, dass man mit Zwangsmaßnahmen nichts lernen könne – der Teenager muss letztendlich selber erkennen, dass ihm eine Verhaltensänderung Vorteile bringt.

(gekürzt; www.spiegel.de/politik/deutschland/0,1518,529475,00.html, 26.01.08)

1 ***Untersuchen Sie den Text.***

a) Formulieren Sie die Kernaussagen.

b) Welche Personen stellen welche Thesen (Behauptungen) auf? Wie werden diese begründet?

2 ***Erörtern Sie die Problematik, stellen Sie sich u. a. folgende Fragen:***

a) Welche Meinung vertrete ich zu dem aufgeworfenen Problem?

b) Welche Argumente habe ich, um meine Meinung glaubwürdig zu vertreten?

c) Wie würde ich öffentlich, z. B. in einem Zeitungsinterview mit Foto, Stellung nehmen?

Eine Stellungnahme untersuchen

Der Bundesverband Erlebnispädagogik e. V. reagiert und gibt eine mehrseitige Stellungnahme ab. Hier wesentliche Auszüge daraus:

Ein Plädoyer für „Pädagogik unter Palmen"!

Der Bundesverband Erlebnispädagogik nimmt aus aktuellem Anlass Stellung zu Qualitätsfragen individualpädagogischer Maßnahmen im Ausland.

Aus unserer Sicht haben sich individualpädagogische Maßnahmen im Ausland in den letzten 20 Jahren zunehmend bewährt. Sie sind ein wichtiges und unverzichtbares Instrument in der Arbeit mit Kindern und Jugendlichen, die von gesellschaftlicher Ausgrenzung bedroht sind.

Unstrittig ist, dass eine **individuelle Hilfe im Ausland** in jeder Hinsicht ein **besonderes Instrument** ist: Diese Hilfen bedeuten für die betroffenen Jugendlichen und ihre Familien eine Zäsur; sie sind personalintensiv und in Bezug auf die Sicherung von Qualität und Umsetzung der Hilfeplanung eine Herausforderung für alle Beteiligten. Daher gehört es grundsätzlich zum Standard fachlichen Handelns, dass eine Auslandsmaßnahme vor ihrer Installation auf ihre Sinnhaftigkeit überprüft wird und nur dann eingesetzt wird, wenn dies aus fachlichen Gründen dringend geboten ist. Solche Gründe liegen vor, wenn z. B. einem jungen Menschen nur durch einen zeitweisen Milieuwechsel, bzw. Ausstieg aus dem bisherigen Lebensumfeld, eine positive Entwicklungsprognose eingeräumt werden kann. Nach unserem Kenntnisstand werden bei den Mitgliedern unseres Verbandes individualpädagogische Auslandsmaßnahmen keineswegs „inflationär" eingesetzt, sondern machen im Vergleich mit der Gesamtzahl erzieherischer Hilfen einen sehr geringen Anteil aus. Aktuelle Zahlen der Landesjugendämter Rheinland und Westfalen mögen dies für NRW exemplarisch belegen: Zum Stichtag 31. August wurden insgesamt 260 Kinder/Jugendliche in Auslandsmaßnahmen von Trägern betreut, die im „Arbeitskreis individualpädagogischer Maßnahmen", AIM e. V. NRW, organisiert sind. Die **Qualität** der Arbeit in der überwiegenden Anzahl von Auslandsprojekten wird unseren Erkenntnissen zufolge als hoch eingestuft, ebenso die Bewertung der Ergebnisse in Bezug auf Zielerreichung, Stabilisierung und anschließende Reintegration. Der Prozess der zunehmenden Etablierung individualpädagogischer Auslandsmaßnahmen konnte trotz der unbestrittenen Negativ-Beispiele, deren mediale Ausschlachtung den gesamten Bereich diskreditierte, positiv vorangetrieben werden.

Unberührt bleibt die Frage der **Überprüfung** und **Kontrolle** zur Gewährleistung der entwickelten Qualitätsstandards. Hier hat der BE bislang nur im Rahmen seiner Selbstverpflichtungserklärung arbeiten können.

Um dem von vielen Seiten geäußerten Wunsch nach verbindlicher Kontrolle nachkommen zu können, hat der BE vor drei Jahren im Rahmen einer **Qualitätsoffensive** ein entsprechendes Konzept entwickelt, welches durch einen Antrag zur Projektförderung beim Bundesministerium für Familie, Senioren, Frauen und Jugend vorgestellt wurde.

Eine Überprüfung der Maßnahme nach ca. drei Monaten vor Ort durch den Auftraggeber oder eine von ihm beauftragte Person/Institution ist sinnvoll.

(gekürzt; www.wellenbrecher.de/pdf/Stellungnahme.pdf, Januar 2004)

1 ***Analysieren Sie die Stellungnahme, indem Sie den argumentativen Aufbau erschließen.***

a) Exzerpieren Sie den Text, indem Sie die wesentlichen Informationen herausschreiben.
b) Wie beurteilen Sie Einleitung und Schluss der Stellungnahme?
c) Welche Argumente (Thesen und Begründungen) werden aufgeführt?
d) An welchen Stellen greift der Verfasser Kontra-Argumente auf? Wie geht er damit um?
e) Wie beurteilen Sie die Stellungnahme?

Zu einem Sachverhalt Stellung nehmen

In einer Quartals-Firmenzeitung erscheint der folgende Artikel:

Das Aus für die „Erlebnispädagogische Berg-Woche“

Der Personalvorstand der ANG AG, Dr. Josef Berger, gab vergangene Woche die bereits seit längerem angekündigten Einzelmaßnahmen bekannt, mit denen insgesamt 15 Prozent der freiwilligen Sozialausgaben eingespart werden sollen. Dazu gehört auch der künftige Verzicht auf die erlebnispädagogische Woche, kurz „Berg-Woche“ genannt. Seit nunmehr acht Jahren waren alle Auszubildenden im Oktober des ersten Ausbildungsjahres zusammen mit ihren Ausbildern für fünf Tage in ein Alpenhotel der Südtiroler Bergwelt eingeladen; bei Kletter-, Paragliding- und Wildwasserprogrammen wurden u. a. Teamgeist und Firmenidentifikation aufgebaut. Diese von professionellen Trainern begleiteten Maßnahmen erfreuten sich von Beginn an größter Beliebtheit bei allen Beteiligten. Umso schmerzhafter, so der Personalvorstand, sei die Entscheidung gewesen, auf diese „Berg-Woche“ zu verzichten. Man könne damit künftig aber einen erheblichen fünfstelligen Betrag pro Jahr einsparen.

1 ***Äußern Sie sich zu dem Artikel.***

a) Fassen Sie mit eigenen Worten zusammen, worum es geht.

b) Wie beurteilen Sie die Haltung des Personalvorstandes?

2 ***Tragen Sie zusammen, welche Möglichkeiten Auszubildende in einer solchen Situation haben.***

a) Nutzen Sie Ihre eigenen Erfahrungen beim Sammeln von Möglichkeiten.

b) Diskutieren Sie die Vor- und Nachteile der von Ihnen aufgezeigten Wege.

Situation

Ramona, Auszubildende im letzten Jahr, ist Vorsitzende der Jugendvertretung in dem Unternehmen, das im Begriff ist, seine „Berg-Woche“ abzuschaffen. Auf der nächsten Jugendversammlung erhält Ramona den Auftrag, eine schriftliche Stellungnahme zur geplanten Streichung an den Personalvorstand zu richten. Alle Auszubildenden der Firma sollen den Text in Kopie erhalten. Aufgrund der großen Öffentlichkeitswirksamkeit, die ihr Schreiben haben wird, bereitet sich Ramona gut vor. Um besonders überzeugend zu schreiben, schlägt sie die rhetorischen Strategien nach:

Basiswissen – Rhetorische Strategien

Unter rhetorischen Strategien versteht man den zielorientierten Einsatz sprachlicher Mittel, um den Leser oder Hörer von der eigenen Position zu überzeugen. Solche Strategien sind z. B.:

- Vorwegnahme möglicher Gegenargumente
- Scheinlob des Gegners
- Bescheidene Selbstdarstellung
- Sich selbst als neutral und objektiv darstellen
- Versuch, die Bedeutung eines Arguments herunterzuspielen (indem es z. B. als naiv oder oberflächlich dargestellt wird)
- Scheinbestätigung einer gegnerischen These
- Sich im Streit als Stellvertreter aller Benachteiligten darstellen
- Berufung auf scheinbar objektive und neutrale Personen

Zu einem Sachverhalt Stellung nehmen

3 ***Ordnen Sie folgende Formulierungen den entsprechenden rhetorischen Strategien zu.***

- „Als Vorsitzende der Jugendvertretung kann ich selbstverständlich Entscheidungen der Geschäftsführung nicht beeinflussen …“
- „Wir, die jetzigen Auszubildenden, sind zwar von Ihrer Entscheidung nicht mehr betroffen …“
- „Der Entscheidung der Geschäftsführung sind sicherlich intensive Diskussionen über Für und Wider vorausgegangen, da sind wir überzeugt …“
- „Sicherlich hängt der Ausbildungserfolg in unserem Unternehmen nicht entscheidend von der erlebnispädagogischen Berg-Woche ab …“

4 ***Bereiten Sie eine Stellungnahme zum Artikel des Personalvorstandes vor. Orientieren Sie sich dazu an der folgenden Arbeitstechnik, die einen auf die Stellungnahme zugeschnittenen Schreibplan vorgibt (➪ Kapitel 2, S. 30).***

Arbeitstechnik | Eine schriftliche Stellungnahme verfassen

Sie können zu einem Sachverhalt, einem Text oder zu einer geäußerten Meinung schriftlich Stellung nehmen. Für die eigene Stellungnahme ist zu überlegen, wen Sie ansprechen wollen und mit welcher Leserschaft zu rechnen ist.

1. Schritt: Formulieren Sie das aufgeworfene Problem oder die Frage in eigenen Worten. Überlegen Sie, ob Sie z. B. Missstände anprangern, Lösungsschritte aufzeigen oder Stellung zu einem strittigen Thema (pro und kontra) beziehen wollen. Notieren Sie, welche Meinung Sie spontan dazu äußern würden.

2. Schritt: Schreiben Sie alle Ideen, Argumente (Thesen und Begründungen), Belege, Beispiele auf, die Ihnen zum Thema einfallen.

3. Schritt: Ordnen Sie Ihre Ideen: Beantworten Sie sich die Frage, wovon Sie Ihren Adressaten und ggf. weitere Leser überzeugen wollen. Stellen Sie Behauptungen (Thesen) auf, schreiben Sie die entsprechenden Begründungen aus Ihrer Ideensammlung dazu und entfalten Sie diese.

4. Schritt: Überlegen Sie, mit welchen rhetorischen Strategien Sie Ihre eigene Position deutlich herausstellen wollen, z. B. Gegenargumente vorwegnehmen, sich selbst als neutral oder objektiv darstellen etc. Formulieren Sie entsprechend den Hauptteil Ihrer Stellungnahme.

5. Schritt: Formulieren Sie eine Einleitung, die beim Adressaten Interesse weckt, und überlegen Sie, womit Sie Ihre Stellungnahme am Schluss abrunden können.

5 ***Verfassen Sie mit Hilfe der Notizen aus Aufgabe 4 eine vollständige Stellungnahme zum Artikel der Quartals-Firmenzeitung (➪ S. 188), und zwar***

a) handschriftlich auf einem DIN-A4-Blatt,

b) am PC mit einem Standard-Textverarbeitungsprogramm (Schriftgröße 12 pt).

6 ***Tauschen Sie Ihre Stellungnahmen untereinander aus und überprüfen Sie Folgendes:***

a) Enthält die Stellungnahme überzeugende Argumente?

b) Welche rhetorischen Strategien sind vorhanden?

c) Sind Alternativen zur geplanten Streichung der „Berg-Woche“ aufgezeigt?

d) Sind Sprache und Stil dem Empfänger gegenüber angemessen?

e) Gibt es Verstöße in Rechtschreibung und Zeichensetzung (➪ Kapitel 19, S. 231–248)?

Für eine Sache werben

Situation

Ramona, die Vorsitzende der Jugendvertretung in einem größeren Unternehmen, hat eine sehr überzeugende Stellungnahme zu dem Artikel in der Quartals-Firmenzeitung (S. 188) an den Personalvorstand geschrieben. Darin spricht sie sich vehement für den Erhalt der erlebnispädagogischen „Berg-Woche" aus.
Einige Mitglieder der Jugendvertretung fordern zudem, dem Vorstand der firmeneigenen Stiftung in einem offenen Brief zu schreiben und ihn um seine Mithilfe zu bitten, indem z. B. die Stiftung die Finanzierung der erlebnispädagogischen Woche übernehmen könnte.

1 ***Durchdenken Sie den Auftrag, den Ramona von der Jugendvertretung bekommen hat.***

a) Weshalb genügt es nicht, dem Vorstand der Stiftung nur eine Kopie der Stellungnahme an den Personalvorstand zu senden?
b) Was versteht man unter einem „offenen Brief"?
c) Worin sollten sich die beiden Schreiben unterscheiden?
d) Welche Gemeinsamkeiten dürfen sie haben?

Basiswissen – Appellierende Schreibformen

Man kann vier verschiedene appellierende (werbende) Schreibformen unterscheiden:

- Aufforderung
- Befehl
- Bitte
- Überredung

Alle Formen haben zum Ziel, beim Empfänger eine Einstellungs- oder Verhaltensänderung zu bewirken; in Sprache und Stil geht man dabei unterschiedlich vor.

2 ***Tragen Sie Informationen zu den vier appellierenden Schreibformen zusammen.***

a) Notieren Sie, worin sie sich unterscheiden und welche Gemeinsamkeiten sie haben.
b) Welche Form erachten Sie für den offenen Brief an den Stiftungsvorstand als die geeignetste? Begründen Sie Ihre Entscheidung.

3 ***Verfassen Sie einen offenen Brief an den Stiftungsvorstand Dr. F. Hochstätter.***

- Schreiben Sie handschriftlich oder am PC.
- Beginnen Sie dabei unmittelbar mit der Anrede und gehen Sie nach der 5-Schritt-Arbeitstechnik vor (S. 189).
- Hinweis: Sollten Sie die Stellungsnahme zum Artikel (Aufgaben 4 und 5, S. 189) bereits verfasst haben, so schreiben Sie Ihren Text entsprechend um.

4 ***Kontrollieren und überarbeiten Sie Ihren offenen Brief.***

a) Korrigieren Sie Verstöße in Rechtschreibung und Zeichensetzung (Kapitel 19, S. 231–248).
b) Unterstreichen Sie alle Formulierungen mit appellativem (aufforderndem) Charakter.
c) Ist Ihr offener Brief in Sprache und Stil dem Empfänger gegenüber angemessen verfasst?

5 ***Entwerfen Sie ein Plakat, handschriftlich oder am PC, mit dem Sie alle Betriebsangehörigen davon überzeugen wollen, dass die „Berg-Woche" ihr Geld wert ist.***

a) Formulieren Sie einen kurzen, appellierenden Text.
b) Gestalten Sie das Plakat mit Abbildungen, unterschiedlichen Schriftgrößen etc.

Ein Flugblatt gestalten – appellieren

Situation

Der Personalvorstand der ANG AG, Dr. Josef Berger, muss seine Entscheidung, die erlebnispädagogische Woche aus Kostengründen zu streichen, nochmals überdenken. Die schriftliche Stellungnahme der Jugendvertretung sowie der offene Brief an die firmeneigene Stiftung haben ihre Wirkung nicht verfehlt; für Freitagabend ist eine Versammlung vereinbart worden, in der der Personalvorstand, der Vorsitzende der Stiftung sowie die Jugendvertretung der Auszubildenden einen Kompromiss finden sollen. Alle Auszubildenden sind dazu eingeladen. Thomas und Eva wollen ein Flugblatt entwerfen, mit dem Sie zum Besuch der Versammlung aufrufen. Die Flugblätter sollen an alle Jugendlichen verteilt werden.

1 ***Analysieren Sie die Situation, in der sich Eva und Thomas befinden.***

a) Die Versammlung findet außerhalb der Arbeitszeit am Freitagabend statt. Was könnte die Jugendlichen vom Besuch abhalten?

b) Weshalb ist es aus Sicht der Jugendvertretung wichtig, dass möglichst viele Jugendliche die Versammlung besuchen?

c) Diskutieren Sie andere Möglichkeiten, die Auszubildenden zum Kommen aufzufordern. Nennen Sie die Vor- und Nachteile der verschiedenen Wege.

Arbeitstechnik – **Ein Flugblatt gestalten**

Ein Flugblatt sollte in knapper Form über den Inhalt des Anliegens informieren. Gleichzeitig soll es Aufmerksamkeit erregen und neugierig machen. Ein gut gestaltetes Flugblatt bleibt in Erinnerung (vgl. Werbung).

- Überladen Sie Ihr Flugblatt nicht. Wählen Sie das Textmaterial und die Abbildungen gezielt aus. Die Texte sollten das Wichtigste des Themas kurz und verständlich wiedergeben.
- Arbeiten Sie mit Farben und Abbildungen, sonst wird das Flugblatt zu textlastig. Die Abbildungen sollten ansprechend gestaltet sein und den Inhalt unterstützen.
- Das Wichtigste sollte am größten dargestellt sein.
- Verwenden Sie nicht mehr als drei verschiedene Schriftarten, sonst wird das Flugblatt unübersichtlich.
- Denken Sie an Kontraste zwischen Hintergrund und Schrift/Abbildung.

2 ***Bilden Sie 3er-Gruppen und entwerfen Sie ein überzeugendes Flugblatt im DIN-A4-Format, in dem Sie zum Besuch der Veranstaltung auffordern.***

a) Legen Sie eine übersichtliche Mindmap an, in der Sie sammeln, was alles zur Gestaltung Ihres Flugblatts notwendig und zu bedenken ist (➪Kapitel 8, S. 104).

b) Verwenden Sie die folgenden Informationen: Zeit: Freitag, den 27. März 20..., um 19.30 Uhr, Ort: Mehrzwecksaal der ANG AG. Weitere Hintergrundinformationen zur „Berg-Woche“ finden Sie in den Situationskästen dieses Kapitels (➪S. 188, 190).

c) Lesen Sie Ihr Flugblatt im Anschluss aufmerksam Korrektur und verbessern Sie ggf.

3 ***Werten Sie Ihre Flugblätter aus.***

a) Welche Unterschiede bestehen? Welche Vor- und Nachteile haben die unterschiedlichen Gestaltungsvorschläge?

b) Wählen Sie mit Klebepunkten das beste Flugblatt.

Dokumentationen erstellen und überarbeiten

Situation

Die wochenlangen Diskussionen um den Erhalt der erlebnispädagogischen Woche für Auszubildende der ANG AG haben ein Ende. Es wurde bei der März-Versammlung ein Kompromiss gefunden: 50 % der Kosten trägt weiterhin die Firma, 30 % übernimmt die Stiftung und 20 % tragen die Jugendlichen selbst als Eigenanteil. Die Vorsitzende der Jugendvertretung Ramona ist erleichtert, aber noch nicht fertig mit ihrer Arbeit. Das firmenintern verbindliche Qualitätsmanagement verlangt eine sorgfältige Dokumentation aller wesentlichen Prozesse; das gilt auch für die Jugendvertretung. Ramona stand noch nie vor dieser Herausforderung und schlägt im Firmen-QM-Handbuch nach:

Auszug aus dem QM-Handbuch der ANG AG:

...

Definition

Dokumentationen im Sinne der ANG AG sind:

1. Handbücher
2. Abschlussberichte wesentlicher Geschäftsabschlüsse
3. umfangreiche Verträge
4. Präsentationsmaterialien (in Printform, digital)
5. interne technische Beschreibungen für Produkte (zum firmeneigenen Gebrauch)
6. externe technische Beschreibungen für Produkte (für den Kunden, zur Zulassung in anderen Ländern)

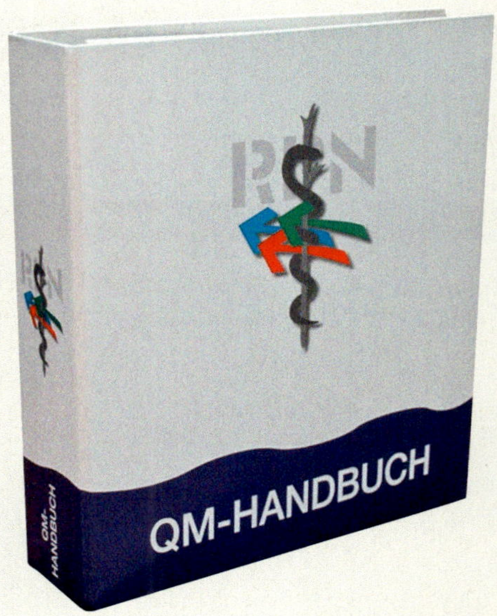

Ziele von Dokumentationen

- rasche, eindeutige Auffindbarkeit von dokumentierten Prozessen
- eindeutige Nachvollziehbarkeit abgelaufener Prozesse
- juristische Verwertbarkeit
- ...

Anforderungen an Dokumentationen

Vollständigkeit, Übersichtlichkeit, Verständlichkeit, Strukturiertheit, Korrektheit, Editierbarkeit, Nachvollziehbarkeit, Authentizität (→ Änderungshistorie), Objektivität, Rechtssicherheit (→ Zitate, Quellen, Urheberrechte)

1 ***Untersuchen Sie die Ausführungen im QM-Handbuch.***

a) Welche Art von Dokumentation (1–6) ist für Ramona relevant?

b) Umschreiben Sie mit eigenen Worten, was unter den anderen Dokumentationsarten verstanden werden kann. Diskutieren Sie ggf. unterschiedliche Deutungen.

c) Begründen Sie die Notwendigkeit der Ziele von Dokumentationen.

d) Notieren Sie die „Anforderungen an Dokumentationen" und ergänzen Sie stichpunktartig deren Bedeutung, z. B.: „Vollständigkeit, das bedeutet, dass alle Materialien und Beschreibungen vorliegen müssen." Klären Sie unbekannte Begriffe oder Fremdwörter mittels Nachschlagewerk oder Internet.

2 ***Erstellen Sie die Struktur einer Dokumentation zum Prozess „Erhalt der erlebnispädagogischen Woche in der ANG AG" aus Sicht der Jugendvertretung.***

a) Verschaffen Sie sich einen Überblick über den gesamten Ablauf mit Hilfe des vorangegangenen Kapitels (➪ S. 188–192).

b) Notieren Sie dabei wesentliche Prozessabschnitte und die dabei angefallenen Dokumente (z. B. Protokolle, Zitate).

c) Entwerfen Sie eine Gliederung für Ihre Dokumentation. Sollten Ihnen wesentliche Prozessabschnitte in den Kapiteln des Deutschbuches fehlen, ergänzen Sie diese plausibel.

d) Fertigen Sie eine Reinschrift Ihrer Dokumentation in sorgfältiger Handschrift oder mit einem Textverarbeitungsprogramm am PC an.
Hinweis: Bestandteile der Dokumentation wie Protokolle, Berichte, Zeitungsausschnitte, Quellennachweise brauchen Sie nicht zu verfassen; es genügt, mit den Begriffen zu arbeiten.

Arbeitstechnik | Korrekturzeichen verwenden

Umfangreichere Texte völlig fehlerfrei zu erstellen, verlangt in der Regel nach der Erstfassung mehrere Korrekturschritte. Will man dabei professionell korrigieren, geschieht dies mit Hilfe von Korrekturzeichen, die nach DIN 16511 vereinbart sind.

Korrekturzeichen nach DIN 16511

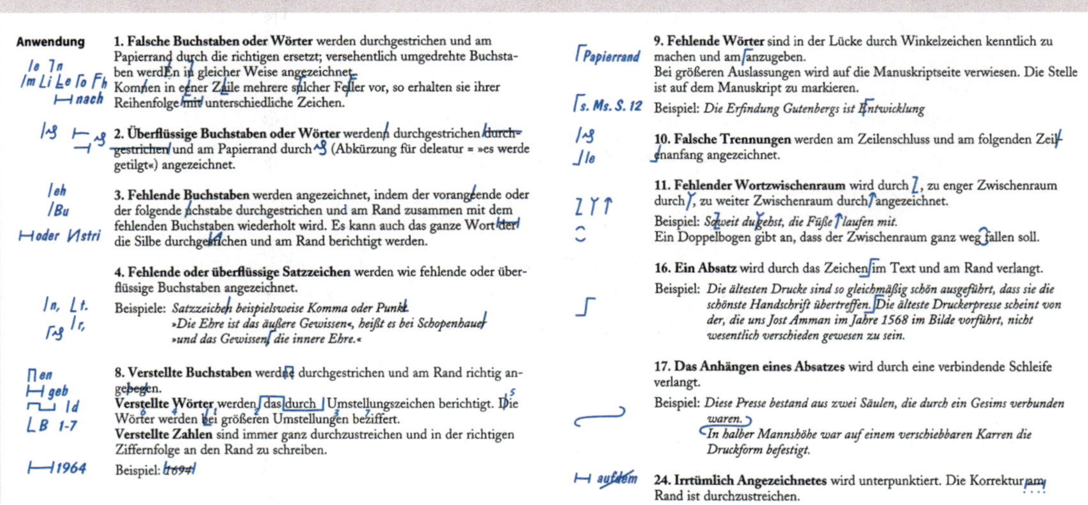

Anwendung

1. Falsche Buchstaben oder Wörter werden durchgestrichen und am Papierrand durch die richtigen ersetzt; versehentlich umgedrehte Buchstaben werdEn in gleicher Weise angezeichnet. Komnen in eener Zaile mehrere sulcher Feller vor, so erhalten sie ihrer Reihenfolge mit unterschiedliche Zeichen.

2. Überflüssige Buchstaben oder Wörter werdenn durchgestrichen durchgestrichen und am Papierrand durch (Abkürzung für deleatur = »es werde getilgt«) angezeichnet.

3. Fehlende Buchstaben werden angezeichnet, indem der vorangeende oder der folgende chstabe durchgestrichen und am Rand zusammen mit dem fehlenden Buchstaben wiederholt wird. Es kann auch das ganze Wort der die Silbe durchgechen und am Rand berichtigt werden.

4. Fehlende oder überflüssige Satzzeichen werden wie fehlende oder überflüssige Buchstaben angezeichnet.
Beispiele: *Satzzeichen beispielsweise Komma oder Punkt. »Die Ehre ist das äußere Gewissen«, heißt es bei Schopenhauer »und das Gewissen, die innere Ehre.«*

8. Verstellte Buchstaben werdne durchgestrichen und am Rand richtig angebegen.
Verstellte Wörter werden das durch Umstellungszeichen berichtigt. Die Wörter werden bei größeren Umstellungen beziffert.
Verstellte Zahlen sind immer ganz durchzustreichen und in der richtigen Ziffernfolge an den Rand zu schreiben.
Beispiel: 1694

9. Fehlende Wörter sind in der Lücke durch Winkelzeichen kenntlich zu machen und am anzugeben.
Bei größeren Auslassungen wird auf die Manuskriptseite verwiesen. Die Stelle ist auf dem Manuskript zu markieren.
Beispiel: *Die Erfindung Gutenbergs ist Entwicklung*

10. Falsche Trennungen werden am Zeilenschluss und am folgenden Zeilenanfang angezeichnet.

11. Fehlender Wortzwischenraum wird durch, zu enger Zwischenraum durch, zu weiter Zwischenraum durch angezeichnet.
Beispiel: *Soweit du gehst, die Füße laufen mit.*
Ein Doppelbogen gibt an, dass der Zwischenraum ganz weg fallen soll.

16. Ein Absatz wird durch das Zeichen im Text und am Rand verlangt.
Beispiel: *Die ältesten Drucke sind so gleichmäßig schön ausgeführt, dass sie die schönste Handschrift übertreffen. Die älteste Druckerpresse scheint von der, die uns Jost Amman im Jahre 1568 im Bilde vorführt, nicht wesentlich verschieden gewesen zu sein.*

17. Das Anhängen eines Absatzes wird durch eine verbindende Schleife verlangt.
Beispiel: *Diese Presse bestand aus zwei Säulen, die durch ein Gesims verbunden waren.
In halber Mannshöhe war auf einem verschiebbaren Karren die Druckform befestigt.*

24. Irrtümlich Angezeichnetes wird unterpunktiert. Die Korrektur am Rand ist durchzustreichen.

3 ***Korrigieren Sie die Ausarbeitung Ihres Nachbarn zu Aufgabe 2.***

a) Bringen Sie Ihre Korrekturen handschriftlich und in Farbe streng nach den Regeln der DIN an. Achten Sie dabei auch auf Kleinigkeiten jeglicher Art (z. B. Leerstellen bei PC-Ausarbeitungen).

b) Tauschen Sie Ihre korrigierten Fassungen zurück und bessern Sie aus.

4 ***Präsentieren Sie der Klasse kurz die Struktur einer Dokumentation, z. B. mit PC und Beamer.***

a) Vergleichen Sie drei Präsentationen. Diskutieren Sie Unterschiede in Aufbau und Inhalt.

b) Welche der drei Dokumentationen erfüllt die Kriterien des QM-Handbuchs der ANG AG am besten? Begründen Sie Ihre Entscheidung.

5 ***Diskutieren Sie Vor- und Nachteile der Korrekturregeln und -zeichen. Versetzen Sie sich dabei in die Situation von Lektoren, also Personen, die Texte prüfen, und von Mitarbeitern, die die Korrekturen ausführen müssen.***

6 ***Überarbeiten Sie weitere Texte Ihres Nachbarn – auch aus anderen Fächern bzw. Lernfeldern.***

Fazit

Kapitel 16

Sachtexte sowie Grafiken auswerten und verarbeiten

In den Medien sind neben den sogenannten linearen Texten (Texte, die als Fließtexte von links oben nach rechts unten zu lesen sind) immer auch nichtlineare Texte zu finden. Hierzu zählen Tabellen, Diagramme und Schaubilder. Diese vermitteln ebenso wichtige Informationen und gehen häufig stärker ins Detail.

In diesem Kapitel geht es zunächst darum, lineare Texte zu verstehen und für die eigene Textproduktion zu nutzen. Daraufhin werden Sie den Umgang mit Schaubildern üben. Die Shell Jugendstudie bietet dazu eine gute Grundlage und soll Sie gleichzeitig anregen, Ihre eigene Werthaltung zu überdenken.

In Ihrem Berufsleben kommen Sie immer wieder in die Situation, Arbeitsergebnisse präsentieren zu müssen. Am Ende des Kapitels üben Sie, Schaubilder in einem Vortrag zu erläutern und sie ggf. selbst zu erstellen.

Was ich aus anderen Kapiteln weiß

- ✔ Die 5-Schritt-Lesetechnik hilft, schwierige Texte leichter zu verstehen (➪ Kapitel 4).
- ✔ Um zu überzeugen, untermauert man seine Meinung mit einem Argument und Beispielen (➪ Kapitel 7, 8, 10).
- ✔ In einem Kommentar sollte man seine Meinung gut begründen (➪ Kapitel 10).
- ✔ Man unterscheidet zwischen meinungs- und tatsachenbezogenen Sachtexten oder nach der kommunikativen Absicht, die ein Text verfolgt (➪ Kapitel 10).

Einen Sachtext analysieren

1 *Erklären Sie mit eigenen Worten den Titel „Lockender Mammon". Was erwarten Sie vom Text?*

2 *Schildern Sie Ihre Erfahrungen mit Ferien- oder Nebenjobs. Nennen Sie auch die Beweggründe, die Sie hatten, um einen solchen Job aufzunehmen.*

Lockender Mammon

Von Annette Bruns

Mehr als ein Drittel aller deutschen Schüler jobbt. Während Pädagogen darin eine Gefahr fürs Lernen sehen, halten die Jugendlichen Geldverdienen für ihr gutes Recht.

Die 16-jährige Hamburgerin Marijke hat zwei teure Hobbys: Ihr Freund wohnt in Nordrhein-Westfalen, ihre beste Freundin in Bayern. Jeder Besuch kostet die Zehntklässlerin der Gesamtschule Steilshoop an die 100 Euro, und die Telefonkosten, 50 Euro im Monat, zahlt Marijke auch aus eigener Tasche.

An zwei Nachmittagen in der Woche arbeitet die Tochter einer alleinerziehenden Putzfrau als Praxishilfe bei einer Tierärztin. Ihr Stundenlohn beträgt 6,15 Euro plus Gratisbehandlung ihrer eigenen Tiere, vier Meerschweinchen und einem Kater.

Dass Schüler Geld verdienen, ist in Deutschland normal. Nach Schätzungen des Deutschen Kinderhilfswerks arbeitet bundesweit mindestens ein Drittel aller Kinder ab 13 Jahren im Schnitt mehr als drei Stunden pro Woche, obwohl der Gesetzgeber die Arbeit für Kinder unter 15 Jahren generell verbietet.

Über das Ausmaß kindlicher Erwerbstätigkeit gibt es nur Schätzungen: In Thüringen jobbten danach 1999 knapp 40 Prozent aller 13- bis 15-Jährigen; in Nordrhein-Westfalen lag die Kinderarbeitsquote in der Vergangenheit schon bei über 40 Prozent, in Hessen sogar bei etwas über 50 Prozent. Und in Bayern jobbt jeder dritte Pennäler laut dortigem Philologenverband.

Die Doppelbelastung von Schülern ist so häufig, dass Pädagogen in ihr auch einen Grund für Deutschlands miserable Schulnoten sehen. Viele Schüler, meint etwa der Hamburger Lehrerverbandschef Arno Becker, hielten die Schule nur noch für ihren „Nebenjob". Und sein Kollege Heinz Wagner vom Verband Bildung und Erziehung, Gesamtschulleiter in Paderborn, redet sich in Rage über „die Wirtschaft", die Schüler zum Luxuskonsum wie Markenklamotten verführe und sie gleichzeitig als billige Arbeitskräfte ausbeute – auf Kosten der Schule.

Die Betroffenen sehen das anders. Der Job stehe nicht zum schulischen Engagement in Konkurrenz. [...]

Schulleiter Wagner hat andere Erfahrungen. Nachschreibtermine für Klassenarbeiten etwa legen manche seiner Kollegen inzwischen auf ihren freien Samstag. „Nachmittagstermine werden nicht wahrgenommen wegen der Jobverpflichtungen", klagt Wagner, Marijkes Mitschülerin Anastasia bangt um den Hauptschulabschluss. [...]

Vor allem aber lockt der Mammon: Anfänger am Hörer [im Call-Center] bekommen 7,50 Euro die Stunde, Profis 9 Euro und mehr. Bei Minimal gibt's 6,50 Euro fürs Warenpacken, bei Karstadt, wo Lars aus Klasse 13 seine Samstage in der Feinkostabteilung verbringt, sogar 9 Euro. Der Einzelhandel ist mit etwa 45 000 beschäftigten Schülern einer ihrer größten Arbeitgeber. Die meisten Kids arbeiten allerdings ganz traditionell als Babysitter oder Zeitungsausträger – für gerade fünf Euro die Stunde.

Geldverdienen ist Motiv Nummer eins für die Erwerbstätigkeit von Schülern, bestätigt eine Studie über Kinderarbeit aus dem Jahr 1999, gefolgt von einem eher gegenläufigen Motiv, „Fun". Dabei besteht der Spaß für viele schon darin, „kein Kind" mehr zu sein, sich unabhängig von den Eltern beweisen zu können. […]

Friedhelm Meyer, Chef des Hauptschullehrerverbands, macht das Jobben nicht für die deutsche Bildungsmisere verantwortlich. Hauptschulen stellen trotz des niedrigen Alters ihrer Schüler den größten Teil der Babyjobber, Gymnasien den geringsten.

„Der viel größere Bildungsfeind ist der Fun-Faktor", glaubt Meyer. „Wir sind leider eine Spaß- und keine Leistungsgesellschaft. Dagegen kann Jobben sogar helfen, weil die Jugendlichen dabei Verantwortungsbewusstsein entwickeln."

Solche Botschaften sind Musik in den Ohren von Schülerinnen wie Pauline, 20, Gymnasiastin im bayerischen Aichach. „Ich kann mit Geld besser umgehen, und ich genieße meine Freizeit mehr", prahlt die Vieljobberin aus wohl situierten Verhältnissen. Mit 16 hat die Schülerin in den Ferien das erste Mal am Fließband gestanden, „tödlich" sei's gewesen, aber trotzdem „eine ganz wichtige Erfahrung". Heute finanziert Pauline als Juweliergehilfin, Kellnerin und Nachhilfelehrerin von ihrem Monatseinkommen von rund 600 Euro sogar das eigene Auto: „Das ist es mir wert."

Um das Abitur macht sich die junge Frau „keine Sorgen". Marketingmanagerin will sie werden. Das Management der eigenen Zeit habe sie jedenfalls schon raus: „Ich komme mittlerweile mit vier bis fünf Stunden Schlaf aus", sprudelt Pauline unbedarft heraus. Das spart Zeit, und Zeit ist Geld, wie jedes Schulkind weiß.

(Der Spiegel, 23/2002)

3 ***Geben Sie den Inhalt des Textes mit eigenen Worten wieder (➪ Kapitel 4, S. 46).***

4 ***Untersuchen Sie den Aufbau des Textes. Wo arbeitet er mit Thesen, Pro- und Kontra-Argumenten, Beispielen? Sehen Sie eine Steigerung in der Argumentation? Begründen Sie.***

5 ***Notieren Sie die Pro- und Kontra-Argumente für das Thema „Erwerbstätigkeit von Schülerinnen und Schülern" aus dem Text.***

Pro-Argumente	Kontra-Argumente
– finanziert (teure) Hobbys	– miserable Schulnoten
– …	– …

6 ***Ergänzen Sie Ihre Übersicht um eigene Pro- und Kontra-Argumente.***

7 ***Planen und schreiben Sie mit Hilfe der Argumente einen Kommentar (➪ Kapitel 10, S. 127).***

a) Welche persönliche Meinung vertreten Sie?

b) Mit welchen Argumenten belegen Sie Ihre Meinung und welche Gegenargumente wollen Sie aufgreifen?

c) Wie wollen Sie Ihren Kommentar aufbauen?

d) Wie wecken Sie das Interesse Ihrer Leserschaft und wie runden Sie Ihren Kommentar ab?

Online-Marketing:
„Was wäre, wenn ich Dir ein System zeige, das Dir **200,00 € – 500,00 € pro Tag an Einnahmen beschert**, indem Du gemütlich zu Hause arbeitest … Hättest Du Interesse?"

8 ***Diskutieren Sie in der Klasse über die Anzeige. Wie ist Ihre Meinung dazu? Was spricht dafür, sich zu bewerben, was haben Sie dagegen einzuwenden?***

Diagramme verstehen und nutzen

Die folgende Aufgabe ist einem Heft zur Prüfungsvorbereitung entnommen. Auffällig häufig beziehen sich Prüfungsaufgaben auf Grafiken und Schaubilder, die es zu lesen, zu beschreiben und auszuwerten gilt.

Die Wimmer Holztechnik GmbH mit 180 Mitarbeitern hat einen Betriebsrat.

Bei wie vielen Unternehmen der gleichen Betriebsgröße ist das nicht der Fall?

Ermitteln Sie die Prozentzahl aus den Angaben der Abbildung.

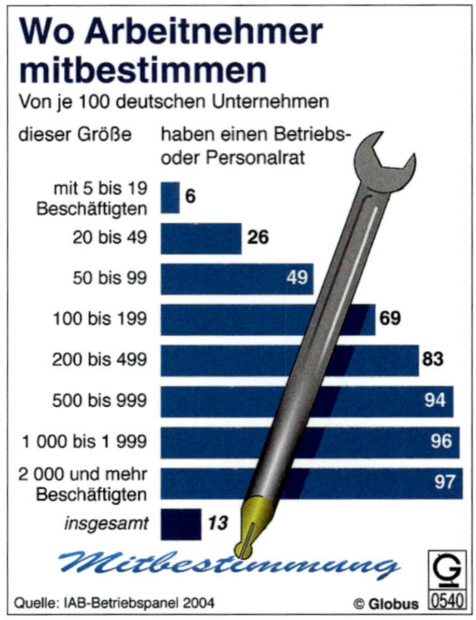

1 ***Formulieren Sie einen Satz zu dem, was die Grafik aussagt.***
„Das Schaubild ‚Wo Arbeitnehmer mitbestimmen' beschreibt/zeigt …" „In dem Diagramm geht es um/wird deutlich …"

2 ***Beschreiben Sie das Diagramm im Einzelnen.***

a) Gehen Sie zur Übung jeden Balken durch und formulieren Sie die Ergebnisse der Umfrage: *„Von 100 deutschen Unternehmen mit 5 bis 19 Beschäftigten haben 6 einen …"*

b) Beantworten Sie die Prüfungsaufgabe. Begründen Sie Ihre Antwort.

Basiswissen – Merkmale unterschiedlicher Diagramme

Diagramme lassen sich in drei Gruppen unterteilen:

Balken- oder Säulendiagramme können mehrere Größen bzw. Mengen miteinander vergleichen. Beim Balkendiagramm verlaufen die Balken waagerecht, beim Säulendiagramm senkrecht. Die Länge der einzelnen Balken gibt an, wie bedeutsam eine bestimmte Größe ist.

Kreis- oder Tortendiagramme veranschaulichen die Aufteilung eines Ganzen in Teilmengen. Die Teile werden in Prozent angegeben. In einem Kreisdiagramm wird z. B. die Sitzverteilung der Parteien im Bundestag dargestellt.

Kurvendiagramme stellen Entwicklungen über einen bestimmten Zeitraum dar. Auf der horizontalen Achse werden meistens Zeitabschnitte, auf der vertikalen Achse Mengenangaben eingetragen.

Säulendiagramm

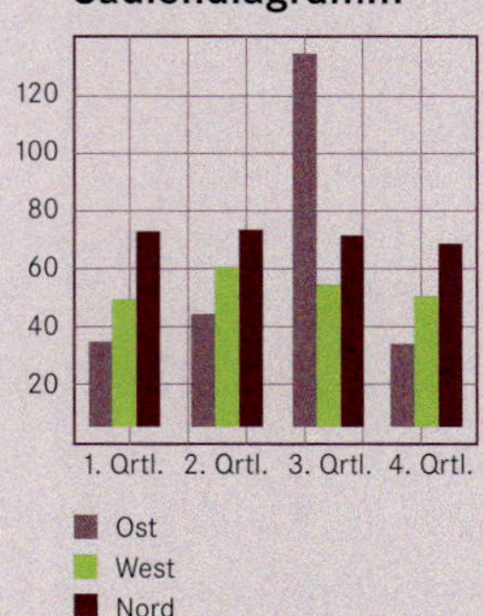

Balkendiagramm

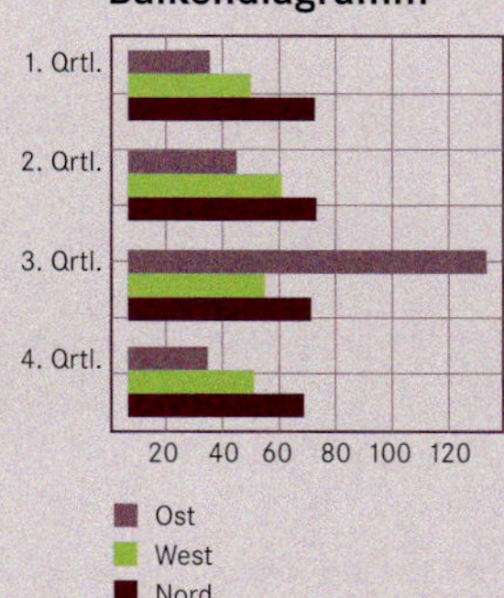

Kreisdiagramm

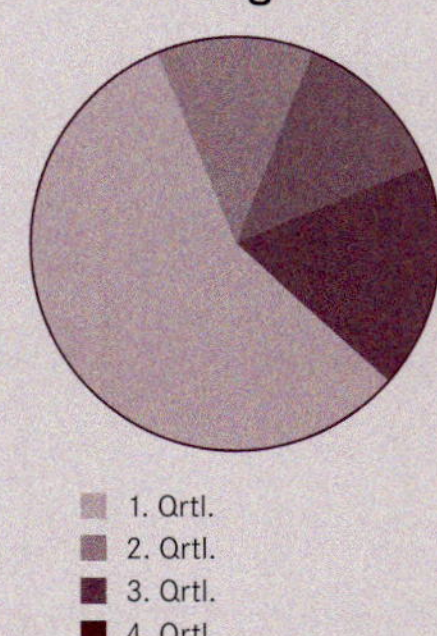

Kurvendiagramm

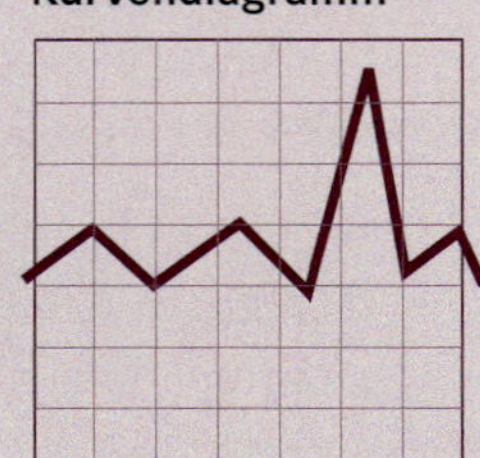

3 ***Beschreiben Sie die vier Diagrammarten in eigenen Worten.***

a) Finden Sie für jedes Diagramm mindestens ein Beispiel.

b) Diskutieren Sie, ob sich Ihre Beispiele besonders gut für die genannte Diagrammart eignen oder ob sich die Sachverhalte besser in anderer Form darstellen lassen.

c) In welchem Diagramm würden Sie folgende Informationen darstellen: die Altersentwicklung in der BRD, die Ausbildungszahlen der letzten zehn Jahre, den Konsum von verschiedenen Softdrinks im Vergleich der letzten fünf Jahre, das Stimmungsbarometer für Spitzenpolitiker im Vergleich der letzten Monate?

4 ***Werten Sie die Kreisdiagramme rechts aus.***

a) Betrachten Sie jedes Kreisdiagramm einzeln und formulieren Sie einen Satz.

b) Vervollständigen Sie den unten stehenden Informationstext schriftlich.

Mangelnde Ausbildungsreife

In diesem Herbst wird es seit vielen Jahren erstmals wieder mehr Ausbildungsplätze als Bewerber geben – die jungen Leute haben die Qual der Wahl. Jedoch äußern sich die Unternehmen mit großer Sorge über den Nachwuchs, da viele Aspiranten schlecht gerüstet sind für den Einstieg ins Berufsleben. Mehr als die Hälfte der Betriebe moniert, dass …

Schulabgänger: Fürs Berufsleben schlecht gerüstet

So viel Prozent der Unternehmen meinen, Schulabgänger seien nicht reif für eine Berufsausbildung, weil es ihnen an diesen Fähigkeiten mangelt:

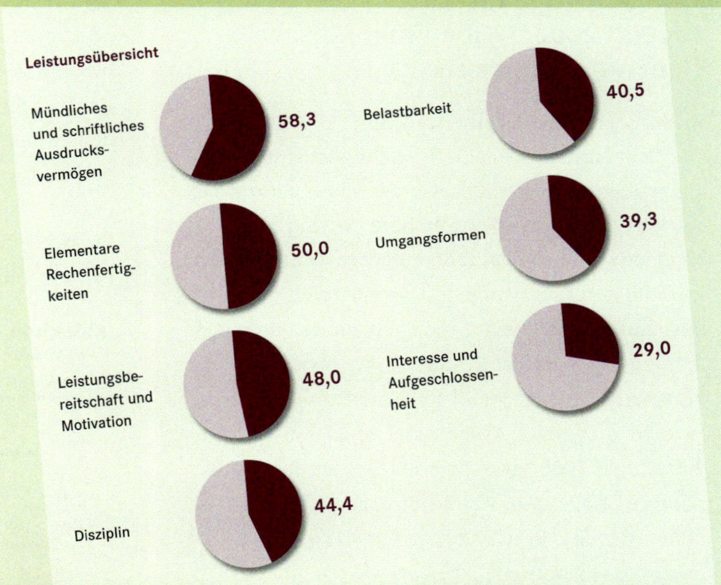

Mehrfachnennungen; Befragung von 12.072 Unternehmen im Mai 2008
Quelle DIHK

Arbeitstechnik | **Diagramme auswerten**

Zur Auswertung eines Diagramms sollten Sie die folgenden Fragen klären:

1. Welche Gesamtaussage wird im Schaubild vermittelt?
2. Von welcher Datenbasis wird ausgegangen (Quelle, Zeitraum, Anzahl der Befragten ...)?
3. Welche Einzelinformationen enthält das Schaubild?
4. Wie stehen die Einzelinformationen miteinander in Beziehung?
5. Wie sind die Ergebnisse zu interpretieren? Welche Schlussfolgerung kann gezogen werden?

Text und Grafik in Beziehung setzen

Werthaltungen ermitteln und überdenken

Im Auftrag der Deutschen Shell wurden Anfang des Jahres 2006 mehr als 2.500 Jugendliche im Alter von 12 bis 25 Jahren zu ihrer Lebenssituation, ihren Glaubens- und Wertvorstellungen sowie ihrer Einstellung zur Politik befragt. Die Ergebnisse solcher Befragungen, die regelmäßig stattfinden, werden in den sogenannten Shell Jugendstudien veröffentlicht. Das Unternehmen Shell setzt sich damit für eine aktuelle Sicht auf die Jugendgeneration ein.

1 *Führen Sie eine kleine Umfrage in Ihrer Klasse durch zu der Frage: „Was ist mir wichtig im Leben?“*

a) Notieren Sie in drei Minuten stichwortartig Antworten auf einem Zettel.

b) Vergleichen Sie anschließend die Antworten in der Klasse. Stellen Sie Gemeinsamkeiten fest? Welche?

15. Shell Jugendstudie: Jugend 2006 – Eine pragmatische Generation unter Druck

Bildung entscheidet über Zukunft

Der Schulabschluss bleibt der Schlüssel zum Erfolg: Jugendliche aus sozial bessergestellten Elternhäusern besuchen aussichtsreichere Schulformen als Jugendliche aus sozial schwierigeren Verhältnissen. Diese finden sich häufig an Hauptschulen und Sonderschulen und erzielen auch in der anschließenden Ausbildung nicht die Resultate, die ihrem Potenzial entsprechen.

Auch in puncto Arbeitsplatz zeigt die Shell Jugendstudie 2006, dass Jugendliche deutlich stärker besorgt sind, ihren Arbeitsplatz zu verlieren bzw. keine adäquate Beschäftigung finden zu können, als noch vor vier Jahren.

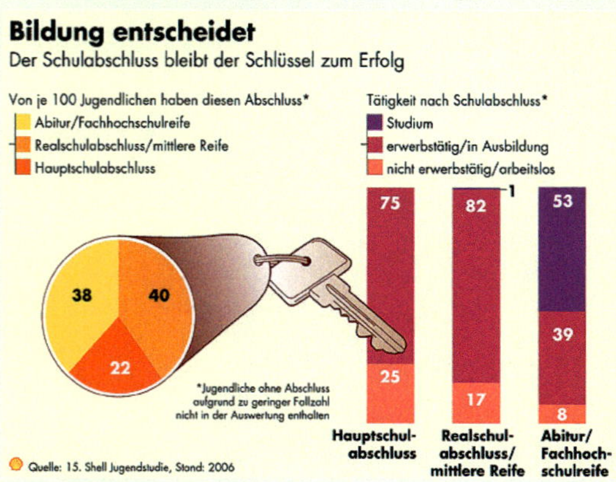

Mädchen auf der Überholspur

Bemerkenswert ist in diesem Zusammenhang der geschlechtsspezifische Trend. Junge Frauen haben im Bereich der Schulbildung die jungen Männer überholt und streben auch zukünftig häufiger höherwertige Bildungsabschlüsse an – ein Trend, der sich bereits in der Shell Jugendstudie 2002 angedeutet hatte. Was die Planung einer eigenen Familie anbetrifft, zeigt sich auch hier der pragmatische Ansatz der jungen Generation. Die Zahl junger Erwachsener, die zunächst auf eigene Kinder und Familie verzichten, wächst.

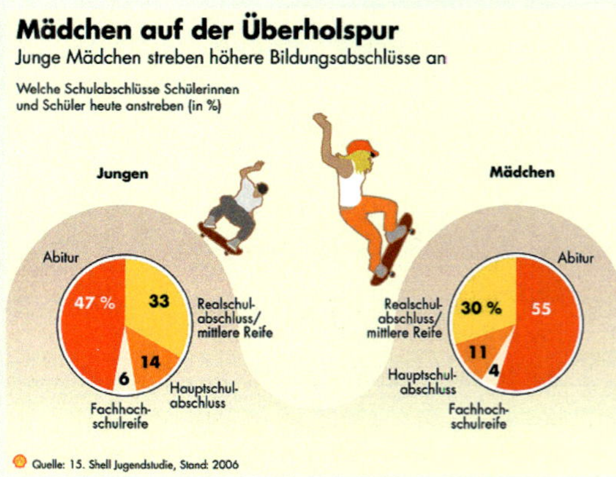

Familie gewinnt an Bedeutung

Der Rückhalt im privat-familiären Bereich entschärft Spannungen. In Zeiten wirtschaftlicher Unsicherheit bietet die Familie Sicherheit, sozialen Rückhalt und emotionale Unterstützung. Fast drei Viertel der Jugendlichen (73 Prozent) von 18 bis 21 Jahren leben noch bei ihren Eltern. Harmonie in den eigenen vier Wänden ist angesagt: 90 Prozent der Jugendlichen bekunden, gut mit ihren Eltern auszukommen, und 71 Prozent würden auch ihre eigenen Kinder genauso oder so ähnlich erziehen wollen.

Werthaltungen ermitteln und überdenken

Großer Respekt vor der älteren Generation
Die befragten Jugendlichen nehmen die ältere Generation in ihrer charakteristischen Unterschiedlichkeit wahr. Zum einen gibt es die Hochbetagten. Diese Generation genießt das Image der „Aufbaugeneration" – ihre Leistung bringt ihnen die Achtung der Jugendlichen ein. Auf der anderen Seite stehen die „Jungen Alten" – fit, aktiv und offen für Neues. Das nehmen die Jugendlichen grundsätzlich positiv auf. Es wird erst dann problematisch, wenn die Senioren sich zu sehr einmischen oder zur Konkurrenz werden. Die wachsende Zahl alter Menschen zu versorgen und zu integrieren sehen die befragten Jugendlichen als primäres Problem einer alternden Gesellschaft.

Keine Renaissance der Religion
Die aktuelle Shell Jugendstudie zeigt allerdings, dass die meisten Jugendlichen in Deutschland nach wie vor eine nur mäßige Beziehung zu kirchlich-religiösen Glaubensvorgaben haben. Nur 30 Prozent glauben an einen persönlichen Gott, weitere 19 Prozent an eine unpersönliche höhere Macht. 28 Prozent der Jugendlichen stehen dagegen der Religion fern, der Rest (23 Prozent) ist sich in religiösen Dingen unsicher.

Weiter Aufwind für Fleiß und Ehrgeiz
Das Wertesystem der Jugendlichen weist eine positive und stabile Ausrichtung auf. Familie, Freundschaft, Partnerschaft sowie Eigenverantwortung sind weiter „in", begleitet von einem erhöhten Streben nach persönlicher Unabhängigkeit. Kreativität, aber auch Sicherheit und Ordnung werden als wichtig eingestuft. Die Tugenden Fleiß und Ehrgeiz befinden sich weiter im Aufwind. Damit vermischen sich in den Lebensorientierungen junger Menschen weiterhin moderne und traditionelle Werte.

Interesse an Politik und Parteien steigt leicht an
Das Interesse an Politik ist weiterhin niedrig. Trotz eines leichten Anstiegs im Vergleich zur Shell Jugendstudie 2002 wäre es noch verfrüht, von einer Trendwende zu sprechen. Lag der Prozentsatz der politisch Interessierten 2002 bei 34 Prozent, so hat er sich nun auf 39 Prozent erhöht. Auch hier macht sich das unterschiedliche Bildungsniveau bemerkbar: Mehr als zwei Drittel der Oberstufenschüler und der Studierenden stufen sich als politikinteressiert ein.

(gekürzt; http://www.shell.de/home/content/deu/aboutshell/media_centre/news_and_media_releases/archive/2006/shell_youth_study_2006_new_generation.html, 28.4.09)

2 ***Geben Sie die wichtigsten Aussagen aus der 15. Shell Jugendstudie wieder.***

3 ***Lesen und interpretieren Sie die beiden Grafiken im Text.***
a) Welche Aussagen des Textes werden durch die Grafiken unterstützt?
b) Was für Zusatzinformationen erhält man durch die beiden Grafiken?

4 ***Erläutern Sie die Aussage, wonach sich „in den Lebensorientierungen junger Menschen weiterhin moderne und traditionelle Werte" vermischen.***

5 ***Diskutieren Sie die Ergebnisse der Shell Jugendstudie.***
a) Womit stimmen Sie überein/nicht überein? Begründen Sie.
b) Vergleichen Sie die Ergebnisse der Shell Jugendstudie mit den Ergebnissen der Klassenumfrage (➪ Aufgabe 1). Was stellen Sie fest?

6 ***Entwerfen Sie in Gruppen einen Fragenkatalog für ein Interview, in dem Sie zu den folgenden Themen die Werthaltung junger Menschen erfragen:***
- Bildung
- Politik
- Familie
- ältere Generation
- Religion
- Charaktereigenschaften

7 ***Setzen Sie ihn in anderen Klassen ein und werten Sie ihn aus. Was stellen Sie fest?***

Informationen entnehmen und für die eigene Textproduktion nutzen

1 ***Diskutieren Sie die Frage, ob junge Erwachsene ab einem bestimmten Zeitpunkt aus dem Elternhaus ausziehen sollten.***

a) Sprechen Sie über Ihre eigenen Erfahrungen und Ihre eigene Lebenssituation.

b) Begründen Sie Ihre Meinung mit Argumenten und Beispielen.

„Hotel Mama“

Von Susanne Arndt

Das Essen ist stets fertig, die Wäsche gebügelt und umsonst ist der Service auch noch. Jetzt bestätigt die Statistik den Trend: Besonders junge Männer entschließen sich immer später dazu, die „Eltern-Pension“ zu verlassen.

Home, sweet home: Schon 1996 hat der Soziologe Stefan Weick festgestellt, dass Männer im Schnitt fünf Jahre später ausziehen als Frauen. In den vorherigen Jahrzehnten habe der Unterschied noch bei drei Jahren gelegen. Wie das Statistische Bundesamt jetzt bekannt gab, setzt sich dieser Trend weiter fort: Heute wohnen noch 82 Prozent der 20-jährigen Männer zu Hause – bei den Frauen sind es nur 66 Prozent. Mit steigendem Alter wird diese Diskrepanz noch größer: Mit 30 Jahren leben noch 14 Prozent der Männer im Elternhaus, bei den Frauen sind es nur 5 Prozent.

Während es junge Menschen in den 70er-Jahren früh in die Unabhängigkeit zog, zeigen heute immer mehr Kinder Nesthocker-Tendenzen – Jungs wie Mädchen. Als Gründe werden gemeinhin längere Ausbildungszeiten und der teure Wohnungsmarkt genannt. Die schlechte Wirtschaftslage führe außerdem dazu, dass Jugendliche oft erst später eine feste Stelle bekämen, die ihnen finanzielle Unabhängigkeit gewähre. Die großzügige Wohnsituation vieler Familien – früher wuchsen oft mehrere Geschwister in beengten Wohnverhältnissen auf – fördere diese Tendenz noch, so Stefan Weick. Zudem sei eine Partnerschaft kein zwingender Grund mehr, die Eltern zu verlassen, da heute nicht mehr geheiratet werden müsse. Die Psychologin Christiane Papastefanou hat außerdem festgestellt, dass Kinder wohlhabender Familien heute ihr Geld lieber für Reisen und andere Freizeitaktivitäten ausgeben als für die Miete. Papastefanou hat auch eine Erklärung dafür, dass Jungs länger das „Hotel Mama“ in Anspruch nehmen als Mädchen: Sie genössen mehr Freiheiten im Elternhaus als ihre Schwestern. Während Söhne in der Regel kommen und gehen könnten, wann sie wollten, sähen sich Töchter einer größeren Kontrolle ausgesetzt. Darüber hinaus müssten sie mehr im Haushalt helfen. Nicht zu unterschätzen sei auch die Tatsache, dass Frauen oft kürzere Ausbildungswege absolvierten und somit früher ein eigenes Einkommen hätten. Die Familiengründung erfolge bei Frauen ebenfalls früher als bei Männern.

(gekürzt; http://www.brigitte.de/frau/familie/nesthocker/ [31.01.2007])

2 ***Schreiben Sie die Argumente, die für die „Nesthocker-Tendenzen“ sprechen, aus dem Text heraus.***

3 ***Notieren Sie auch Argumente, die Ihrer Meinung nach gegen einen späten Auszug aus dem Elternhaus sprechen. Finden Sie Belege zu Ihren Argumenten (➪ Kapitel 7, S. 84, 85).***

These: *Mit 30 Jahren sollte man nicht mehr zu Hause wohnen,*

Argument: *weil man ab einem gewissen Alter auf eigenen Beinen stehen sollte.*

Beispiel: *Der typische Nesthocker weiß zum Beispiel nicht, was es bedeutet, einen eigenen Haushalt selbstständig zu führen.*

Informationen entnehmen und für die eigene Textproduktion nutzen

4 *Erläutern Sie die Lebenssituation der Männer in Deutschland mit Hilfe des Schaubildes.*

a) Gehen Sie jedes Kreisdiagramm einzeln durch und formulieren Sie in vollständigen Sätzen.

b) Beantworten Sie die Frage: „Wann ist ein Mann ein Mann?" Ist Ihnen das mit Hilfe der Ergebnisse aus dem Schaubild möglich? Begründen Sie Ihre Antwort.

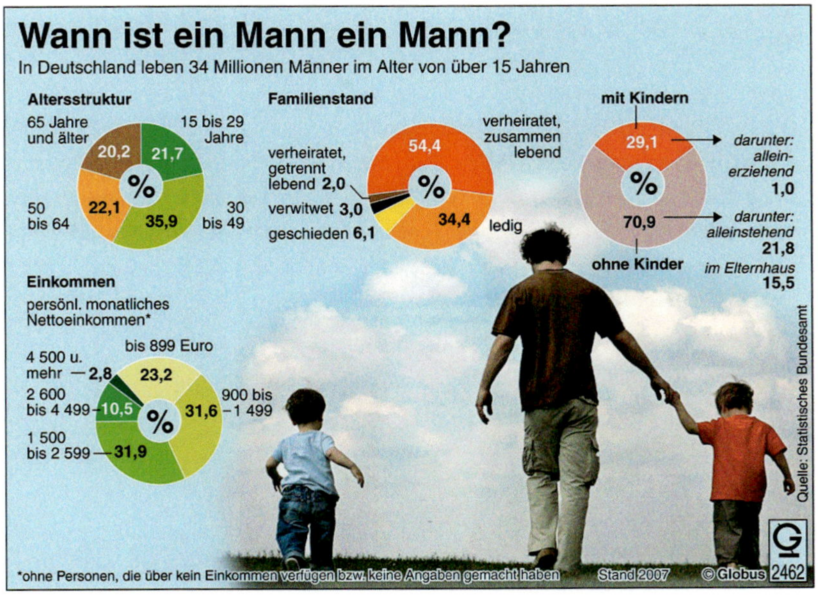

5 *Erörtern Sie die Frage: „Wann ist ein Mann ein Mann?"*

a) Sichten Sie erneut alle Informationen und Argumente, die Sie den S. 200–203 entnommen haben. Diese sollen Ihnen helfen, die Fragestellung umfassend erörtern zu können und einen eigenen Standpunkt zu finden.

b) Sortieren Sie die Informationen heraus, die Ihnen zur Beantwortung der Frage dienen.

c) Formulieren Sie einen kurzen Erörterungsaufsatz mit Einleitung, Hauptteil und Schluss, in dem Ihr eigener Standpunkt deutlich wird. Nutzen Sie dazu das Basiswissen.

Basiswissen — Ein Thema erörtern

Erörtern heißt, sich einem Thema von allen Seiten zu nähern. Es dient der Meinungsbildung, Entscheidungsfindung und Problemlösung. Je nach Thema und Aufgabenstellung erläutern Sie Ursachen, Folgen oder Lösungsmöglichkeiten einer aufgeworfenen Sachfrage - das nennt man eine lineare (steigende) Erörterung - oder Sie setzen sich mit einem strittigen Problem auseinander, für das es berechtigte Pro- und Kontra-Argumente gibt - dann spricht man von einer dialektischen (gegenüberstellenden) Erörterung. Ziel ist es, einen eigenen, begründeten Standpunkt zu entwickeln (➪ Kapitel 23, S. 294).

Die **Einleitung** führt zum Thema hin und soll Interesse wecken. Am Ende der Einleitung können Sie die zu erörternde These nennen.

Der **Hauptteil** enthält die eigentliche Auseinandersetzung mit dem Thema. Hier sollten überzeugende Argumente mit entsprechenden Entfaltungen formuliert werden. Wichtig ist hier die persönliche Stellungnahme.

Im **Schlussteil** können eine kurze Zusammenfassung, ein Ausblick in die Zukunft oder ein Appell an den Leser formuliert werden.

Diagramme in einer Präsentation nutzen

Situation

In Ihrer Klasse sind Referatsthemen zum Thema „Die Zukunft in Deutschland“ verteilt worden. Ihr Part besteht darin, die Bevölkerungsentwicklung (Altersstruktur) in der Bundesrepublik in den nächsten Jahrzehnten darzustellen. Dazu haben Sie im Internet die folgenden beiden Grafiken gefunden, die auch unter dem Stichwort Alters- bzw. Bevölkerungspyramide bekannt sind. Sie wissen, dass grafisch aufbereitete Informationen und Bilder sehr viel besser im Gedächtnis bleiben, deshalb wollen Sie in Ihrem Vortrag die abgebildeten Grafiken als Grundlage nutzen und sie mit einem erklärenden Text näher erläutern.

1 ***Lesen Sie die beiden Schaubilder im Vergleich und beschreiben Sie die Entwicklung.***

a) Beschreiben Sie erst jede Bevölkerungspyramide einzeln. Wie ist jeweils die Verteilung zwischen junger und älterer Bevölkerung?

b) Vergleichen Sie die beiden Abbildungen, indem Sie die Unterschiede benennen.

c) Welche Schlussfolgerungen können Sie daraus ziehen und wie interpretieren Sie diese?

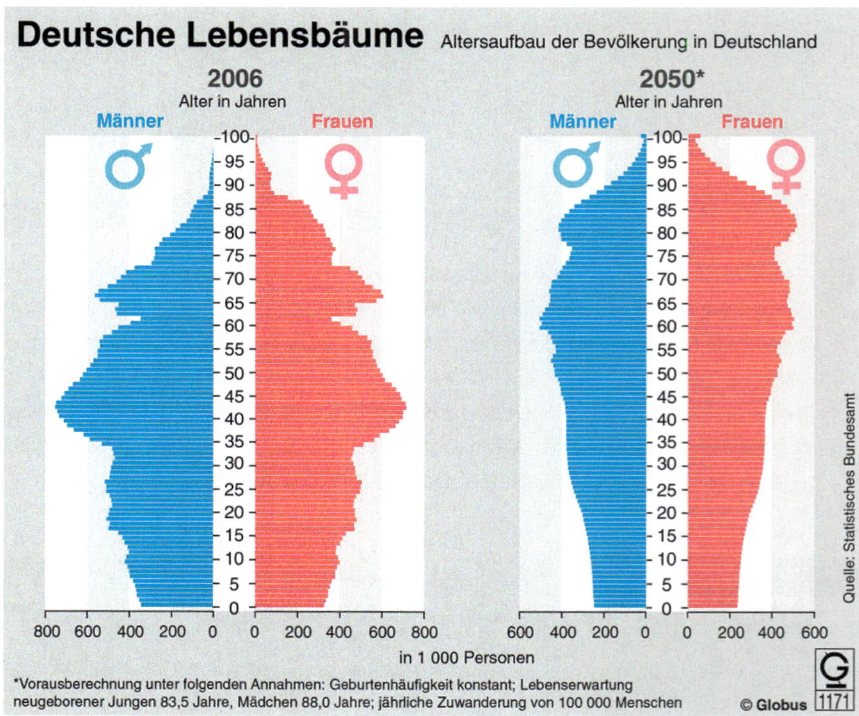

2 ***Bereiten Sie nun Ihre Präsentation der Grafik vor.***

a) Fassen Sie die wichtigsten Aussagen aus Aufgabe 1 in Stichworten auf einer Karteikarte zusammen.

b) Lesen Sie erneut die Arbeitstechnik auf S. 199. Haben Sie alle Angaben beachtet?

c) Sprechen Sie den Text einmal ausformuliert in einem Probevortrag vor Ihrem Banknachbarn/Ihrer Banknachbarin.

d) Lassen Sie sich ein Feedback (➪ Kapitel 1, S. 20) geben zu: der Verständlichkeit, den Formulierungen, dem Aufbau, Ihrer Körperhaltung und Stimme.

e) Arbeiten Sie die Verbesserungsvorschläge ein.

3 ***Stellen Sie die Grafik nun Ihrer Klasse vor und lassen Sie sich auch bei dieser Gelegenheit ein Feedback geben.***

Tipp

Kopieren Sie die beiden Schaubilder für Ihren Vortrag auf eine OH-Folie oder suchen Sie im Internet nach ihnen und binden Sie sie in eine PowerPoint-Folie ein.

Grafiken selbst erstellen und präsentieren

Im Rahmen von Vorträgen oder Präsentationen ist es häufig nötig, die Aussagen linearer Texte in eine andere, übersichtlichere Form zu bringen. Dies gelingt beispielsweise durch das Anfertigen von Schaubildern. Im Folgenden sollen Sie den linearen Text „Ab heute Ferien“ umwandeln in einen nichtlinearen Text, also in eine geeignete Grafik.

Ab heute Ferien

Es ist zwar nur ein Gedankenspiel, aber für den einen oder anderen sicher ein reizvolles: Wer seit dem 1. Januar in einem Rutsch sein jährliches Arbeitspensum abgeleistet hätte, ohne auch nur einen Tag zu fehlen, könnte ab dem 31. Juli seinem Betrieb den Rücken kehren. Denn von den 366 Tagen des Jahres 2008 verbringt ein Arbeitnehmer hierzulande gerade noch 212 Tage an seinem Arbeitsplatz. Zusätzlich zu den Wochenenden – 104 Tage – fallen im Durchschnitt weitere 50 Tage aus: 30 Urlaubstage, je nach Jahr zehn bis elf Feiertage, der Rest wegen Krankheit, Kur, Mutterschaft oder Sonderurlaub. Schon Anfang der Woche [letzte Woche im Juli] hätten die Bayern der Arbeit fernbleiben können, denn ihnen stehen im Jahr 2008 drei Feiertage mehr zu als z. B. den Berlinern.

Im internationalen Vergleich hat indes kein Deutscher wirklich Grund zur Klage: Urlaubs- und Feiertage bewegen sich hierzulande auf Spitzenniveau. In den USA dagegen müssen sich Industriearbeiter mit zwölf Urlaubstagen und zehn Feiertagen bescheiden. Sie können von daher erst Ende August für den Rest des Jahres aufhören zu arbeiten.

(iwd-Informationsdienst des Instituts der deutschen Wirtschaft Köln, Nr. 31/2008, © Deutscher Instituts-Verlag, Köln, 31.07.2008, S. 1)

1 ***Erstellen Sie ein Diagramm.***

a) Welche Informationen im Text eignen sich für ein oder mehrere Diagramme, welche eher nicht?
b) Welcher Diagrammtyp passt am besten zu den gegebenen Informationen?
c) Erstellen Sie ein Schaubild am PC (Excel oder Word).
d) Geben Sie dem Diagramm eine passende Überschrift.

2 ***Bereiten Sie eine Präsentation Ihres Diagramms vor.***

a) Drucken Sie hierfür „Ihr“ Schaubild entweder aus oder bauen Sie es in eine PowerPoint-Folie ein.
b) Teilen Sie Ihrer Klasse die wichtigsten Informationen und Hauptaussagen mit.
c) Lassen Sie sich ein Feedback (➪ Kapitel 1, S. 20) geben.
d) Arbeiten Sie die Tipps und Hinweise Ihrer Mitschülerinnen und Mitschüler in Ihren Vortrag ein und beurteilen Sie ihn selbst erneut.

Jungunternehmer werden rar – Innovative Existenzgründungen nehmen zu

So alarmierend sich die Zahl der Gründer entwickelt, so erfreulich ist wenigstens ein anderer Aspekt: Diejenigen, die auf eigene Rechnung arbeiten wollen, verfolgen öfter eine neue Idee. Immerhin jeder sechste Existenzgründer wagte sich 2007 mit einem Produkt- oder einem Dienstleistungsangebot auf den Markt, das bisher noch nicht erhältlich war – 2006 zählte nur jeder achte Neuselbstständige zu dieser innovativen Spezies.

(verändert und gekürzt nach: iwd-Informationsdienst des Instituts der deutschen Wirtschaft Köln, Nr. 36/2008, © Deutscher Instituts-Verlag, Köln, 4.9.2008, S. 2)

3 ***Erstellen Sie zum Textauszug ein Schaubild.***

a) Vergleichen Sie in Ihrem Schaubild das Jahr 2006 mit dem Jahr 2007.

b) Geben Sie Ihrem Schaubild eine Überschrift.

4 ***Finden Sie in den Medien weitere geeignete lineare Texte, deren Informationen anschaulich mittels eines Schaubildes dargestellt werden können. Fertigen Sie die Schaubilder an.***

Fazit

Kapitel 17

Literarische Texte deuten, den Büchermarkt kennen

17.1 Werke und ihre außerliterarischen Faktoren

17.2 Den literarischen Markt untersuchen

Förderprogramm: Ein Lesetagebuch erstellen

Aufbauprogramm: Literatur im Kontext

Der Büchermarkt ist ein riesiges Geschäft. Jedes Jahr kommen so viele Bücher auf den Markt, dass ein Mensch sie in seinem Leben unmöglich lesen kann. In diesem Kapitel erfahren Sie, wie ein Buch entsteht und wie es vermarktet wird.

Bücher entstehen niemals im luftleeren Raum, sondern haben immer auch einen Bezug zu der Zeit, in der sie entstehen. Wie alle Menschen, so wird auch jeder Schriftsteller bzw. Dichter beim Schreiben – bewusst oder unbewusst – von den Denkweisen und Werten seiner Zeit geprägt. Kulturelle, gesellschaftliche, politische und wirtschaftliche Ereignisse beeinflussen den Autor. Dies zeigt sich auch in den folgenden Texten von Wolfgang Borchert, Georg Büchner und Matthias Kalusch.

Was ich aus anderen Kapiteln weiß

- ✔ Jede Botschaft kann auf unterschiedlichen Ebenen empfangen und entschlüsselt werden (Kapitel 1, 7).
- ✔ Die 5-Schritt-Lesetechnik hilft, schwierige Texte leichter zu verstehen (Kapitel 4).
- ✔ Texte gehören unterschiedlichen Gattungen und Sorten an, was Einfluss auf die Analyse der Texte hat (Kapitel 4, 5, 10).
- ✔ Zum Erschließen von Literatur ist die Deutung der Sprachbilder wichtig (Kapitel 11).

Werke und ihre außerliterarischen Faktoren

Literatur der Nachkriegszeit interpretieren

Wolfgang Borchert (1921–1947) starb im Alter von nur 26 Jahren. Sein großes Thema war der Krieg, an dem er von 1941 bis 1945 teilnahm und in dem er schwer erkrankte.

Wolfgang Borchert: Dann gibt es nur eins! (1947)

Du. Mann an der Maschine und Mann in der Werkstatt. Wenn sie dir morgen befehlen, du sollst keine Wasserrohre und keine Kochtöpfe mehr machen - sondern Stahlhelm und Maschinengewehre, dann gibt es nur eins:
Sag NEIN!
Du. Mädchen hinterm Ladentisch und Mädchen im Büro. Wenn sie dir morgen befehlen, du sollst Granaten füllen und Zielfernrohre für Scharfschützengewehre montieren, dann gibt es nur eins:
Sag NEIN!
Du. Besitzer der Fabrik. Wenn sie dir morgen befehlen, du sollst statt Puder und Kakao Schießpulver verkaufen, dann gibt es nur eins:
Sag NEIN!
Du. Dichter in deiner Stube. Wenn sie dir morgen befehlen, du sollst keine Liebeslieder, du sollst Hasslieder singen, dann gibt es nur eins:
Sag NEIN!
Du. Arzt am Krankenbett. Wenn sie dir morgen befehlen, du sollst die Männer kriegstauglich schreiben, dann gibt es nur eins:
Sag NEIN!
Du. Pfarrer auf der Kanzel. Wenn sie dir morgen befehlen, du sollst den Mord segnen und den Krieg heiligsprechen, dann gibt es nur eins:
Sag NEIN!
Du. Pilot auf dem Flugfeld. Wenn sie dir morgen befehlen, du sollst Bomben und Phosphor über die Städte tragen, dann gibt es nur eins:
Sag NEIN!
Du. Richter im Talar. Wenn sie dir morgen befehlen, du sollst zum Kriegsgericht gehen, dann gibt es nur eins:
Sag NEIN!
Du. Mann auf dem Bahnhof. Wenn sie dir morgen befehlen, du sollst das Signal zur Abfahrt geben für den Munitionszug und für den Truppentransporter, dann gibt es nur eins:
Sag NEIN!
Du. Mutter in der Normandie und Mutter in der Ukraine, du, Mutter in Frisko und London, du am Hoangho und am Mississippi, du, Mutter in Neapel und Hamburg und Kairo und Oslo – Mütter in allen Erdteilen, Mütter in der Welt, wenn sie morgen befehlen, ihr sollt Kinder gebären, Krankenschwestern für Kriegslazarette und neue Soldaten für neue Schlachten, Mütter in der Welt, dann gibt es nur eins:
Sagt NEIN! Mütter, sagt NEIN!
Denn wenn ihr nicht NEIN sagt, wenn IHR nicht nein sagt, Mütter, dann: dann:
eine schlammgraue dickbreiige bleierne Stille wird sich heranwälzen, gefräßig, wachsend, wird anwachsen in den Schulen und Universitäten und Schauspielhäusern, auf Sport- und Kinderspielplätzen, grausig und gierig unaufhaltsam –

Literatur der Nachkriegszeit interpretieren

in den Küchen, Kammern und Kellern, in den Kühlhäusern und Speichern werden die letzten Säcke Mehl, die letzten Gläser Erdbeeren, Kürbis und Kirschsaft verkommen – das Brot unter den umgestürzten Tischen und auf zersplitterten Tellern wird grün werden und die ausgelaufene Butter wird stinken wie Schmierseife, das Korn auf den Feldern wird neben verrosteten Pflügen hingesunken sein wie ein erschlagenes Heer und die qualmenden Ziegelschornsteine, die Essen und die Schlote der stampfenden Fabriken werden, vom ewigen Gras zugedeckt, zerbröckeln – zerbröckeln – zerbröckeln –
dann wird der letzte Mensch, mit zerfetzten Gedärmen und verpesteter Lunge, antwortlos und einsam unter der giftig glühenden Sonne und unter wankenden Gestirnen umherirren, einsam zwischen den unübersehbaren Massengräbern und den kalten Götzen der gigantischen betonklotzigen verödeten Städte, der letzte Mensch, dürr, wahnsinnig, lästernd, klagend – und seine furchtbare Klage: WARUM? wird ungehört in der Steppe verrinnen, durch die geborstenen Ruinen wehen, versickern im Schutt der Kirchen, gegen Hochbunker klatschen, in Blutlachen fallen, ungehört, antwortlos, letzter Tierschrei des letzten Tieres Mensch – all dieses wird eintreffen, morgen, morgen vielleicht, vielleicht heute Nacht schon, vielleicht heute Nacht, wenn – – wenn – – wenn ihr nicht NEIN sagt.

1 ***Untersuchen Sie den Text von Wolfgang Borchert nach folgenden Kriterien:***

a) Welche Personen spricht der Erzähler direkt an? Was bezweckt er damit?

b) Was ist die Kernaussage des Textes?

c) Der Text gliedert sich in zwei Teile. Um welche handelt es sich? Nennen Sie Unterschiede.

2 ***Analysieren Sie die Sprache beider Teile.***

a) Stellen Sie Beobachtungen an zu: Satzbau, Satzarten, Wortarten, Wiederholungen, Aufzählungen und sprachlichen Bildern (Metaphern, Vergleiche). Nennen Sie Textbeispiele.

b) Beschreiben Sie die Wirkung, die diese Stilmittel (jeweils) auf die Leser haben.

3 ***Interpretieren Sie den Text.***

a) Was will der Text erreichen? Ist er noch zeitgemäß? Diskutieren Sie!

b) Warum werden besonders die Mütter angesprochen?

c) Was versteht man unter „Zivilcourage“? Stellen Sie eine Verbindung zum Text her.

4 ***Erarbeiten Sie in Gruppen verschiedene Themen, die zum Verständnis des Textes beitragen können, und stellen Sie selbstständig einen Bezug zum Werk her:***

- Kriegsgefangene im Zweiten Weltkrieg und Kriegsheimkehrer
- das Leben Wolfgang Borcherts
- „Mütter gegen den Krieg“, eine Initiative von Müttern gegen den Jugoslawien-Krieg 1999

Arbeitstechnik | **Untersuchung eines literarischen Textes**

Zum besseren Verständnis eines literarischen Textes sind immer folgende Fragen zu beantworten:

1. Worum geht es in dem Text? Von wem handelt er? Wann und wo spielt die Handlung?
2. Welche besonderen sprachlichen Mittel werden verwendet?
3. In welcher Zeit lebt(e) der Dichter? Welche kulturellen, politischen und wirtschaftlichen Ereignisse haben in seiner Zeit stattgefunden?

Gesellschaftskritik in Zeiten des Vormärz (1815–1848)

Georg Büchner (1813–1837) gründete im Alter von 21 Jahren die „Gesellschaft für Menschenrechte“, um die politischen Verhältnisse in Hessen zu ändern. Wegen seiner Flugschrift „Der hessische Landbote“ wurde er steckbrieflich gesucht und musste aus Deutschland fliehen. Er starb im Alter von 23 Jahren an einer Viruserkrankung.

Georg Büchner: Der Hessische Landbote (Auszug)

Erste Botschaft

Darmstadt, im Juli 1834

Vorbericht

Dieses Blatt soll dem hessischen Lande die Wahrheit melden, aber wer die Wahrheit sagt, wird gehenkt; ja sogar der, welcher die Wahrheit liest, wird durch meineidige Richter vielleicht gestraft. Darum haben die, welchen dies Blatt zukommt, Folgendes zu beobachten:

1. Sie müssen das Blatt sorgfältig außerhalb ihres Hauses vor der Polizei verwahren;
2. sie dürfen es nur an treue Freunde mitteilen;
3. denen, welchen sie nicht trauen wie sich selbst, dürfen sie es nur heimlich hinterlegen;
4. würde das Blatt dennoch bei einem gefunden, der es gelesen hat, so muss er gestehen, dass er es eben dem Kreisrat habe bringen wollen;
5. wer das Blatt nicht gelesen hat, wenn man es bei ihm findet, der ist natürlich ohne Schuld.

Friede den Hütten! Krieg den Palästen!

Im Jahr 1834 sieht es aus, als würde die Bibel Lügen gestraft. Es sieht aus, als hätte Gott die Bauern und Handwerker am fünften Tage und die Fürsten und Vornehmen am sechsten gemacht, und als hätte der Herr zu diesen gesagt: „Herrschet über alles Getier, das auf Erden kriecht“, und hätte die Bauern und Bürger zum Gewürm gezählt. Das Leben der Vornehmen ist ein langer Sonntag: Sie wohnen in schönen Häusern, sie tragen zierliche Kleider, sie haben feiste Gesichter und reden eine eigne Sprache; das Volk aber liegt vor ihnen wie Dünger auf dem Acker. Der Bauer geht hinter dem Pflug und treibt ihn mit den Ochsen am Pflug, er nimmt das Korn und lässt ihm die Stoppeln. Das Leben des Bauern ist ein langer Werktag; Fremde verzehren seine Äcker vor seinen Augen, sein Leib ist eine Schwiele, sein Schweiß ist das Salz auf dem Tische des Vornehmen.

Im Großherzogtum Hessen sind 718 373 Einwohner, die geben an den Staat jährlich an 6 363 436 Gulden, als

1) Direkte Steuern	2 128 131 Fl.[1]
2) Indirekte Steuern	2 478 264 Fl.
3) Domänen[2]	1 547 394 Fl.
4) Regalien[3]	46 938 Fl.
5) Geldstrafen	98 511 Fl.
6) Verschiedene Quellen	64 198 Fl.
	6 363 436 Fl.

Gesellschaftskritik in Zeiten des Vormärz (1815–1848)

Dies Geld ist der Blutzehnte[4], der vom Leib des Volkes genommen wird. An 700 000 Menschen schwitzen, stöhnen und hungern dafür. Im Namen des Staates wird es erpresst, die Presser berufen sich auf die Regierung, und die Regierung sagt, das sei nötig, die Ordnung im Staat zu erhalten. Was ist denn nun das für gewaltiges Ding: der Staat? Wohnt eine Anzahl Menschen in einem Land und es sind Verordnungen oder Gesetze vorhanden, nach denen jeder sich richten muss, so sagt man, sie bilden einen Staat. Der Staat also sind alle; die Ordner im Staate sind die Gesetze, durch welche das Wohl aller gesichert wird und die aus dem Wohl aller hervorgehen sollen. – Seht nun, was man in dem Großherzogtum aus dem Staat gemacht hat; seht, was es heißt: die Ordnung im Staate erhalten! 700 000 Menschen bezahlen dafür 6 Millionen, d.h., sie werden zu Ackergäulen und Pflugstieren gemacht, damit sie in Ordnung leben. In Ordnung leben heißt hungern und geschunden werden.

1 Abkürzung für Gulden, franz.: Florin
2 Staatsbesitz, Staatsgut
3 wirtschaftlich nutzbares Hoheitsrecht (z.B. Zoll-, Münz-, Postrecht)
4 der Zehnt(e): regelmäßige Abgabe der Bauern an die Feudalherren

1 ***Was stellt Büchner seiner Schrift voran? Warum hält er das für sinnvoll?***

2 ***Was prangert Büchner in seiner Schrift an? Belegen Sie Ihre Aussagen mit Hilfe von Textstellen.***

3 ***Untersuchen Sie den Begriff „Ordnung".***
a) Was verstehen Sie unter „Ordnung"? Sammeln Sie Ihre Ideen in einer Mindmap.
b) Welche Bedeutung hat der Begriff „Ordnung" in Büchners Ausführungen?

4 ***Was fordert Büchner? Erläutern Sie die Überschrift „Friede den Hütten! Krieg den Palästen!".***

5 ***Der Text Büchners enthält viele Metaphern (→ Kapitel 11, S. 142, 143). Schreiben Sie diese heraus und deuten Sie sie.***

6 ***Informieren Sie sich über Leben und Persönlichkeit des jungen Georg Büchner und stellen Sie ihn in einem Autorenporträt Ihrer Klasse vor.***

7 ***Ordnen Sie den Text in seinen Entstehungszusammenhang ein.***
a) Stellen Sie Erkundigungen über die Zeit an, in der Georg Büchner lebte. Welche gesellschaftlichen Verhältnisse herrschten?
b) Beurteilen Sie, welche Bedeutung der Text in dieser Zeit hatte.

8 ***Suchen Sie im Werk Büchners nach weiteren Indizien für sein gesellschaftskritisches Denken.***

Basiswissen | **Literarische Epoche „Junges Deutschland – Vormärz"**

1820 entstand eine Bewegung von radikalen Schriftstellern, die sich gegen die auf dem Wiener Kongress 1815 beschlossenen Maßnahmen wendeten. Diese sahen eine Verschärfung der Pressezensur, die Entlassung liberal eingestellter Lehrkräfte und das Verbot von freiheitlich gesinnten Studentenvereinigungen vor. Die Schriftsteller hingegen setzten sich für eine gerechte Verteilung des Wohlstandes, das Respektieren menschlicher Grundrechte und für ein geeintes Deutschland ein. Es entstand eine revolutionäre Bewegung, die im März 1848 einen Umsturz der Verhältnisse versuchte, der jedoch scheiterte.

Die Satire als Gesellschaftskritik

Könnte Schule heute nicht auch ganz anders sein? Die Diskussion über eine Verbesserung der Schule reißt nicht ab. Die folgende Satire nimmt diese aktuelle Debatte auf und löst das Problem auf eigene Weise.

Matthias Kalusch: Mein schöner Schulalltag oder: Zugabe!

Wenn morgens der Wecker klingelt, ist die Freude auf die Schule kaum noch auszuhalten. Man springt schnell aus dem Bett und macht sich für das Frühstück fertig. Es werden ein paar Bissen heruntergeschlungen und dann rennt man so schnell wie möglich zur Bushaltestelle, wo man ungeduldig wartet.

Man hört überall Stimmen: „Ich will in die Schule." Und endlich kommt der Bus und wird samt Fahrer gestürmt. Im Bus sitzt jeder auf seinem gut gepolsterten Schlafsessel und ist auf das heutige Programm gespannt. Wenn man aber die Schule vor Augen hat und in den modern ausgebauten Busbahnhof einfährt, ist die Spannung an einem Höhepunkt angelangt.

Man stürmt an die Kasse, aber glücklicherweise ist der Eintritt frei. Dafür muss man jedoch noch eine halbe Stunde im Vorraum auf die Stars warten.

Die Stars haben einen eigenen Parkplatz und kommen durch einen Hintereingang in ihre Garderoben, um sich vor ihren Fans zu retten. Es gibt zwar auch einen Zugang vom Vorraum zu den Garderoben, doch dieser wird von zwei Mitgliedern des Veranstaltungsteams bewacht. Sie haben ein Wachhäuschen, das leider fast nur aus Glas besteht, aber ab und zu lassen die beiden auch mal jemanden zu den Garderoben. Wenn sie Glück haben, können sie sogar ein Autogramm erhaschen.

Die Stars schicken vor ihren Auftritten einen Kollegen in den Vorraum, der soll sich einen Eindruck über die Stimmung der Fans machen. Er geht im Vorraum auf und ab, dabei sieht er sich die wartenden Fans genau an.

Dann werden die Veranstaltungsräume aufgeschlossen. Alle strömen hinein und setzen sich auf ihre reservierten Plätze. Nach fünfminütigem Warten kommt der erste längst erwartete Star.

Tosende Fans – ein Riesendurcheinander. Nach weiteren fünf Minuten wird es wieder ruhiger. Hier und da noch ein Zwischenruf.

Viele, aber nicht alle, haben ihrem Star ein Geschenk in Form von schriftlichen Arbeiten mitgebracht. Ein Auftritt dauert 45 Minuten, aber manchmal bleibt ein Star infolge der vielen „Zugabe"-Rufe noch fünf bis zehn Minuten länger. Zwischen den Auftritten sind Pausen, in denen man sich mit Erfrischungen versorgen kann. An einem Tag finden sechs bis sieben Auftritte statt. Vor einiger Zeit hat der Veranstalter die Veranstaltung wegen […] frühzeitig abgebrochen […].

Die Satire als Gesellschaftskritik

1 *Wie wirkt der Text auf Sie?*

2 *Arbeiten Sie die satirischen Elemente des Textes heraus. Stellen Sie dazu in einer Tabelle die satirischen Formulierungen der Wirklichkeit gegenüber.*

In der Satire	In der Wirklichkeit
- frohes Erwachen - ...	- der Wecker nervt - ...

3 *Warum verwendet der Autor satirische Formulierungen? Was bezweckt er damit?*

4 *Beschreiben Sie die Art und Weise, wie eine Satire entsteht (z. B. durch Übertreibungen). Nehmen Sie die Arbeitstechnik unten zu Hilfe und beziehen Sie Ihre Aussagen auf den Text.*

Arbeitstechnik — Die Stilmittel einer Satire untersuchen

Neben der Verwendung von **Übertreibungen** und **Untertreibungen** bedienen sich Satiriker häufig auch:

- der **Ironie**: verhüllter Spott, bei dem das Gegenteil von dem gesagt wird, was gemeint ist, z. B.: *Wir haben heute alle genug Geld zur Verfügung, und wenn es einmal knapp werden sollte, sparen wir einfach an Lebensmitteln ...*
- des **Sarkasmus**: bissig-spöttische Äußerungen, bei denen einem das Lachen im Halse stecken bleibt, z. B.: *Raucher zeigen ein hohes politisches Verantwortungsgefühl: Durch ihr frühes Ableben leisten sie einen wichtigen Beitrag ...*
- der **Parodie**: komische, übertreibende Nachahmung eines Textes oder einer Handlung in der gleichen Form, aber mit lächerlichem Inhalt, z. B.: *„Einigkeit und Recht und Freiheit / für das deutsche Raucherland ...“*

5 *Trainieren Sie das Schreiben einer Satire und verfassen Sie eigene satirische Aussagen. Lehnen Sie sich dabei an Ihre Lösungen von Aufgabe 2 an.*

6 *Schreiben Sie die Satire „Mein schöner Schulalltag“ weiter.*

7 *Stellen Sie Ihren betrieblichen Arbeitsalltag unter dem Titel „Ein Tag im Leben eines Azubis“ auf satirische Weise dar.*

Basiswissen — Satire

Mit einer Satire will ein Autor Kritik an der Wirklichkeit üben. Er stellt in der Satire gesellschaftliche Missstände oder menschliche Schwächen mit Hilfe von witziger Übertreibung und Spott dar. Hierdurch werden die Inhalte lächerlich gemacht. Oft wird die komische Wirkung auch durch die Umkehrung der Verhältnisse erreicht, etwa indem der Satiriker das, was schlecht ist, als wunderbar beschreibt.

Satirische Zeichnungen kritisieren ebenfalls durch überproportionale Betonung bestimmter Merkmale.

Den literarischen Markt untersuchen

Ein Buch entsteht

„Von allen Welten, die der Mensch erschaffen hat, ist die Welt der Bücher die gewaltigste.“
(Heinrich Heine)

1 ***Stellen Sie sich vor, Sie hätten einen Roman oder ein Sachbuch geschrieben. Wäre es da nicht schön, wenn Ihr Werk als Buch erscheinen könnte?***

a) Unter welchem Titel möchten Sie Ihr Buch veröffentlichen?

b) Entwerfen Sie ein passendes Cover mit allen notwenigen Angaben (Titel, Verlag, Autor).

c) Legen Sie Ihre Cover auf einem „Büchertisch“ aus.

2 ***Beschreiben Sie, was Sie auf den Bildern sehen.***

3 ***Formulieren Sie einen eigenen Text zu der Überschrift „Ein Buch entsteht“.***

a) Bringen Sie die Bilder in die richtige Reihenfolge.

b) Verwenden Sie für die Beschreibungen der Bilder in Ihrem Text die Begriffe: Autor/-in, Korrektor/-in, Drucker/-in, Lektor/-in und Programmchef/-in, Auslieferung, Hersteller/-in.

c) Klären Sie auch die folgenden Begriffe und flechten Sie sie in Ihren Text ein. Achten Sie auf die richtige Reihenfolge: Illustrator/-in, Farbdruck, Manuskript, Verlag, Paperback, Klappentext, Buchhandlung, Drucksatz, Grossist, Layout, Impressum, Offsetdruck, ISBN, Honorar.

Ein Buch wird vermarktet

Sie haben es geschafft! Ihr Buch ist gedruckt und liegt nun zur Auslieferung im Lager eines Grossisten bereit.

1 ***Tragen Sie zusammen, was alles getan werden kann, um Ihr Buch in der Öffentlichkeit bekannt zu machen. Sammeln Sie in Gruppen Ideen.***

a) Was kann der Autor/die Autorin selbst dazu beitragen?

b) Welche Maßnahmen kann der Verlag ergreifen, um Käufer zu gewinnen?

c) Erläutern Sie die Bedeutung von Buchmessen, Vertretern, Leseproben und Hörbüchern.

2 ***Teilen Sie sich in Gruppen auf und bearbeiten Sie mit Ihrer Gruppe eines der folgenden Themen.***

Gruppe A: Bestsellerlisten

a) Von welchen englischen Begriffen leitet sich das Wort „Bestseller“ ab?
b) Wie kommt eine Bestsellerliste zustande und welche Bestsellerlisten gibt es?
c) Sagen Bestsellerlisten etwas über die Qualität eines Buches aus?
d) Welche Bücher führen zurzeit die Bestsellerlisten „Belletristik“ bzw. „Sachbuch“ an?

Gruppe B: Literaturpreise

a) Welche Literaturpreise gibt es?
b) Informieren Sie sich über die Preisträger des Vorjahres beim Jugendliteraturpreis, beim Deutschen Krimipreis und beim Georg-Büchner-Preis.
c) Welche Auswirkungen hat ein Literaturpreis für das Buch und seinen Autor/seine Autorin?
d) Recherchieren Sie die deutschen Schriftsteller und ihre Werke, die den Nobelpreis für Literatur erhalten haben.

Gruppe C: Literarisches Quartett

In der Fernsehsendung „Literarisches Quartett“ äußerten vier Literaturkritiker (darunter Marcel Reich-Ranicki und Hellmuth Karasek) über 13 Jahre lang ihre Meinung zu Buchneuerscheinungen. Alle vier Rezensenten lasen das gleiche Buch und sprachen dann vor Publikum darüber.

a) Wählen Sie ein Buch aus, das Sie alle lesen.
b) Bestimmen Sie ein Gruppenmitglied, das das Buch kurz vorstellt.
c) Suchen Sie eine kurze Textstelle aus, die Sie während der Besprechung vorlesen wollen.
d) Jedes Gruppenmitglied formuliert seine begründete Meinung zu dem Buch.
e) Sprechen Sie in Ihrer Gruppe über das Buch und tauschen Sie Ihre jeweiligen Standpunkte aus.

3 ***Präsentieren Sie Ihre Gruppenergebnisse vor der Klasse.***

Hinweis: Die Gruppen A und B sollten für die Präsentation eine anschauliche Form wählen (PowerPoint, Plakat, Folie). Die Gruppe C spielt das Gespräch vor.

Ein Lesetagebuch erstellen

Ob Sie mit Ihrer Klasse gemeinsam oder zu Hause für sich ein Buch lesen wollen: Werden Sie doch selbst kreativ und vertiefen Sie Ihr Leseerlebnis durch das Führen eines Lesetagebuchs!

Basiswissen **Lesetagebuch**

Ein Lesetagebuch ist ein leeres Heft (im DIN-A5- oder -A4-Format), in das alles hineingeschrieben oder gezeichnet werden kann, was dem Leser oder der Leserin bei der Lektüre in den Sinn kommt. In diesen Lesebegleiter schreibt man z. B. eigene Gefühle und Gedanken, Kommentare, Fragen, Bemerkungen zu den handelnden Personen und deren Verhalten, wann man wie lange gelesen hat oder auch Zusammenfassungen von Kapiteln.

Ein Lesetagebuch hilft, Texte besser zu verstehen, sich intensiver mit dem Text zu befassen und sich später besser an den Inhalt erinnern zu können, eine eigene Meinung zu bilden und unterschiedliche – eigene – Zugänge zum Text zu finden.

1 *Wählen Sie ein Buch aus, zu dem Sie parallel ein Lesetagebuch führen wollen.*

2 *Erstellen Sie Ihr eigenes Lesetagebuch.*

a) Besorgen Sie sich ein leeres Heft und gestalten Sie das Cover.

b) Wählen Sie mindestens sechs Unterpunkte aus vier verschiedenen Aufgabentypen aus dem Angebot der Arbeitstechnik aus und testen Sie, wie Ihnen die Zugänge gefallen.

c) Ergänzen Sie die Tipps in der Arbeitstechnik durch eigene Ideen.

Arbeitstechnik **Ein Lesetagebuch führen**

Notieren Sie in Ihrem Lesetagebuch stets, wann Sie was gelesen haben und auf welche Textstelle Sie sich jeweils beziehen. Auch sollten Sie immer Ihre Meinung und Gefühle mit einfließen lassen. Verschiedene Gestaltungsmöglichkeiten stehen Ihnen für Ihr Lesetagebuch zur Verfügung:

Zeichnen	Kreativ schreiben	Im und mit dem Text arbeiten
Skizzen oder Zeichnungen zu: • Personen • Gegenständen • Räumen etc.	• einen Brief an die Personen • einen Tagebucheintrag aus der Sicht einer Person • den Text weiter- oder umschreiben	• Inhalte klären und zusammenfassen • die Hauptpersonen charakterisieren • zu Textpassagen Stellung nehmen
Den Text grafisch umsetzen	**Szenisches Spiel**	**Rund um das Buch**
• eine Mindmap anlegen • eine Landkarte/einen Stadtplan anlegen • einen Comic zeichnen • einen Steckbrief entwerfen	• ein Drehbuch zu einer Szene schreiben • ein Standbild entwerfen • eine Szene inszenieren und spielen	• eine Buchbesprechung verfassen • ein Kinoplakat entwerfen • einen Brief an die Autorin oder den Autor schreiben

3 *Stellen Sie Ihr Lesetagebuch der Klasse vor.*

Literatur im Kontext

Gedichte vergleichen

Günter Kunert (geb. 1929) und Reiner Kunze (geb. 1933) lebten bis 1979 bzw. 1977 in der DDR, danach in der Bundesrepublik.

Reiner Kunze: Die Mauer (1990)

Als wir sie schleiften, ahnten wir nicht,
wie hoch sie ist
in uns

Wir hatten uns gewöhnt
an ihren horizont

Und an die windstille

In ihrem schatten warfen
alle keinen schatten

Nun stehen wir entblößt
jeder entschuldigung R

Günter Kunert: Wo Deutschland lag (1961)

Wo Deutschland lag, liegen zwei Länder,
Zwei Länder liegen dort,
Und es trennt sie
Mehr als eine Grenze.
Die gleiche Sprache sprechen sie,
Die gleiche,
Aber können sich nicht verstehen, weil
Sie eine andere Sprache sprechen,
Eine andere,
Denn sie sind zwei Länder, zwei Länder
Sind sie, und liegen, wo Deutschland lag.

1 ***Untersuchen Sie die beiden Gedichte.***

a) Welches gemeinsame Thema haben sie?
b) Formulieren Sie die jeweilige Kernaussage der Gedichte in einem Satz.
c) Überlegen Sie, welche politischen Ereignisse zur Entstehung der Gedichte geführt haben. Beachten Sie die angegebenen Jahreszahlen.
d) Wie viele Jahre liegen zwischen den beiden Gedichten? Was liegt geschichtlich/politisch dazwischen? Stellen Sie einen Zusammenhang her.
e) Notieren Sie aus jedem Gedicht besonders auffällige Textstellen und versuchen Sie, diese zu deuten.

f) Würden Sie die Kernaussage der Gedichte, nachdem Sie sich mit dem historischen Kontext befasst haben, anders formulieren als zu Beginn Ihrer Gedichtbetrachtung? Wenn ja, wie?

2 ***Deuten Sie das Gedicht „Die Mauer". Achten Sie dabei besonders auf die verwendeten Sprachbilder und finden Sie Antworten auf folgende Fragen:***

a) Wer ist mit „wir" gemeint (Z. 1, 3, 4, 9)?
b) Was bedeutet „hoch" für die Menschen hinter der Mauer (Z. 2)?
c) Was bedeutet eine „Gewöhnung" an den Mauer-Horizont (Z. 4, 5)?
d) Hinter der Mauer herrscht „Windstille". Was bedeutet das im Hinblick auf die gesellschaftlichen Ereignisse vor der Mauer? Was könnte gemeint sein, wenn „alle keinen Schatten" warfen (Z. 8)?
e) Suchen Sie Synonyme für „entblößt". Warum fühlen sich die Menschen 1990 entblößt?

Schreibanlass

Eugène Ionesco wurde am 26. November 1909 in Slatina, Rumänien geboren und starb am 28. März 1994 in Paris. Er war ein französisch-rumänischer Autor, der als einer der bedeutendsten französischen Dramatiker der Nachkriegsjahrzehnte gilt und als ein führender Vertreter des absurden Theaters.

Eugene Ionesco: Warum ich schreibe

Ich fragte mich, warum ich schreibe. Ich glaube, eine provisorische, aber substanzielle Antwort gefunden zu haben. Ich schreibe, um diese fundamentalen Wahrheiten, diese absoluten Fragen offenzulegen: Warum ist die Existenz oder vielmehr, wie ist die Existenz und wie ist das Böse möglich, oder vielmehr, warum fügt sich das Böse in das existenzielle Wunder?
Ich schreibe also, um den Menschen diese Probleme ins Gedächtnis zu rufen, damit sie sich ihrer bewusst werden, damit sie wach bleiben und nicht vergessen. Oder vielmehr, damit sie sich von Zeit zu Zeit erinnern. Warum nicht vergessen, warum sich erinnern? Damit wir uns über unsere Bestimmung klar werden, damit wir wissen, wie unser Verhältnis zu den andern und zu uns selbst ist.

1 *Schlagen Sie die Bedeutung der Fremdwörter in einem Lexikon oder im Internet nach.*

2 *Drücken Sie mit eigenen Worten aus, warum Ionesco schreibt. Was will er bei seinen Leserinnen und Lesern erreichen?*

3 *Überlegen Sie sich andere Gründe, weshalb ein Schriftsteller zur Feder greifen könnte.*

Fazit

Kapitel 18

Sprachenvielfalt in der globalisierten Berufswelt

18.1 Mit Übersetzungen umgehen

Förderprogramm: Gebrauchsanleitungen verstehen

Aufbauprogramm: Die Wirkung eines Textes untersuchen

Das World Wide Web, aber auch die immer stärker voranschreitende Globalisierung, insbesondere in der Berufswelt, verlangen von uns in zunehmendem Maße, auch Texte in Fremdsprachen zu verstehen und zu nutzen. Immer mehr Fachtexte werden heute in dem Bewusstsein formuliert, dass sie ohne viel Aufwand in andere Sprachen übersetzbar sein sollen.

In diesem Kapitel lernen Sie, mit Internet-Übersetzungen ins Deutsche umzugehen, Gebrauchsanleitungen zu verstehen und moderne Texte in ihrer Wirkung einzuschätzen.

Was ich aus anderen Kapiteln weiß

- ✔ Es gibt in jeder Kommunikationssituation einen Sender, der eine Botschaft abschickt, und einen Empfänger, der die Nachricht entschlüsseln muss (Kapitel 1, 7).
- ✔ Die 5-Schritt-Lesetechnik hilft, schwierige Texte leichter zu verstehen (Kapitel 4).
- ✔ Der Sender einer Nachricht passt seine Sprache an den Empfänger und die Situation an (Kapitel 6).
- ✔ Die Sprache unterliegt ständigen Veränderungen, vor allem durch den Einfluss anderer Sprachen (Kapitel 12).

Mit Übersetzungen umgehen

Situation

Michael ist Auszubildender zum Automobilkaufmann in einem kleineren Kfz-Meisterbetrieb für exklusive Sportwagen. Wenn sein Chef auf Geschäftsreise ist, liegt die Kundenbetreuung eigenverantwortlich in seinen Händen. Der junge Mann erhält eines Tages folgende E-Mail:

Mesdames et Messieurs,
Votre entreprise m'a été recommandée par un partenaire commercial. Ils vendent une 2.7 Porsche 911 bleu targa, l'année de construction est 1976. J'aurais un intérêt pour le véhicule. Pouvez-vous rééquiper pour moi le moteur pour oblenir une capacité de 3.2 litres? – Un de mes amis a fait faire cela à Stuttgart. Je serai à la fin de la semaine en Allemagne et pourrai passer le samedi. Je vous serais reconnaissant pour une réponse rapide.

Veuillez agréer mes salutations distinguées

1 ***Stellen Sie Überlegungen zu folgender Situation an: Michael möchte so schnell wie möglich auf die Mail reagieren.***

a) Welche Möglichkeiten hat er?

b) Wägen Sie Vor- und Nachteile Ihrer gefundenen Lösungsansätze ab.

Der Auszubildende, der kaum Französisch spricht, gibt den Text in ein kostenloses Internet-Übersetzungsprogramm ein und erhält folgendes Ergebnis:

Damen und Herren,
Ihr Unternehmen m' von einem Handelspartner empfohlen worden ist. Sie verkaufen eine 2.7 Porsche 911 blaues targa, l' Konstruktionsjahr ist 1976. J' haben Sie ein Interesse für das Fahrzeug. Können Sie für mich den Motor neu ausstatten, um eine Kapazität von 3.2 Litern oblenir? – Einer von meinen Freunden ließ das in Stuttgart machen. Ich werde Ende der Woche in Deutschland sein und kann den Samstag verbringen. Ich wäre Ihnen für eine schnelle Antwort dankbar.

Hochachtungsvoll

2 ***Klären Sie den Inhalt des Schreibens.***

a) Welchen ersten Eindruck haben Sie von der Übersetzung?

b) Welche Textstellen sind missverständlich?

c) An welchen Stellen ist die Übersetzung gut gelungen?

d) Wie erklären Sie sich die zahlreichen sprachlichen Verstöße in der Übersetzung?

3 ***Schreiben Sie die Mail in grammatikalisch richtiger deutscher Sprache neu.***

a) Berichtigen Sie:
- die Rechtschreibfehler,
- die Satzzeichenfehler,
- den Satzbau, indem Sie einfache verständliche Satzkonstruktionen bilden.

b) Formulieren Sie eigene Sätze.

Basiswissen – Mit Übersetzungen umgehen

Übersetzungen aus einer Fremdsprache ins Deutsche können sehr fehlerträchtig sein, insbesondere wenn digitale Übersetzungsdienste aus dem Internet genutzt werden. Bei Rechtschreibung, Zeichensetzung und Grammatik schleichen sich häufig Fehler ein, vor allem bei komplizierten Texten; einschlägige Fachbegriffe sind mitunter gar nicht zu übersetzen.

Man kann die Fehlerquote deutlich reduzieren, wenn folgende Tipps beachtet werden:
- einfache Sätze bilden,
- mehrdeutige Begriffe vermeiden,
- einschlägige Fachbegriffe allgemein verständlich umschreiben.

4 ***Nach kurzer Rücksprache mit dem Werkstattmeister bezüglich des Motorumbaus kann Michael antworten. Entwerfen Sie seinen Antworttext.***

a) Beachten Sie beim Schreiben die Übersetzungstipps aus dem Basiswissen. Verarbeiten Sie folgende Stichpunkte:
angefragtes Fahrzeug verfügbar, Motortuning technisch machbar, Teilelieferung von Porsche mit 3 Monaten Vorlaufzeit, Bitte um Angabe der ungefähren Ankunftszeit am Samstag

b) Geben Sie Ihren Text in einen kostenlosen Internet-Übersetzungsdienst ein. Lassen Sie ihn ins Französische übersetzen. Wählen Sie ggf. auch die Muttersprache eines Mitschülers.

c) Versuchen Sie die Qualität und damit die Verständlichkeit der Übersetzungen zu beurteilen.

5 ***Beantworten Sie eine E-Bay-Anfrage aus Spanien.***

a) Verfassen Sie einen erfundenen, einfach zu übersetzenden Text unter Beachtung des Basiswissens. Der Sachverhalt:
Anfrage von M. Gonzales nach limitierter Nappa-Lederjacke aus der Porsche Design Driver's Selection, WOG 930 248 in der Größe XL zu 399,00 Euro: noch lieferbar? Wie hoch sind die Versandkosten nach Spanien? Wann kann geliefert werden?

b) Geben Sie diesen Text in einen kostenlosen Internet-Übersetzungsdienst ein. Lassen Sie ihn ins Spanische übersetzen.

c) Kopieren Sie die spanische Übersetzung und geben Sie diese in einen anderen Internet-Übersetzungsdienst ein. Lassen Sie ihn ins Deutsche übersetzen.

d) Vergleichen Sie die Rück-Übersetzung mit Ihrem Text. Erklären Sie die Unterschiede.

Gebrauchsanleitungen verstehen

Situation

Eine Kundin kommt mit ihrer aus den USA reimportierten Limousine zum Kfz-Meisterbetrieb. Sie hat Probleme mit der englischen Bedienungsanleitung. Der Auszubildende Michael hat rasch eine deutsche Ausgabe zur Hand und vergleicht:

Replacing the wiper blades

1. To replace the wiper blades, place the wipers in the fold-out position.
2. Fold out the wipers.
3. Swing the wiper blade into horizontal position.
4. Remove the wiper blade towards the side.

Do not fold the wipers onto the windscreen without wiper blades.

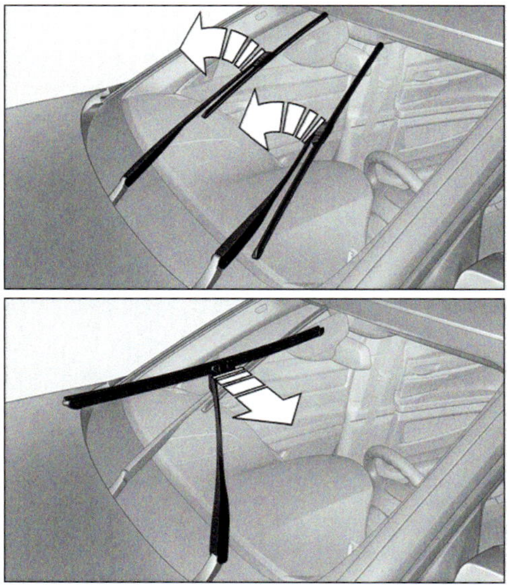

Wechsel der Wischerblätter

1. Zum Wechseln die Wischer in Abklappstellung bringen.
2. Wischer abklappen.
3. Wischerblatt in waagerechte Position schwenken.
4. Wischerblatt seitlich abnehmen.

Wischer nicht ohne Wischerblätter anklappen.

1 ***Untersuchen Sie die beiden sehr ähnlichen Gebrauchsanleitungen. Welche Gemeinsamkeiten und Unterschiede stellen Sie fest?***

2 ***Betrachten Sie die Sprache in der Gebrauchsanleitung.***

a) Weshalb fehlt die Anrede (➪Kapitel 19, S. 235)?
b) Welche Zeitstufe wird verwendet? Weshalb?
c) Schreiben Sie die verwendeten Fachbegriffe heraus. Sind diese klar verständlich?
d) Wie beurteilen Sie die Verständlichkeit dieser Anleitung?
e) Welchen Anteil haben die Abbildungen daran?

3 ***Formulieren Sie aus dem Text eine typische Gebrauchsanleitung.***

Zuerst klippsen Sie das Gitter an der Aussparung, die mit einem weißen Pfeil markiert ist, heraus. Dann nehmen Sie einen Schraubenzieher zur Hand und lösen die Schraube. Anschließend wird die Leuchte nach vorne herausgezogen. Ziehen Sie nun die defekte Lampe heraus und wechseln Sie diese. Stecken Sie zum Schluss die Leuchte wieder in die Führung, drehen Sie die Schraube wieder ein und klippsen Sie das Gitter wieder in die Frontschürze.

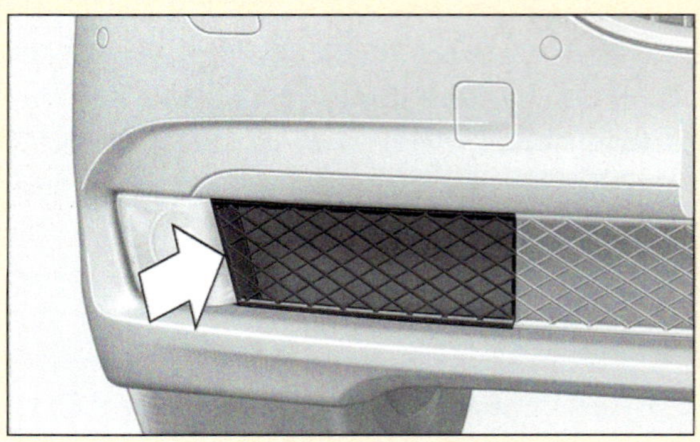

Die Wirkung eines Textes untersuchen

Situation

Autohaus NOWA feiert Firmenjubiläum mit vielen Besuchern. Ein Kunde geht auf den Mitarbeiter Michael zu und fragt: „Wie lässt sich denn heute noch das Autofahren mit dem Umweltschutz vereinbaren?“ Michael zeigt ihm eine Broschüre von BMW und fasst die wesentlichen Informationen auch kurz für seinen Kunden zusammen.

HYBRID IST REINE VERNUNFTSSACHE.

Wir alle wissen, dass wir umdenken müssen. Die Endlichkeit unserer fossilen Rohstoffe und veränderte Umweltbedingungen fordern von der Automobilindustrie neue Antriebskonzepte. Die Hybridisierung – die Kombination von Verbrennungs- und Elektromotor – ist dabei eine weitere effizienzverbessernde Technologie für den konventionellen Verbrennungsmotor. Allerdings merkt man den bisherigen Hybrid-Fahrzeugen spürbar an, dass ihre Entwicklung überwiegend aus Gründen der Verbrauchsreduzierung betrieben wurde. Fahrspaß stand nicht im Lastenheft der Entwickler.

BMW ACTIVE HYBRID IST REINE FREUDE.

Erstmals stellt BMW jetzt zwei Hybrid-Modelle vor, die anders sind. Sie bieten nicht nur beispielhafte Effizienz, sondern auch BMW typische Dynamik und Freude am Fahren. Deshalb nennt BMW diese Technologie BMW ActiveHybrid. Der BMW ActiveHybrid X6 und der BMW ActiveHybrid 7 sind daher die ersten Hybrid-Fahrzeuge, die auf ganzer Linie eines vermitteln: ein durch und durch gutes Gefühl.

Das weltweit erste Sports Activity Coupé mit Hybrid-Antrieb erreicht im gesetzlichen Normverbrauch eine Verbrauchsreduzierung von 20 % gegenüber dem BMW X6 xDrive50i – und zwar bei nahezu gleicher Fahrleistung. Die Verbrauchsvorteile können dank weiterentwickelter Hybrid-Technologie erstmals über einen deutlich größeren Geschwindigkeitsbereich hinweg genutzt werden als bei bisherigen Hybrid-Fahrzeugen, die eine Verbrauchsreduzierung nahezu ausschließlich im Stadtverkehr ermöglichen. Der BMW ActiveHybrid X6 ist ein sogenannter Voll-Hybrid und kann bei einer Geschwindigkeit von rund 60 km/h bis zu 2,5 km rein elektrisch – und somit emissionsfrei – fahren. Sein nahezu lautloses Gleiten ist ein überraschend neues und vor allem beeindruckendes Fahrgefühl.

1 ***Bewerten Sie die Auszüge aus der BMW-Broschüre.***

a) Welche Funktion sollen die verschiedenen Elemente (Text, Bild, Skizzen) erfüllen?

b) Wie beurteilen Sie den Gebrauch von Farben in dieser Broschüre?

2 ***Versetzen Sie sich in Michaels Position und geben Sie die Kernaussagen der Texte kurz wieder.***

3 ***Untersuchen Sie die sprachlichen Mittel und ihre Wirkung (➪ Kapitel 7, S. 97). Legen Sie dazu eine Tabelle wie folgt an:***

Textbeispiel	Wirkung
Aufzählung: „beispielhafte Effizienz, ... BMW typische Dynamik und Freude am Fahren“	Bedeutung der positiven Eigenschaften wird hervorgehoben, positiv besetzte Nomen geben Wertung des Produkts vor;
...	...

4 ***Nehmen Sie Stellung zur Wirkung der Texte, die über formale sowie sprachlich-stilistische Gestaltungsmittel erreicht wird.***

a) Welche Wirkungen sollen beim Leser hervorgerufen werden? Nutzen Sie Ihre Ergebnisse aus Aufgabe 3 und verallgemeinern Sie diese.

b) Erreicht BMW Ihrer Meinung nach die beabsichtigten Ziele? Begründen Sie Ihr Urteil.

c) Das Unternehmen geht im Text auf die gesellschaftliche Forderung nach Umweltverträglichkeit ein, ohne auf seinen langjährigen Slogan „Aus Freude am Fahren“ zu verzichten. Suchen Sie dazu zwei Beispiele aus dem Text und erläutern Sie diese mit eigenen Worten.

5 ***Beurteilen Sie die Texte hinsichtlich ihrer Übersetzbarkeit.***

a) Wie beurteilen Sie Wortwahl und Satzbau bezogen auf die Übersetzbarkeit?

b) Übersetzen Sie einen Absatz in die englische Sprache. Nutzen Sie dafür ggf. auch kostenlose Internet-Übersetzungsdienste.

Fazit

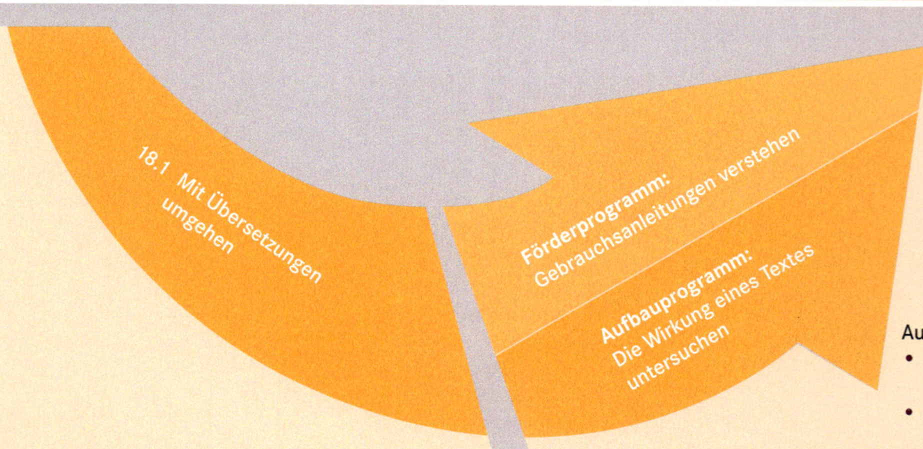

- elektronisch generierte Übersetzungen untersuchen
- Übersetzungen nachbearbeiten
- Übersetzungsprogramme nutzen

Förderprogramm:
- die Sprache einer Gebrauchsanleitung analysieren
- Übersetzungen vergleichen
- Gebrauchsanweisung verfassen

Aufbauprogramm:
- Textaufbau bewerten
- Stilmittel analysieren
- Wirkung erkennen
- Übersetzbarkeit beurteilen

Kapitel 19

Rechtschreibung, Zeichensetzung und Grammatik

19.1 In Alltag und Beruf richtig schreiben	19.2 Fehlerschwerpunkte diagnostizieren und abbauen	19.3 Ein Wörterbuch benutzen	19.4 Fehlerquelle: Zeichensetzung	19.5 Fehlerquelle: Rechtschreibung	19.6 Fehlerquelle: Grammatik

Mit Fehlern in Ihrem Bewerbungsschreiben scheitern Sie schon früh bei der Suche nach einem Arbeitsplatz. Fehler in Schulaufgaben und Prüfungsarbeiten verschlechtern Ihre Note.

Dieses Kapitel bietet Ihnen die Möglichkeit, fehlerträchtige Bereiche der Rechtschreibung, Zeichensetzung und Grammatik zu trainieren. Das Übungsmaterial zu den jeweiligen Fehlerschwerpunkten ist so aufgebaut, dass Sie es im Klassenverband oder auch allein im Selbststudium bearbeiten können.

Wie ich richtiges Schreiben üben kann

- ✔ Meine Fehler in Tests und Schulaufgaben sorgfältig berichtigen und auswerten.
- ✔ Häufig vorkommende Fehler notieren und die richtigen Schreibungen üben.
- ✔ Schwierige Wörter in einem Wörterbuch nachschlagen.
- ✔ Die letzten Tests und Klausuren vergleichen und prüfen, ob ich mehr oder weniger Fehler gemacht habe.

In Alltag und Beruf richtig schreiben

Sprachliche Regeln und Normen unterstützen eine erfolgreiche Kommunikation im Alltag und im Beruf. Die folgenden Situationen zeigen dagegen, wie eine mangelhafte Beherrschung von Regeln und Normen zu Missverständnissen führen kann.

Situation A

Situation B

Situation C

1 *Überlegen Sie, welchen Sinn die Festschreibung sprachlicher Normen für die Kommunikation in der Gesellschaft hat.*

a) Betrachten Sie die Situationen A, B und C. Benennen Sie jeweils den Grund für das Missverständnis.

b) Notieren Sie Argumente, die für eine Festschreibung sprachlicher Normen sprechen.

2 *In welchen Bereichen Ihres Lebens spielen Rechtschreibung, Zeichensetzung und Grammatik eine Rolle?*

a) Überlegen Sie, wann von Ihnen in der Schule verlangt wird, sprachliche Normen zu beherrschen.

b) Suchen Sie nach Situationen im Alltag und Berufsleben, in denen die Nichtbeachtung sprachlicher Normen zu Problemen führen kann.

3 *Benennen Sie Ihre Fehlerschwerpunkte.*

a) Schauen Sie sich Ihre Fehler in den letzten Schulaufgaben an. Befragen Sie auch Ihre Lehrerin oder Ihren Lehrer nach Ihren Fehlerschwerpunkten und legen Sie einen Diagnosebogen (➪ S. 227) an.

b) Berichtigen Sie Ihre Fehler sorgfältig. Halten Sie die Fehlerschwerpunkte mit Berichtigung auf Karteikarten fest.

Tipp

Arbeiten Sie mit Ihren Karteikarten (Fehlerschwerpunkte), besonders vor Prüfungen. Üben Sie die richtigen Schreibungen.

Fehlerschwerpunkte diagnostizieren und abbauen

Um die eigenen Fehler zukünftig vermeiden zu können, sollten Sie sie zuerst diagnostizieren, d. h. erkennen, um welche Art von Fehlern es sich handelt und wo Ihr Fehlerschwerpunkt liegt. Bei Schwächen etwa in der Groß- und Kleinschreibung oder bei den s-Lauten sollten Sie sich nach der Diagnose die entsprechenden Strategien und Regeln anschauen und die Seiten im Buch zu diesem Thema bearbeiten.

1 *Legen Sie einen Diagnosebogen an.*

a) Richten Sie sich nach dem Beispiel unten. Falls Sie in bestimmten Bereichen gar keine Fehler machen, so lassen Sie diese bei der Erstellung Ihres eigenen Bogens weg.

b) Fügen Sie ggf. andere Fehlerbereiche hinzu.

c) Gestalten Sie Ihren Diagnosebogen am Computer, so können Sie ihn zu einem späteren Zeitpunkt erneut nutzen.

Diagnosebogen für Rechtschreib-, Zeichensetzungs- und Grammatik-Fehler

<table>
<tr><th>Fehlerbereich</th><th>Fehleranzahl</th><th>Korrigiertes Wort</th></tr>
<tr><td>Rechtschreibung</td><td></td><td></td></tr>
<tr><td>Groß- und Kleinschreibung
• Satzanfänge
• Anredepronomen
• substantivierte Verben
• ...</td><td>

|
|||</td><td>

Ihren Brief
das Hupen ...</td></tr>
<tr><td>Getrennt- und Zusammenschreibung
• Verbindung aus Substantiv und Verb
• ...</td><td>||||</td><td>Klavier spielen</td></tr>
<tr><td>s-Laute</td><td>||</td><td>lassen</td></tr>
<tr><td>„das“ und „dass“</td><td>𝍸||</td><td>Das will etwas heißen ...</td></tr>
<tr><td>Besonderheiten
• Doppelkonsonanten
• Doppelvokale
• Wörter mit ie
• Wörter mit h
• Wörter mit b/d/g
• ...</td><td>|||</td><td>wohnen ...</td></tr>
<tr><td>Fremdwörter und Fachbegriffe</td><td></td><td></td></tr>
<tr><td>...</td><td></td><td></td></tr>
<tr><td>Zeichensetzung</td><td></td><td></td></tr>
<tr><td>Komma zwischen Haupt- und Nebensatz</td><td></td><td></td></tr>
<tr><td>Komma beim Infinitiv</td><td></td><td></td></tr>
<tr><td>...</td><td></td><td></td></tr>
<tr><td>Grammatik</td><td></td><td></td></tr>
<tr><td>Modusformen</td><td></td><td></td></tr>
<tr><td>...</td><td></td><td></td></tr>
</table>

2 *Gehen Sie Ihre letzten Texte durch und tragen Sie Ihre Fehler in Ihren Diagnosebogen ein.*

Sprachproben anwenden

In dem folgenden Text sind neun Rechtschreibfehler enthalten.

Achtung, Fehler!

Während die eine Hälfte der Jugendlichen zu dick ist, betreibt die andere Hälfte einen übertriebenen Körperkult. Die Besuche in Fitnes- und Kosmetik-Studios füllen die gesamte Freizeit der jungen Leute aus, so das kaum noch Zeit für kulturele Aktivitäten bleibt. Auch das soziale kommt zu kurz, da das ausschließliche telefonieren mit dem Handy eine echte Freundschaft nicht ersetzen kann. Braun, Kräftig, sportlich und cool wollen Sie sein, dass ist das wichtigste.

1 *Korrigieren Sie den Text.*

a) Schreiben Sie alle falsch geschriebenen Wörter in richtiger Form heraus.

b) Können Sie im Sinne des Diagnosebogens (➪ S. 227) Fehlerschwerpunkte ausmachen?

2 *Diktieren Sie sich die folgenden Wörter in einem Partnerdiktat.*

a) Überlegen Sie jeweils, welche der Proben aus dem Basiswissen eingesetzt werden kann.

b) In Zweifelsfällen schlagen Sie im Wörterbuch nach.

Korb, Fußballfeld, hupt, bebt, bläst, speist, Erdteil, ängstlich, Dickkopf, Brennnessel, abbauen, das Niesen, beißt, vergisst, Fels, Gans, das Biegen der Latte, Loblied, beginnt, Bettkante, heizen, kratzen, verrechnen, gelb, Maß, vergaß, Preisliste, bräunlich, vielleicht, auffüllen, wäscht, schmust, taub, Krieg, vorlesen;
Das geschieht dir recht. Ich weiß, dass es anders sein muss. Ich glaube dir das nicht.

Basiswissen – Sprachproben

Verlängerungsprobe: Mit der Bildung von Langformen kann man die Schreibweise und die Aussprache von Wörtern erschließen. Dazu verlängert man das Wort. Verlängern kann man: Substantive: *Wald – Wälder, Tod – Tode;* Adjektive: *brav – braver, flott – flotter; Verben: spinnt – spinnen, niest – niesen.*

Verwandtschaftsprobe/Wortfamilie: Zu einer Wortfamilie gehören alle Wörter, die von einem Wortstamm abgeleitet oder mit ihm zusammengesetzt sind. Kennzeichen aller Wörter ist der gemeinsame Stamm, der in der Regel gleich geschrieben wird: *Fahr* → *fahren, Fahrt, Gefährt, erfahren, überfahren, Fahrerlaubnis; lehr* → *lehren, Lehrling, Lehrer, gelehrt, Gelehrter.*

Zerlegeprobe: Dabei wird ein zusammengesetztes Wort in seine Bestandteile zerlegt. Das Grundwort (das letzte Wort) erklärt das vorangegangene Wort (Bestimmungswort) genauer und bestimmt dabei die Wortart und damit die Groß- oder Kleinschreibung: *Sperrmüllplatz – Sperr + Müll + Platz; Flachzange – flach + Zange; butterweich – Butter + weich; quietschgrün – quietschen + grün.*

Artikelprobe/Pluralprobe: Wörter, vor die man einen Artikel setzen kann oder von denen man einen Plural bilden kann, werden zu Substantiven und daher großgeschrieben: *der Erste – die Ersten; das Beste – die Besten.*

Umstellprobe: Mit der Umstellprobe kann man Satzglieder finden. Bei der Umstellprobe bleiben alle Wörter, die zu einem Satzglied gehören, zusammen.

Ersatzprobe: Mit der Ersatzprobe wird ausprobiert, ob anstelle des *das/dass dieses, jenes* oder *welches* eingesetzt werden kann. Wenn das nicht geht, dann schreibt man *dass.*

Häufig ist es schon hilfreich, das Wort deutlich vor sich hin zu sprechen, etwa wenn man nicht weiß, ob es mit einem Doppelkonsonanten geschrieben wird: Wird der Vokal vorher lang gesprochen, dann folgt in der Regel ein Konsonant, wird der Vokal kurz gesprochen, dann folgen zwei Konsonanten: *geben, rufen,* aber *rollen, summen.*

Ein Wörterbuch benutzen

Die Bestandteile eines Wörterbuches

Ein orthografisches Wörterbuch kann ein nützliches Hilfsmittel während einer Prüfung, aber auch in Alltagssituationen sein.

1 *Überlegen Sie, wann Sie ein Wörterbuch benutzen und wie Sie damit umgehen.*

a) Bei welchen sprachlichen Problemen nehmen Sie ein Wörterbuch zu Hilfe?

b) Wie gehen Sie bei der Problemlösung vor?

fun|die|ren [lat.] *tr. 3* **1.** begründen, untermauern **2.** mit den nötigen Mitteln ausstatten, sichern; fundiertes Wissen: sicher begründetes Wissen; fundiertes Einkommen: regelmäßiges Einkommen aus Vermögen; fundierte Schuld: langfristige Schuld
fün|dig *Bgb.:* (beim Aufsuchen von Lagerstätten) erfolgreich
Fund|ort *m. 1*
Fund|rai|sing [fʌndreɪzɪŋ, engl.] *n. 9* Sammeln von Geldspenden für wohltätige Zwecke
Fund|sa|che *f. 11*
Fund|stel|le *f. 11*
Fund|un|ter|schla|gung *f. 10*
Fun|dus [lat.] *m. Gen. - Pl. -* **1.** Bestand, Vorrat **2.** Grundlage, Grundstock
fu|ne|bre *auch:* **fu|neb|re** [fynɛ:brə, frz.] *Mus.:* traurig, düster
fünf; die fünf Sinne; wir sind zu fünft *oder:* zu fünfen; vgl. acht
Fünf *f. 10* **1.** die Zahl 5; vgl. Eins **2.** Schulnote 5; eine Fünf in Mathematik schreiben **3.** Straßenbahn Linie 5; *Ableitungen und Zus.* vgl. Acht

Silbentrennung — Herkunft — Hinweis auf den Artikel — Endung im Genitiv — Endung im Plural

Fun | dus [lat.] *m. Gen. – Pl. –*

1. Bestand, Vorrat **2.** Grundlage, Grundstock

Bedeutung(en)

Wichtige Abkürzungen:
f.: Femininum (die)
m.: Maskulinum (der)
n.: Neutrum (das)

2 *Welche Informationen erhalten Sie zu dem Stichwort „Fundus“:*

a) Welchen Artikel hat das Wort?

b) Welche Herkunft hat das Wort?

c) Welche Endung hat das Wort, wenn es im Genitiv (2. Fall) gebraucht wird?

Einige Informationen lassen sich erst erschließen, wenn Sie weitere Teile Ihres Wörterbuches benutzen. Es ist also wichtig, den Aufbau des Wörterbuches zu kennen.

3 *Nehmen Sie Ihr Wörterbuch zur Hand. Informieren Sie sich über den Aufbau und die Möglichkeiten der Benutzung.*

a) Schauen Sie im Inhaltsverzeichnis nach, welche Kapitel Ihr Wörterbuch enthält.

b) Schlagen Sie im Abkürzungsverzeichnis alle Abkürzungen nach, die Sie in dem Wörterbuchauszug oben nicht kennen. Notieren Sie, aus welchem Lebensbereich das Wort *fündig* stammt.

c) Finden Sie heraus, wo und was Sie über die verschiedenen Formen (z. B. Tempus, Modus) des Verbs *springen* erfahren können. Notieren Sie den Imperativ (Befehlsform).

Aufgaben eines Tests lösen

1 *Führen Sie den Selbsttest durch.*

a) Bearbeiten Sie die Aufgaben ohne Hilfsmittel innerhalb von 15 Minuten.

b) Kontrollieren Sie in Partnerarbeit Ihre Ergebnisse. Nehmen Sie ein Wörterbuch zu Hilfe und verbessern Sie Ihre Fehler.

c) Besprechen Sie in der Klasse die Lösungen. Geben Sie an, wie und wo Sie die Lösungen im Wörterbuch gefunden haben. Erläutern Sie Unklarheiten.

Aufgaben aus dem Bereich Sprache

1 Rechtschreibung: Wörter richtig schreiben

Finden Sie jeweils die richtige Schreibweise der folgenden fünf Wörter heraus.
Halten Sie die korrekte Schreibweise auf einem extra Blatt fest.

a) Rhetorik	b) Parallelgeselschaft	c) Fussballspiel	d) programieren	e) acquirieren
Rethorik	Paralellgesellschaft	Fußballspiel	programiren	akquirieren
Rhethorik	Parallelgesellschaft	Fussbalspiel	programmieren	akquiriren

2 Silbentrennung: Wörter richtig trennen

Zerlegen Sie die folgenden vier Wörter in Silben. Verdeutlichen Sie dabei die einzelnen Wortsilben der Wörter auf Ihrem Blatt durch Bindestriche.

Beispiel: *Regenschirmhülle – Re-gen-schirm-hül-le*

a) Reifungsprozess
b) Artenschutzabkommen
c) Diskussionsbeitrag
d) Innenarchitektur

3 Grammatik: Den richtigen Artikel finden

Finden Sie den richtigen Artikel für die folgenden vier Wörter. Notieren Sie diesen und das Wort auf Ihrem Blatt.

a) der Streichholz / das Streichholz
b) der Konfekt / das Konfekt
c) der Pfeffer / das Pfeffer
d) der Kaugummi / das Kaugummi

4 Grammatik: Den Plural bei Fremdwörtern finden

Bilden Sie den Plural der zwei Fremdwörter. Notieren Sie ihn auf Ihrem Blatt.

a) Lexikon b) Atlas

5 Sprachgefühl: Die Herkunft von Fremdwörtern ermitteln

Ordnen Sie die sprachliche Herkunft der vier unten stehenden Wörter einer der vier folgenden Sprachen zu: Englisch, Französisch, Latein oder Griechisch. Notieren Sie Ihre Zuordnung auf Ihrem Blatt.

a) Monteur b) Demonstrant

c) Keyboard d) autonom

Fehlerquelle: Zeichensetzung

Das Komma bei Aufzählungen

Basiswissen **Das Komma bei Aufzählungen**

Aufzählungen können vorkommen in Form von *Wörtern, Wortgruppen* und *Sätzen*, die man z. B. durch *und, oder* oder *sowie* verbinden kann.

Beispiele: *Er kaufte Äpfel und Birnen oder rote und gelbe und grüne Paprikaschoten.*

Sie ärgerte sich über ihren Mann und über die Kinder und über die Nachbarn.

Sie sprach mit ihrem Mann und diskutierte mit den Nachbarn und überzeugte die Kinder.

Die Teile einer Aufzählung, die nicht durch *und, oder, beziehungsweise (bzw.), entweder – oder, nicht – noch, sowohl – als auch, sowohl – wie, weder – noch* verbunden sind, werden durch Kommas voneinander abgetrennt:

Beispiele: *Er kaufte* ***entweder*** *Äpfel und Birnen* ***oder*** *rote, gelbe* ***und*** *grüne Paprikaschoten.*

Sie ärgerte sich über ihren Mann, über die Kinder ***und*** *über die Nachbarn.*

Sie sprach mit ihrem Mann, diskutierte mit den Nachbarn ***und*** *überzeugte die Kinder.*

Bei längeren Satzreihen (zwei oder mehrere miteinander verbundene Hauptsätze) kann man vor *und* auch ein Komma setzen, um die Gliederung des Satzes zu verdeutlichen:

Beispiel: *Das Licht ging aus(,)* ***und*** *der Vorhang ging auf(,)* ***und*** *das Theaterstück begann.*

In dem folgenden Auszug aus einer Berufsbeschreibung fehlen die Kommas.

Achtung, Fehler!

Gebäudereiniger/-innen bereiten ihre Arbeit mit Hilfe eines Arbeitsplans vor. Sie wählen zunächst die benötigten Maschinen Geräte und chemischen Mittel aus. Außerdem beurteilen sie die zu bearbeitenden Flächen legen das Reinigungsverfahren fest und reinigen Gebäudeinnen- und -außenflächen sowie die Gebäudeumgebung. Ihre Arbeit umfasst Kehren Feucht- und Nasswischen Saugen Entflecken und Entfetten. Oberflächen behandeln sie durch Schleifen und Imprägnieren. Beschäftigung finden Gebäudereiniger/-innen vor allem in Gebäudereinigungsunternehmen im Fachhandel oder bei Servicebetrieben. Das können Betriebe der Unterhaltsreinigung (z. B. von Büro- und Verwaltungsgebäuden Schulen Kindergärten Praxen) der Krankenhausreinigung der Fassaden- Teppich- oder Glasreinigung sein Gebäudereiniger/-innen arbeiten beim Kunden in Büro- Schulungs- Praxisräumen Wohnungen Werkstätten oder Fabrikhallen aber auch im Freien.

1 *Diktieren Sie sich den Text als Partnerdiktat. Die (der) Schreibende setzt die fehlenden Kommas. Kontrollieren Sie anschließend gemeinsam die Kommasetzung.*

2 *Verfassen Sie ein Informationsblatt über Ihren Wunschberuf.*

a) Schreiben Sie einen Text, ohne Ihren Wunschberuf zu erwähnen. Reihen Sie Merkmale aneinander. Setzen Sie Kommas oder verknüpfen Sie die Merkmale durch Wörter wie: *und, oder, sowie …*

b) Übertragen Sie den Text anschließend auf eine Folie. Schreiben Sie „Informationsblatt“ und „Gesucht: __________“ darüber.

c) Präsentieren Sie die Folie Ihren Mitschülerinnen und Mitschülern. Lassen Sie sie Ihren Wunschberuf erraten. Kontrollieren Sie gemeinsam die Kommasetzung.

Tipp

Informationen über das Tätigkeitsfeld erhalten Sie z. B. in „Beruf aktuell“ der Bundesagentur für Arbeit.

Das Komma zwischen Haupt- und Nebensätzen

Basiswissen | **Das Komma zwischen Haupt- und Nebensätzen**

Haupt- und Nebensatz trennt man durch ein Komma ab. Ist ein Nebensatz in einen Hauptsatz eingeschoben, so trennt man den Nebensatz durch zwei Kommas vom Hauptsatz ab.

Nebensätze **beginnen meist mit einem Einleitewort** (Konjunktion) wie z. B. ***als***, ***dass***, ***weil***, ***wenn***, ***nachdem***, ***indem***, ***obwohl***, ***sodass*** und sie **enden** mit einer **finiten (gebeugten) Verbform**.

Beispiele: *Ich setze mich auf die Parkbank,* ***weil*** *die Sonne scheint.* (HS, NS)

Weil *die Sonne scheint, sitzen viele Menschen im Park.* (NS, HS)

Ich gehe heute Nachmittag, ***wenn*** *die Sonne scheint, mit Henry in den Park.* (HS, NS, HS)

Auch Nebensätze, die sich auf ein vorangehendes Substantiv beziehen und mit ***der***, ***die***, ***das***, ***den***, ***dem***, ***denen*** oder ***welche***, ***welcher***, ***welches*** eingeleitet werden, werden durch Komma vom Hauptsatz abgetrennt. Diese Sätze heißen Relativsätze.

Beispiel: *Der neue Lehrling,* ***den*** *Herr Meier eingestellt hat, ist äußerst geschickt.* (HS, NS, HS)

Liebe Nathalie,

vielen Dank für deine Mail. Ich habe mich sehr gefreut, dass du sofort geantwortet hast. Ich schreibe erst heute, weil ich zum Betriebspraktikum in einem Friseursalon war. Es hat viel Spaß gemacht, obwohl es ziemlich anstrengend war. Die Kollegin, die mich betreute, ließ mich sogar die Haare der Kunden waschen. Ich durfte ihr dann auch bei den Färbungen und sogar bei einer Haarverlängerung helfen. Ich habe dir noch ein Foto, das ein Kollege von mir aufgenommen hat, angehängt.

Viele liebe Grüße von Anna

1 *Finden Sie heraus, wo Haupt- und Nebensatz durch Komma abgetrennt werden.*

a) Diktieren Sie sich die E-Mail als Partnerdiktat.

b) Unterstreichen Sie in den Nebensätzen das Einleitewort und das finite (gebeugte) Verb am Ende.

c) Kontrollieren Sie, ob Sie alle Kommas richtig gesetzt haben.

In dem folgenden Text fehlen die Kommas.

Achtung, Fehler!

Der Backstein der aus dem ersten Stock herunterfiel traf den Arbeiter. Der Arbeiter lag auf dem Boden und bewegte sich nicht mehr. Dieser Fall zeigt dass das Tragen von Schutzkleidung im Berufsleben notwendig ist. Pedro S. musste mit 23 Jahren sterben weil er keinen Schutzhelm trug. Auf der Baustelle bestand Helmpflicht weil es vorkommt dass Steine herabfallen. Man kann dann der tödlichen Gefahr kaum entkommen wenn man keinen Helm trägt.

2 *Schreiben Sie den Text ab und ergänzen Sie die fehlenden Kommas. Begründen Sie die gesetzten Kommas.*

Das Komma beim Infinitiv mit „zu“

Basiswissen **Das Komma beim Infinitiv mit *zu***

Das Komma bei Infinitivgruppen mit *zu* ist in den folgenden Fällen obligatorisch (es muss gesetzt werden):

1. Die Infinitivgruppe ist mit *um, ohne, statt, anstatt, außer* oder *als* eingeleitet.
   Beispiel: *Sie beeilte sich, **um** den Bus zu erreichen.*
2. Die Infinitivgruppe hängt von einem Substantiv ab.
   Beispiel: *Er hatte den **Auftrag**, die Post zu sortieren.*
3. Die Infinitivgruppe wird durch ein hinweisendes Fürwort wie z. B. *daran, damit* oder *es* angekündigt oder wieder aufgenommen.
   Beispiel: *Er hatte keinen Spaß **daran**, Elektroleitungen zu verlegen.*

Der einfache Infinitiv mit *zu* muss nur im ersten Fall mit Komma abgetrennt werden, d. h., wenn er mit *um, ohne, statt, anstatt, außer* oder *als* eingeleitet ist.

Beispiel: ***Statt** zu arbeiten, träumte sie von ihrem letzten Urlaub.*

In anderen Fällen ist die Kommasetzung bei einfachen Infinitiven mit *zu* und Infinitivgruppen mit *zu* fakultativ (sie ist freigestellt). Oft dienen Kommas aber zur besseren Gliederung von Sätzen oder zur Vermeidung von Missverständnissen.

Tipp

Wer das Komma bei Infinitivgruppen und einfachen Infinitiven mit „zu“ grundsätzlich setzt, kann nichts falsch machen.

In der folgenden Berufsbeschreibung fehlen die Kommas.

Achtung, Fehler!

Der Beruf des Gesundheits- und Krankenpflegers stellt hohe Anforderungen. Nicht immer ist es einfach Kranke zu versorgen. Als Krankenpfleger muss man über medizinische Kenntnisse verfügen und gut mit Menschen umgehen können. Dabei ist es für Pflegekräfte eine besondere Herausforderung den Kranken die Angst vor medizinischen Behandlungen zu nehmen. Dieser Beruf fordert großes Engagement. Krankenpfleger müssen jederzeit bereit sein in die Klinik zu kommen. Sie müssen dabei eigene Interessen zurückstellen um anderen zu helfen. Und sie müssen auch immer daran denken den Patienten ihre volle Aufmerksamkeit zu widmen. Der Beruf des Krankenpflegers ist also nicht für jeden geeignet. Interessenten wird geraten im Voraus ein Praktikum in einer Klinik zu absolvieren.

1 *Bearbeiten Sie den Fehlertext.*

a) Übernehmen Sie den Text in Ihr Heft und ergänzen Sie die fehlenden Kommas. Setzen Sie dabei fakultative Kommas in Klammern.

b) Welche Kommas sind obligatorisch? Notieren Sie über diesen Kommas die Nummer der Regel (1, 2 oder 3) aus dem Basiswissen.

2 *Üben Sie die Kommasetzung beim Infinitiv mit „zu“.*

a) Schreiben Sie zehn Sätze auf, in denen Infinitive oder Infinitivgruppen mit zu vorkommen, ohne die Kommas zu setzen.

b) Tauschen Sie Ihre Sätze mit einer Partnerin oder einem Partner aus. Setzen Sie die fehlenden Kommas.

c) Kontrollieren und begründen Sie gemeinsam die gesetzten Kommas.

Fehlerquelle: Rechtschreibung

Substantive, Eigennamen und Satzanfänge

Basiswissen | **Substantive, Eigennamen und Satzanfänge**

Substantive, Eigennamen und Satzanfänge werden großgeschrieben.

Beispiel: *Heute geht* ***Peter*** *in die* ***Stadt.*** ***Er*** *will* ***Kopfhörer*** *kaufen.*

(Eigenname) (Substantiv) (Satzanfang) (Substantiv)

In dem folgenden Text sind alle Wörter kleingeschrieben.

Achtung, Fehler!

machen handys süchtig?

london – das leben ohne handy ist für immer mehr menschen offenbar eine beängstigende vorstellung. wie eine am mittwoch in london veröffentlichte studie im auftrag des telekommunikationsunternehmens virgin mobile ergab, fühlte sich die überwiegende mehrheit der befragten schon bei kurzer trennung vom mobiltelefon unter stress gesetzt. 90 prozent gaben an, mindestens einmal pro stunde ihr handy zu benutzen. vier von fünf befragten fühlten sich unwohl, wenn ihr telefon für längere zeit nicht in reichweite war. 84 prozent gaben an, ihr handy nie aus den augen zu lassen. „die menschen betrachten ihr mobiltelefon als menschliches wesen; es symbolisiert für sie kontakt, freundschaft und aufmerksamkeit“, kommentierte der suchtexperte david nott aus southampton das ergebnis der studie, für die rund 2000 handynutzer befragt wurden.

(AFP)

1 *Welche Wörter sind Substantive oder Eigennamen?*

a) Einige Substantive wurden markiert. Überlegen Sie, welche Merkmale von Substantiven diese Wörter haben.

b) Die einfachste Probe, um herauszufinden, ob ein Wort ein Substantiv ist, ist die Artikelprobe. Finden Sie alle Wörter, die einen Artikel haben oder haben können. Achtung, der Artikel muss nicht oder nicht unmittelbar vor dem Substantiv stehen.

c) Welche Wörter im Text erkennen Sie als Eigennamen? Wo befinden sich Satzanfänge?

d) Schreiben Sie den Text in richtiger Groß- und Kleinschreibung in Ihr Heft.

Zu dem Zeitungsartikel oben hat eine Schülerin einen Leserbrief geschrieben. Außer am Satzanfang sind alle Wörter kleingeschrieben.

Achtung, Fehler!

Was spricht eigentlich gegen handys?

Aus dem artikel lese ich den vorwurf, dass handynutzer total abhängig sind. Aber mal ehrlich, ist es nicht toll, was man damit so alles machen kann? Nicht nur gespräche sind fast überall möglich. Mein handy kann zum beispiel auch wecker, fotoapparat, kalender, computer, telefonbuch sein, man kann nachrichten oder briefe schreiben und lesen. Ich brauche es einfach immer. Was ist daran schlecht?

2 *Schreiben Sie alle Wörter heraus, die großgeschrieben werden müssen.*

3 *Verfassen Sie selbst einen Leserbrief zu dem Artikel „Machen Handys süchtig?“.*

a) Gehen Sie auf Ihre Handynutzung ein und äußern Sie sich zu dem Leserbrief oben.

b) Achten Sie auf die Großschreibung von Substantiven, Eigennamen und Satzanfängen.

Das Anredepronomen „Sie“

Basiswissen | **Anredepronomen**

Das Anredepronomen *Sie* und das dazugehörige Possessivpronomen *Ihr* sowie die davon abgeleiteten flektierten Formen schreibt man groß.
Beispiel: *Nehmen **Sie** bitte **Ihren** Fuß von meiner Tasche.*

Achtung, nur Anredepronomen schreibt man groß.
Personalpronomen und davon abgeleitete Possessivpronomen schreibt man klein.
Beispiel: *Jannis sah **sie** zu **ihrem** Auto gehen.*

Sehr geehrte Frau Bisalsky,

hiermit bestätigen wir (1) den Eingang _hrer Schreiben vom 14.05.06 und 16.06.06 und möchten uns (2) für die späte Beantwortung _hrer Reklamation entschuldigen. Leider hat die Überbelastung unserer Schreibkräfte (3) die Bearbeitung _hres Anliegens verzögert.

Dass wir die beschädigten Fliesen im Bad und die zwei Fliesen mit Farbabweichungen in der Küche umgehend austauschen werden, ist selbstverständlich. Wir bedauern die Mängel aufrichtig und (4) wir bitten _ie vielmals um Entschuldigung dafür sowie (5) für die _hnen dadurch entstandenen Unannehmlichkeiten. Denn zufriedene Kunden sind uns wichtig. (6) Wir bitten _ie deshalb, uns umgehend mitzuteilen, wann einer unserer Mitarbeiter (7) bei _hnen vorbeikommen kann. (8) Er oder _ie wird sich bemühen, die Mängel zügig zu beseitigen. (9) Das versprechen wir _hnen.

(10) Wir müssen _hnen leider mitteilen, dass wir den defekten Wasserhahn in der Küche und die Delle in der Spüle nicht reparieren. Unsere Firma ist dafür nicht verantwortlich, (11) _ie hat die Spüle samt Wasserhahn nicht eingebaut. (12) Hierfür müssten _ie sich an die Firma wenden, (13) die diese Arbeiten bei _hnen ausgeführt hat (14) und _hren eigenen Kundenservice schicken wird.

(15) Wir entschuldigen uns nochmals bei _hnen für die Mängel und (16) die _hnen daraus entstandenen Unannehmlichkeiten sowie für (17) die zögerliche Bearbeitung _hres Anliegens. Wir hoffen, die Mängel (18) zu _hrer vollsten Zufriedenheit beseitigen zu können, und würden uns freuen, (19) _ie weiterhin zum Kreis unserer Kunden zählen zu dürfen.

Mit freundlichem Gruß

Gerlinde Weskamp

1 *Schreiben Sie die hervorgehobenen Wortgruppen ab.*
Setzen Sie die Pronomen in der richtigen Groß- und Kleinschreibung ein.

2 *Wählen Sie eine Aufgabe aus. Nutzen Sie die Wortgruppen aus Aufgabe 1.*

a) Verfassen Sie nach obigem Muster einen Geschäftsbrief zu folgender Situation: Sie sind Mitarbeiterin oder Mitarbeiter eines Versandhauses und haben einem Kunden versehentlich falsche oder defekte Ware geliefert. Dann haben Sie vergessen, auf seine Reklamation zu reagieren.

b) Verfassen Sie einen schriftlichen Antrag auf Freistellung vom Unterricht. Verwenden Sie darin mehrmals Anredepronomen in der richtigen Schreibung.

c) Beachten Sie beim Verfassen der Briefe die geltende DIN 5008.

Substantivierte Verben und Adjektive

Basiswissen — Substantivierte Verben und Adjektive

Nur Substantive werden normalerweise großgeschrieben (➪ S. 234), andere Wortarten nicht. Andere Wortarten können aber als Substantive gebraucht werden. Das nennt man Substantivierung, die substantivierten Wörter werden großgeschrieben. Verben und Adjektive werden besonders häufig substantiviert.

Beispiele: *Beim Parken rammte er ein anderes Auto.* (Substantivierung des Verbs *parken*)

Das ist das Schlimme an der Sache. (Substantivierung des Adjektivs *schlimm*)

Substantivierte Wörter lassen sich oft an einem der folgenden Merkmale erkennen:

a) an einem dazugehörigen Artikel (*der, die, das, ein, eine*)

Beispiele: ***Das** Öffnen der Verpackung ist einfach.* (Artikel + substantiviertes Verb)

***Das** Gescheiteste ist, ihn in Ruhe zu lassen.* (Artikel + substantiviertes Adjektiv)

b) an einem mit einer Präposition verschmolzenen Artikel, zum Beispiel *am* (*an* + *dem*), *beim* (*bei* + *dem*), *zum* (*zu* + *dem*), *im* (*in* + *dem*), *ins* (*in* + *das*)

Beispiele: ***Beim** Turnen verletzte er sich.* (Präposition + Artikel + substantiviertes Verb)

*Am Samstag fahren wir **ins** Grüne.* (Präposition + Artikel + substantiviertes Adjektiv)

c) an dazugehörigen Pronomen, vor allem Possessivpronomen (z. B. *mein, dein, sein*) und Indefinitpronomen* (z. B. *alles, allerlei, etwas, viel, genug, nichts, wenig*)

Beispiele: ***Sein** Fluchen half nichts.* (Possessivpronomen + substantiviertes Verb)

*Es gab **nichts** Neues.* (Indefinitpronomen + substantiviertes Adjektiv)

Achtung, manchmal sind diese Hinweiswörter nur in Teilen vorhanden oder fehlen ganz. Großgeschrieben wird trotzdem.

Beispiele: *Laufen und Schwimmen machen Spaß.*

***Das** Laufen und **das** Schwimmen machen Spaß.*

Achtung, oft stehen zwischen Hinweiswort und substantiviertem Wort weitere Wörter. Großgeschrieben wird trotzdem.

Beispiel: ***Das** lange Warten macht sie ungeduldig.*

* unbestimmtes Zahlwort

Bedienungsanleitung Ihres SUPER-TICK-TICK-Reisequarzweckers

Wir freuen uns, dass Sie sich (1) zum (K/k)auf des SUPER-TICK-TICK-Reisequarzweckers entschieden haben, und (2) wir (W/w)ünschen Ihnen mit Ihrem neuen Wecker (3) frohes (A/a)ufwachen. (4) Das (E/e)ntfernen Ihres Weckers aus der Plastikverpackung ist (5) ganz (E/e)infach. Sie müssen nur an der roten Ecke (6) oben links (Z/z)iehen und schon können Sie (7) die Verpackung (Ö/ö)ffnen. (8) Vor der (I/i)nbetriebnahme Ihres Gerätes müssen Sie zunächst die der Packung beiliegende Batterie (9) in das Batteriefach (E/e)insetzen. (10) Zum (Ö/ö)ffnen des Batteriefaches, das sich auf der Hinterseite Ihres Gerätes befindet, brauchen Sie nur sanft (11) auf den vorgegebenen Druckpunkt zu (D/d)rücken.

Substantivierte Verben und Adjektive

Nun müssen Sie (12) vor dem (E/e)insetzen der Batterie noch die Schutzfolie aus dem Batteriefach entfernen. Haben Sie dies getan, so können Sie (13) die Batterie (E/e)insetzen, (14) aber (A/a)chten Sie auf die Polmarkierungen. Schließen Sie anschließend das Batteriefach wieder (15) durch ein leichtes (D/d)rücken auf den Druckpunkt der Batteriefachklappe. Als Batterien verwenden Sie für das Gerät bitte nur Batterien vom Typ Mignon IEC R6 oder IEC LR 6 1,5 V.
Der Wecker ist jetzt funktionstüchtig und Sie können (16) die Uhrzeit (E/e)instellen.
(17) Zur (E/e)instellung der Uhrzeit bringen Sie die beiden Uhrzeiger mit Hilfe des oberen Drehknopfes auf der Rückseite des Weckers in die richtige Position.
(18) Genauso (L/l)eicht ist (19) die (R/r)egulierung der Weckzeit. Bringen Sie dazu den kleinen blauen Zeiger auf dem Zifferblatt mit Hilfe des unteren Drehknopfs auf der Weckerrückseite in die gewünschte Position. (20) Zur (A/a)ktivierung der Weckbereitschaft schieben Sie den blauen Alarmschalter auf der Weckeroberseite hoch. (21) Durch das (H/h)erunterdrücken des Alarmschalters können Sie die Weckbereitschaft oder (22) das (K/k)lingeln Ihres Weckers auf ganz einfache Art und Weise (23) wieder (A/a)usschalten.
Sollte der Wecker (24) nicht oder nicht (R/r)ichtig funktionieren, so wenden Sie sich bitte an den Hersteller. Das ist (25) das einzig (R/r)ichtige, was Sie tun können. Nehmen Sie auf keinen Fall eigene Reparaturversuche an dem Gerät vor. Vorher ist es jedoch ratsam, die Funktionsfähigkeit und (26) den (S/s)itz der Batterie zu überprüfen.

1 ***Schreiben Sie die hervorgehobenen Wortgruppen ab. Entscheiden Sie, ob groß- oder kleingeschrieben werden muss.***

2 ***Bilden Sie Substantivierungen.***

a) Verbinden Sie die in der oberen Zeile stehenden unbestimmten Zahlwörter (⇨ S. 236) mit einem der in der unteren Zeile stehenden Adjektive.

nichts • alles • wenig • etwas • allerlei • genug • viel
lustig • neu • gut • heiter • schön • traurig • süß

b) Bilden Sie mit den gefundenen Paaren jeweils einen grammatisch korrekten und sinnvollen Satz. Achten Sie auf die korrekte Groß- und Kleinschreibung.
Beispiel: *Gestern gab es im Kegelverein nichts Neues.*

3 ***Schreiben Sie eine Bedienungsanleitung. Verwenden Sie substantivierte Verben und Adjektive. Gehen Sie so vor:***

a) Wählen Sie ein technisches Gerät aus (z. B. Haarföhn, Mixer o. Ä.), dessen Funktionsweise Sie beschreiben können. Verwenden Sie substantivierte Verben und Adjektive.
Orientieren Sie sich an den Wortgruppen aus Aufgabe 1.

b) Diktieren Sie Ihre Bedienungsanleitung einer Partnerin oder einem Partner. Kontrollieren Sie anschließend die Groß- und Kleinschreibung.

c) Schätzen Sie gegenseitig ein, ob sich das Gerät nach Ihrer Beschreibung richtig bedienen lässt.

Die Schreibung nach Vokalen

Basiswissen Schreibung nach Vokalen

a, e, i, o, u, ä, ö, ü sind **Vokale** (Selbstlaute). Ein Vokal kann lang oder kurz gesprochen werden.
au, äu, ei, eu sind Diphthonge (Zwielaute). Diphthonge sind **lange Vokale**.
b, c, d, f, g, h, j, k, l, m, n, p, q, r, s, t, v, w, x, z sind **Konsonanten** (Mitlaute).
Das Erkennen von kurzen und langen Vokalen hilft Ihnen beim richtigen Schreiben von Wörtern.

Lange Vokale:
In der Regel folgt ein Konsonant: schrei**b**en, Beru**f**.
Für ein langes **i** steht meistens ie: Sie, wieder.
Vor **l**, **m**, **n**, **r** steht manchmal ein Dehnungs-**h**: ihr, neh**m**en.
Nach einem Diphthong oder langem Vokal folgt **ß** oder **s**: Rasen, heißen.

Kurze Vokale:
Es folgen zwei gleiche Konsonanten (z. B. **ff**, **ll**, **mm**, **nn**, **ss**): Betre**ff**, fa**ss**en.
Es folgen mindestens zwei verschiedene Konsonanten: Sti**ft**, stu**mpf**, kra**tz**en, ba**ck**en.

1 *Untersuchen Sie die Schreibung der Wörter mit langem Vokal.*
a) Schreiben Sie alle Wörter mit einem langen Vokal, dem ein Konsonant folgt, auf.
b) Schreiben Sie alle Wörter mit einem langen Vokal, dem ein Dehnungs-**h** folgt, auf.

Beruf • Lebenslauf • Pause • Straße • Einladung • Vergütung • mehr • Erfahrung • Freizeit • Beratung • vergleichen • Note • Ziel • sehr • Anschreiben • anrufen • nachfragen • vielseitig • Aufgabe • Lehrjahr • Arbeitsprobe • Grüße • telefonieren

2 *Untersuchen Sie die Schreibung der Wörter mit kurzem Vokal.*
a) Schreiben Sie alle Wörter mit einem kurzen Vokal, dem zwei gleiche Konsonanten folgen, auf.
b) Schreiben Sie alle Wörter mit einem kurzen Vokal, dem zwei verschiedene Konsonanten folgen, auf.

Hobby • Test • Adresse • kennen lernen • Arbeitsplatz • Interesse • Abschluss • Mappe • Vorstellungsgespräch • bekommen • treffen • Bewerbung • Stelle • besetzen • abschicken • Bäckerei • Passbild

Zorn auf den Provider

Der Provider, der den neuen DSL-Anschluss für die bessere Anbindung an das Internet bieten soll, hat sich den Zorn der Bürger zugezogen. Die Gemeinde hatte schon vor langer Zeit 38 000 € gezahlt, der Anbieter hat aber das notwendige Kabel immer noch nicht verlegt.

3 *Entscheiden Sie, ob die markierten Vokale lang oder kurz gesprochen werden. Legen Sie eine Tabelle an und ordnen Sie die Wörter so ein:*

langer Vokal	kurzer Vokal
Zorn ...	Anschluss ...

Die Schreibung nach Vokalen

Basiswissen **Wortfamilien**

Inhaltlich miteinander verwandte Wörter, die in ihrem Kern, dem Wortstamm, meist gleich oder sehr ähnlich geschrieben werden, bilden eine Wortfamilie. Sie haben einen gemeinsamen Wortstamm:

schließ-lich, schließ-en, an-schließ-end

Wenn man also nicht sicher ist, wie ein Wort geschrieben wird, sucht man sich eines mit dem gleichen Wortstamm. Aber Achtung, der Vokal im Wortstamm kann sich verändern:

fallen, entfallen, Abfälle → Abfälle schreibt man mit einem doppelten l wie „fallen".

Raub, Räuber, räuberisch, rauben, Raubtier *Lehren, Lehrling, Lehrer, gelehrt, Gelehrter*

Maus, mausen, Mäuschen, mäuschenstill, mausgrau

bezahlen

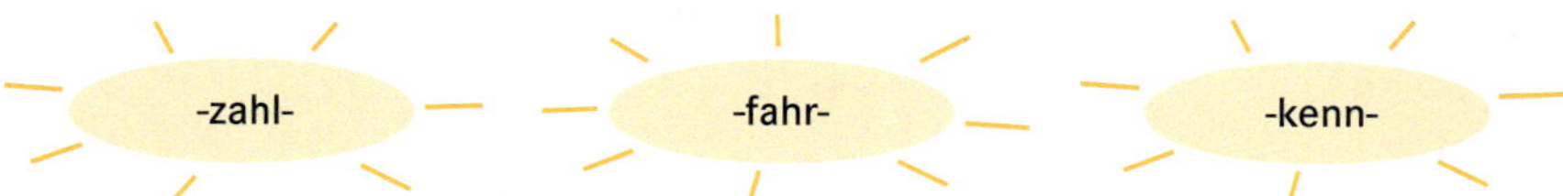

~~bezahlen~~ • Bekannter • fuhren • kennen • Abfahrt • gezählt • fährt • bekannt • Primzahl • Fahrrad • Volkszählung • unbezahlbar • Kenntnis • Zahlenspiel • kannten • Erfahrung • verzählt • Abzählreim • fahrplanmäßig • Kenner • Fähre • Kennzeichen • unzählbar

4 ***Übertragen Sie die Grafik in Ihr Heft und schreiben Sie die Wörter um den passenden Wortstamm herum. Unterstreichen Sie in jedem Wort den Wortstamm.***

um -fall- en	Spiel	ge -winn- en	ver -lass- en	un -pass- end
ge -fäll- ig	spiel- en	Ge -winn- er	Er -lass	pass- en

5 ***Untersuchen Sie die Wortfamilien.***

a) Schreiben Sie die Wortfamilien in Ihr Heft. Lassen Sie unter jeder Wortfamilie zwei Zeilen frei.

b) Erweitern Sie die Wortfamilien um zwei eigene Beispiele.

c) Überprüfen Sie mit Hilfe des Wörterbuchs, ob Sie die Wörter richtig geschrieben haben.

Achtung, Fehler!

Hallo Robert,

leider habe ich heute früh den Bus verpast. Also bin ich mit dem Rad losgefaren. Aber auf der Strasse war es ser glatt. Fast bin ich mit dem Rad umgefalen. Deshalb beschloss ich umzukehren, weil es vil zu gefärlich war. Ich hätte es sowieso gar nicht mehr rechtzeitig zum Spiell geschafft. Wie gern wäre ich jetzt bei euch!

Viele Grüsse
Julia

6 ***Schreiben Sie den Text in Ihr Heft und korrigieren Sie die unterstrichenen Wörter. Begründen Sie mit den Regeln aus dem Basiswissen (⇨ S. 238).***

Die s-Schreibung

Basiswissen | **Die s-Schreibung**

Bei der s-Schreibung unterscheidet man zwischen stimmhaftem und stimmlosem s-Laut:

- Wörter mit stimmhaftem (gesummtem) s-Laut werden mit einem einfachen *s* geschrieben.
  Beispiele: *Na**s**e, Mei**s**e, Rie**s**e*
- Die Schreibung von Wörtern mit stimmlosem (scharfem) s-Laut ist wie folgt geregelt:

  Steht vor dem stimmlosen s-Laut ein kurzer Vokal, wird *ss* geschrieben.
  Beispiele: *Me**ss**e, Flu**ss**, Ka**ss**e*

  Steht vor dem stimmlosen s-Laut ein langer Vokal oder ein Diphthong (Doppellaut), wird meist *ß* geschrieben.
  Beispiele: *Gru**ß**, Gro**ß**vater, Gie**ß**kanne; schwei**ß**en, drau**ß**en*

Achtung, einige wenige Wörter wie *Glas, Preis* und *Haus* werden mit einem einfachen *s* geschrieben, obwohl ein langer Vokal oder Diphthong vor dem s-Laut steht. Bei ihnen hört man den stimmhaften s-Laut nur im Plural. Beispiele: *Gläser, Preise, Häuser*

1 *Übernehmen Sie die Wörterreihen. Schreiben Sie zu jeder Reihe drei weitere Beispiele mit dem passenden s-Laut.*

- Badfliesen • Rasenmäher • Stemmeisen • Kehrbesen
- Fußbank • Straßenabsperrband • Großreinigungsmittel • Rußfilter
- Vorhängeschloss • Schraubschlüssel • Teppichmesser • Abflussrohr

Bei einigen Verbformen ändert sich beim Wechsel der Zeitformen der Stammvokal und entsprechend auch der s-Laut. Die folgenden Verben in unterschiedlichen Zeitformen bilden Wortreihen.

~~er hat geheißen~~ • er ließ • er wusste • er misst • wissen • er verließ (sich) • ~~er hieß~~ • er entschloss sich • ~~heißen~~ • er hat gewusst • lassen • er entschließt sich • messen • er maß • er hat (sich) verlassen • er weiß • sich entschließen • er lässt • er verlässt (sich) • er hat sich entschlossen • ~~er heißt~~ • er hat gelassen • (sich) verlassen • er hat gemessen

2 *Ordnen Sie die Verben, indem Sie Wortreihen bilden.*

a) Suchen Sie zuerst das Verb im Infinitiv.

b) Ergänzen Sie dann den Infinitiv um die dazugehörigen Verben, sodass sich eine Wortreihe ergibt.
heißen • er heißt • er hieß • er hat geheißen

Hier sind Verben im Infinitiv, im Präsens (3. Person Singular), im Präteritum (3. Person Singular) und im Partizip Perfekt aneinandergereiht.

schließen • schließt • schloss • geschlossen • messen • misst • maß • gemessen • heißen • heißt • hieß • geheißen • essen • isst • aß • gegessen • vergessen • vergisst • vergaß • vergessen • lassen • lässt • ließ • gelassen • wissen • weiß • wusste • gewusst

3 *Üben Sie die Schreibung von ss und ß in den Wortreihen.*

a) Lesen Sie eine Wortreihe und decken Sie sie ab.

b) Schreiben Sie die Wortreihe in Ihr Heft. Kontrollieren Sie anschließend.

Die s-Schreibung

4 *Untersuchen Sie die Veränderungen in der s-Schreibung bei Vokalwechsel im Wortstamm.*

Infinitiv	3. Person Singular Präsens	3. Person Singular Präteritum	3. Person Plural Perfekt
gie*ß*en	er gie*ß*t	sie go*ss*	sie haben gego*ss*en

a) Übernehmen Sie die obige Tabelle.

b) Schreiben Sie die richtigen Verbformen der folgenden Verben in die entsprechenden Spalten: schließen • wissen • zerreißen • essen • fließen

c) Ergänzen Sie die Tabelle.

d) Erklären Sie mit Hilfe des Basiswissens zur s-Schreibung, weshalb sich mit dem Vokal entsprechend auch der s-Laut verändern kann.

Beispiel: *gießen – langer Vokal vor stimmlosem s-Laut, also* ***-ß***
sie goss – kurzer Vokal vor stimmlosem s-Laut, also ***-ss***

Achtung, Fehler!

Hallo Michael,

ich heise Marcel. Deine Ausbildung scheint viel Spaß zu machen. Aber da ist man ja nicht regelmäßig drausen. Ich weiß einfach nicht, was ich bloß nach der Schule machen soll. Ich kann mich nicht entschließen. Manchmal habe ich grose Angst, dass ich keinen Ausbildungsplatz bekomme. Okay, ich muss noch lernen, denn das Ergebnis der Klassenarbeit morgen fliest in mein Abschluszeugnis ein.

Viele Grüße
Marcel

5 ***Im Brief von Marcel an Michael gibt es zwölf unterstrichene Wörter. Fünf von den zwölf Wörtern sind falsch geschrieben. Schreiben Sie den Text ab und korrigieren Sie ihn dabei.***

6 ***Diktieren Sie sich den folgenden Text in einem Partnerdiktat und kontrollieren Sie anschließend.***

Ich heiße Petra. Früher habe ich viel draußen auf der Straße herumgehangen und mein Abschlusszeugnis war nicht so gut. Jetzt macht mir meine Ausbildung als Industriemechanikerin viel Spaß. Im dritten Ausbildungsjahr sollen wir die erlernten Fähigkeiten (z. B. Schweißen, Drehen und Messen) und das Fachwissen selbstständig anwenden und verbessern. Wir bekommen Arbeitsaufträge, die sich mit einer besonderen Problemstellung befassen. Anschließend präsentieren wir das Ergebnis. Aber lasst euch bloß nicht abschrecken, man arbeitet immer im Team und wenn man nicht weiterweiß, dann kann man sich immer auf den Ausbilder verlassen! Vielleicht entschließt ihr euch ja auch zu diesem Beruf? Grüße von Petra

7 *Wenden Sie die Regeln der s-Schreibung an.*

a) Schreiben Sie mit Hilfe der folgenden Wörter ein Rezept, wie man einen Salat zubereitet. Setzen Sie *s*, *ss* oder *ß* ein. Ergänzen Sie Zutaten und Utensilien.
Küchenme_er, Salatso_e, flie_end, Salatschü_el, au_erdem, Wa_er, E_ig, Pri_e

b) Tauschen Sie Ihr Rezept mit Ihrer Partnerin oder Ihrem Partner aus. Kontrollieren Sie gegenseitig die s-Schreibung.

Die Schreibung von „das" und „dass"

Basiswissen | **Die s-Schreibung bei *das* und *dass***

Die Schreibung von *das* oder *dass* richtet sich nach der Funktion, die das Wort im Satz innehat.

Wortart	Schreibung	Beispielsatz
Artikel	**das**	***Das*** *Buch ist spannend.*
Relativpronomen	**das**	*Das Glas,* ***das*** *dort steht, ist kaputt.*
Demonstrativpronomen	**das**	*Udo hat geholfen.* ***Das*** *freut Johanna.*
Konjunktion	**dass**	*Rainer freut sich,* ***dass*** *es schneit.*

Die Konjunktion *dass* steht häufig nach Verben wie *sagen, denken, glauben, hoffen, erfahren.*

Tipp

Versuchen Sie, „dieses", „jenes" oder „welches" für „das" oder „dass" einzusetzen. Ist dies möglich, wird „das" geschrieben.

Erfolg bei der Ausbildungsplatzsuche

___ Gerd einen Ausbildungsplatz als Automechaniker gefunden hat, ___ hat seine Familie sehr gefreut. Denn heutzutage ist ___ Finden eines Ausbildungsplatzes nicht so einfach. ___ ist ___ Resultat der gegenwärtigen Wirtschaftskrise. Deshalb kann Gerd sich glücklich schätzen, ___ er einen Ausbildungsplatz hat. ___ ist sicher auch seinem Auftreten, ___ er beim Vorstellungsgespräch an den Tag gelegt hat, geschuldet sowie natürlich auch seinen praktischen und kognitiven Fähigkeiten, die er beim Einstellungstest unter Beweis gestellt hat. ___ Vorbereiten darauf, ___ sicher aufwändig war, hat sich für ihn also gelohnt. Denn ___ ___ heute mit dem Finden eines Ausbildungsplatzes in so kurzer Zeit klappt, ___ ist nicht selbstverständlich. ___ ist schon Glück und sicher auch ein bisschen ___ Ergebnis von Fleiß. Gerd kann sich jedenfalls darüber freuen, ___ er Erfolg hatte und genommen wurde.

1 ***Entscheiden Sie, ob Sie „das" oder „dass" einsetzen müssen.***

a) Diktieren Sie sich den Text als Partnerdiktat. Setzen Sie *das* oder *dass* ein.

b) Unterstreichen Sie *das* und *dass* wie folgt: Artikel = rot, Relativpronomen = grün, Demonstrativpronomen = blau, Konjunktion = gelb.

2 ***Bilden Sie jeweils zwei Sätze mit den folgenden Satzanfängen:***

Für meine nächste Prüfung hoffe ich, ...

Ich habe mich im Internet über Praktika informiert und ich glaube, ...

Da ich in der letzten Schulaufgabe eine gute Note bekam, meint mein Lehrer, ...

3 ***Verbinden Sie die Sätze durch „das" oder „dass".***

a) Das Auto hat eine Beule. Das Auto steht vorne.

b) Herr Meier ist froh. Die Autoreparatur kostete nicht mehr als 50 Euro.

c) Bernd hat Glück gehabt. Der Hammer ist niemandem auf den Kopf gefallen.

d) Das Haus ist sehr schön geworden. Werner hat es gebaut.

Getrennt- und Zusammenschreibung

Basiswissen – Getrennt- und Zusammenschreibung I

Verbindungen aus **Substantiv** und **Verb** werden **meist getrennt geschrieben**:
Klavier spielen.

Verbindungen aus **zwei Verben** werden **meist getrennt geschrieben**:
schwimmen lernen, lesen üben.

Verbindungen aus **Adjektiv** und **Verb** in **wörtlicher Bedeutung** werden **getrennt geschrieben**:
schnell laufen, tief schlafen.

Neben Ihrer Ausbildung finden Mark und Annika kaum noch Zeit für ihre Hobbys.

Ski • Schlagzeug • Marathon • Auto • Karten • Inlineskates • fahren • spielen • laufen • tanzen lernen • spazieren gehen

1 ***Bilden Sie Sätze. Verwenden Sie entweder eine Verbindung aus Substantiv und Verb oder eine Verbindung aus zwei Verben.***
Beispiel: Mark möchte gern wieder Ski fahren.

In diesen Sätzen werden Adjektive und Verben getrennt geschrieben.

offen bleiben • schwer fallen • ruhig bleiben • deutlich machen

Der Zeuge hat den Sachverhalt ______.
Die Demonstranten sind wärend der Demonstration ______.
Der Fußballspieler ist kurz vor der Halbzeitpause ______.
Die Fenster dürfen während des Sturms nicht ______.

Tipp: In einigen Sätzen müssen Sie Perfektformen verwenden.

2 ***Schreiben Sie die Sätze ab und ergänzen Sie die jeweils passenden Verbindungen aus dem oberen Kasten.***

Basiswissen – Getrennt- und Zusammenschreibung II

Verbindungen mit dem **Verb „sein"** werden generell getrennt geschrieben: *da sein, da gewesen – dabei sein, um dabei zu sein – aus sein, wenn es aus ist – hinüber sein.*

Aber Achtung, das gilt nicht für Substantive, z. B. *das Dasein, das Dabeisein usw.*

3 ***Schreiben Sie die folgenden Sätze ab und ergänzen Sie die Verbindungen aus dem Basiswissen, indem Sie sie an die Sätze anpassen.***

Beim Fußballspiel sind viele Fans ______, um ihre Mannschaft lautstark zu unterstützen.
Wenn das Spiel ______, sind die Spieler völlig ______.
Man sollte immer ______, wenn man gebraucht wird.
Der Lehrherr ist ______, um einen neuen Auftrag zu erteilen.

Getrennt- und Zusammenschreibung

Basiswissen | **Getrennt- und Zusammenschreibung III**

Verbindungen aus **Adjektiv** und **Verb** werden **zusammengeschrieben**, wenn eine **übertragene Bedeutung** gemeint ist: *In Bussen darf man nicht schwarzfahren.*

Aus **Verbindungen** mit **zwei Verben** oder **einem Adjektiv und einem Verb** lassen sich **Substantive** bilden. Diese werden dann groß- und zusammengeschrieben:
kaputt machen → das Kaputtmachen.

Hier ist nicht alles wörtlich zu verstehen.

- Beim Lüften ist wichtig, dass die Fenster und Türen ausreichend lange offen bleiben / offenbleiben.
- Auf der Informationsveranstaltung des Ausbildungsbetriebs sind keine Fragen offen geblieben / offengeblieben.
- Die Schüler hoffen, dass ihnen die Prüfung leicht fallen / leichtfallen wird.
- Die Preise für Unterhaltungselektronik sind im vergangenen Jahr leicht gefallen / leichtgefallen.
- Die Prüfung ist mir schwer gefallen / schwergefallen.
- Unsere alte Nachbarin ist in ihrer Wohnung schwer gefallen / schwergefallen.

4 *Entscheiden Sie, welche Schreibung im Satzzusammenhang richtig ist, und schreiben Sie die Sätze in Ihr Heft.*

5 *Entscheiden Sie:*

Der Richter hat ihn freigesprochen/frei gesprochen.
Der Richter hat sein Plädoyer freigesprochen/frei gesprochen.

Das Geld wird seinem Konto gutgeschrieben/gut geschrieben.
Der Text ist gutgeschrieben/gut geschrieben.

Das Loch wird dichtgemacht/dicht gemacht.
Das Geschäft wird dichtgemacht/dicht gemacht.

So können Substantive entstehen.

Die Ausfahrt muss man frei halten.

Die Schüler müssen schreiben üben.

Die Köche müssen das Gericht gar kochen.

6 *Formen Sie die unterstrichenen Wörter zu Substantiven um. Schreiben Sie die kompletten Sätze nach folgendem Muster in Ihr Heft.*
Beispiel: Manche Regeln muss man auswendig lernen. Das Auswendiglernen mancher Regeln ist notwendig.

Getrennt- und Zusammenschreibung

Basiswissen | **Getrennt- und Zusammenschreibung IV**

Verben mit der **Vorsilbe *zu*** werden **zusammengeschrieben**.
zugeben → Britta muss zugeben, dass sie im Unrecht war.

Verben können immer auch als Infinitiv mit „zu" auftreten.
geben → Ricardo hat vergessen, seinem Freund eine CD zu geben.

Die **Betonung der Verben** hilft Ihnen beim Erkennen von Getrennt- und Zusammenschreibung.
*Sie muss ihren Fehler **zu**geben.* Die Vorsilbe *zu* ist betont. → zusammen
*Er hat vergessen, seinem Freund die CD zu **geben**.* Das Verb ist betont. → getrennt

Zusammen oder getrennt, das ist hier die Frage.

- Sara hat ihre Eltern überredet, einen Tag länger im Urlaubsort zu bleiben / zubleiben.
- Der Lehrer sagt, dass die Bücher noch zu bleiben / zubleiben sollen.
- Auf einer Party kann es lustig zu gehen / zugehen.
- Einige Partygäste hatten keine Lust zu gehen / zugehen.

7 *Entscheiden Sie, ob die Verben getrennt oder zusammengeschrieben werden, und schreiben Sie die Sätze in Ihr Heft.*

Mit der richtigen Prüfungsvorbereitung lässt sich die Nervosität bekämpfen.

Achtung, Fehler!

Wenn Sie ausreichend Zeit einplanen, können Sie auch mal Ihre Bücher zu machen. Hat man den Lernstoff nicht verstanden, kann man ihn zwar auswendiglernen, aber vielleicht bekommt man Probleme, ihn richtig zuverstehen. Das Auswendig lernen von Regeln ist also nicht die beste Lösung. Lassen Sie sich schwierige Regeln noch einmal erklären. Gehen Sie am Abend vor der Prüfung früh ins Bett. Wer versucht, spät abends noch einmal alles zuwiederholen, ist am nächsten Morgen schlecht in Form. Wenn Sie merken, dass Sie in der schriftlichen Prüfung mit einigen Aufgaben nicht sofort klar kommen, beginnen Sie mit den leichten Fragen. Auch für die mündliche Prüfung gilt: möglichst entspannt bleiben und sich nicht von den Prüfern aus der Ruhe bringenlassen.

8 *Sieben von acht unterstrichenen Wörtern sind falsch geschrieben, nur eins ist korrekt. Schreiben Sie den Text in Ihr Heft und korrigieren Sie die fehlerhaften unterstrichenen Wörter.*

Fach- und Fremdwörter

Basiswissen | **Fach- und Fremdwörter**

Die meisten Fremdwörter sind sogenannte Lernwörter, die man sich einprägen muss, da es für sie keine einheitlichen Regeln gibt. Dennoch gibt es einige Schreibhilfen:

- Bei Fremdwörtern schreibt man selten *ck*, sondern meistens *k*. Beispiel: *Physik, Technik*.
- Bei Fremdwörtern wird der Konsonant oft verdoppelt: Beispiel: *destillieren, Batterie, Fassade, Diskussion*.
- Fremdwörter werden häufig mit *ph, rh* und *th* geschrieben. Beispiel: *Physik, Rhythmus, Geographie*.
- Fremdwörter enden häufig auf *ie*, während man im Wortinneren meistens nur *i* statt *ie* schreibt. Beispiel: *Philosophie, Termin*.
- Viele Substantive enden mit *y* (Plural *ys*). Beispiel: *Hobby, die Hobbys*.
- Verben auf *-ieren* schreibt man mit *ie*. Beispiel: *korrigieren*.

1 *Legen Sie eine Liste der oben angeführten Schreibbesonderheiten an und sortieren Sie die folgenden Fachbegriffe, die einem Text zum Thema „Klimawandel" entnommen wurden, dort ein. Legen Sie ggf. eine Spalte für die nicht zuordenbaren Wörter an.*
absorbieren, Effekt, Emissionen, Energieverbrauch, Faktoren, Industrialisierung, Klimakatastrophe, Klimaprozess, Klimasystem, Klimazonen, Kohlendioxyd, Konzentration, Motorisierung, Photosynthese, regulieren, Sonnenenergie, Stickoxide, Treibhauseffekt, Vegetation, Zirkulation

Die Tätigkeit im Überblick: Chemielaboranten

Chemielaboranten und -laborantinnen bereiten chemische Versuche bzw. Untersuchungen vor und führen sie durch. Die Versuchsergebnisse protokollieren sie und werten sie aus. Darüber hinaus stellen sie chemische Substanzen her.

Chemielaboranten und -laborantinnen arbeiten in erster Linie in Forschungs-, Entwicklungs- und Produktionslaboratorien der chemischen und pharmazeutischen Industrie, der Farben- und Lackindustrie oder der Nahrungsmittelindustrie. Sie sind auch in naturwissenschaftlichen und medizinischen Instituten von Hochschulen beschäftigt. Darüber hinaus können sie unter anderem in Firmen der chemischen Untersuchung und Beratung oder bei Umweltämtern tätig sein.

(http://berufenet.arbeitsagentur.de/berufe/ 8.4.09)

2 *Schreiben Sie alle Fach- und Fremdwörter heraus und sortieren Sie sie in Ihre Liste.*

3 *Gehen Sie die folgenden Wörter durch und übernehmen Sie sie entweder in Ihre Liste oder sprechen Sie mit einem Partner/einer Partnerin über die Besonderheiten der Wörter.*
City, Dekoration, kulturell, Razzia, relevant, typisch, Produktion, Kopierer, kooperativ, international, Curry, finanziell, Dressur, Kontakt, Indiz, Gymnastik, Intensität, Interesse

4 *Bilden Sie zu einzelnen Wörtern Ihrer Wortliste Wortfamilien.*

5 *Suchen Sie in berufskundlichen Schriften, Zeitschriften und Zeitungen nach weiteren Wörtern mit Schreibbesonderheiten und nehmen Sie sie in Ihre Liste auf.*

Texte korrigieren – Fehler berichtigen

Das Arbeiten mit der Lernkartei haben Sie bereits kennen gelernt (➪Kapitel 4, S. 56). Schwierige Fach- und Fremdwörter eignen sich besonders zum Lernen mit der Lernkartei.

1 *Legen Sie eine Lernkartei an.*

a) Orientieren Sie sich beim Bau der Lernkartei am Text auf S. 56 und an der Zeichnung rechts.

b) Notieren Sie auf jede Karteikarte ein Fach- oder Fremdwort, das Sie falsch geschrieben haben.

c) Üben Sie die Wörter durch Wiederholung, indem Sie sie kurz lesen und dann auf einen Übungszettel schreiben.

Viele Texte entstehen am Computer. Den Schreibern werden durch die automatische Rechtschreibkorrektur einige Fehler sofort durch Unterstreichung angezeigt. Dennoch sollte man stets das Dokument ausdrucken und erneut Korrektur lesen, da bestimmte Fehler von Rechtschreibprogrammen nicht erkannt werden können. Sie finden den Text der vorangegangenen Seite hier erneut, nur dieses Mal mit Fehlern, die das Rechtschreibprogramm von Word nicht erkannt hat.

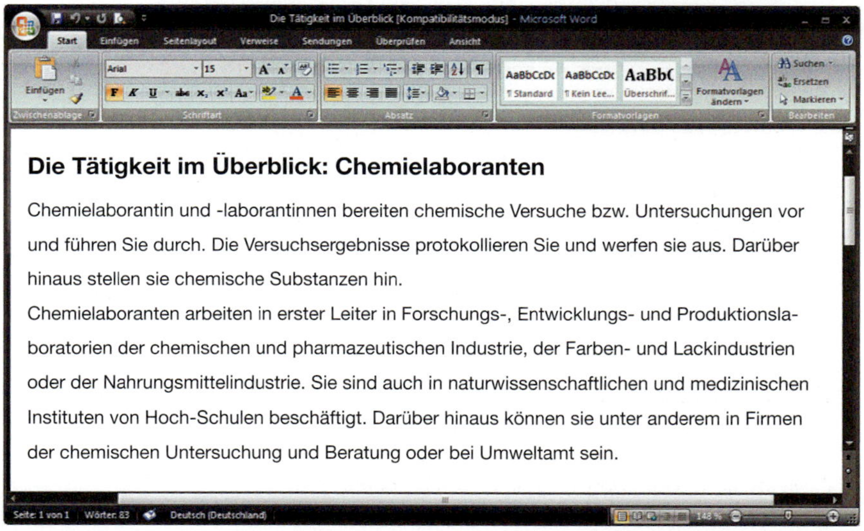

Die Tätigkeit im Überblick: Chemielaboranten

Chemielaborantin und -laborantinnen bereiten chemische Versuche bzw. Untersuchungen vor und führen Sie durch. Die Versuchsergebnisse protokollieren Sie und werfen sie aus. Darüber hinaus stellen sie chemische Substanzen hin.

Chemielaboranten arbeiten in erster Leiter in Forschungs-, Entwicklungs- und Produktionslaboratorien der chemischen und pharmazeutischen Industrie, der Farben- und Lackindustrien oder der Nahrungsmittelindustrie. Sie sind auch in naturwissenschaftlichen und medizinischen Instituten von Hoch-Schulen beschäftigt. Darüber hinaus können sie unter anderem in Firmen der chemischen Untersuchung und Beratung oder bei Umweltamt sein.

2 *Finden Sie die Fehler im Text und schreiben Sie sie heraus.*

a) Vergleichen Sie Ihre Ergebnisse mit dem Originaltext auf S. 246.

b) Versuchen Sie im Partnergespräch jeweils eine Erklärung, weshalb das Programm den Fehler nicht als solchen erkannt hat. Hilfen finden Sie im Basiswissen.

Basiswissen | **Elektronische Rechtschreibkorrektur**

Man kann sich nicht vollständig auf eine elektronische Rechtschreibkorrektur verlassen.

- Der Computer kann Wörter, die im Textzusammenhang unsinnig sind, nicht erkennen.
- Er kennt einige Wörter nicht bzw. streicht auch richtige Wörter als falsch an.
- Groß- und Kleinschreibung erkennt er bei Wörtern nicht, die in beiden Varianten existieren.
- Das Rechtschreibprogramm kann vom Nutzer selbstständig ergänzt und korrigiert werden, dabei können fehlerhafte Wörter eingegeben werden.

Rechtschreibhilfen im Überblick

Basiswissen **Rechtschreibhilfen**

Einfache oder doppelte Konsonanten

Prüfen Sie,
- ob Sie einen langen Vokal hören. In diesem Fall schreiben Sie einen einfachen Konsonanten (*Beruf, fragen, Pause*).
- ob Sie einen kurzen Vokal hören. In diesem Fall schreiben Sie einen doppelten Konsonanten (*Betreff, Stelle, kommen, doppelt, Kissen, hatte*).

Schreibung ss oder ß

Prüfen Sie,
- ob Sie einen langen Vokal hören. In diesem Fall schreiben Sie *ß* (*vergaß*).
- ob Sie einen kurzen Vokal hören. In diesem Fall schreiben Sie *ss* (*vergessen*).

Merke: vergessen – aber vergaß

Schreibung das oder dass

Prüfen Sie,
- ob man *dieses*, *welches* oder *jenes* einsetzen kann. Wenn ja, verwenden Sie ***das***.

Für das Wort ***dass*** kann man kein anderes Wort einsetzen.

Großschreibung

Prüfen Sie,
- ob das betreffende Wort am Satzanfang steht.
- ob ein Pronomen (z. B. *mein, dein, ihr*) vor dem Wort steht (→ Substantiv).
- ob ein Artikel (*der, die, das – ein, eine*) vor dem Wort steht (→ Substantiv).
- ob ein Artikel vor dem Wort stehen kann (→ Substantiv).

Getrenntschreibung

Prüfen Sie,
- ob es sich um eine Verbindung aus Substantiv und Verb handelt (*Fußball spielen*).
- ob es sich um eine Verbindung aus zwei Verben handelt (*lesen lernen*).
- ob es sich um eine Verbindung aus Adjektiv und Verb in wörtlicher Bedeutung handelt (*schön schreiben*).

Fehlerquelle: Grammatik

Wortarten

Basiswissen | **Substantiv**

Das **Substantiv** bezeichnet
- **Lebewesen:** *die Frau, der Hund, die Palme;*
- **Gegenstände:** *die Kanne, der Tisch, das Haus;*
- andere **sichtbare oder unsichtbare Dinge**: *die Form, der Wunsch, das Lied.*

Substantive haben **Begleitwörter**, die man auch **Artikel** nennt. Man unterscheidet die **bestimmten Artikel** (*der, die, das*) und die **unbestimmten Artikel** (*ein, eine*).

Substantive können auch ohne Artikel stehen.

Substantive können im **Singular** (Einzahl) oder im **Plural** (Mehrzahl) stehen:
die Frau – ***die Frauen***, *der Tisch* – ***die Tische***, *der Wunsch* – ***die Wünsche***.

Im Deutschen werden Substantive **immer großgeschrieben.**

GESTECKKRANZPFLANZEBLUMENDRAHTTOPFVASEDEKORATIONKUNDE

1 *Finden Sie die Substantive, die im Berufsalltag von Floristen eine Rolle spielen, und schreiben Sie sie in Ihr Heft.*

a) Schreiben Sie die Substantive auf und ergänzen Sie die passenden bestimmten Artikel.

b) Schreiben Sie die Substantive im Plural mit dem bestimmten Artikel auf.

Basiswissen | **Verben und Adjektive**

Das **Verb** bezeichnet, **was jemand tut** oder **was geschieht**:
Die *Praktikantin* ***schreibt*** *ihren Bericht. Das Programm* ***beginnt*** *am frühen Abend.*

Am Verb kann man erkennen, in welcher **Zeitform** ein Satz steht:
Gestern ***ging*** *ich ins Kino. Heute* ***gehe*** *ich ins Stadion.*

Das **Adjektiv** bezeichnet, **wie** jemand oder etwas ist:
die ***nette*** *Floristin, der* ***freundliche*** *Ausbilder, das* ***gute*** *Zeugnis.*

Adjektive kann man meist steigern: nett – netter – am nettesten.

Zuverlässigkeit ist in allen Berufen sehr wichtig.

Zuverlässigkeit bedeutet: da zu sein, pünktlich zu sein. Dazu gehört auch eine schnelle Rückmeldung an den Ausbilder, wenn ich für eine große, schwierige Aufgabe noch nicht bereit bin, oder das ehrliche Gespräch mit den Kollegen, wenn es Probleme gibt. Und es bedeutet auch, im Betrieb wichtige Regeln einzuhalten.

2 *Suchen Sie die sechs Adjektive und schreiben Sie sie in Ihr Heft. Steigern Sie die Adjektive und suchen Sie zu jedem der sechs Adjektive das Gegenteil.*

Wortarten

Basiswissen — Pronomen und Präpositionen

Das **Personalpronomen** kann ein **Substantiv ersetzen**:
Der Verkäufer bedient die Kunden. ***Er*** *berät* ***sie****.*

Personalpronomen sind: ***ich***, ***du***, ***er***, ***sie***, ***es***, ***wir***, ***ihr***, ***sie***.

Das **Possessivpronomen** zeigt, **wem etwas gehört**:
Der Mechaniker ist ein guter Freund. Er repariert ***mein*** *Auto umsonst.*

Possessivpronomen sind: ***mein***, ***dein***, ***sein***, ***ihr***, ***unser***, ***euer***, ***ihr***.

Präpositionen drücken **Beziehungen** oder **Verhältnisse** aus. Das Substantiv oder Pronomen nach der Präposition muss in einem bestimmten **Fall** stehen: *seit* ***dem*** *dritten Mai* (Dativ, 3. Fall), *für* ***den*** *Kunden* (Akkusativ, 4. Fall).

Nach manchen Präpositionen kann der **Dativ** oder **Akkusativ** stehen:
Ich stelle die Tasse auf ***den*** *Tisch.* → Frage: ***Wohin*** *stellst du die Tasse?*
Jetzt steht sie auf ***dem*** *Tisch.* → Frage: ***Wo*** *steht die Tasse?*

Damit Teamarbeit gut funktioniert, sollte man vernünftig mit Konflikten umgehen.
Sie können gelöst werden, wenn der Mitarbeiter oder die Mitarbeiterin sachlich auf Vorwürfe reagiert. Er oder sie kann dann sein oder ihr Verhalten ändern. Kritik zielt nämlich meistens nicht auf die Person, sondern auf deren Funktion innerhalb des Unternehmens.

3 *Schreiben Sie die Personalpronomen und die Possessivpronomen im Text in Ihr Heft.*

INFORMIEREN, PLANEN, ENTSCHEIDEN, AUSFÜHREN, BEWERTEN, KONTROLLIEREN EINES ARBEITSPROZESSES

1. Anfangs erhalten Sie zunächst Informationen über das Ziel Ihrer Arbeit.
2. Danach planen Sie, wie Ihr Ziel zu erreichen ist, welche Mittel und Werkzeuge dazu notwendig sind, wie die Maschinen und die Arbeitsplätze belegt werden und wie die Arbeitsschritte aufeinander abgestimmt werden können und müssen.
3. Dann werden Entscheidungen über die endgültige Vorgehensweise getroffen.
4. Sie führen das Vorgehen so durch, wie es geplant war.
5. Ihr Ausbildungsleiter und Sie bewerten Ihr erbrachtes Ergebnis kritisch.
6. Durch die Bewertung wird Ihr Ergebnis kontrolliert und festgestellt, ob das vorgegebene Ziel erreicht worden ist. Notfalls muss nachgearbeitet werden.

4 *Untersuchen Sie den Text nach den vorher dargestellten Wortarten.*

a) Schreiben Sie die folgende Tabelle in Ihr Heft.
b) Ordnen Sie möglichst viele Wörter in die Tabelle ein.

Artikel	Substantiv	Verb	Adjektiv	Präposition	Pronomen
die	…				

Die Tempusformen

Basiswissen – Die Tempusformen

In der deutschen Sprache gibt es sechs Tempusformen (Zeitformen). Sie werden verwendet, um zeitliche Verhältnisse wie Gleichzeitigkeit, Vorzeitigkeit und Nachzeitigkeit auszudrücken.

Futur II		*Mit dem Futur II drückt man eine **in der Zukunft abgeschlossene Handlung** aus.*	*Er **wird** den Computer morgen Abend **repariert haben**.*
Futur I	Vorzeitigkeit	*Das Futur I verwendet man, um etwas **Zukünftiges** auszudrücken.*	*Er **wird** den Computer morgen früh **reparieren**.*
Präsens		*Mit dem Präsens drückt man aus, dass etwas **gerade geschieht** oder dass etwas **generell gilt**.*	*Er **repariert** den Computer gerade/immer.*
Perfekt	Nachzeitigkeit	*Das Perfekt verwendet man, um etwas **Vergangenes** auszudrücken, das **bis in die Gegenwart** hineinwirkt. Es wird besonders im Mündlichen verwendet.*	*Er **hat** den Computer **repariert**, jetzt funktioniert er wieder.*
Präteritum		*Mit dem Präteritum drückt man **Vergangenes** aus, das **abgeschlossen** ist. Es wird besonders beim schriftlichen Erzählen und Berichten verwendet.*	*Er **reparierte** den Computer, danach ging er zur Schule.*
Plusquamperfekt		*Mit dem Plusquamperfekt beschreibt man **Vergangenes**, das **vor einer anderen Handlung der Vergangenheit abgeschlossen** war. Es steht oft in Satzgefügen.*	*Er **hatte** den Computer **repariert**, noch bevor er zur Schule ging.*

1 *Konjugieren Sie das Verb „aufbauen" in allen Personal- und Zeitformen.*

Am 10.5.2009 ___ sich in der Torstraße an der Ausfahrt vom Parkplatz des Supermarktes folgender Unfall: Herr Schmitt ___ mit seinem Motorroller links auf den Parkplatz einbiegen, er ___, um den Gegenverkehr vorbeizulassen. Er ___ noch, bis kein Fußgänger mehr die Ausfahrt ___, und ___. Im selben Moment ___ ein PKW in der Parkplatzausfahrt und ___ mit Herrn Schmitt ___. Der Fahrer ___ dann, Herrn Schmitt nicht gesehen zu haben.

2 *Ergänzen Sie den Text mit den folgenden Verben. Schreiben Sie im Präteritum.*
ereignen • wollen • anhalten • warten • überqueren • losfahren • erscheinen • zusammenstoßen • behaupten

3 *Schreiben Sie Sätze über die Vergangenheit und über die Zukunft.*

a) Notieren Sie, was Sie gestern alles gemacht haben.

b) Schreiben Sie auf, was Sie nach Abschluss Ihrer Ausbildung vorhaben.

Aktiv und Passiv

Basiswissen — Aktiv und Passiv

Mit den Verbformen Aktiv und Passiv (Handlungsformen) kann man ein Geschehen aus unterschiedlichen Blickrichtungen darstellen.

Das Aktiv wird verwendet, wenn der Urheber einer Handlung im Vordergrund steht und erwähnt werden soll.
Beispiel: *Die Lehrlinge tapezieren den Raum.*

Das Passiv drückt aus, was mit einem Lebewesen oder mit einer Sache geschieht, der Ablauf einer Handlung oder eines Geschehens steht im Vordergrund. Die Handelnden sind entweder unbekannt oder sollen ungenannt bleiben.
Beispiel: *Der Raum wird tapeziert.*

Das Passiv wird oft verwendet zur Beschreibung von Vorgängen, Arbeitsabläufen, z. B. in Arbeitsanleitungen.

Das Passiv wird mit dem Hilfsverb *werden* (in der entsprechenden Tempusform) und dem Partizip II gebildet.

Zeitform	Aktiv	Passiv
Plusquamperfekt	*sie hatte getragen*	*sie war getragen worden*
Präteritum	*sie trug*	*sie wurde getragen*
Perfekt	*sie hat getragen*	*sie ist getragen worden*
Präsens	*sie trägt*	*sie wird getragen*
Futur I	*sie wird tragen*	*sie wird getragen werden*
Futur II	*sie wird getragen haben*	*sie wird getragen worden sein*

Die oben dargestellte Form des Passivs wird auch **Vorgangspassiv** genannt. Daneben gibt es noch das **Zustandspassiv**. Es bezeichnet Zustände und wird mit dem Hilfsverb *sein* gebildet.
Beispiele: *Der Raum ist tapeziert. Der Raum war tapeziert.*

1 *Die folgenden Abbildungen zeigen in ungeordneter Reihenfolge, wie man eine Pflanze umtopft. Schreiben Sie eine Arbeitsanleitung im Passiv. So können Sie vorgehen:*

a) Überlegen Sie, in welcher Reihenfolge die Arbeitsschritte durchgeführt werden müssen.

b) Notieren Sie Stichpunkte mit entsprechenden Verben im Passiv.
Beispiele: *Erde wird eingefüllt, die Pflanze wird eingesetzt.*

c) Schreiben Sie die Arbeitsanleitung in vollständigen Sätzen auf.

2 *Begründen Sie, warum in den folgenden Sätzen das Passiv bevorzugt wird.*

a) Gestern wurde in der Südstadt in zwei Einfamilienhäuser eingebrochen.

b) Der Teig wird anschließend gut durchgeknetet.

c) Hunde dürfen nicht mit in den Laden genommen werden.

Indikativ, Konjunktiv, Imperativ

Basiswissen Die Modusformen

Mit der Wahl der Modusform, der Aussageweise des Verbs, kann man ausdrücken, wie eine Aussage verstanden werden soll. Im Deutschen gibt es drei Modusformen:

Name der Modusform	Funktion	Beispiel
Indikativ (Wirklichkeitsform)	gibt eine Tatsache wieder	*er kommt*
Konjunktiv (Möglichkeitsform)	beschreibt Möglichkeiten, Wünsche und Zweifel; gibt Aussagen eines anderen wieder (indirekte Rede)	*er komme,* *er käme,* *er würde kommen*
Imperativ (Befehlsform)	kennzeichnet Bitten und Befehle	*Komm!*

1 *Welche Modusform liegt bei den hervorgehobenen Verben vor?*

a) Wir **gehen** heute einkaufen.
b) **Benutze** ein Lineal!
c) Es **regnet**.
d) Er sagte, er **komme** etwas später.
e) Sie meinten, sie **würden** später **fahren**.
f) **Sei** still!

Basiswissen Den Konjunktiv richtig bilden und verwenden

Der Konjunktiv I

- wird verwendet, um die Aussagen anderer wiederzugeben.
  Beispiel: *Ulli sagt: „Sie läuft schnell", und Paul sagt: „Ulli meint, sie* ***laufe*** *schnell."*
- wird vom Präsensstamm des Verbs gebildet. Beispiel: ***lauf****en – sie laufe*
- Ist der Konjunktiv I nicht vom Indikativ Präsens des Verbs zu unterscheiden, wählt man als Ersatzform den Konjunktiv II.

Der Konjunktiv II

- wird verwendet, um Möglichkeiten, Wünsche und Zweifel auszudrücken.
  Beispiel: *Wenn sie den Start nicht verpasst* ***hätte****, dann* ***liefe*** *sie jetzt ganz vorn.*
- wird vom Präteritumstamm des Verbs gebildet. Beispiel: ***lief****en – sie liefe*
- Ist der Konjunktiv II nicht vom Indikativ Präteritum des Verbs zu unterscheiden, wählt man als Ersatzform die Form mit *würde*.

Indikativ Präsens und Präteritum	Konjunktiv I	Konjunktiv II	Ersatzform mit *würde*
ich laufe / lief *du läufst / liefst* *er / sie / es läuft / lief* *wir laufen / liefen* *ihr lauft / lieft* *sie laufen / liefen*	*ich laufe* *du laufest* *er / sie / es laufe* *wir laufen* *ihr laufet* *sie laufen*	*ich liefe* *du liefest* *er / sie / es liefe* *wir liefen* *ihr liefet* *sie liefen*	*ich würde laufen* *du würdest laufen* *er / sie / es würde laufen* *wir würden laufen* *ihr würdet laufen* *sie würden laufen*

2 *Bilden Sie alle Konjunktivformen und die Ersatzform mit „würde" zum Verb „legen".*

Direkte Rede in indirekte Rede umwandeln

Alkopops – eine Gefahr für Jugendliche?

Auf die Frage, ob Alkopops für Jugendliche gefährlich seien, antwortet Heiner Müller, Beauftragter des Gesundheitsamts Klein-Ingelheim für Suchtgefahren, Folgendes:

„Alkopops stellen für Jugendliche auf jeden Fall eine Gefahr dar. Denn der Alkoholgehalt der Alkopops, der im Durchschnitt 5–6 Vol.-% beträgt, ist dem Getränk oft von außen nicht anzusehen. Die Farbgebung der Getränke, die von Pink bis Hellgrün reicht, erweckt bei den Jugendlichen oft den Eindruck, dass es sich um Limonade oder Saft handelt. Zudem wird der Alkoholgeschmack der Alkopops durch den hohen Gehalt von Zucker überdeckt, sodass die Jugendlichen oft gar nicht registrieren, dass sie Alkohol zu sich nehmen. Dies macht Alkopops für Jugendliche so heimtückisch. Sie merken gar nicht, dass sie Alkohol konsumieren und wie viel. So kann es schnell zu einer Alkoholvergiftung kommen. Zudem kann der hohe Zuckergehalt der Mixgetränke zur Schädigung der Zähne führen und fördert die Entstehung von Übergewicht mit all seinen gesundheitlichen Folgen. Deshalb sind Alkopops für Jugendliche gefährlich.“

1 *Geben Sie die Aussagen anderer in indirekter Rede wieder.*

a) Formulieren Sie Herrn Müllers Aussagen in indirekte Rede um, verwenden Sie den Konjunktiv.

b) Vergleichen Sie Ihre Ergebnisse in der Klasse.

c) Diskutieren Sie, ob Alkopops mit einem Warnhinweis auf den Alkoholgehalt gekennzeichnet werden sollten.
Geben Sie vor Ihrer Meinungsäußerung die Meinung Ihres Vorredners wieder. Achten Sie auf den korrekten Gebrauch des Konjunktivs.

Basiswissen | **Der *dass-Satz* in der indirekten Rede**

Besonders im Mündlichen werden bei der Wiedergabe von Aussagen anderer häufig *dass-Sätze* (auch *Schaltsätze* genannt) verwendet. In diesen Sätzen darf die indirekte Rede auch im Indikativ stehen.

Beispiel: *Lea sagt: „Die Aussicht ist toll.“ – Lea sagt, dass die Aussicht toll ist.*

2 *Geben Sie die Meinungen anderer in einem Leserbrief wieder.*

a) Äußern Sie in wenigen Sätzen schriftlich Ihre Ansicht zum Thema *Verbot von „Flatrate-Partys“ – keine Pauschalpreise fürs Trinken mehr.* Begründen Sie Ihre Ansicht.

b) Interviewen Sie fünf Mitschüler, um zu erfahren, was sie zu diesem Thema denken. Halten Sie deren Aussagen mit Namen auf einem Zettel fest.

c) Schreiben Sie sechs besonders überzeugende Argumente auf. Verwenden Sie den Konjunktiv oder Schaltsätze mit *dass*.

d) Verfassen Sie einen kurzen Leserbrief zum Thema *Was Lernende vom Verbot von Pauschalpreisen für das Trinken in Gaststätten halten*. Stellen Sie die Meinung Ihrer Mitschüler zu diesem Thema vor. Belegen Sie sie durch die ausgewählten Aussagen. Stellen Sie am Schluss des Leserbriefes Ihre Meinung dar.

e) Tragen Sie Ihre Leserbriefe in der Klasse vor. Achten Sie darauf, ob die Aussagen der Mitschülerinnen und Mitschüler korrekt wiedergegeben werden.

Sätze und Satzglieder

Basiswissen — Haupt- und Nebensätze, Satzreihen und -gefüge

Sätze, die allein stehen können, heißen **Hauptsätze (HS)**. Beispiel: *Wir gingen nach Hause.* (HS)

Sätze, die nicht allein stehen können, heißen **Nebensätze (NS)**. Nebensätze beginnen mit einem Einleitewort – häufig eine Konjunktion – und enden mit dem gebeugten (finiten) Verb. Beispiel: *(Wir gingen nach Hause), weil es spät war. (HS, NS)*

Zusammengesetzte Sätze, die aus Hauptsätzen bestehen, nennt man **Satzreihe**. Die einzelnen Hauptsätze werden voneinander mit Komma getrennt oder mit beiordnenden Konjunktionen verbunden. Beispiel: *Hiermit war die Unterweisung abgeschlossen, die Tür ging auf und die Mitglieder entschwanden.* (HS, HS und HS)

Zusammengesetzte Sätze aus Hauptsatz und Nebensatz nennt man **Satzgefüge**. Der Nebensatz kann vor oder hinter dem Hauptsatz stehen oder auch inmitten des Hauptsatzes. Der Nebensatz wird vom Hauptsatz mit Komma getrennt. Beispiel: *Der Tischlerlehrling wurde, wenn der Meister kam, stets unruhig.* (HS, NS, HS)

1 *Bestimmen Sie im folgenden Text die Haupt- und Nebensätze und die Satzglieder (➪ Arbeitstechnik).*

Nachdem Jonas im letzten halben Jahr stets ohne Lärmschutz gearbeitet hatte, musste er am letzten Freitag zum Ohrenarzt gehen. Das Ergebnis war ernüchternd, denn der Ohrenarzt stellte fest, dass seine Hörleistung nur noch 85 Prozent der Normalleistung beträgt. Zukünftig soll Jonas seine Ohren stets schützen und er soll sich unbedingt Pausen gönnen. Das bedeutet für ihn, dass er abends nicht mehr regelmäßig in Clubs gehen kann.

Arbeitstechnik — Satzglieder bestimmen

Satzglieder kann man mit Hilfe der **Umstellprobe** ermitteln, denn Wortgruppen, die in der Umstellprobe zusammenbleiben, bilden ein Satzglied.

[Die Auszubildenden] [verließen] [die Kantine] [um die Mittagszeit.]

[Um die Mittagszeit] [verließen] [die Auszubildenden] [die Kantine.]

Bei den Satzgliedern unterscheidet man **Subjekt, Prädikat, Objekte** und **adverbiale Bestimmungen**. Man kann die einzelnen Satzglieder mit unterschiedlichen Fragen ermitteln:

Wer?	Subjekt	Die Auszubildenden
Was (tun sie)?	Prädikat	verließen
Wen (oder was)?	Akkusativobjekt	die Kantine
Wem?	Dativobjekt	
Wann?	Adverbiale Bestimmung der Zeit	um die Mittagszeit.
Wo? Wohin?	Adverbiale Bestimmung des Ortes	
Warum?	Adverbiale Bestimmung des Grundes	
Wie?	Adverbiale Bestimmung der Art und Weise	

Testen Sie Ihr Wissen

Test

Nennen Sie die Antwort, die jeweils richtig ist.

1. Worum handelt es sich bei dem folgenden Satz?
   Der Pullover, den du heute trägst, gefällt mir sehr.

   A Eine Aufzählung
   B Einen Hauptsatz mit eingeschobenem Nebensatz
   C Eine Satzreihe aus Hauptsatz und Hauptsatz

2. Welches Substantiv wurde in dem folgenden Satz aus einer anderen Wortart gebildet?
   Sein offener Schnürsenkel schleift auf dem Boden und hindert ihn beim Laufen.

   A Schnürsenkel B Boden C Laufen

3. In welchem der folgenden Sätze wird ein Konjunktiv verwendet?

   A Wenn ich einen Führerschein hätte, besäße ich bestimmt auch ein Auto.
   B Mein Hund wurde von einem anderen Hund angefallen.
   C Wir werden nächstes Jahr unseren Urlaub am Mittelmeer verbringen.

Fazit

Fehlerquelle: Zeichensetzung

Das Komma

Prüfen Sie, ob es sich um eine Aufzählung handelt.

Prüfen Sie, ob es Haupt- und Nebensätze, Infinitive + *zu* oder Sätze gibt, die mit Konjunktionen, wie z. B. *und*, *oder*, eingeleitet sind.

Fehlerquelle: Rechtschreibung

Großschreibung

Prüfen Sie, ob es sich um einen Satzanfang oder um ein Substantiv handelt und ob ein Artikel oder Pronomen vor dem Wort steht oder stehen kann.

Schreibung nach Vokalen

Prüfen Sie, ob der Vokal lang oder kurz gesprochen wird. Bei kurzem Vokal folgen meist zwei gleiche Konsonanten.

Schreibung der s-Laute

Prüfen Sie, ob Sie einen langen oder kurzen Vokal hören, verlängern Sie im Zweifelsfall das Wort, z. B. *Haus – Häuser*.

Getrennt- und Zusammenschreibung

Prüfen Sie, um welche Wortarten es sich handelt, wählen Sie danach die Schreibung.

Fehlerquelle: Grammatik

Wortarten

Prüfen Sie, um welche Wortarten es sich handelt, und schreiben Sie nur die Substantive, Eigennamen, Satzanfänge und substantivierten Verben und Adjektive groß.

Die Formen des Verbs

Prüfen Sie die zeitliche Abfolge eines Geschehens, wählen Sie danach die Tempusform.

Prüfen Sie, ob in einer Aussage die Handlung oder der Handelnde die größere Rolle spielt. Wählen Sie entsprechend die Aktiv- oder Passivform eines Verbs.

Verwenden Sie besonders zur Wiedergabe von Aussagen anderer den Konjunktiv.

Benutzen Sie ein Wörterbuch als Hilfe und zur Kontrolle.

Kapitel 20

Grundlegende Arbeitstechniken

20.1 Lerntechniken

20.2 Lesetechniken

Mit Hilfe von eingeübten Techniken können Sie sich die Arbeit im Deutschunterricht erleichtern. Mit wenig Aufwand schaffen die richtigen Lerntechniken die Voraussetzung für erfolgreiches Lernen. Mithilfe von Lesetechniken können Sie jeden Text, sowohl Sachtext als auch literarischen Text, schnell und umfassend verstehen.

Dieses Kapitel bietet Ihnen viele Informationen und Übungen zu den entsprechenden Techniken.

Was ich aus anderen Kapiteln weiß

- ✔ Ein gutes Zeitmanagement ist für die Arbeit an Projekten wichtig (Kapitel 21).
- ✔ Lesetechniken sind wichtig, um Texte gut verstehen und bearbeiten zu können (Kapitel 4, 10, 16).
- ✔ Zuhörtechniken benötigt man besonders beim Diskutieren, aber auch beim Bewerten von Vorträgen, Rollenspielen und Präsentationen (Kapitel 1, 7, 13).

Lerntechniken

Jeder lernt anders

1 *Wie finde ich heraus, welcher Lerntyp ich bin? – Machen Sie einen Versuch und lösen Sie mit einer Partnerin/einem Partner die folgenden vier Aufgaben.*

a) Schreiben Sie eine Liste von zehn Wörtern auf (am besten Nomen, z. B. Hose, Knie, Regen, Blume). Ihre Partnerin/Ihr Partner deckt die Liste ab und zeigt Ihnen nacheinander die einzelnen Wörter jeweils zwei Sekunden lang. Wenn alle Wörter aufgedeckt sind, dürfen Sie noch fünf Sekunden auf die zehn Wörter schauen. Lösen Sie nun fünf leichte Rechenaufgaben, z. B. 56 – 9, 33 : 11. Schreiben Sie jetzt die Wörter auf, an die Sie sich noch erinnern. Dann wechseln Sie die Rollen.

b) Dieses Mal liest Ihnen Ihre Partnerin/Ihr Partner die Wörter (neue Liste) im Abstand von zwei Sekunden vor. Lösen Sie wieder fünf leichte Rechenaufgaben. Schreiben Sie dann die Wörter auf, an die Sie sich erinnern.

c) Nun schreiben Sie die Wörter von der Liste auf einen anderen Zettel. Machen Sie dann wieder Rechenaufgaben. Schreiben Sie nun die Wörter auf, an die Sie sich noch erinnern.

d) Jetzt werden von Ihrer Partnerin/Ihrem Partner zehn Gegenstände (z. B. Kleber, Füller, Heft) jeweils zwei Sekunden hochgehalten. Dann folgt der gleiche Ablauf wie oben.

2 *Werten Sie den Versuch aus: Zählen Sie, bei welcher Aufgabe Sie sich die meisten Wörter merken konnten. Je nach Ergebnis werden Sie einem bestimmten Lerntyp zugeordnet:*

a) Lesetyp	b) Hörtyp	c) Schreibtyp	d) Sehtyp

Wenn Ihr Ergebnis z. B. lautet a) 4, b) 8, c) 4, d) 7, sind Sie ein Hör- und Sehtyp.
Tipp: Man kann in zwei Bereichen ähnliche Ergebnisse erzielen.

3 *Überlegen Sie, wie Sie stärker Ihrem Lerntyp bzw. Ihren Lerntypen entsprechend lernen können.*

Hier sehen Sie die empfohlenen Lerntechniken für die jeweiligen Lerntypen auf einen Blick:

Lesetyp

- Lesen Sie alle Notizen aus dem Unterricht noch einmal zu Hause nach.
- Lesen Sie zusätzliche Texte aus Internet, Lexikon, Zeitschriften.

Schreibtyp

- Schreiben Sie den Lernstoff ab.
- Fassen Sie den Lernstoff schriftlich zusammen.

Hörtyp

- Lesen Sie zu Hause Ihre Notizen halblaut.
- Lassen Sie Mitschüler oder Eltern schwierigen Lernstoff noch einmal erklären.

Sehtyp

- Stellen Sie sich den Lernstoff bildlich vor, zeichnen Sie Skizzen und Schaubilder zum Lernstoff.

Tipp: Wenn Sie mehreren Lerntypen entsprechen, kombinieren Sie die Lerntechniken. So festigt sich das Wissen noch besser.

Ordnung in Heft, Ordner oder Portfolio

Die Grundlage des Lernens für Klassenarbeiten und Prüfungen ist ein ordentlich geführtes Heft bzw. ein Ordner oder Portfolio. Alles sollte so geordnet sein, dass Sie sofort mit dem Lernen anfangen können und nicht lange nach den richtigen Materialien suchen müssen.

Ihr Heft, Ordner oder Portfolio sollte folgendermaßen aussehen:

geordnet:	• Datum • Überschrift (Thema, Hausarbeit oder Schularbeit)
strukturiert:	• Nummerierung der Seitenzahlen in Ordner und Portfolio • im Ordner nach Fächern unterteilen (Trennseiten)
übersichtlich:	• Farben verwenden • Wichtiges markieren oder unterstreichen (z. B. Überschriften) • Platz am Rand für Ergänzungen frei lassen • Symbole benutzen (z. B. „!" für „sehr wichtig")
lesbar:	• deutlich schreiben • nur wenige, sinnvolle Abkürzungen verwenden

1 *Nehmen Sie sich vor, über einen festgelegten Zeitraum die Vorgaben der Liste zu beachten. Stellen Sie sich dann folgende Fragen: Welche Nachteile hat die Einhaltung der Liste für mich? Welche Vorteile hat die Einhaltung der Liste für mich?*

Arbeitstasche und Arbeitsplatz

In Ihrer **Arbeitstasche** sollte all das enthalten sein, was Sie tatsächlich am nächsten Tag im Unterricht benötigen: Hefte oder Ordner, Schulbücher, Schreibmaterialien, Arbeitsmaterialien für die einzelnen Fächer (z. B. Geodreieck, Lineal, Taschenrechner), Hausaufgabenheft sowie Pausenbrot und Getränk. Lose Blätter sollten Sie abheften.

An Ihrem **Arbeitsplatz** sollten Sie ungestört arbeiten können. Wichtige Unterlagen und Arbeitsmaterialien sollten dort griffbereit zur Verfügung stehen. Ihre Leistungsfähigkeit nimmt ab, wenn Sie ständig gestört und unterbrochen werden.

1 *Formulieren Sie mit Hilfe dieser Abbildung einen zusammenhängenden Text, in dem Sie einen optimal gestalteten Arbeitsplatz beschreiben.*

Mitschreiben im Unterricht

Übersichtliche Mitschriften im Unterricht sind eine wichtige Grundlage für den Lernerfolg. Sie haben dabei folgende Möglichkeiten:

A Sie notieren während des Unterrichts alles Wichtige in Feld A (➪ Abbildung).
Zu Hause wiederholen Sie den Lernstoff und nehmen in Feld B Ergänzungen vor.
Die Ergänzungen können sein: Überschriften, Hinweise auf Arbeitsblätter oder Seiten im Arbeitsbuch, Fragen, Kommentare oder Schlussfolgerungen.

B Sie legen während des Unterrichts eine Mindmap an. Dies bietet sich z. B. bei Diskussionen oder Vorträgen an. Auch beim Sammeln von Ideen für eine Stellungnahme oder ein Projekt ist das Anlegen einer Mindmap sinnvoll (➪ Kapitel 22, S. 284, 285).

C Sie erstellen eine **lineare Gliederung** (➪ Kapitel 22, S. 284), z. B. beim Sammeln von Argumenten oder Ideen.

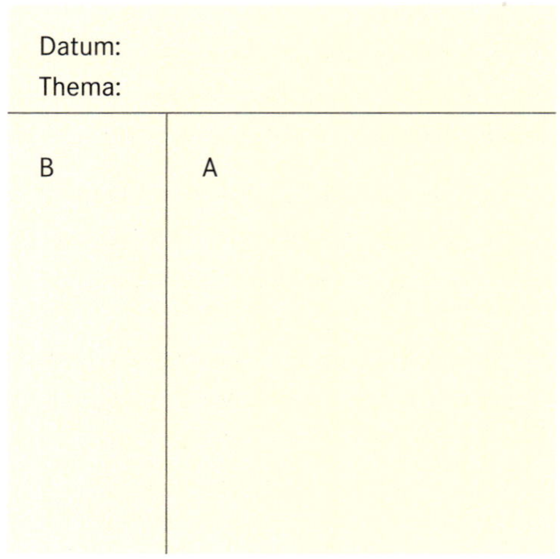

1 *Testen Sie die oben beschriebenen Arten des Mitschreibens. Welche liegt Ihnen am meisten?*

2 *Ihre Klasse diskutiert über eine Teilnahme an der Übungsfirmenmesse. Ihre Lehrkraft hat stichwortartig die Redebeiträge zusammengefasst und die Stichworte ungeordnet untereinander an die Tafel geschrieben:*

Messestand, Flyer … – was brauchen wir alles?

Andere Übungsfirmen kennen lernen

Lernen außerhalb der Schule gut für die Klassengemeinschaft

Fahrt? Fahrtkosten?

Nachmittags!

Wir können zeigen, was wir können.

Englischarbeit am nächsten Tag

Austausch mit anderen

Verpflegung?

Es sollen auch mal andere auf- und abbauen.

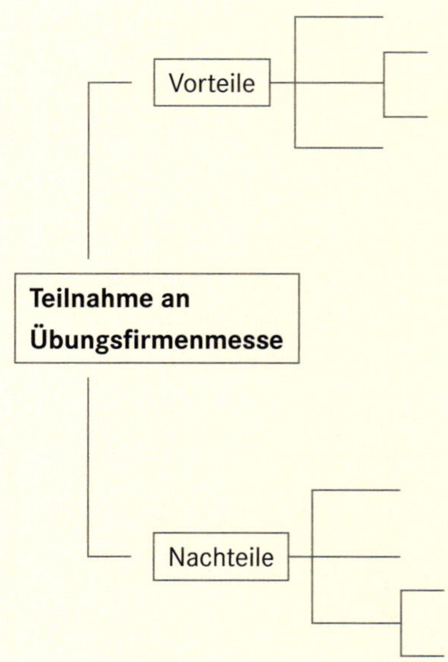

a) Ordnen Sie die Beiträge und gestalten Sie eine Mindmap. Berücksichtigen Sie dabei auch die Hinweise zur Gestaltung des Heftes auf S. 259.

b) Schauen Sie sich die Mindmap Ihrer Nachbarin/Ihres Nachbarn an. Tauschen Sie sich darüber aus.

Zeiteinteilung/Planungsmethoden

Mit der **ALPEN-Methode** können Sie Ihren Lernnachmittag gut strukturieren:

A lle Aufgaben, Aktivitäten und Termine zusammenstellen
L änge der Tätigkeiten (Zeitbedarf) schätzen
P ufferzeiten für Unvorhergesehenes reservieren
E ntscheidungen über Prioritäten und Kürzungen treffen
N achkontrolle – Unerledigtes übertragen

Die Aufgaben, die erledigt werden müssen, können Sie in **ABC-Aufgaben** einteilen.
Mit dieser Einteilung gewichten Sie die Aufgaben nach Dringlichkeit:
A: sehr wichtig **B:** wichtig **C:** nicht so eilig

Eine gute Zeiteinteilung ist wichtig, damit Sie Hausaufgaben, Klassenarbeiten und Prüfungen gut bewältigen können. Ein **Wochenplan** kann Ihnen dabei helfen, effektiv zu lernen. Achten Sie darauf, dass Sie auch Zeit für Hobbys einplanen. Finden Sie heraus, zu welchen Zeiten Sie besonders gut arbeiten können, und richten Sie Ihren Plan danach.

So könnte ein Wochenplan im zweiten Jahr der Berufsschule vor einer Klassenarbeit oder der Prüfung aussehen:

Muster

Zeit	6:30	7:45	13:00	14:00	15:00	16:00	17:00	18:00	19:00	20:00
Montag	Betrieb									
Dienstag	Betrieb							Sport		
Mittwoch		Unterricht					Prüfungsvorbereitung			
Donnerstag		Unterricht		Betrieb						
Freitag	Betrieb				Prüfungsvorbereitung			Sport		
Samstag			Prüfungsvorbereitung							
Sonntag	frei									

1 *Notieren Sie eine Woche lang, womit Sie nach der Schule Ihre Zeit verbringen und welche Störungen Sie vom Lernen abhalten.*

2 *Wenden Sie die ALPEN-Methode für die Gestaltung Ihres Lernnachmittags an.*

3 *Schauen Sie sich konkret die Aufgaben des heutigen Tages an. Differenzieren Sie zwischen A-, B- und C-Aufgaben.*

4 *Erstellen Sie einen Wochenplan, in den Sie die Zeiten für verschiedene Aufgaben und die Vorbereitungszeit für die nächste Klassenarbeit in Deutsch eintragen. Orientieren Sie sich am Muster oben.*

5 *Führen Sie einen Kalender mit Ihren Terminen oder bringen Sie eine Terminübersicht gut sichtbar an Ihrem Arbeitsplatz an.*

Lernhilfen

Es gibt verschiedene Lernhilfen, die Sie anwenden können. Probieren Sie die folgenden Möglichkeiten aus und schauen Sie, mit welcher Sie gut arbeiten können.

Beim **Spickzettel** ist das Wesentliche übersichtlich und einprägsam, in Stichworten oder in Form einer Mindmap (➪ Kapitel 22, S. 284, 285) zusammengefasst.

Die **Checkliste** ist eine Liste mit Fragen. Die Fragen formulieren die wichtigsten Inhalte eines Themas. Nach Beantwortung können die Fragen abgehakt werden. So behalten Sie den Überblick, was Sie schon bearbeitet haben.

Auf eine **Lernkarte** schreiben Sie entweder das, was Sie sehr gut können (grüne Lernkarte), oder das, was Sie häufig falsch machen (rote Lernkarte). Markieren Sie die Fehlerquellen farbig, damit Sie diese sofort erkennen.

Eine Checkliste zum Thema „Inhaltsangabe zu einem literarischen Text“ (➪ Kapitel 5, S. 66) könnte so aussehen:

Muster

Checkliste: Inhaltsangabe zu einem literarischen Text

- ○ Werden im Einleitungssatz Autor, Titel und Textsorte genannt?
- ○ Ist das Thema klar?
- ○ Wird das Thema am Anfang benannt?
- ○ Wird nur Wichtiges angeführt?
- ○ Gibt die Inhaltsangabe Antworten auf die W-Fragen?
- ○ Werden wesentliche Handlungsschritte genannt?
- ○ Ist die Reihenfolge schlüssig?
- ○ Ist die Inhaltsangabe kurz?
- ○ Wird auf direkte Rede verzichtet?
- ○ Wird das Präsens (bzw. Perfekt bei früheren Geschehnissen) benutzt?
- ○ Wird auf persönliche Wertung verzichtet?
- ○ Werden spannungssteigernde Elemente weggelassen?

1 *Erstellen Sie einen Spickzettel zur Inhaltsangabe von Sachtexten. Orientieren Sie sich an den Angaben der Checkliste und informieren Sie sich in Kapitel 4 oder 10.*

2 *Stellen Sie eine Checkliste zur Erörterung eines Themas (➪ Kapitel 16) zusammen.*

Gruppenarbeit/Teamarbeit

Bei der Arbeit in einer Gruppe oder in einem Team muss nach festgelegten Regeln und Abläufen gearbeitet werden.

Verhaltensregeln:
- Lassen Sie die anderen ausreden.
- Hören Sie einander zu.
- Lassen Sie jeden zu Wort kommen.
- Arbeiten Sie miteinander und nicht gegeneinander.
- Arbeiten Sie mit.
- Arbeiten Sie zielorientiert.

Ablauf:
- Verteilen Sie die Arbeit. Bestimmen Sie, wer für welche Aufgabe zuständig ist, z. B. für das Protokoll, für die Zeitplanung, für die Präsentation.
- Legen Sie Termine fest: Wer macht was bis wann?

Auswertung:
- Welche Erfahrungen haben Sie gemacht?
- Was nehmen Sie sich für die nächste Gruppenarbeit vor?

Bei der Auswertung der Gruppenarbeit hilft Ihnen folgender Feedback-Bogen (➪ Feedback-Regeln, Kapitel 22, S. 282, 283):

Muster

Auswertung einer Gruppendiskussion/Gruppenentscheidung

Unser Thema heute: ...

1. In welchem Umfang haben die anderen Gruppenmitglieder Ihnen zugehört und Ihre Ideen verstanden?

Überhaupt nicht 1 2 3 4 5 Völlig

2. Was glauben Sie, wie einflussreich Sie bei der Entscheidung Ihrer Gruppe waren?

Überhaupt nicht 1 2 3 4 5 Sehr

3. In welchem Umfang fühlen Sie sich der Entscheidung Ihrer Gruppe verpflichtet?

Überhaupt nicht 1 2 3 4 5 Völlig

4. In welchem Umfang sind Sie mit dem Arbeitsergebnis Ihrer Gruppe zufrieden?

Überhaupt nicht 1 2 3 4 5 Völlig

5. Wie viel haben Sie während Ihrer Diskussion über das Sachthema gelernt?

Überhaupt nichts 1 2 3 4 5 Viel

1 *Führen Sie selbst eine Gruppenarbeit/Teamarbeit durch. Stellen Sie zunächst Verhaltensregeln für Ihre Gruppe auf. Halten Sie alles, was Sie verbindlich festlegen, in einem Protokoll fest (➪ Kapitel 21, S. 276).*

Lesetechniken

„Warum Lesen trainieren?", denken Sie vielleicht, „lesen kann doch (fast) jeder!" Dieses Kapitel gibt Ihnen Tipps, wie Sie mit entsprechenden Lesetechniken einem Text effektiv Informationen entnehmen und diese „speichern" können – Lesen für Fortgeschrittene eben.

Vier Arten, einen Text zu lesen

Bevor man sich näher mit einem Text beschäftigt, sollte man sich überlegen, welche Art von Informationen bzw. welchen Umfang an Informationen man durch den Text erhalten möchte. Um eine Detailinformation zu bekommen, bietet sich das **punktuelle Lesen** an. Einen schnellen, groben Überblick verschafft man sich durch **diagonales Lesen**. Wenn Sie beispielsweise Literatur für ein Referat auswählen müssen, können Sie Texte und Bücher schnell auf ihre Brauchbarkeit im Sinne des Referatsthemas überprüfen.

Beim **fortlaufenden Lesen** liest man den ganzen Text durch und erhält so alle Informationen des Textes. Das **intensive Lesen** bereitet auf eine kritische Auseinandersetzung mit dem Text vor. Diese Art des Lesens stellt die ausführlichste Beschäftigung mit dem Text dar.

In der Übersicht sehen Sie den Zweck der jeweiligen Lesetechnik und wie sie angewendet wird.

	Wofür?	Wie?
Punktuelles Lesen	Sie suchen nach einem bestimmten Inhalt im Text, z. B. bei einer Handyanleitung nach der Weckfunktion.	• Sie überprüfen die Überschriften. • Sie lesen nur die Abschnitte gründlich, die Sie brauchen.
Diagonales Lesen	Sie wollen sich einen Überblick verschaffen oder die groben Zusammenhänge eines Textes erkennen, z. B. lesen Sie in der Handyanleitung nach, welche Funktionen das Handy insgesamt hat.	• Sie überfliegen den Text und orientieren sich an hervorgehobenen Textstellen (z. B. durch Fettdruck) und an den Überschriften.
Fortlaufendes Lesen	Sie wollen sich umfassend informieren, z. B. über einen Handyvertrag.	• Sie lesen einen Text von Anfang bis Ende. • Sie markieren wichtige Stellen. • Sie machen sich Notizen.
Intensives Lesen	Sie wollen den Text kritisch beurteilen können, z. B. als Grundlage für eine Textanalyse.	• Sie gehen hier vor wie beim fortlaufenden Lesen, konzentrieren sich aber auf die Lösung einer vorgegebenen Aufgabe, z. B.: sprachliche Mittel herausfinden.

Vier Arten, einen Text zu lesen

In den folgenden Übungen geht es darum, einen Text je nach Aufgabenstellung effektiv zu lesen, d. h. die geeignete Art des Lesens auszuwählen.

1 *Prüfen Sie den Text auf S. 266 daraufhin, ob er sich für ein Referat eignet. Das Referat trägt den Titel „Hat sich die Ausbildungsreife der Jugendlichen verschlechtert?“. Wenden Sie die entsprechende Leseart an.*

2 *Beantworten Sie Fragen zum Text. Schauen Sie sich die Fragen an und wählen Sie eine der Lesarten von S. 264 aus.*

a) Welches Institut führte die Befragung durch?

b) Wie heißt das neue Online-Befragungssystem?

c) Welche gesellschaftlichen Gruppen sollen den Jugendlichen verstärkt beim Einstieg in das Berufsleben unter die Arme greifen?

3 *Beurteilen Sie, ob sich die folgenden Aussagen im Text auf S. 266 wiederfinden. Überlegen Sie, auf welche Art Sie den Text zur Beantwortung lesen sollten.*

- Fachleute sind zufrieden mit der Entwicklung der Bewerberqualifikationen in den vergangenen 15 Jahren.
- Die Befragung zur beruflichen Bildung wurde per Fragebogenaktion „Expertenmonitor Berufliche Bildung“ durchgeführt.
- Das Wissen um Arbeitstugenden wie Pünktlichkeit ist bei den heutigen Jugendlichen stärker ausgeprägt als vor 15 Jahren.
- Die Jugendlichen strengen sich bei der Lehrstellensuche mehr an als früher.
- Die Schule sollte den Lernaufgaben einen stärkeren Theoriebezug geben.
- Eltern, Schule, die Unternehmen, aber auch die Jugendlichen müssen ihren Beitrag zu einem gelungenen Berufseinstieg leisten.

4 *Beziehen Sie kritisch Stellung zum Text, indem Sie folgende Fragen beantworten. Überlegen Sie, auf welche Art Sie den Text lesen sollten.*

a) Welche Ausgangsthese stellt der Autor des Artikels auf?

b) Wie bewerten Sie den Schlusssatz: „Die Jugendlichen sollten stärker als bisher Verantwortung für das eigene Leben übernehmen“?

Vier Arten, einen Text zu lesen

Experten: Eltern müssen ihre Kinder wieder mehr bilden

Bonn. Tugenden wie Zuverlässigkeit, Verantwortungsbewusstsein, Durchhaltevermögen sowie Lern- und Leistungsbereitschaft, die zur Ausbildungsreife gehören, werden im Elternhaus nurmehr unzureichend eingeübt. Grund: Der Zusammenhalt in der Familie habe in den letzten 15 Jahren deutlich nachgelassen. Dies sind Ergebnisse einer Befragung, die das Bundesinstitut für Berufsbildung (BIBB) im Herbst 2005 bei knapp 500 Berufsbildungsexperten durchführte. Die Befragten stammen aus Betrieben und Berufsschulen, Wirtschafts- und Berufsverbänden, Gewerkschaften und Forschungseinrichtungen. Bei der Befragung kam erstmals das neue Online-Befragungssystem „Expertenmonitor Berufliche Bildung“ zum Einsatz. Ziel dessen ist es, systematisch das fachliche Urteil von Experten und Expertinnen zu aktuellen Fragestellungen der Berufsbildung zu erheben und in die bildungspolitische Diskussion einzubringen. Die Fachleute wurden zum einen danach gefragt, was sie unter Ausbildungsreife verstehen. Zum anderen sollten sie einschätzen, wie sich die Ausbildungsreife der Jugendlichen in den letzten Jahren entwickelt hat, welche Ursachen sie dafür sehen und wie die Ausbildungsreife verbessert werden könnte.

Fähigkeiten haben nachgelassen

Was sich bei der Bewerberqualifikation in den letzten 15 Jahren verändert hat: Insgesamt blicken die Fachleute eher skeptisch auf die Entwicklung der Bewerberqualifikation in den vergangenen 15 Jahren. Fast alle sind davon überzeugt, dass die Beherrschung der deutschen Rechtschreibung, die schriftliche Ausdrucksfähigkeit, die Fähigkeit zu einfachem Kopfrechnen sowie Kenntnisse der Prozent- und Dreisatzrechnung nachgelassen haben.

Negative Veränderungen beobachten die Befragten auch jenseits des Schulwissens – bei der Konzentrationsfähigkeit, dem Durchhaltevermögen, der Sorgfalt und der Höflichkeit. Und sie stellen fest, dass das Wissen um die Bedeutung von Arbeitstugenden wie Pünktlichkeit bei den Jugendlichen deutlich geringer ausgeprägt ist als bei früheren Bewerbergenerationen. Positiv entwickelt haben sich nach Meinung der Befragten dagegen die IT- und Englischkenntnisse. Außerdem seien sie selbstsicherer als noch vor 15 Jahren. Mehrheitlich bescheinigen die Fachleute den jungen Leuten außerdem, dass sie sich bei der Lehrstellensuche mehr anstrengen würden als frühere Bewerber.

Was laut Experten getan werden sollte: Eltern müssten ihren Kindern stärker als bisher grundlegende Werte vermitteln und die Auseinandersetzung mit der Berufswahl fördern. Die Schule müsste verstärkt in die Förderung der Jugendlichen eingebunden werden: Sie sollte Schlüsselqualifikationen fördern und ihren Lernaufgaben einen stärkeren Praxisbezug geben. Die Unternehmen sollten bei der Bewerberauswahl stärker als bisher das Entwicklungspotenzial der Jugendlichen berücksichtigen. Und: Die Jugendlichen sollten stärker als bisher Verantwortung für das eigene Leben übernehmen.

(Frankfurter Rundschau, 10.12.2005)

5 ***Schätzen Sie ein, wie Sie mit den verschiedenen Arten, einen Text zu lesen, zurechtgekommen sind. Beantworten Sie die folgenden Fragen:***

a) Welche Leseart fiel Ihnen am leichtesten, welche am schwersten? Welche Gründe gibt es für beides?

b) Konnten Sie mit der jeweils gewählten Leseart die Aufgaben 1–4 gut lösen?

c) Haben Sie beim Lösen einer Aufgabe die Leseart gewechselt? Überlegen Sie, warum.

6 ***Welche Tipps können Sie Ihren Mitschülern zum Anwenden der vier Lesearten geben?***

Fünf Schritte zum Verstehen (5-Schritt-Lesetechnik)

In Beruf und Alltag wird von Ihnen erwartet, dass Sie den Inhalt umfangreicher und auch schwieriger Texte verstehen und wiedergeben können.

1 *Tragen Sie in der Klasse Ihre Erfahrungen zusammen, wie Sie an einen unbekannten Text herangehen. Beantworten Sie folgende Fragen:*

a) Wie gehen Sie vor, wenn Sie den Inhalt eines Ihnen unbekannten Textes wiedergeben sollen?
b) Wie erschließen Sie sich unbekannte Wörter, Fremdwörter, schwer lesbare Textteile?
c) Wie bearbeiten Sie den Text (Notizen, Markierungen, Unterstreichungen)?
d) Diskutieren Sie Vor- und Nachteile Ihres Vorgehens.

Wenn Sie sich Informationen eines Textes für eine Klassenarbeit oder Prüfung merken wollen oder diese in ein Referat einbauen möchten, müssen Sie den Text genau lesen. Es ist immer sinnvoll, sich Notizen zu machen. Wenn Sie Informationen in eigene Worte fassen, können Sie sich das Wissen bleibend aneignen. Hierzu bietet sich die 5-Schritt-Lesetechnik an:

Schritt 1 **Überfliegen**	Schauen Sie zunächst, worum es im Text geht. Orientieren Sie sich an den Überschriften und – falls vorhanden – an der Gliederung oder dem Inhaltsverzeichnis. Vielleicht sind für Sie nur bestimmte Abschnitte oder Kapitel interessant.	Überblick verschaffen aus der Vogelperspektive	
Schritt 2 **Kernaussagen**	Formulieren Sie das Thema und die Kernaussagen des Textes. Schreiben Sie die wesentlichen Aussagen auf.	Was ...	
Schritt 3 **Lesen**	Lesen Sie gründlich. Markieren Sie wichtige Stellen im Text. Machen Sie kurze Pausen, wenn die Konzentration nachlässt. Wenn Sie einen Begriff nicht verstehen, schlagen Sie im Wörterbuch nach. Sind Sätze schwer zu verstehen, dann lesen Sie sie noch ein zweites oder drittes Mal.	Nur sparsam markieren, wichtige Fremd- und Fachwörter nachschlagen	
Schritt 4 **Schreiben**	Gliedern Sie den Text in Abschnitte und finden Sie für jeden Abschnitt eine Zwischenüberschrift oder einen kurzen, zusammenfassenden Satz. Fassen Sie komplizierte Sätze, die Ihnen für das Verständnis des Textes wichtig erscheinen, in eigene Worte. Aus einem schwer verständlichen Satz können so durchaus mehrere einfache Sätze werden. Notieren Sie auch Schlüsselwörter. (➪ Exzerpieren, Kapitel 22, S. 282)	Den Text gliedern, in eigenen Worten formulieren und Notizen lesbar schreiben	
Schritt 5 **Wiederholen**	Versuchen Sie jetzt, anhand Ihrer Notizen den Inhalt des Textes wiederzugeben. Ergänzen Sie eventuell Fehlendes.	Laut probieren	

Fünf Schritte zum Verstehen (5-Schritt-Lesetechnik)

Was erwartet die Wirtschaft von den Schulabgängern?

Von Hermine Fröhlich

Keine Sorge, niemand erwartet Unmachbares. Im Kern geht es um Basiskenntnisse und -fertigkeiten, und zwar um fachliche Kompetenzen, um Sozialverhalten und um persönliche Kompetenzen. Eigentlich nichts Außergewöhnliches, und doch muss es immer wieder gesagt werden.

In Deutschland gibt es über 350 Ausbildungsberufe und mit ihnen eine breite Palette von Inhalten und Anforderungen. Bei aller Verschiedenheit setzen sie jedoch dieselben Basiskenntnisse voraus. Im fachlichen Bereich ist dies zum einen die grundlegende Beherrschung der deutschen Sprache. Es sollen einfache Sachverhalte mündlich und schriftlich wiedergegeben werden können. Einfache Texte sollen fehlerfrei geschrieben werden. Zum anderen müssen auch die einfachen Rechentechniken von den zukünftigen Azubis gekonnt werden. Dazu gehören z.B. die Grundrechenarten, Dezimalzahlen, Brüche, Dreisatz, Prozentrechnen und das Verstehen von Textaufgaben. Hinzu kommen Grundkenntnisse im naturwissenschaftlichen Bereich, in Physik und Chemie. Ebenfalls zu den fachlichen Kompetenzen gehören Grundkenntnisse im Bereich Englisch, in Technik und im IT-Bereich. Last, but not least werden Basiskenntnisse über unsere Kultur erwartet. Die wichtigsten Informationen über die Etappen deutscher und europäischer Geschichte, über gesellschaftliche und politische Grundlagen sowie ethische Grundsätze gehören zur Allgemeinbildung.

Die soziale Kompetenz eines Mitarbeiters ist einerseits für das Klima innerhalb des Unternehmens wichtig und trägt andererseits zum wirtschaftlichen Erfolg der Firma bei. Teil dieser sozialen Kompetenz sind die Fähigkeit zur Teamarbeit, eine natürliche Freundlichkeit und Konfliktfähigkeit. Die zuletzt genannte hilft bei der Lösung von Problemen mit Kunden und Kollegen. Teil der sozialen Kompetenz ist auch Toleranz gegenüber allen Menschen, mit denen man zu tun hat, im Rahmen unserer demokratischen Grundordnung und das Vermeiden von Diskriminierung.

Neben den genannten Fähigkeiten werden weitere Kompetenzen erwartet, die im Bereich der Grundhaltung und Werteeinstellung anzusiedeln sind: Zuverlässigkeit, Sorgfalt sowie Lern- und Leistungsbereitschaft einerseits, Ausdauer, Disziplin und Belastbarkeit andererseits. Zu Beginn der Ausbildung sollte auch die Bereitschaft, Verantwortung zu übernehmen, ansatzweise vorhanden sein. Ebenso die Fähigkeit, das eigene Tun kritisch zu hinterfragen.

2 *Wenden Sie die 5-Schritt-Lesetechnik bei dem Text „Was erwartet die Wirtschaft von den Schulabgängern?“ an.*

a) Überfliegen Sie den Text.

b) Formulieren Sie das Thema und die Kernaussage des Textes.

c) Lesen Sie den Text intensiv. Welche Schlüsselwörter sind nicht markiert?

d) Gliedern Sie den Text, machen Sie sich Notizen in Form einer Mindmap (➪Kapitel 22, S. 284, 285) und geben Sie damit die wesentlichen Textinhalte wieder.

e) Wiederholen Sie den Gedankengang des Textes. Tragen Sie mündlich vor.

3 *Stellen Sie die wichtigsten Kompetenzen für den von Ihnen angestrebten Beruf zusammen und begründen Sie Ihre Auswahl in Stichworten.*

Kapitel 21

Ein Projekt planen, durchführen, dokumentieren

Projekte sind eine tolle Sache: Sie bearbeiten ein selbst ausgesuchtes Thema mit einem von Ihnen festgelegten Ziel. Dabei gehen Sie fächerübergreifend und weitgehend selbstständig vor und haben ein Team, das gemeinsam arbeitet. Das Beste ist: Am Ende eines jeden Projekts steht ein Produkt.

Vielleicht haben Sie aber schon andere Erfahrungen gemacht: Man verliert das Ziel aus den Augen, wird nicht fertig, einige drücken sich vor der Arbeit, mit anderen möchte man eigentlich nicht zusammenarbeiten, es gibt Streit und Frust.

In diesem Kapitel lernen Sie organisatorische Maßnahmen kennen, die sich auch in der freien Wirtschaft bewährt haben. Mit diesen Kenntnissen behalten Sie stets den Überblick über Ihr Projekt und können die Arbeit so aufteilen, dass alle optimal eingesetzt sind.

Was ich aus anderen Kapiteln weiß

- ✔ Wenn man kommuniziert, muss man Gesprächsregeln einhalten (➪ Kapitel 1, 7).
- ✔ Ergebnisse von Diskussionen und Meetings sichert man in Protokollen (➪ Kapitel 2).
- ✔ Der Projektbericht ist eine wichtige Berichtsart (➪ Kapitel 3).
- ✔ Um Stärken und Schwächen von sich und anderen festzustellen, eignet sich ein Persönlichkeitsprofil (➪ Kapitel 14).
- ✔ Das Arbeiten in der Gruppe ist an bestimmte Regeln gebunden (➪ Kapitel 20).

Ein Projekt definieren

Eine Projektidee in einem Projektantrag darstellen

Nicht jede Gruppenarbeit ist ein Projekt. Ein Projekt ist ein im Wesentlichen einmaliges Vorhaben mit einem in der Regel klar definierten Ziel, einem festen Zeitrahmen und einem Produkt am Ende. Das können ein Film, eine Ausstellung, eine Aufführung, ein Handbuch usw. sein.

Manchmal ist die Projektidee schon vorgegeben (z. B. das Schulfest zum 100-jährigen Bestehen einer Schule) – dann beginnt Ihre Arbeit mit dem Einrichten der Projektorganisation. Gibt es keine Vorgaben, müssen Sie zunächst eine **Projektidee** entwickeln. Sie begründen, warum Sie dieses Projekt durchführen wollen und welche Ziele Sie verfolgen. Das stellen Sie in einem **Projektantrag** dar.

Als Beispiel sehen Sie auf den folgenden Seiten ein Projekt mit dem Ziel, einen „Aktionstag zum Fairen Handel" zu organisieren. Sie können dieses Projekt durchführen und die einzelnen Aufgaben bearbeiten. Sie können sich an diesem Projekt aber auch nur orientieren und die einzelnen Arbeitsschritte für Ihr eigenes Projekt übernehmen.

Das folgende Muster zeigt, wie Sie einen Projektantrag formulieren können:

Muster

Projektantrag

Projekt der Klasse HA 053: Aktionstag zum Fairen Handel

Warum machen Sie das Projekt:
Obwohl mehr und mehr fair gehandelte Produkte in Verbrauchermärkten auftauchen, wissen die Kunden wenig über die Hintergründe des Fairen Handels.

Ursachenanalyse:
- Produkte sind wenig bekannt
- Kunden wissen nichts über die Produktionsbedingungen in den Herkunftsländern
- Relativ hohe Preise der Produkte

Ziele:
- Fair gehandelte Produkte vorstellen
- Über Hintergründe des Fairen Handels informieren

Datum: ...

Unterschrift: ...

Weitere Ideen für Projekte können sein:
- Informationstag zum Thema Aids
- Podiumsdiskussion mit Jugendvertretern der Parteien
- Schulfest/Sportturnier
- Abschlussfete
- Spendenmarathon

Organisatorische Fragen klären

Zur Vorbereitung eines Projekts gehört, dass Sie den Projektleiter ernennen, die Ziele definieren, Termine mit einplanen und sich Gedanken über die Zusammensetzung der einzelnen Teams machen. Berücksichtigen Sie dabei, dass ein Team möglichst viele Aufgabenbereiche abdecken sollte. Einer kann beispielsweise gut organisieren, ein anderer gut telefonieren, einer ist besonders sorgfältig, ein anderer hat schon Erfahrungen in einem bestimmten Bereich gesammelt. Setzen Sie Ihre Teammitglieder entsprechend ihren Fähigkeiten ein, denn ein gutes Team versteht sich nicht nur gut, sondern bewältigt auch ganz unterschiedliche Anforderungen. Bestimmen Sie Teamleiter. Denken Sie daran, einen Projektordner anzulegen, in dem Sie Rechnungen, Verträge, Protokolle, Skizzen usw. abheften. Im Folgenden sehen Sie ein Beispiel dafür, wie Sie organisatorische Aspekte eines Projekts schriftlich festhalten können:

Muster

Projektorganisation	
Projektleiter	Emrah Ceylan
Projektteams	Team 1: Ausstellung – Gülsah (Teamleiterin), Elif, Benny, Martin Team 2: Pressearbeit – Tom (Teamleiter), Carine, Jojo Team 3: Essen – Nadine (Teamleiterin), Peter, Klaus
Projektrahmen-bedingungen	Räume: Aula und Freifläche davor Zeiten: 10:00 – 14:00
Projektausstattung	Aula, Außenflächen 30 Stellwände, 5 Beamer N. N.
Projektordner	Register, z. B. Auftrag, Pläne, Protokolle, Informationen, Presseberichte ...

Arbeitsanregungen für das Projekt „Aktionstag zum Fairen Handel“:

1. *Informieren Sie sich im Internet über den Fairen Handel.*
2. *Finden Sie heraus, wo in der Nähe Ihres Wohnortes fair gehandelte Produkte angeboten werden.*
3. *Überlegen Sie, welche weiteren Projektteams Sie für den Aktionstag zusammenstellen müssen.*
4. *Planen Sie sorgfältig die Zusammensetzung der einzelnen Teams.*

Arbeitsanregungen für weitere Projekte:

1. *Sammeln Sie auf Karten oder Plakatpapier Projektvorschläge.*
2. *Einigen Sie sich auf ein Projektthema (verteilen Sie z. B. Ihre Stimmen in Form von Klebepunkten).*
3. *Stellen Sie Teams von je drei bis vier Personen zusammen. Achten Sie darauf, dass alle Teams gleichwertig besetzt sind.*

Ein Projekt planen

Für den Erfolg eines Projekts ist die sorgfältige Planung besonders wichtig. Zunächst werden alle Ideen, die das Projekt betreffen, gesammelt. Brainstorming oder eine Metaplanwand (➪ Kapitel 22, S. 287) eignen sich dazu besonders gut. Einzelne Aufgaben lassen sich zu einem **Arbeitspaket** bündeln.

Bei der Planung eines Projekts sollten Sie die folgenden vier Punkte einhalten:

- Arbeitspakete zusammenstellen
- Projektphasen definieren und Arbeitspakete zuordnen
- Einen Projektablaufplan erstellen
- Mögliche Kosten veranschlagen

Arbeitspakete zusammenstellen

Das Muster zeigt Ihnen exemplarisch, wie Sie Arbeitspakete zusammenstellen können:

Arbeitspaket 1

Zeitungen anschreiben

- Adressen heraussuchen
- Brief entwerfen
- Brief genehmigen lassen
- ...

Arbeitspaket 8

Ausstellung vorbereiten

- Plakate entwerfen
- Drucker suchen
- Material sichten
- ...

Arbeitspaket 15

Aktionstag vorbereiten

- Erste-Hilfe-Station
- Parkplätze
- Hinweisschilder
- Ehrengäste?
- ...

Arbeitspaket 5

Kooperationspartner suchen

- Adressen heraussuchen
- Brief entwerfen
- Anschreiben oder vorbeigehen
- ...

Arbeitspaket 11

Gelände vorbereiten

- Vorhandene Strom- und Wasseranschlüsse erfassen
- Starkstrom?
- Pläne?
- ...

Arbeitspaket 24

Personalplan

- Catering
- Veranstaltungsplan
- Pressekonferenz?
- ...

Projektphasen definieren und Arbeitspakete zuordnen

Jedes Projekt besteht in der Regel aus mindestens drei Phasen: einer Vorbereitungs- und Sammelphase, der eigentlichen Planungsphase und der Durchführung des Projekts.
Im **Projektstrukturplan** werden die Arbeitspakete diesen drei Phasen zugeordnet.

Anhand des Musters können Sie die Erstellung eines Projektstrukturplans nachvollziehen:

Muster

Projektstrukturplan		
1 Vorbereitungs- und Sammelphase	2 Planungsphase	3 Durchführungsphase
Arbeitspaket 1: Zeitungen anschreiben • General-Anzeiger • Welt • F.A.Z. ...	**Arbeitspaket 9:** Informationen auswählen • Texte erstellen • Angebote von Druckereien einholen • Presse einladen ...	**Arbeitspaket 24:** Personalplan • Catering • Veranstaltungsplan • Pressekonferenz? ...
Arbeitspaket 5: Kooperationspartner suchen • Dritte-Welt-Laden • Fair Trade • Organisationsbüro „Faire Woche“ ...	...	...

Arbeitsanregungen für das Projekt „Aktionstag zum Fairen Handel“:

1 *Welche Arbeitspakete müssen außerdem geplant werden? Stellen Sie weitere zusammen und ordnen Sie alle Arbeitspakete den Phasen 1, 2 oder 3 zu.*

2 *Erstellen Sie am Computer einen vollständigen Ablaufplan für die komplette Dauer des Projekts (Projektablaufplan ➪ S. 274).*

3 *Einigen Sie sich auf drei bis vier Meilensteine, die für den Erfolg Ihres Projekts wichtig sind (Meilensteindiagramm ➪ S. 274).*

Tipp

Beziehen Sie möglichst alle Personen, die für Ihr Projekt eine Rolle spielen, frühzeitig in Ihre Überlegungen mit ein.

Arbeitsanregungen für weitere Projekte:

1 *Überlegen Sie, welche Phasen Ihr Projekt durchlaufen wird.*

2 *Welche Informationen benötigen Sie, bevor Sie in die Planungsphase eintreten können?*

3 *Welche Zeiträume müssen Sie für bestimmte Arbeiten realistisch veranschlagen?*

4 *Welche Arbeiten bauen aufeinander auf? Welche Dinge sind besonders zeitaufwändig?*

5 *Bei welchen Arbeiten sind Sie auf die Hilfe von Außenstehenden oder Fremdfirmen angewiesen, die ihre eigenen zeitlichen Vorgaben haben?*

6 *Ordnen Sie sämtliche Arbeitspakete den einzelnen Phasen zu.*

Einen Projektablaufplan erstellen

Mit dem **Projektablaufplan** und dem **Meilensteindiagramm** werden die einzelnen Arbeiten eines Projekts in eine zeitliche Reihenfolge gebracht. Gleichzeitig werden Verantwortlichkeiten festgelegt. Für einzelne Tage gibt es Teilablaufpläne oder sogenannte To-do-Listen. Darin werden alle Teilschritte und die jeweils Verantwortlichen genau festgehalten. Auf diese Weise behalten Sie den Überblick in Phasen, in denen viele Arbeiten zusammenkommen.

Das folgende Muster stellt einen Ausschnitt aus einem Projektablaufplan dar:

Muster

Ausschnitt aus einem Projektablaufplan

	Kalenderwoche	22	23	24	25	26	27	28	29	30	31
Arbeitspaket	**Beginn**										
1 Zeitungen anschreiben	02.06.										
5 Kooperationspartner suchen	02.06.										
8 Ausstellung vorbereiten	06.07.										
9 Presse einladen	01.08.										
11 Gelände vorbereiten	01.09.										

Als **Meilensteine** trägt man Termine ein, die für alle Teilnehmer und den weiteren Ablauf wichtig und **verbindlich** sind. Zur Darstellung eignet sich ein Meilensteindiagramm.

Tipp
Hängen Sie Ihr Schaubild für alle gut sichtbar im Klassenraum auf.

Im Folgenden können Sie sehen, wie ein solches Schaubild aussehen kann:

Muster

Meilensteindiagramm

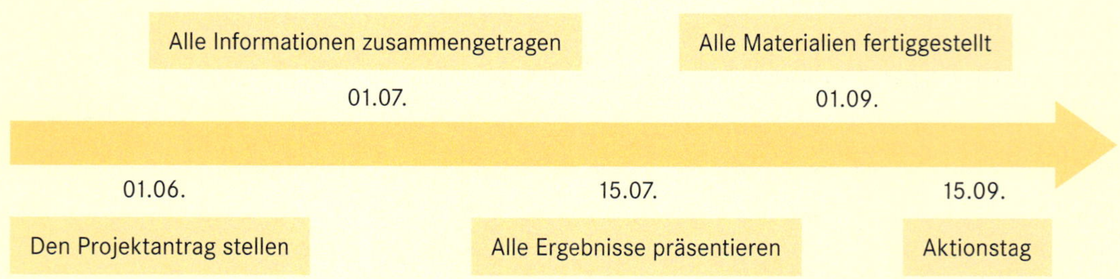

Ein Projekt durchführen

Bei der Durchführung eines Projekts sollten Sie die folgenden drei Punkte einhalten:

- Die Arbeit der Teams steuern
- Den Überblick behalten
- Absprachen und Arbeitsschritte dokumentieren

Die Arbeit der Teams steuern

Projektsteuerung und -kontrolle sind wichtige Maßnahmen bei der Durchführung eines Projekts.

Ein Projekt beginnt mit dem **Kick-off-Meeting**. Hier werden die wichtigsten Eckpunkte des Projekts allen Beteiligten vorgestellt, die Teilnehmer auf das Projekt eingestimmt und Fragen geklärt. An dem Kick-off-Meeting sollten alle teilnehmen, damit alle den gleichen Informationsstand haben. Später trifft man sich häufiger in kleineren Gruppen, in den Teams. Regelmäßige **Teambesprechungen** sind wichtig, um frühzeitig einschätzen zu können, ob irgendwo Probleme auftreten. **Bei größeren Problemen** oder Verzögerungen ist es eventuell notwendig, vom vorgesehenen Zeitplan abzuweichen, Dinge vorzuziehen oder abzukürzen. Das sollte möglichst nach **Rücksprache** mit dem Projektleiter und dem Lehrer (Auftraggeber) erfolgen.

Die **Motivation des Teams** durchläuft in der Regel unterschiedliche Phasen. Sind am Anfang alle begeistert, lässt die Begeisterung bei einigen dann sehr schnell nach. Ein Projekt steuern heißt auch zu spüren, wann Einzelne oder das Team eine Pause brauchen, wann Einzelne überfordert sind und Hilfe brauchen, wann es wichtig ist, etwas Gemeinsames zu unternehmen.

Den Überblick behalten

In der Regel kontrolliert die **Projektleitung** (Projekt- und alle Teamleiter), ob die Zielvorgaben eingehalten werden. Beim **Termin- und Ablaufcontrolling** geht es darum, sicherzustellen, dass wichtige Termine eingehalten werden und dass auch die Reihenfolge der einzelnen Arbeitsschritte nicht durcheinandergerät. Wichtig ist, dass der Projektleiter **Kopien aller Teilablaufpläne** erhält, die Termine in einem Kalender erfasst und die Pläne auch abheftet.

Eine andere Person sollte für die **Kostenkontrolle** zuständig sein. Sie sorgt dafür, dass die im Kostenplan veranschlagten Ausgaben nicht überschritten werden.

Natürlich ist es auch wichtig, auf die Qualität der einzelnen Arbeitsergebnisse zu achten. Das versteht man unter **Ergebniscontrolling**.

Den Überblick behalten Sie, indem Sie

- kontrollieren, ob wichtige Termine eingehalten werden,
- Ausgaben überprüfen,
- Arbeitsergebnisse begutachten.

Absprachen und Arbeitsschritte dokumentieren

Protokolle dienen dazu, wichtige Beschlüsse festzuhalten (➪Kapitel 2, S. 35, 36). Von allen Sitzungen werden Protokolle angefertigt. Dazu muss ein **Protokollführer** bestimmt werden. Bewährt hat sich das Verfahren, alphabetisch vorzugehen und sich bei der Arbeit abzuwechseln.

Verlaufsprotokolle sind sehr umfangreich, denn sie dokumentieren alle Argumente und Gegenargumente, die geäußert wurden. Für die Projektarbeit reichen in der Regel **Ergebnisprotokolle** aus, in denen alle Ergebnisse der Absprachen festgehalten werden.

Das Muster zeigt Ihnen, welche Informationen ein Sitzungsprotokoll enthalten kann:

Muster

Sitzungsprotokoll		
Projektname: Aktionstag zum Fairen Handel	Projektleiter: Emrah Ceylan	
Datum: 10.07.20..	Ort: Raum A 027	Termin: 7:50–10:10 Uhr
Teilnehmer: Emrah, Gülsah, Benny, Martin, Hausmeister Kurth		
Thema: Einrichtung des Ausstellungsraums		
Sitzungsverlauf:		
Nr.	Tagesordnungspunkt	Erledigt?
1.	Organisation der Stellwände	o. k.
2.	Kabel/Starkstromanschluss (?)	o. k.
3.	...	...
Was ist als Nächstes zu tun?		
Was?	Wer?	Bis wann?
Anruf bei der Stadtverwaltung	Martin	14.07.20..
Beamer im Sekretariat reservieren	Martin	11.07.20..
Nächster Besprechungstermin: 17.07.20.., 7:50 Uhr, Raum A 027		
Unterschrift: Protokollführer	Gesehen: Projektleiter	

Tipps und Arbeitsanregungen für das Projekt „Aktionstag zum Fairen Handel" oder für weitere Projekte:

1 *Entwerfen Sie entsprechend dem Beispiel ein Formblatt für die Protokolle der einzelnen Teams. Der Projektleiter erhält von jedem Protokoll eine Kopie.*

Ein Projekt abschließen

Zum Abschluss eines Projekts gehören die folgenden Aufgaben:

- Einen Abschlussbericht erstellen einschl. Meilensteintrendanalyse
- Projektergebnisse präsentieren
- Die Arbeit im Team bewerten
- Das Team auflösen

Einen Abschlussbericht erstellen

Der **Projektabschlussbericht** ist ein wesentliches Element jedes Projekts. Er dokumentiert den Umfang und die Qualität der geleisteten Arbeit. In der Regel ist er auch Bestandteil der Bewertung eines Projekts.

Der Abschlussbericht besteht aus:

- **Deckblatt**
- **Inhaltsverzeichnis**
- **Einleitung** mit den Punkten:
  1. Projektthema und Problembeschreibung
  2. Ziel des Projekts
  3. Aufgabe der Arbeitsgruppe
- **Hauptteil** mit den Punkten:
  1. Beschreibung der Aufgaben und Arbeitspakete
  2. Beschreibung des Projektablaufs
  3. Darstellung und Bewertung der Ergebnisse
- **Schluss** mit den Punkten:
  1. Bewertung der Arbeit
  2. Ausblick; Ideen für zukünftige Arbeiten
- **Anhang** mit wichtigen Dokumenten, z. B. Protokolle, Meilensteintrendanalyse, evtl. Literaturverzeichnis

Das Deckblatt Ihres Projektabschlussberichts kann so aussehen:

Muster

Projektabschlussbericht

des

Teams „Pressearbeit“

im Projekt „Aktionstag zum Fairen Handel“

der Klasse HA 053

an der Friedrich-List-Berufsschule in Neu-Ulm,

vorgelegt von Tom Haas, Carine Dünker und Jojo Nolte

Leiter des Projekts: Emrah Ceylan

Auftraggeber: Herr Schmiedt

Schuljahr 20 ../..

Eine Meilensteintrendanalyse anfertigen

Zu Beginn des Projekts hatten Sie im Rahmen Ihrer Vorüberlegungen einen Ablaufplan entworfen. Darin haben Sie die für den Erfolg des Projekts wichtigen Termine, sogenannte Meilensteine, festgelegt. Eine **Meilensteintrendanalyse** vergleicht und dokumentiert für die einzelnen Arbeitspakete die in der Planung veranschlagte mit der tatsächlich benötigten Zeit. So kann man auf einen Blick feststellen, welche Arbeiten länger gedauert haben und warum wichtige Meilensteine nicht termingerecht erreicht wurden.

Das Muster zeigt einen Ausschnitt aus einer Meilensteintrendanalyse:

Muster

Ausschnitt aus einer Meilensteintrendanalyse

	Kalenderwoche	22	23	24	25	26	27	28	29	30	31
Arbeitspaket	**Beginn**										
1 Adressen heraussuchen	02.06.										
1 Brief verfassen	02.06.										
1 Brief genehmigen lassen	05.06.										
1 Rückläufe auswerten	16.06.										
5 Adressen suchen	02.06.										
5 Partner kontaktieren	05.06.										
5 Verträge abschließen	06.07.										
8 Ausstellung vorbereiten	16.07.										
8 Plakate entwerfen	16.07.										
8 Druckereiangebote einholen	16.07.										
11 Pläne erstellen	16.07.										
11 Stromanschlüsse planen	15.08.										
15 Aktionstag vorbereiten	01.09.										
24 Aktionstag	15.09.										

Legende

Phasen:

Vorbereitung

Planung

Durchführung

Arbeitspakete:

planmäßiger Meilenstein

überzogener Meilenstein

Projektergebnisse präsentieren

Häufig werden Projekte mit einer **Präsentation** abgeschlossen. Es werden Forschungsergebnisse, Erfindungen, Geschäftsideen usw. präsentiert. Mit Hilfe eines Beobachtungsbogens können Sie hilfreiche Bewertungen einholen. Anregungen und weitere Hilfen erhalten Sie in Kapitel 22 (S. 281).

Ein Feedback-Bogen bietet sich an, um eine messbare Rückmeldung zu Ihrer Arbeit im Team zu erhalten (➪Kapitel 20, S. 263).

Arbeitsanregungen für das Projekt „Aktionstag zum Fairen Handel“:

1 ***Führen Sie den Aktionstag durch.***

a) Erstellen Sie einen genauen Personalplan für den Aktionstag. Beziehen Sie den Hausmeister mit ein.

b) Planen Sie mit der Schulleitung einen Pressetermin. Erstellen Sie dafür eine Pressemappe. Bestimmen Sie einen Scout (Führer), der die Journalisten und andere Besucher über das Gelände führt.

c) Richten Sie einen Infostand für ortsunkundige Besucher ein. Der Projektleiter sollte über den Infostand erreichbar sein. Tipp: Beginnen Sie am Aktionstag mit den Vorbereitungen etwa zwei Stunden vor den ersten Besuchern.

Arbeitsanregungen für das Projekt „Aktionstag zum Fairen Handel“ und für weitere Projekte:

2 ***Schreiben Sie einen Abschlussbericht.***

a) Tragen Sie alle während des Projekts gesammelten Materialien zusammen.

b) Legen Sie fest, welche Materialien Sie für die Dokumentation verwenden wollen, und ordnen Sie diese.

c) Entscheiden Sie, welches Teammitglied für welchen Teil des Abschlussberichts verantwortlich ist.

d) Stellen Sie den Abschlussbericht zusammen.

3 ***Fertigen Sie einen Beobachtungsbogen für die Projektpräsentation an.***

4 ***Analysieren Sie den Beobachtungsbogen.***

a) Überprüfen Sie, ob alle wichtigen Aspekte enthalten sind.

b) Kontrollieren Sie, ob die einzelnen Aspekte nachvollziehbar und verständlich sind.

c) Ist der Umfang des Bogens angemessen, zu klein oder zu umfangreich?

d) Wie viel Zeit kalkulieren Sie für die Bearbeitung eines Bogens?

e) Kann der Bogen in der zur Verfügung stehenden Zeit bearbeitet werden? Prüfen Sie nach.

5 ***Fertigen Sie einen Feedback-Bogen zu Ihrer Arbeit im Team an. Orientieren Sie sich an dem Muster in Kapitel 20 (S. 263).***

Die Arbeit im Team bewerten

Am Ende einer Projektarbeit sollten die Teamarbeit und die Ergebnisse bewertet werden.

Bewertungskriterien können sein:

- Bewertung der Dokumentation: 1. Vollständigkeit
  2. Sorgfalt
  3. Gestaltung
- Bewertung des Produkts/der Präsentation
- Bewertung des Arbeitsverhaltens: 1. Teamfähigkeit
  2. Arbeitseinsatz
  3. Ideen

Den Abschluss eines Projekts bildet eine ausführliche Besprechung aller Teams. Lassen Sie sich Zeit für die Reflexion Ihres Projekts und überlegen Sie, was Sie in einem neuen Projekt anders machen würden. Danach werden die Teams aufgelöst.

Fazit

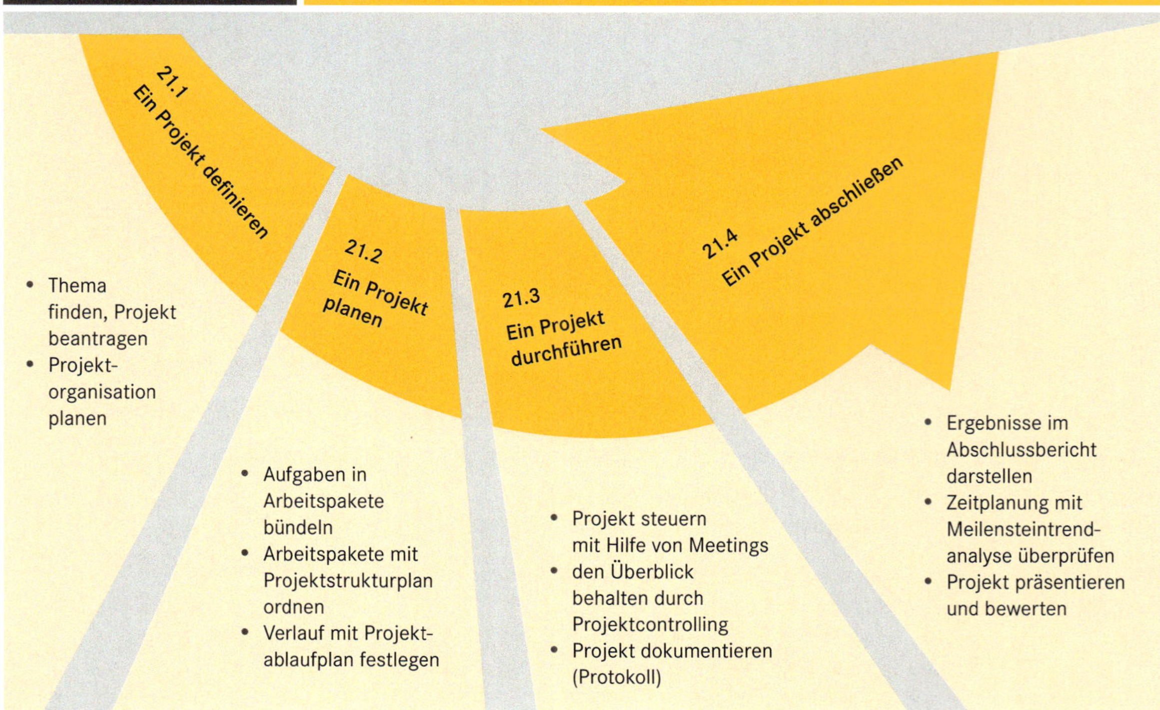

Kapitel 22

Methodenlexikon

ABC-Aufgaben: Diese Methode hilft, Aufgaben unterschiedlich zu gewichten und sich bewusst zu machen, was sehr oder weniger dringend erledigt werden muss. ➪Kapitel 20, S. 261

Aktives Zuhören ➪Zuhörtechniken

ALPEN-Methode ➪Zeiteinteilung

Balkendiagramm ➪Informationen gliedern und strukturieren

Beobachtungsbogen (für Vorträge/Präsentationen):

		sehr gut	verbessern	große Mängel	
Beobachtungskriterien		+	+/–	–	
Blickkontakt	• Zuhörer fühlen sich angesprochen				• Blickkontakt fehlt, unsicher • nur vom Blatt abgelesen
Mimik/Gestik	• freundliches Gesicht • Gestik macht Vortrag lebendig				• unfreundlich • keine/übertriebene Gestik
Körperhaltung	• Körper ist Zuhörern zugewandt				• Körper ist abgewandt
Sprechweise	• deutliche Aussprache • lebendige Betonung • angenehme Lautstärke • sinnvolle Sprechpausen				• undeutlich, genuschelt • monoton • zu laut/zu leise • keine/zu viele Sprechpausen
Sprechtempo	• angemessen				• zu langsam/zu schnell
Sprache	• Satzbau verständlich • Wortwahl verständlich und abwechslungsreich • Fremdwörter werden erklärt • anschauliche Beispiele • keine „Sprachmarotten“				• Satzbau zu verschachtelt • oft Wiederholungen, Umgangssprache • Fremdwörter nicht erklärt • unpassende/fehlende Bsp. • häufige „Sprachmarotten“
Zielgruppe	• wird berücksichtigt				• wird nicht berücksichtigt
Aufbau	• klar erkennbar, zielgerecht				• Ziel nicht klar
Inhalt	• treffende/überzeugende Argumente/Informationen • sachlich richtig				• Argumente/Informationen nicht überzeugend • sachliche Fehler
Medien	• geeignete Medienauswahl • deutlich erkennbar (Schrift usw.) • Zuhörer haben Zeit, um Medien zu verarbeiten				• ungeeignete Medienauswahl • undeutlich (Schrift usw.) • Zuhörer haben keine Zeit, um Medien zu verarbeiten

Methodenlexikon

Mit einem Beobachtungsbogen kann man einen Vortrag, eine Präsentation oder ein Rollenspiel besser bewerten. Es werden Kriterien vorgegeben, die auf einer Skala eingeschätzt werden sollen.
➪ Kapitel 13, S. 168

Checkliste ➪ Lernhilfen

Diagramme ➪ Informationen gliedern und strukturieren

Direktes Zitieren ➪ Zitieren

Dreischritt-Methode: Mit der Dreischritt-Methode kann man einen Vortrag, eine Rede oder eine Präsentation inhaltlich so planen, dass die Zuhörer gut folgen können und die Zielstellung erreicht wird.
Erster Schritt: Der Einleitung oder dem sogenannten Ohröffner kommt eine besondere Bedeutung zu. Mit dem Ohröffner versucht man, die Aufmerksamkeit und das Interesse des Publikums zu erlangen.
Zweiter Schritt: Möchte man überzeugen, entwickelt man die Argumente schlüssig, begründet und veranschaulicht sie mit treffenden Beispielen, Belegen, Erläuterungen oder Analogien. Dabei sollte man sich verständlich ausdrücken. Möchte man informieren, stellt man ausgewählte Fakten und wichtige Zusammenhänge dar. Es sollten aber nicht zu viele Informationen gegeben werden. Stattdessen eignen sich Beispiele, damit das Publikum das Wesentliche besser behält.
Dritter Schritt: Der Zielsatz kommt zum Schluss. Möchte man überzeugen, wird der Zielsatz häufig als Appell (Aufforderung) formuliert (z. B.: *Deshalb ...!*). Möchte man informieren, geschieht dies durch eine grobe, kurze Zusammenfassung über die wichtigsten Kernaussagen (z. B.: *Die vier wichtigsten Regeln für verständliches Sprechen sind also: ...*).
Tipps: Aussagen wie „Damit bin ich am Ende meiner Präsentation angelangt" oder „Ich hoffe, Ihnen hat meine Präsentation gefallen" sollten vermieden werden. Die starre Trennung zwischen Informieren und Überzeugen wird häufig nicht gemacht. Oft werden die Zuhörer zunächst informiert, um anschließend von etwas überzeugt zu werden.
➪ Kapitel 7, S. 90, 91; Kapitel 13, S. 169

Exzerpieren: Exzerpieren bedeutet, einen Text auszugsweise wiederzugeben. So kann man später auf die Informationen zurückgreifen, ohne den Text nochmals zu lesen. Diese Methode eignet sich, wenn man nur bestimmte Informationen oder Argumente aus einem Text benötigt. Außerdem haftet ein „abgespeckter" und eigenständig formulierter Text besser im Gedächtnis. Ein Exzerpt entsteht, wenn man zwei Methoden anwendet:
1. Texte kürzen: Textstellen, die für die Textaussage nicht wesentlich sind, werden weggelassen. Es werden Stichworte und kurze Sätze formuliert.
2. Texte verdichten: Ausführlich dargelegte Informationen werden so zusammengefasst, dass der Text übersichtlicher wird. Das kann man durch eine andere Wortwahl (z. B. Fachausdrücke) und einen einfachen Satzbau (Hauptsätze) erreichen.
Vorgehen: Man unterteilt den zu bearbeitenden Text in Sinnabschnitte und formuliert die Kernaussage des jeweiligen Abschnitts. Definitionen, Schlüsselwörter und wichtige Thesen zitiert man wörtlich. Beispiele und ausführliche Argumentationen werden stichwortartig zusammengefasst. ➪ Zitieren (sinngemäßes Zitieren)
➪ Kapitel 4, S. 48

Feedback-Regeln einhalten: Das Wort Feedback kommt aus dem Englischen und bedeutet Rückmeldung. Mit Hilfe eines Feedbacks erfährt man, wie z. B. eine Präsentation auf das Publikum gewirkt hat und ob die Erwartungen erfüllt worden sind. Beim Feedback steht nicht die Kritik im Mittelpunkt, es ist eine Möglichkeit, mehr über sich selbst zu erfahren – positiv wie negativ. Wenn man ein Feedback erhält, sollte man zunächst in Ruhe darüber nachdenken, welche Punkte man akzeptiert und welche nicht, und dann entscheiden, ob man sein Verhalten ändert oder nicht.
Damit das Feedback konstruktiv ist, sollten folgende Regeln beachtet werden:
Mit Takt und Respekt Feedback geben:
- Feedback nur geben, wenn darum gebeten wurde
- Mit positiven Eindrücken beginnen
- Sachlich beschreiben, nicht werten
- Auf konkretes Verhalten beziehen, das der Feedback-Empfänger verändern kann
- Nicht zu viel auf einmal ansprechen

- Ich-Botschaften verwenden, um die persönliche Wahrnehmung zu unterstreichen
- Brauchbare Verbesserungsvorschläge formulieren

Mit Wertschätzung Feedback empfangen:

- Eindeutig zeigen, ob ein konstruktives Feedback gewünscht wird
- Den Feedback-Geber aussprechen lassen
- Aktiv zuhören und nachfragen, wenn etwas unklar oder zu allgemein ist (➩Zuhörtechniken)
- Spontane Rechtfertigungen und Verteidigungen vermeiden
- Durch Körpersprache zeigen, dass das Feedback anerkannt wird (z. B. nicken, sich dem Feedback-Geber zuwenden)

➩**Kapitel 1, S. 20; Kapitel 13, S. 168** (Feedback-Bogen zur Bewertung einer Präsentation)

Flipchart ➩Präsentationsmedien

Fragebogen erstellen: Mit Fragebögen versucht man, die Meinung einer größeren Personengruppe zu erfassen. Von der Qualität der Fragen hängt es ab, was als Ergebnis herauskommt.

Vorüberlegungen:

- Was möchte man wissen?
- Wie wird die Frage formuliert, damit eine eindeutige Antwort gegeben wird?
- Welche Antwortmöglichkeiten sollen vorgegeben werden?

Aufbau:

- Allgemeine Fragen stehen am Anfang, z. B.: *Hat dir das Schulfest gefallen? (Ja/Nein)*
- Anschließend werden die Fragen konkreter, z. B.: *Welche Note gibst du dem Schulfest?*
- Am Ende wird nach Einzelheiten gefragt, z. B.: *Welche Aktionen haben dir auf dem Fest am besten gefallen?*

Fragetechniken: Eine Frage muss als solche erkennbar sein. Je nach Zielstellung kann gewählt werden zwischen geschlossenen und offenen Fragen:

1. ***Geschlossene Fragen:*** Alternativfragen oder Auswahlfragen (Sonderform: Skalenfrage)

- Vorteile: leicht und schnell auszuwerten; sie helfen dem Befragten, eine Entscheidung zu treffen
- Nachteil: eingeschränkte Antwortmöglichkeiten
- Antwortmöglichkeiten: Die Befragten wählen zwischen zwei Alternativantworten aus (z. B. Ja/Nein, Richtig/Falsch oder A/B) oder ihnen werden mehrere Antworten zur Auswahl gestellt, wie bei der Multiple-Choice-Frage, z. B.: *Welche Aktion hat dir auf dem Schulfest besonders gefallen? - die Akrobaten / das Karaokesingen / das Schulcafé / das Theaterstück / die Tanzaufführung*

  Bei einer Skalenfrage bewerten die Umfrageteilnehmer eine These durch Ankreuzen auf einer Skala, z. B.: *Das Schulfest war ein großer Erfolg.*

trifft zu	+1	0	-1	trifft nicht zu

2. ***Offene Fragen:*** W-Fragen

- Vorteile: sind frei zu beantworten und bieten individuelle Antwortmöglichkeiten
- Nachteile: zeitintensiver auszuwerten, ein Vergleich der Antworten ist schwierig
- Antwortmöglichkeiten: Die Teilnehmer antworten in Textform (dafür muss entsprechend Platz auf dem Fragebogen eingeplant werden).

Tipps:

- Fragen verständlich formulieren, dabei auf die Zielgruppe achten
- So konkret wie möglich fragen, dabei ein hilfreiches Beispiel verwenden
- Doppelfragen vermeiden (z. B.: *Welche Aktion fandest du besonders gut und welche fandest du langweilig?*)
- Auf die Länge des Fragebogens achten, oft reichen 15 Fragen aus
- Eine Einleitung voranstellen, die über den Zweck der Befragung informiert, die Anschrift für die Rücksendung sowie den Termin der Abgabe angibt
- Den Fragebogen vor dem Einsatz an ein oder zwei Personen erproben, die der Zielgruppe entsprechen, und diese um ein Feedback bitten; einzelne Fragestellungen können noch überarbeitet werden

➩**Kapitel 8, S. 106–108;** Kapitel 13, S. 173

5-Schritt-Lesetechnik ➩Lesetechniken

Gliederung, linear ➩Informationen gliedern und strukturieren

Gruppenarbeit/Teamarbeit: Methode, bei der in Gruppen/Teams gearbeitet wird, besonders geeignet

für handlungsorientierte Themen und Projektarbeit
➪ **Kapitel 20, S. 263; Kapitel 21**

Informationen gliedern und strukturieren: Um die Stoffsammlung zu einem Thema überschaubar zu gliedern und zu strukturieren, eignen sich die folgenden Methoden:

1 Diagramme: Je nach Bedarf oder Zweck kann man unter verschiedenen Diagrammtypen auswählen:

a) Kreisdiagramm
Hauptaussage: zeigt Anteilsverhältnisse einer Gesamtheit zu einem bestimmten Zeitpunkt
Tendenzaussage: keine
Wirkung: lenkt die Aufmerksamkeit auf das Wichtigste, wenn die Daten im Uhrzeigersinn (bei 12 Uhr anfangen) angeordnet sind
➪ **Kapitel 16, S. 198, 199, 200**

b) Linien- bzw. Kurvendiagramm, Punktediagramm
Hauptaussage: stellt die Entwicklungen in einem zeitlichen Verlauf dar
Tendenzaussage: Trends zu bestimmten Zeitpunkten
Wirkung: zeigt Entwicklungsverläufe von längeren Zeiträumen auf einen Blick
➪ Kapitel 9, S. 115; **Kapitel 16, S. 198**

c) Säulen- bzw. Balkendiagramm
Hauptaussage: stellt einen Zeit- und Häufigkeitsvergleich in verschiedenen Zeiträumen oder für unterschiedliche Zeitspannen dar
Tendenzaussage: Ein Entwicklungstrend kann dargestellt werden.
Wirkung: vermittelt einen Eindruck von Größenverhältnissen
➪ **Kapitel 16, S. 198; Kapitel 4, S. 57;** Kapitel 9, S. 114

2 Gliederung, linear: Die Informationen zu einem Thema werden Punkten und Unterpunkten zugeordnet. Zur Bezeichnung der Punkte und Unterpunkte eignen sich Zahlen besonders gut.
➪ **Kapitel 8, S. 104**

3 Schaubild: Schaubilder stellen Sachverhalte grafisch dar und können Bilder, Symbole und dgl. enthalten.
➪ Kapitel 4, S. 49; Kapitel 21, S. 274

Eine besondere Form ist die Mindmap:

Tipps:

- Arbeitsmaterial: ein Blatt DIN A4 oder DIN A3 quer, Textmarker, farbige Stifte
- In Druckbuchstaben schreiben
- Als Hilfsmittel dienen Pfeile und Farben, um Zusammenhänge aufzuzeigen und Wichtiges hervorzuheben, aber auch andere Gestaltungselemente (z. B. Bilder/Symbole).

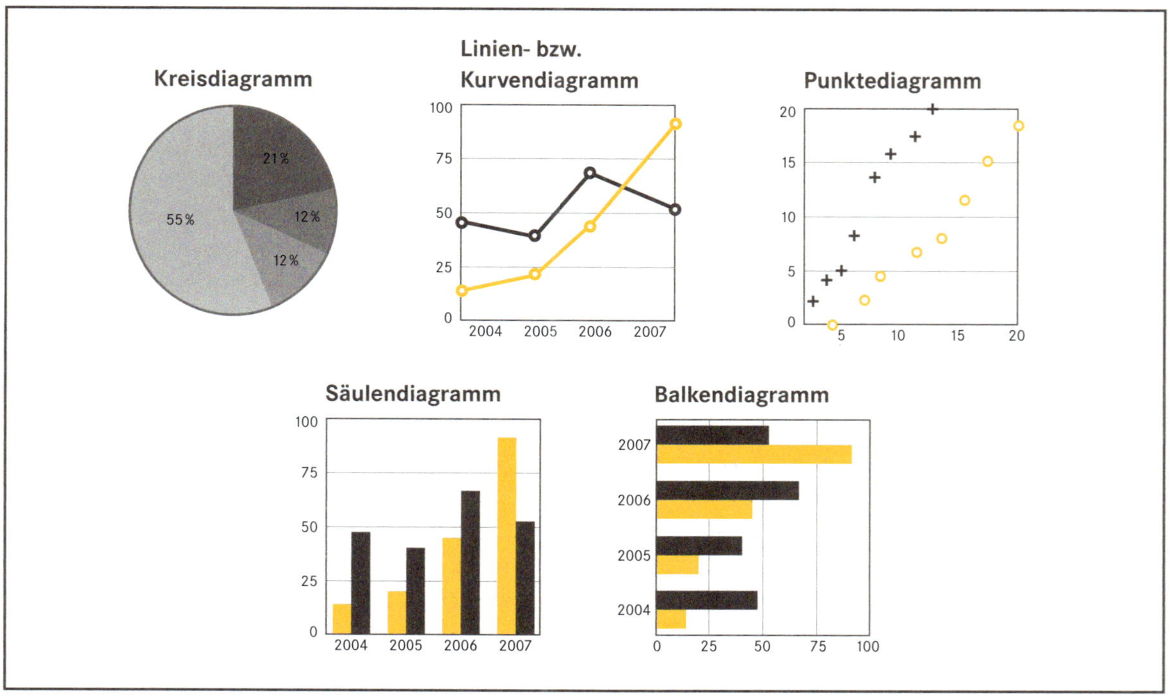

Methodenlexikon

Die Mindmap ist eine „Gedankenlandkarte“ zur übersichtlichen und geordneten Darstellung von Ideen, Vorstellungen und Ergebnissen zu einem Thema. Das zentrale Thema wird in die Mitte eines Blattes geschrieben und eingekreist. Um das Thema herum werden Hauptäste angeordnet, auf denen die Hauptgedanken (Schlüsselwörter) des Themas stichwortartig festgehalten werden. Für jeden neuen Aspekt wird ein weiterer Ast eingerichtet. Zur weiteren Differenzierung, wenn z. B. weitere Teilaspekte eines Gedankens noch feiner strukturiert werden sollen, werden Nebenäste angelegt.
➪ **Kapitel 8, S. 104; Kapitel 14, S. 180**

Inhalte zusammenfassen: Inhalte kann man auf unterschiedliche Weise zusammenfassen: ➪ **Inhaltsangabe; Exzerpieren; Visualisieren (Informationen gliedern und strukturieren)**

Inhaltsangabe: Eine Inhaltsangabe kann zu Sachtexten und zu literarischen Texten geschrieben werden.

1 Inhaltsangabe zu einem Sachtext: Sachtexte werden zusammengefasst, um die darin enthaltenen Informationen jederzeit abrufen zu können.

- *Einleitung:* Angaben zu Autor/-in, Titel, Quelle, Erscheinungsdatum und Thema des Textes
- *Hauptteil:* die wichtigsten Aussagen des Autors sachlich wiedergeben
- *Schluss:* z. B. die Meinung des Autors (wenn enthalten) zusammenfassen
- *Sprachliche Form:* im Präsens schreiben, Aussagen des Autors in indirekter Rede wiedergeben

➪ **Kapitel 4, S. 46**

2 Inhaltsangabe zu einem literarischen Text: Das Geschehen wird sachlich und knapp zusammengefasst.

- *Einleitung:* Angaben zu Autor/-in, Titel, Textsorte und zum Thema des Textes
- *Hauptteil:* Wiedergabe wesentlicher Informationen zum Verlauf eines Geschehens/einer Handlung: Ort und Zeit, Figuren, was geschieht warum
- *Schluss:* enthält Deutungen und Beurteilungen, die auf das Thema des Textes Bezug nehmen
- *Sprachliche Form:* im Präsens schreiben, die wörtliche Rede (Zitate aus dem Text) steht im Konjunktiv (indirekte Rede)

➪ **Kapitel 5, S. 66**

Kartenabfrage: Methode, die es ermöglicht, zu Beginn einer Diskussion, Unterrichtsreihe oder Projektplanung Vorkenntnisse, Erwartungen oder Lösungsansätze von den Teilnehmern abzufragen. Die Karten werden nach verschiedenen Gesichtspunkten verschiedenfarbig geordnet. Die Abfrage wird von einer Moderatorin oder einem Moderator gesteuert.
Material: Metaplanwand, farbige Karten (Pappkarton) (➪ Präsentationsmedien)

Kommunikationsmodelle anwenden: Erfolgreiche Verständigung erfordert, die kommunikativen Absichten eines Senders (Sprechers) in einer Mitteilung oder einer Gesprächssituation zu entschlüsseln, um angemessen reagieren zu können. Dazu kann man unterschiedliche Modelle anwenden:
Nach *Karl Bühler* sind in jeder Mitteilung **Darstellung** (sich sachlich auseinandersetzen), **Ausdruck** (eine Befindlichkeit ausdrücken) und **Appell** (eine Aufforderung ausdrücken) enthalten, wobei es darauf ankommt, herauszufinden, auf welcher Ebene je nach Absicht des Senders das Hauptgewicht liegt.
➪ **Kapitel 1, S. 16**
Nach *Schulz von Thun* sind in jeder Mitteilung eine **Sachebene** (sachliche Information) und eine **Appellebene** (Aufforderung) enthalten. Darüber hinaus enthält eine Mitteilung noch eine **Selbstoffenbarungsebene** (Selbstauskunft) und eine **Beziehungsebene** (verdeutlicht, wie Sender und Empfänger zueinander stehen). Es sind nach diesem Modell also vier Ebenen einer Mitteilung zu entschlüsseln, um herauszufinden, was die Absicht des Senders (Sprechers) ist. Das bedeutet für unser Beispiel S. 14, 15: *Lisa zu Edgar: „Du interessierst dich ja nur noch für Fußball und nicht mehr für mich!“*
Sachebene *(Information): Dein Interesse gilt sehr stark deinem Hobby, du hast weniger Zeit für mich als früher.*
Selbstoffenbarungsebene *(Selbstauskunft): Ich fühle mich vernachlässigt.*
Beziehungsebene: *Unser Verhältnis zueinander soll intensiver sein, war schon besser.*
Appellebene: *Du sollst ein Spiel absagen, ein Training auslassen, mehr Zeit mit mir verbringen!*
➪ **Kapitel 7, S. 83**

Kreisdiagramm ➪ **Informationen gliedern und strukturieren**

Methodenlexikon

Kugellager: Ziel dieser Methode ist es, dass man sich zu einem Thema gegenüber vielen wechselnden Gesprächspartnern äußert.
Dauer: 15 – 20 Minuten
Teilnehmer: die ganze Klasse
Material: nicht erforderlich
Verlauf:
1. Die Teilnehmer bilden einen Innen- und Außenkreis. Sie sitzen/stehen einem Partner gegenüber.
2. Die Teilnehmer im Innenkreis äußern sich zu einem vorher festgelegten Thema.
3. Die Gesprächspartner im Außenkreis hören zu.
4. Auf Kommando rücken alle Teilnehmer im Innenkreis eine Position weiter. Neue Gesprächspaare werden gebildet.
5. Jetzt sprechen die Teilnehmer im Außenkreis über das Thema und die Partner im Innenkreis hören aktiv zu (➪Zuhörtechniken).
6. Der Innenkreis rückt erneut eine Position auf und äußert sich usw. Die Ideen werden anschließend im Plenum ausgetauscht.

Abwandlungen:
1. Damit die Teilnehmer nicht immer genau einschätzen können, auf welchen Partner sie treffen, sollte das Weiterrücken mal um eine, mal um mehrere Positionen vorgenommen werden. Auch muss nicht unbedingt der Innenkreis mit den Äußerungen anfangen.
2. Die Teilnehmer im Außen- und Innenkreis tauschen sich über ein bestimmtes Thema aus, indem sie die Rollen als Sprecher und Zuhörer wechseln. Dann erst geht die Rotation weiter.

Kurvendiagramm ➪**Informationen gliedern und strukturieren**

Laptop mit Beamer ➪**Präsentationsmedien**

Lernhilfen: Die folgenden Hilfen können das Lernen erleichtern:
1 Spickzettel: Die Technik hat nichts mit „Spicken“ zu tun. Es geht darum, den Lernstoff zusammenzufassen. Dabei hilft es, wenn man sich vorstellt, dass man einen Spickzettel schreibt. Man kann die Informationen, Formeln und Regeln auf Karteikarten schreiben. So lässt es sich leichter lernen.
2 Checkliste: Sammlung von Fragen zu einem Thema, deren Antworten in der Regel angekreuzt werden. Dafür eignen sich geschlossene Fragen (➪Fragebogen erstellen). So weit es möglich ist, decken diese Fragen das Thema ganz ab. Die Auswertung der Antwortliste macht deutlich, ob dieses Thema gut bearbeitet wurde und wo noch Handlungsbedarf besteht.
➪Kapitel 8, S. 103; Kapitel 13, S. 168
3 Lernkarte: Karte, auf der festgehalten wird, was man noch nicht so gut kann („rote“ Liste) bzw. was man schon gut kann („grüne“ Liste).
➪**Kapitel 20, S. 262**

Lernkarte ➪**Lernhilfen**

Lernplakat gestalten: Wichtige Ergebnisse einer Arbeitsphase werden **in strukturierter Form**, z. B. auf Plakatpapier, zusammengefasst. Ziele können z. B. sein: die für alle sichtbare Bereitstellung der Ergebnisse als Grundlage für weitere Arbeitsschritte, z. B. das Veröffentlichen von Merkmalen eines gelungenen Kurzvortrags (➪Kapitel 7, S. 93), die individuelle oder in Gruppen vorgenommene Vorbereitung auf eine Klassenarbeit oder Prüfung, das Vorstellen/Präsentieren von Ergebnissen einer Gruppenarbeit (➪Kapitel 17, S. 215).

Lerntagebuch: Tagebuch, in dem alles festgehalten wird, was im Zusammenhang mit dem Lernen wichtig ist.

Lerntechniken: Es gibt verschiedene Techniken, die das Lernen erleichtern: ➪**Lernhilfen; Lerntagebuch; Lernvereinbarung; Lesetagebuch; Mitschreiben; Portfolio; Zeiteinteilung**

Lernvereinbarung: Ein Lernvertrag, in dem schriftlich festgehalten wird, was man lernen möchte

Lesetagebuch: Ein Tagebuch, das man neben dem Lesen eines Buches führt und in das man einträgt, was einen beim Lesen beschäftigt
➪**Kapitel 17, S. 216**

Lesetechniken: Es gibt verschiedene Techniken, die das Lesen erleichtern, z. B.:
1 5-Schritt-Lesetechnik: Diese Technik hilft, einen Text

Methodenlexikon

besser zu verstehen und Informationen aus dem Text zu filtern.
➪ Kapitel 4, S. 46, 47; Kapitel 20, S. 267, 268
2 Vier Arten, einen Text zu lesen: Wenn man liest, hat man unterschiedliche Ziele, z. B. sucht man in einem Text nach Details oder man möchte sich einen Gesamtüberblick verschaffen. Man kann wählen zwischen dem punktuellen, fortlaufenden, diagonalen und intensiven Lesen.
➪ Kapitel 20, S. 264–266

Linien- bzw. Kurvendiagramm (Punktediagramm) ➪ Informationen gliedern und strukturieren

Metaplanwand und Karten ➪ Präsentationsmedien

Mindmap ➪ Informationen gliedern und strukturieren

Mitschreiben: Übersichtliche Mitschriften im Unterricht können eine zusätzliche Ergänzung zum Lernen sein.
➪ Kapitel 20, S. 260

Overheadprojektor und Folien ➪ Präsentationsmedien

Passives Zuhören ➪ Zuhörtechniken

Portfolio: Arbeitsmappe, in der man all das zusammenträgt und geordnet aufbewahrt, das beschreibt, was und wie man etwas lernt. Damit kann man z. B. die Entwicklung seiner Leistungen dokumentieren. Es ist auch hilfreich, um sich mit den Lerninhalten auseinanderzusetzen und über das eigene Lernverhalten sowie Lerntechniken nachzudenken. Darauf aufbauend kann eine geeignete Lernstrategie entwickelt werden.

Präsentationsmedien: Präsentieren kann man mit vielen Medien, u. a. mit:
1 Flipchart:
Vorteile: einfach zu handhaben und zu transportieren
Nachteile: Flipchartblock ist teuer/nicht geeignet für große Räume (auf hinteren Plätzen nicht zu sehen)
Tipps: dicken Filzer verwenden, Druckbuchstaben
2 Laptop mit Beamer:
Vorteile: transportierbar, Abspielen von DVDs und MP3-Musikformat, eigene Aufnahmen können gezeigt werden, professionelle und schnelle Gestaltung von Grafiken, Abbildungen, Bildern usw., Einsatz von Präsentationsprogrammen wie PowerPoint oder Keynote möglich
Nachteile: Gute Software- und Hardwarekenntnisse sind erforderlich, häufig gerät der Präsentierende in den Hintergrund, Reizüberflutung durch zu große Bilderflut, Medienmonotonie.
Tipps: andere Medien einbauen, z. B. ➪ Flipchart, maximal 15 Minuten, ausreichende Redepausen einbauen, weitere Tipps: ➪ Overheadprojektor
3 Metaplanwand und Karten:
Vorteile: flexibler Einsatz der Metaplankarten (verschieben und neu anordnen), Übersicht wird gewährleistet durch unterschiedliche Formate/Formen/Farben der Karten, Clustern (Haufenbildung nach Sinnzusammenhängen) und die Bildung von Oberbegriffen, Teilnehmer füllen die Karten aus und werden dadurch aktiv beteiligt
Nachteile: Moderationsregeln müssen beherrscht werden, der Umgang mit Karten und Wand erfordert Routine
Tipps: nur ein Aspekt auf eine Karte, nur Stichworte, höchstens drei Zeilen pro Karte, Druckbuchstaben, gut formulierte Kartenfragen führen zum Ziel
4 Overheadprojektor und Folien:
Vorteile: transportierbar und verschiebbar, Folien können vorbereitet werden
Nachteile: Weiße Projektionsfläche muss vorhanden sein, Sonnenlicht kann blenden, Schrift auf Folie ist zu klein oder zu dünn, zu viele Folien/zu schneller Folienwechsel, Folien häufig überladen.
Tipps: nicht mit der Wand sprechen oder im Licht stehen, nicht hinter dem OHP verschanzen, bei längeren Pausen abschalten, Folien durchnummerieren, Zeigehilfen verwenden, Blickkontakt zum Publikum suchen
5 Wandtafel:
Vorteile: einfach zu handhaben, große Schreibfläche, durch Abwischen Veränderungen jederzeit möglich
Nachteile: Sprechen und Schreiben gleichzeitig schwierig, Gefahr, mit der Tafel zu sprechen, Tafelbilder können nicht gesichert werden
Tipps: auf gut lesbare Schrift achten, auf Raumaufteilung achten, kontrastreiche Kreidefarben benutzen
➪ Kapitel 7, S. 94; Kapitel 13, S. 170

Methodenlexikon

Punktediagramm ➪ Informationen gliedern und strukturieren

Quellenangaben ➪ Zitieren

Rollenspiel: Ziel dieses Spiels ist es, vorhandene Verhaltensweisen zu überprüfen oder neue Verhaltensweisen zu erlernen. Man schlüpft in eine vorgegebene Rolle und probiert darin verschiedene Verhaltensweisen durch. Man „durchlebt" bestimmte Situationen (z. B. ein Bewerbungsgespräch) und bekommt ein Feedback. Dadurch gewinnt man Sicherheit.

Dauer: bis zu 1 Stunde

Teilnehmer: Die ganze Klasse bereitet das Spiel in Gruppen vor. Beim Spiel werden die Mitspieler von den anderen Klassenmitgliedern beobachtet.

Variante 1: Beim spontanen Spiel so schnell wie möglich anfangen

Variante 2: Die Beobachter werden in Gruppen mit unterschiedlichen Aufträgen aufgeteilt, z. B. beobachtet eine Gruppe intensiv Mimik und Gestik.

Material: Requisiten, damit das Spiel echt wirkt

Verlauf:

Vorbereitung

1. Das Thema wird festgelegt, die Rollen werden vorgestellt.
2. Jede Rolle wird von einem Spieler besetzt, der sich auf sein Spiel vorbereitet.
3. Die anderen Klassenmitglieder erhalten Beobachtungsaufträge, die zuvor auch gemeinsam erarbeitet werden können.

Spiel

4. Das Rollenspiel wird durchgeführt. Hierbei ist wichtig, dass die Spieler ihre Rolle annehmen und sich mit ihr identifizieren.

Auswertung

5. Den Spielern wird gedankt und sie werden aus ihren Rollen entlassen.
6. Die Spieler werden gefragt, wie sie sich in ihrer Rolle gefühlt haben und ob sie selbst zu ihrer Rolle etwas sagen möchten.
7. Die Klasse teilt ihre Beobachtungsergebnisse mit. Es werden die ➪ Feedback-Regeln eingehalten.

Beispiele für Beobachtungskriterien:

- Haben sich die Spieler in ihren Rollen zurechtgefunden?
- Inwiefern entsprachen die Dialoge der Situation?
- In welchem Tonfall wurde gesprochen?
- Welche Körpersprache benutzten die Rollenspieler?
- Welche Lösungen wurden genannt?
- Wurde eine brauchbare Entscheidung getroffen?

➪ Kapitel 1, S. 21, 23, 24, 25; **Kapitel 10, S. 133, 134;** Kapitel 13, S. 159, 165, 171

Säulen- bzw. Balkendiagramm ➪ Informationen gliedern und strukturieren

Schaubild ➪ Informationen gliedern und strukturieren

6-3-5-Methode: Mit dieser Methode bringen **6** Teilnehmer jeweils **3** Ideen in **5** Minuten zu Papier. Ziel des Spiels ist es, Ideen und Problemlösungen zu finden.

6-3-5-Formular

Problem/Fragestellung: ...

Datum: ...

Teilnehmer / Idee	Teilnehmer / Idee	Teilnehmer / Idee
A 1	A 1	A 1
B 2	B 2	B 2
C 3	C 3	C 3
D 4	D 4	D 4
E 5	E 5	E 5

Methodenlexikon

Dauer: 30 – 40 Minuten
Teilnehmer: 6
Material: 6-3-5-Formular (➪S. 288)
Verlauf:
1. Jeder Schüler/Jede Schülerin erhält ein 6-3-5-Formular mit einer Fragestellung.
2. Jede der 6 Personen trägt 3 Ideen bzw. Lösungsvorschläge auf das Formular (nebeneinander) ein.
3. Die Zeit beträgt pro Person 5 Minuten.
4. Auf das Kommando des Moderators/der Moderatorin werden die Blätter nacheinander an die übrigen 5 Schüler weitergegeben, sodass am Ende des Rundlaufs jeder die Vorschläge der anderen vor sich hat.
5. Die Vorschläge der anderen soll jeder mit drei weiteren Ideen ergänzen.
6. Nach dem sechsten Durchgang erhält man seinen Bogen zurück und präsentiert die Ergebnisse.

Ergebnis: 18 Ideen pro Formular (insgesamt 108)
Tipp: den Gedanken freien Lauf lassen, auch Verrücktes oder nicht Machbares aufschreiben

Sinngemäßes Zitieren (indirekte Rede) ➪Zitieren

Situationsbezogen sprechen: Erfolgreiche Kommunikation hängt entscheidend davon ab, wie man sich auf eine Zielgruppe, eine Gesprächssituation und einen Gesprächsort einstellt. Folgendes ist zu beachten:
1. Situation berücksichtigen: Halte ich einen Vortrag, diskutiere ich in der Klasse oder zu Hause, befinde ich mich in einem Vorstellungsgespräch oder stelle ich mich auf einer Party vor? Zu beachten sind jeweils Sprachebene und Körpersprache.
2. Zielgruppe berücksichtigen: Vor/Mit welchen Personen spreche ich (Alter, Geschlecht, soziale Stellung)? Das hat Auswirkungen, z. B. auf den „Ohröffner“, das Schwierigkeitsniveau usw.
3. Verständlich sprechen:
- Einfach sprechen: Wortwahl und Satzbau müssen problemlos nachvollziehbar sein.
- Kurz und bündig sprechen: Die Sache auf den Punkt bringen
- Strukturiert sprechen: Der rote Faden muss nachvollziehbar sein.
- Lebendig sprechen: Interessante und abwechslungsreiche Beispiele verwenden

➪Kapitel 7, S. 90 – 93; Kapitel 13, S. 168, 169

Spickzettel ➪Lernhilfen

Teamarbeit ➪Gruppenarbeit/Teamarbeit

Telefonregeln einhalten: Vor allem bei geschäftlichen Telefongesprächen sollte man bestimmte Regeln einhalten:

Vor dem Gespräch:
- Telefongespräche immer vorbereiten (Zweck, Fragen)
- Kalender und Unterlagen griffbereit haben
- Notizblock und Stift bereithalten
- Name des Ansprechpartners erfragen und notieren

Während des Gesprächs:
- Nicht essen, rauchen oder Kaugummi kauen
- Radio, Fernsehen oder weitere Geräuschkulissen abstellen
- Sich auf das Gespräch konzentrieren
- Mit vollständigem Namen melden (z. B. *Guten Tag, mein Name ist Florian Sunder ...*)
- Freundlich sein
- Angemessene Sprache (➪Sprechen)
- Den Gesprächspartner mit Namen ansprechen
- Keine Sprachmarotten wie „Ähm“
- Aktiv zuhören (➪Zuhörtechniken)
- Daten und Termine wiederholen

Nach dem Gespräch:
- Wichtige Daten und Termine notieren
- Informationen eventuell weiterleiten

Vier Arten, einen Text zu lesen ➪Lesetechniken

Visualisieren: Textinhalte können mit Hilfe grafischer Elemente dargestellt und zusammengefasst werden.
➪Informationen gliedern und strukturieren

Wandtafel ➪Präsentationsmedien

Wörtliches Zitieren (direkte Rede) ➪Zitieren

Methodenlexikon

Zeiteinteilung: Eine gute Zeitplanung ist wichtig, diese Methoden können helfen:

1. ➪ ABC-Aufgaben

2. **ALPEN-Methode:** Diese Methode hilft, die für eine Aufgabe zur Verfügung stehende Zeit realistisch zu planen (z. B. einen Lernnachmittag). Dabei geht man so vor: Alle Aufgaben, Aktivitäten und Termine zusammenstellen; Länge der Tätigkeiten (Zeitbedarf) schätzen; Pufferzeiten für Unvorhergesehenes reservieren; Entscheidungen über Prioritäten und Kürzungen treffen; Nachkontrolle – Unerledigtes auf einen späteren Zeitpunkt übertragen.

➪ Kapitel 20, S. 261

Zitieren: Verwendet man z. B. in einem Referat oder in einem Aufsatz Zitate, müssen diese als solche kenntlich gemacht werden:

1 Direktes (wörtliches) Zitieren:

- Anfang und Ende des Zitats werden durch Anführungsstriche deutlich gemacht.
- Wird eine Textpassage nicht vollständig zitiert, werden die Auslassungen mit rechteckigen Klammern und drei Punkten gekennzeichnet: [...].
- Übernimmt man ein Zitat, z. B. in das eigene Referat, können die Fallendungen (z. B. *-es, -en, -er, -em*) verändert werden. Beispiel:
  Original: *„Im Laufe dieses **Jahres** wird sich nichts an der Einstellung der Experten ändern."*
  Als Zitat: *Der Autor meint, in diesem „**Jahr** wird sich nichts an der Einstellung der Experten ändern".*

2 Sinngemäßes Zitieren (indirekte Rede):

- Längere Textpassagen werden oft in indirekter Rede wiedergegeben (➪ Kapitel 19, S. 254).
- Der Sinn darf nicht entstellt werden.
- Sinngemäße Zitate müssen ebenfalls kenntlich gemacht werden, z. B. durch eine Einleitung des Zitats (*Der Autor meint, dass ...*).

3 Quellenangaben:

- Sie erscheinen im Text oder als Fuß- oder Endnoten.
- Sie enthalten den Nachnamen und den Vornamen des Autors/Herausgebers, Titel, Auflage, Verlagsort, Verlag, Erscheinungsjahr, Seitenangabe.
  Beispiel: *Berthold, Siegwart: Reden lernen, 1. Aufl., Frankfurt am Main: Cornelsen Scriptor Verlag 1993, S. 15.*
- Beim sinngemäßen Zitieren erscheint vor der Literaturangabe die Abkürzung „vgl." für die Aufforderung „Vergleiche!".

4 Zitieren aus dem Internet:

Es gelten die gleichen Zitierregeln wie bei Dokumenten aus Printmedien. Bei Quellenangaben ist Folgendes zu beachten:

- Die URL (Webadresse) vollständig anführen; es genügt nicht, nur die Domain (z. B.: *www.bbs-sander.de*) anzugeben
- Das Downloaddatum mit Uhrzeit angeben
- Beispiel für einen Quellennachweis: *http://www.bbs-sander.de/Kommunikation/Telefonieren.html, [12.08.06, 15:45 Uhr]*

➪ Kapitel 10, S. 123

Zuhörtechniken: Zuhören ist ein Vorgang, bei dem man unterschiedliche Ziele verfolgt.

➪ Kapitel 1, S. 21

Dabei kann man zwischen zwei Arten unterscheiden:

1 Aktives Zuhören: Der Zuhörer verfolgt das Gesagte seines Gegenübers und gibt verbales und körpersprachliches Feedback (z. B. durch Nicken).

2 Passives Zuhören: Es gibt zwei Möglichkeiten:

Aufnehmendes Zuhören: Der Zuhörer nimmt das Gesagte seines Gegenübers kommentarlos auf, z. B. bei einem Diktat.

Umschreibendes Zuhören: Das Gehörte wird noch einmal mit eigenen Worten wiedergegeben, z. B. bei der Wiedergabe des Lehrervortrags.

Kapitel 23

Operatoren kennen – Arbeitsanweisungen verstehen

Was sind Operatoren?

Operatoren sind Arbeitsanweisungen. Sie sind wesentlicher Bestandteil jeder Aufgabenstellung, denn sie benennen die Handlungsschritte (in Form von Verben), die zur Lösung von Aufgaben notwendig sind.

Die Anforderungen einer Aufgabe, die durch die Formulierung der Arbeitsanweisungen deutlich werden, verlangen von Ihnen unterschiedliche Fähigkeiten und Vorkenntnisse. Sie müssen sich bei jeder Aufgabenstellung fragen: Welche Fertigkeiten werden von mir verlangt? Welche Tätigkeiten auf welchem Anforderungsniveau werden von mir erwartet? Welche Vorkenntnisse brauche ich?

Wenn Sie z. B. einen Text mit Ihren eigenen Worten **wiedergeben** sollen, dann können Sie sich auf den Inhalt der Textvorlage beschränken. Sollen Sie einen Text **analysieren** oder **untersuchen**, dann betrachten Sie z. B. Aspekte von Inhalt, Aufbau und Sprache. Zu Ihren Ergebnissen formulieren Sie dann eigene Aussagen. Wenn von Ihnen eine **Textinterpretation** verlangt wird, dann benötigen Sie Vorkenntnisse, um zu begründeten Aussagen gelangen zu können. Sie müssen z. B. wissen, was Metaphern sind, wie man Figuren charakterisiert, welche Formmerkmale ein Gedicht haben kann.

Entsprechend den unterschiedlich komplex zu erbringenden Leistungen lassen sich die Operatoren verschiedenen **Anforderungsbereichen** zuordnen.

Die wichtigsten Operatoren, die Sie im Buch, in Lernstandskontrollen und in Prüfungsaufgaben finden können, wurden in die folgenden tabellarischen Übersichten aufgenommen.

Anforderungsbereich I

z. B. beschreiben

Anforderungsbereich II

z. B. analysieren

(das bedeutet z. B.:
deuten
vergleichen
beschreiben)

Anforderungsbereich III

z. B. interpretieren

(das bedeutet z. B.:
begründen
bewerten
analysieren
beschreiben)

Operatoren kennen – Arbeitsanweisungen verstehen

Anforderungsbereich I

Dieser Bereich umfasst das Wiedergeben, Beschreiben und Darstellen von Sachverhalten. Die von Ihnen erwarteten Tätigkeiten beziehen sich auf ein gegebenes Material (z. B. Text, Situation, Grafik) oder auf Sachverhalte in einem abgegrenzten Lernzusammenhang.

Verb	Anforderung (erwartete Tätigkeit)	Beispielaufgabe im Buch
nennen aufschreiben/ herausschreiben notieren	Sie tragen die wesentlichen Informationen (Kernaussagen) eines Textes oder eines Sachverhaltes zusammen (Sie zählen sie auf), ohne dass Sie diese kommentieren.	S. 14, 3 S. 17, 4 S. 125, 3 S. 143, 2
beschreiben	Sie stellen vorgegebene Situationen, Texte, grafische Darstellungen, Personen, Vorgänge, Sachverhalte sachlich genau dar, ohne sie schon zu bewerten.	S. 10, 1 S. 12, 1 S. 49, 1 S. 77, 5 S. 78, 6 S. 130, 1
wiedergeben (meist gekoppelt mit) zusammenfassen	Sie formulieren den Inhalt eines Textes mit eigenen Worten. Sie verknappen Inhalte, Aussagen, Zusammenhänge auf das Wesentliche und geben dies strukturiert in wenigen Sätzen wieder.	S. 57, 2 S. 66, 2 S. 73, 2 S. 125, 2d
darstellen/ vorstellen	Sie formulieren Ergebnisse, z. B. einer Informationsrecherche, einer Befragung, einer Diskussion, einer Gruppenarbeit, zusammenfassend oder unter einer bestimmten Fragestellung.	S. 94, 3 S. 107, 2, 3 S. 115, 4 S. 167, 3 b

Anforderungsbereich II

Dieser Bereich umfasst das selbstständige Anwenden und Übertragen von Kenntnissen und Fertigkeiten auf neue Materialien und Situationen. Von Ihnen werden Tätigkeiten wie das Auswählen, Bearbeiten, Ordnen, Vergleichen, Analysieren, Erklären von Sachverhalten und Zusammenhängen erwartet. Besonders kommt es darauf an, diese Kenntnisse und Fertigkeiten selbstständig auf neue Fragestellungen, unbekannte Texte oder Situationen zu übertragen.

Verb	Anforderung (erwartete Tätigkeit)	Beispielaufgabe im Buch
erschließen	Unter Berücksichtigung von vorgegebenen Gesichtspunkten (z. B. die Verwendung von Sprachbildern, rhetorischen Stilmitteln usw.) erarbeiten Sie sich den Sinngehalt oder die Problemstellung eines Textes oder Textteils.	S. 11, 1 S. 14, 1 S. 187, 1
deuten	Sie entschlüsseln sprachliche Bilder (z. B. Metapher, Vergleich, Personifikation), Textteile, Texte in ihrer übertragenen Bedeutung und beschreiben diese.	S. 21, 4 S. 83, 6 S. 144, 1a S. 217, 2

Operatoren kennen – Arbeitsanweisungen verstehen

Verb	Anforderung (erwartete Tätigkeit)	Beispielaufgabe im Buch
charakterisieren	Sie erfassen die wesentlichen Merkmale, Eigenschaften, Erscheinungsformen von Personen, Sachverhalten, Vorgängen, Zuständen und beschreiben diese.	S. 62, 5 S. 139, 3c S. 182, 3
auswerten	Sie führen die wichtigsten Ergebnisse aus einzelnen Berichten, Umfragen, Beobachtungsbögen, Feedback-Notizen zu einer Gesamtaussage zusammen.	S. 57, 1 S. 114, 1 S. 117, 5 S. 159, 2
erklären	Sie stellen Sachverhalte, Aussagen, Hintergründe, Einsichten auf der Grundlage von bereits vorhandenen Kenntnissen dar.	S. 46, 2 S. 80, 3 S. 137, 1
erläutern	Eine Erläuterung gleicht der Erklärung, Sie formulieren jedoch anschaulicher durch das Hinzufügen von Beispielen und zusätzlichen Informationen.	S. 201, 4 S. 203, 4 S. 211, 4 S. 215, 1c
vergleichen	Sie stellen Texte, Textaussagen, Problemstellungen, sprachliche Mittel usw. nach vorgegebenen Gesichtspunkten gegenüber und beschreiben Unterschiede oder Übereinstimmungen.	S. 18, 4 S. 19, 3 S. 53, 1 S. 57, 3 S. 115, 3 S. 155, 3
ordnen/zuordnen	Sie fügen Formulierungen, Aussagen, Texte aufgrund übereinstimmender Merkmale und gegebenenfalls nach einer Rangfolge zusammen.	S. 51, 2 S. 111, 3 S. 189, 3
einordnen	Sie stellen auf der Grundlage einer vorgegebenen Betrachtung Sachverhalte, Aussagen oder Problemstellungen in einen Zusammenhang (z. B. einzelne Figurenaussagen in den Textzusammenhang; einzelne Gedichte, Ereignisse in einen literaturgeschichtlichen Zusammenhang).	S. 211, 7
untersuchen/ analysieren	Sie erfassen den Inhalt und die Form von Texten oder anderen Materialien (z. B. Karikaturen) nach vorgegebenen oder selbst gewählten Gesichtspunkten, wie z. B. Kernaussagen, Aufbau, sprachlichen Besonderheiten, Figurenkonstellationen, Erzählperspektive, Reimschemata usw., beschreiben und deuten diese. Sie arbeiten den Wechselbezug von Inhalt und Form (besonders bei literarischen Texten) heraus.	S. 10, 2 S. 15, 3 S. 20, 1 S. 63, 2 S. 65, 2 S. 73, 1 S. 77, 3 S. 117, 4

Operatoren kennen – Arbeitsanweisungen verstehen

Anforderungsbereich III

Dieser Bereich umfasst das Beurteilen und Bewerten sowie selbstständige Problemlösungen auf der Grundlage des angeeigneten Wissens. Von Ihnen wird erwartet, dass Sie sich selbstständig mit einem Thema, einer Problemstellung, einem literarischen Text auseinandersetzen, verschiedene Positionen diskutieren, bewerten, dazu begründet Stellung nehmen, selbstständig Lösungswege vorschlagen und Ihr Vorgehen sowie das anderer kritisch reflektieren.

Verb	Anforderung (erwartete Tätigkeit)	Beispielaufgabe im Buch
beurteilen	Sie formulieren selbstständig auf der Grundlage von vorhandenen Kenntnissen eine sachliche, vorurteilsfreie Position zu einem Sachverhalt, einer Aussage, einer Problemstellung, einem Text.	S. 53, 4 S. 92, 4 S. 115, 1b S. 155, 3
bewerten	Die Bewertung erfordert zunächst die Beurteilung von Sachverhalten, Problemstellungen usw. Diese Beurteilung ergänzen Sie allerdings durch Ihre persönliche Sichtweise auf der Grundlage Ihrer Wertmaßstäbe, die Sie dabei offenlegen.	S. 152, 2 d S. 178, 7 S. 223, 1
begründen	Sie stellen einen Zusammenhang zwischen Ursachen und Folgen oder Wirkungen her. Sie untermauern eine Aussage, Meinung, Position, These durch Sach- und Fachkenntnisse, d. h. mit nachvollziehbaren Argumenten (z. B. mit Beispielen, Belegen).	S. 96, 2 S. 100, 2 S. 153, 2e S. 202, 1b
sich auseinandersetzen mit	Sie befassen sich ausführlich mit einer Behauptung bzw. einer Problemstellung, bedenken unterschiedliche Aspekte des Problems, Ursachen, Folgen. Sie bauen auf dieser Grundlage eine schlüssige Argumentation auf.	S. 77, 4 S. 158, 3
erörtern	Sie betrachten oder diskutieren eine Aussage, These (Behauptung) oder eine Problemstellung von verschiedenen Seiten. Dabei wird durch eine Abfolge von *Für- und Wider-* bzw. *Sowohl-als-auch-Argumenten* die Stichhaltigkeit der Argumentation beurteilt, bewertet und zu einer eigenen Stellungnahme bzw. zu Lösungsvorschlägen geführt. Grundlage für das Erörtern sind Tätigkeiten wie: *sich auseinandersetzen, begründen, beurteilen, bewerten.*	S. 202–203 S. 43, 1 S. 186, 2 S. 203, 5
Stellung nehmen	Sie beurteilen und bewerten eine Problemstellung oder Behauptung und positionieren sich dazu mit überzeugenden Argumenten. Anders als bei der Erörterung müssen Sie nicht auf alle gegnerischen Positionen eingehen, wenngleich das Entschärfen dieser Ihre eigene Position aber stärken kann.	S. 79, 2 S. 189, 5 S. 224, 4
interpretieren	Auf der Basis einer umfassenden Analyse und Bewertung eines Textes oder anderer Materialien deuten Sie Sinnzusammenhänge und erläutern die Gesamtaussage eines Textes in einer begründeten Stellungnahme. Je nach Aufgabenstellung können Sie sich dabei auf den Text beschränken oder Informationen zum Autor und/oder zum geschichtlichen Hintergrund einbeziehen. Grundlage für das Interpretieren sind bzw. können Tätigkeiten sein wie: *erschließen, untersuchen/analysieren, charakterisieren, vergleichen, bewerten, begründen.*	S. 137, 4 b S. 172, 2 S. 201, 3 S. 209, 3

Operatoren kennen – Arbeitsanweisungen verstehen

entwerfen	Sie legen auf der Grundlage einer Arbeitsvorgabe wesentliche Punkte und Arbeitsschritte fest, z. B. für das Schreiben eines Textes, für das Gestalten einer Werbeanzeige oder Wandzeitung.	S. 49, 3
erstellen/ gestalten/ verfassen	Sie fertigen unter Beachtung von Vorgaben (z. B. Textsorten, Wechsel der Perspektive, Hinweis auf Adressaten) einen Text (z. B. Leserbrief, Vortrag, Dialog, Tagebucheintrag, Werbeanzeige) oder eine Arbeitsvorlage an.	S. 25, 8 S. 30, 3 S. 38, 2 S. 62, 9 S. 68, 5 S. 102, 2 S. 132, 1
gestaltend interpretieren	Grundlage und Orientierung kann auch eine Textvorlage sein, dann wird erwartet, dass Sie die Besonderheiten der Vorlage erfassen und in Ihrer Textproduktion berücksichtigen.	S. 71, 6 S. 216

Textquellenverzeichnis

Aggrey, James: *Adler im Hühnerhof, S. 63.* Aus: J. A., Der Adler, der nicht fliegen wollte. Wuppertal: Peter Hammer Verlag 1985.

Arndt, Susanne: *Hotel Mama, S. 202.* Aus: http://www.brigitte.de/frau/-familie/nesthocker/ (31.01.2007).

Artz, Kerstin: *Hörschäden – Freispruch für MP3-Player* (gekürzt), *S. 79.* Aus: http://www.focus.de/gesundheit/ratgeber/hoeren/hoerschaeden_aid_136321.html (29.06.2009).

Bisky, Jens: *Wer Schwäche zeigt, der fällt* (Auszug), *S. 54.* Aus: http://www.buecher.de/shop/Buecher/Der-Kick/Veiel-Andres/products_products/detail/prod_id/25495983/#faz, © Süddeutsche Zeitung (20.03.2007).

Borchert, Wolfgang: *Dann gibt es nur eins!* (gekürzt), *S. 208.* Aus: Das Gesamtwerk. Hamburg: Rowohlt Verlag 1956, S. 347-349.

Brown, Dan: *Sakrileg, S. 73.* Aus: D. B., Sakrileg – The Da Vinci Code. Bergisch Gladbach: Lübbe Verlag 2004, Prolog.

Bruns, Annette: *Lockender Mammon* (gekürzt), *S. 196.* Aus: Der Spiegel, Nr. 23/2002, S. 74.

Büchner, Georg: *Der Hessische Landbote* (Auszug), *S. 210.* Aus: Büchners Werke in einem Band. Hg. v. den nationalen Forschungs- und Gedenkstätten der klassischen deutschen Literatur. Berlin/Weimar: Aufbau Verlag 1977, S. 3–4.

Busch, Wilhelm: *Der Einsame, S. 68.* Aus: Historisch-kritische Gesamtausgabe in vier Bänden. Band 4. Wiesbaden/Berlin: Vollmer 1960, S. 324-325.

Erhardt, Heinz: *Der Kabeljau, S. 68.* Aus: Das große Heinz Erhardt Buch. Oldenburg: Lappan Verlag 1999.

Fettes Brot: *Definition von „Fett“* (gekürzt), *S. 149.* Aus: http://www.tsrocks.com/b/brot_fettes_texts/definition_von_fett.html (24.01.2007).

Fontane, Theodor: *Herr von Ribbeck auf Ribbeck im Havelland, S. 140.* Aus: Sämtliche Romane. Erzählungen. Gedichte. Nachgelassenes. Hg. v. W. Keitel u. H. Nürnberger. Band 22. Frankfurt/M.: Wallstein 1979, S. 255f.

Fritz, Walter Helmut: *Augenblicke, S. 136.* Aus: W. H. F., Umwege. Prosa. Stuttgart: Deutsche Verlagsanstalt 1964, S. 47 ff.

Goethe, Johann Wolfgang: *Gefunden, S. 144.* Aus: Goethe. Poetische Werke. Gedichte und Singspiele 1. Berliner Ausgabe. Berlin/Weimar: Aufbau Verlag 1965, S. 22.

Göpfert, Yvonne: *Papier statt Plastik: Handy zum Wegwerfen, S. 51.* Aus: http://www.-golem.de/0606/45789.html (08.06.2006).

Heusler, Stefan: *Der Fall, S. 64.* Aus: Die Erklärung. Ausgezeichnete Kurzgeschichten. Hg. v. Peter Härtling u. a. Stuttgart: Quell Verlag 1988, S. 102.

Ionesco, Eugene: *Warum ich schreibe, S. 218.* Aus: E. I., Pourquoi j'e_cris/Warum ich schreibe, franz./dt. Ausgabe. Konstanz: Universitätsverlag 1986.

Jandl, Ernst: *ottos mops, S. 71.* Aus: Poetische Werke. Der künstliche Baum. Flöda und der Schwan. München: Luchterhand 1997, S.60. *schtzngrmm, S. 71.* Aus: Poetische Werke. Laut und Luise. Verstreute Gedichte 2. München: Luchterhand 1997, S. 47.

Käppeler, Christoph: *Klimaschutz muss ungebremst weiterlaufen!, S. 125.* Aus: http://www.tagesschau.de/kommentar /kommentarklimaschutz100.html (11.12.2008).

Kalusch, Matthias: *Mein schöner Schulalltag oder: Zugabe!, S. 212.* Aus: Sie wollen nur unser Bestes ... Geschichten vom Leben zwischen den Pausen. Hg. v. Volker Fabricius. Frankfurt/M.: Fischer Taschenbuch Verlag 1987, S. 169.

Klonovsky, Michael/ Scherer, Martin: *Englischflut, S. 153.* Aus: M. K./M. S., *Bestes Globalesisch* (Auszüge), FOCUS 11/2005, S. 64, 66.

Klüpfel, Volker/Kobr, Michael: *Seegrund* (Auszug), *S. 61.* München: Piper 2008.

Kramper, Gernot: *Tempolimit muss sein* (gekürzt), *S. 128.* Aus: http://www.stern.de/politik/deutschland/601202.html (29.10.2007).

Krüss, James: *Das Feuer, S. 70.* Aus: J. K., Der wohltemperierte Leierkasten. Gütersloh: S. Mohn Verlag 1961.

Kunert, Günter: *Wo Deutschland lag, S. 217.* Aus: G. K., Tagwerke. Gedichte, Lieder, Balladen. Helle: Mitteldeutscher Verlag 1961.

Kunze, Reiner: *Die Mauer, S. 217.* Aus: R. K., „ein tag auf dieser erde.“ Gedichte. Frankfurt/M.: Fischer Verlag 1998, S. 60.

Leschinsky, Jörg: *Projekt: Sicherheit am Arbeitsplatz, S. 110.* Aus: Kompass 5/6 2006, S. 17.

Loriot: *Das Ei, S. 145.* Aus: Loriots Dramatische Werke. Zürich: Diogenes Verlag 1982.

Orth, Stephan: *Erlebnispädagogik im Ausland: der Problemfall-Export* (gekürzt), *S. 186.* Aus: www.spiegel.de/politik/ deutschland/0,1518,529475,00.html (26.01.08).

Peseschkian, Nossrat: *Es fällt kein Meister vom Himmel, S. 66.* Aus: N. P., Der Kaufmann und der Papagei. Orientalische Geschichten in der positiven Psychotherapie. Frankfurt/M.: Fischer Verlag 2002, S. 117.

Prinzen, Die: *Be cool, speak Deutsch*, S. 155. Text: Frank Ramond, © Peermusic (Germany) GmbH, Hamburg.

Roth, Eugen: *Ein Mensch, S. 68.* Aus: E. R., Von Mensch zu Mensch. München: Carl Hanser Verlag 1932, Prolog.

Schiller, Friedrich: *Der Handschuh, S. 69.* Aus: F. S., Gedichte. Hg. v. Georg Kurscheidt. Frankfurt/M.: Deutscher Klassiker Verlag 1992, S. 83 ff. *Kabale und Liebe* (Auszug), *S. 138.* Aus: F. S., Sämtliche Werke in zehn Bänden. Band 2. Berliner Ausgabe. Hg. v. Hans-Günther Thalheim u. a. Berlin/Weimar: Aufbau Verlag 1981, S. 709–711.

Schrader, Christopher: *Wärmer als warm* (gekürzt), *S. 124.* Aus: Süddeutsche Zeitung, 16.02.2009.

Schwarzer, Christoph: *Tempolimit ist Unfug* (gekürzt), *S. 128.* Aus: http://www.stern.de/politik/deutschland/601202.html (29.10.2007).

Seul, Michaela: *Allmorgendlich* (Auszug), *S. 72.* Aus: Abseits der Eitelkeiten. Hg. v. Kristiane Allert-Wybranietz. München: Heyne 1987, S. 14.

Skármeta, Antonio: *Mit brennender Geduld* (Auszug), *S. 142.* München: Piper 1987, S. 22–24.

Waalkes, Otto: *Die mündliche Führerscheinprüfung, S. 148.* Aus: O. W., Das Buch des Friesen, München: Ullstein Verlag 2002.

Wahl, Yuriko: *Zu dick und unbeweglich für den Berufseinstieg, S. 120.* Aus: http://www.general-anzeiger-bonn.de/index.php?k=loka&itemid=10001&detailid=535372 (16.12.2008).

Wortmann, Till: *Verstecken gilt nicht im Web* (gekürzt), *S. 131.* Aus: http://www.focus.de/karriere/bewerbung/internet/tid-7051/bewerbung_aid_69068.html (23.12.2008).

Unbekannte und ungenannte Verfasser

Ab heute Ferien, S. 205. Aus: iwd-Informationsdienst des Instituts der deutschen Wirtschaft Köln, Nr. 31/2008, © Deutscher Instituts-Verlag, Köln, 31.7.2008, S. 1.

Andres Veiel ..., S. 54. Aus: http://www.djlp.jugendliteratur.org/2008/preistraeger_sachbuch-17.htm (07.04.2009).

Alkopops – eine Gefahr für Jugendliche?, S. 254. Aus: Klein-Ingelheimer Anzeiger, 08.08.2006.

Auswertung einer Gruppendiskussion/Gruppenentscheidung (Feedback-Bogen), *S. 263.* Nach: Norm Green, Script zur BLK-Sommerakademie „Demokratie lernen und leben“, Ludwigsfelde 2003.

Autofahrer fast ohne Kratzer ..., S. 132. Aus: http://shortnews.stern.de/shownews.cfm?

Textquellenverzeichnis

id=646257&CFID=49507032&CFTOKEN=47167187 (23.01.2007).

Bindung an Medien, S. 57. Quelle: JIM 2007.

Dan Brown-Thriller zeigt neues Interesse an Religion, S. 73. Aus: http://bistumlimburg.de/index.php?_1=117394&_0=15&sid=7a58c13ca7bc43d43f76f60b2d3b1a57 vom 18.05.2006 (29.06.09).

Das geht ins Kreuz, S. 114. Quelle: BKK, Stand 2008, © Globus.

Deutsche Lebensbäume, S. 204. Quelle: Statistisches Bundesamt, © Globus.

Die acht Felder der Gefährdungsbeurteilung, S. 116. Verändert nach: Arbeit und Gesundheit, April 2007. Hg. v. Hauptverband der gewerblichen Berufsgenossenschaften (HVBG). Quelle: Universum Arbeitsschutz Center. Wiesbaden: Universum Verlag. www.arbeitsschutzcenter.de

„Die Prinzen" ..., S. 155. Aus: http://de.wikipedia.org/wiki/Die_Prinzen (26.11.09).

Die Tätigkeit im Überblick: Chemielaboranten, S. 246. Aus: http://berufenet. Arbeitsagentur.de/berufe (08.04.09).

Diskussionsregeln, S. 87. Idee und Ausführung nach: Heinz Klippert: Kommunikations-Training. Weinheim/Basel: Beltz, S. 75.

Du bist min ..., S. 68. Aus: Des Minnesangs Frühling. Hg. v. H. Moser/ H. Tervooren. 38., erneut revidierte Auflage. Stuttgart: Hirzel 1988, Nr. I, VIII, S. 21.

Ein Plädoyer für „Pädagogik unter Palmen"! (gekürzt), *S. 187.* Aus: www.wellenbrecher.de/pdf/ Stellungnahme.pdf (Januar 2004).

Experten: Eltern müssen ihre Kinder wieder mehr bilden, S. 266. Aus: Frankfurter Rundschau, 10.12.2005.

Fett statt fit: „Die Soldaten sind zu dick" (gekürzt), *S. 121.* Aus: http://www.n-tv.de/928746.html (04.03.2008).

fundieren ... (Wörterbuchauszug), *S. 229.* Aus: Wahrig. Die deutsche Rechtschreibung. Neuausgabe 2006. Gütersloh/München: Wissen Media Verlag GmbH 2006, S. 417.

Gebäudereiniger/-innen bereiten ihre Arbeit ... (verändert), *S. 231.* Aus: Beruf aktuell 2004/2005. Hg. v. der Bundesagentur für Arbeit, S. 210.

Gelsenkirchen: Zehnjähriger kam mit ..., S. 132. Aus: http://shortnews.stern.de/shownews.cfm?id=646342&CFID=49507032&CFTOKEN=47167187 (23.01.2007).

Haltung bewahren – Gesunder Rücken, S. 114. Aus: AOK, infothek 4, Starker Rücken, © wdv Medien & Kommunikation GmbH & Co. OHG, S. 4 f.

Helfen Sie mit, das Klima zu retten, S. 125. Aus: http://www.greenpeace.de/themen/klima/klimawandel_aufhalten (15.03.09).

Hier kann der Betrachter ... (Auszug), *S. 130.* Aus: Zentrum für Kunst und Medientechnologie Karlsruhe (Prestel Museumsführer). München/New York: Prestel-Verlag 1997, S. 37.

Hör ich noch gut?, S. 77. Aus: Arbeit und Gesundheit next. Die Infoseiten für junge Leute, 3/2007. Hg. v. Hauptverband der gewerblichen Berufsgenossenschaften.

Hybrid ist reine Vernunftssache / BMW Active Hybrid ist reine Freude / Spart nicht an der Performance, S. 223. Aus: Der BMW Active Hybrid X6 ..., Argumente, © BMW AG, August 2009.

Jungunternehmer werden rar – Innovative ... (Auszug, leicht verändert), *S. 206.* Aus: iwd-Informationsdienst des Instituts der deutschen Wirtschaft Köln, Nr. 36/2008, © Deutscher Instituts-Verlag, Köln, 4.9.2008, S. 2.

Kein Sensor für Lärmgefahr, S. 76. Aus: Arbeit und Gesundheit next. Unterrichtshilfen, März 2007. Hg. v. Hauptverband der gewerblichen Berufsgenossenschaften. S. 3.

Korrekturzeichen, S. 193. Aus: Wahrig. Die deutsche Rechtschreibung. Neuausgabe 2006. Gütersloh/München: Wissen Media Verlag GmbH 2006, S. 19–21.

machen handys süchtig?, S. 234. Aus: http://morgenpost.berlin1.de/content/2006/01/27/wissenschaft/806741.html (07.11.2006).

Mobilfunk: Wissen Sie, wie Ihr Handy funktioniert?, S. 48. Aus: Bundesamt für Strahlenschutz: Mobilfunk: Wie funktioniert das eigentlich? Salzgitter, 05/2006.

MP3-Player im Visier, S. 79. Aus: Arbeit und Gesundheit next. Die Infoseiten für junge Leute, 3/2007. Hg. v. Hauptverband der gewerblichen Berufsgenossenschaften.

Nach der ersten Freude fließen oft Tränen ... (Auszug), *S. 88.* Aus: Ärztezeitung, 26.02.2006.

Nasa-Spiel, S. 96. Nach: www.trainertreffen.de/download/pdf/download-nasa.pdf (29.12.2006).

Piercings sind nicht immer schön! ... (Auszug), *S. 88.* Aus: http://www.swr.de/buffet/teledoktor/gesundheit/-/id=653314/nid=653314/did=285202/-xvk5s6/index.html (29.12.2006).

Replacing the wiper blades / Wechsel der Wischerblätter, S. 222. Aus: Bedienungsanleitung BMW 7er Handbücher englisch/deutsch, © BMW AG, S. 254 (engl. Ausgabe) und S. 256 (dt. Ausgabe).

Risiko am Arbeitsplatz, S. 115. Quelle: DGUV, © Globus.

Schulabgänger: Fürs Berufsleben schlecht gerüstet, S. 199. Quelle: DIHK Mai 2008.

15. Shell Jugendstudie: Jugend 2006 – Eine pragmatische Generation unter Druck (gekürzt), *S. 200.* Aus: http://www.shell.de/home/content/deu/aboutshell/media_centre/news_and_media_releases/ archive/2006/shell_youth_study_2006_new_generation.html (28.04.09).

Spielsucht – Wenn das Spiel zum Verhängnis wird (leicht verändert, gekürzt), *S. 46.* Aus: http://www.br-online.de/ratgeber/gesundheit/gluecksspiel-casino-sucht-ID122277377063.xml (30.09.2008). Zeile 9–31: Bundeszentrale für gesundheitliche Aufklärung.

Stefans Welt, S. 76. Aus: Arbeit und Gesundheit next. Unterrichtshilfen, März 2007. Hg. v. Hauptverband der gewerblichen Berufsgenossenschaften. S. 5. Modifiziert nach „Ein cooler Typ?", in: „gut zu hören!", Unterrichtskonzept für Lehrkräfte der Aktion „Jugend will sich er-leben", Wettbewerb 2005 „Lärm", www.jugend-will-sich-er-leben.de

Studie: Handys machen süchtig, S. 52. Aus: -http://www.heute.de/ZDFheute/-inhalt/30/ 0,3672,3759454,00.html (26.09.2006) (mit Material von AFP, 26.01.2006).

Tagesbericht von Kai Melching, S. 42. Aus: Ausbildungsnachweis, Berichtsheft für die Berufsausbildung des Metallhandwerks. Hg. v. Wirtschaftsgesellschaft des Metallgewerbes mbH. © Wirtschaftsgesellschaft des Metallgewerbes mbH, Hannover, © FELDHAUS VERLAG, Hamburg (2004).

Texas: Anstatt zu töten, warnte ... , S. 132. Aus: http://shortnews.stern.de/-shownews.cfm?id=646321&CFID=49507032&CFTOKEN=47167187 (23.01.2007).

Wann ist ein Mann ein Mann?, S. 203. Quelle: Statistisches Bundesamt, Stand 2007, © Globus.

Wo Arbeitsnehmer mitbestimmen, S. 198. Quelle: IAB-Betriebspanel 2004, © Globus.

Wochenbericht, S. 42. Aus: Max, Ulrich/Ratzke, Brigitte: Ausbildungsnachweis 3 mit Prüfungshilfen. Hg. v. Zentralverband des Deutschen Friseurhandwerks. © Ausstellungs- und Werbegemeinschaft des Friseurhandwerks GmbH, Köln.

Zu Dan Browns „Sakrileg", S. 73. Aus: http://www.bunkahle.com/Aktuelles/Belletristik/Dan_Brown Sakrileg_Da_Vince_Code.html (18.05.2009).

Bildquellenverzeichnis

RF-Fotos: Alamy: **S. 50**/Jupiterimages/F. Frank, **S. 60**/SomosGroup20, **S. 82**/Jupiterimages-0109; Corbis: **S. 59**, **S. 75**/K. Redinger, **S. 119**/ImageSource; Corel: **S. 88** (WV); V. Maly: **S. 19**; Masterfile: **S. 22**; Lübbe Verlag: **S. 73**; J. Girard de Soucanton: **S. 146**/1; M. Tholen: **S. 93 (4)**, **S. 170 (4)**; Shutterstock: **S. 20**, **S. 24**, **S. 38**, **S. 83 (2)**, **S. 86/4**, **S. 110**, **S. 125**, **S. 151**, **S. 205**; Sportwagen NOWA: **S. 219**, **S. 220**; Istockphoto: **S. 221**; BMW Group, München: **S. 222**, **S. 223**; TransFair e.V.: **S. 270** (WV);
RM-Fotos: Caro Fotoagentur: **S. 14** (WV); Corbis: **S. 9**/O. Rogge (WV), **S. 166**/zefa/LWA-S. Kennedy; Fotofinder: **S. 10**/A1PIX (WV); **S. 11**/Bilderbox (WV), **S. 11**/Blickwinkel/M. Baumann (WV); **S. 17**/VarioImages; **S. 25**/Allesalltag; **S. 37**/VISUM/A. Vossberg; **S. 46**/Keystone/J. Zick; **S. 48**/Fotoarchiv (WV); **S. 86**/1/Bildagentur Online, **S. 86**/2/F1Online, **S. 86**/3/ImageSource, **S. 90**/Fotoarchiv, **S. 96**/MauritiusImages; **S. 96**/Helga Lade Fotoagentur (WV); **S. 99**/Intro/D. Ausserhofer (WV); **S. 101**/Keystone/J. Leidicke; **S. 107**/Argus/M. Schroeder; **S. 109**/Keystone/V. Schulz; **S. 121**/Alimdi/T. Frey; **S. 128**/Loesel Photographie; **S. 135**/Ecopix/D. Gruetjen (WV); **S. 136**/Ipon/S. Boness; **S. 140**/W. Otto; **S. 157**/Intro/D. Ausserhofer (WV); **S. 158**/Bilderbox (WV); **S. 159**/J. Christ; **S. 162**/Visum/G. Schlaeger; **S. 164**/Plainpicture; **S. 173**/photopool; **S. 185**/Blickwinkel/P. Royer; **S. 196**/Andia/Perrogon (WV); **S. 212**/Helga Lade (WV); **S. 215**/Keystone; **S. 257**/VarioImages (WV); **S. 277**/Intro/D. Ausserhofer (WV); GettyImages: **S. 29**/F. Lucano (WV), **S. 269**/E. Dreyer (WV); Peter Wirtz: **S. 10** (WV), **S. 12**, **S. 15**, **S. 179**; PictureAlliance: **S. 32**/R. Lueger, **S. 54**/dpa/H. Wöstmann, **S. 67**/dpa/F. Gentsch, **S. 77**/dpa/F. Hörhager, **S. 81**/dpa(WV), **S. 146**/2/Zentralbild, **S. 155**/J.-P. Kasper, **S. 195**/EB-Stock, **S. 203**, **S. 204**, **S. 210**, **S. 217**, **S. 272** (WV), **S. 243**/M. Brandt; UllsteinBild: **S. 10** (2 Fotos/WV), **S. 45**/SylentPress (WV), **S. 175**/Wodicka (WV), **S. 207**/Imagebriker.net (WV), **S. 208**/R. Clausen, **S. 264**/Ecopix (WV);
Cartoons: Bulls Press, Frankfurt: **S. 11**, **S. 14**, **S. 158** (WV); Horst Haitzinger, München: **S. 213** (WV);

Wir danken allen Rechteinhabern für die Abdruckgenehmigung. Da es uns leider nicht möglich war, alle Rechteinhaber zu ermitteln, bitten wir, sich gegebenenfalls an den Verlag zu wenden.

Lösungen:
S. 11 Originaltext der Sprechblase von Seite 10: Du willst uns klarmachen, dass 'ne Lohnkürzung bevorsteht, stimmt's?
S. 96 1. 2 Sauerstofftanks, 2. 20 l Wasser, 3. 1 Sternkarte (Mondkonstellation), 4. 1 Dose Lebensmittelkonzentrat, 5. 1 FM-Empfänger und Sender, mit Sonnenenergie betrieben, 6. 20 m Nylonseil, 7. 1 Erste-Hilfe-Koffer mit Injektionsspritze 20 m Nylonseil, 8. 30 m Fallschirmseite, 9. 1 Schlauchboot, 10. Signalpatronen, 11. 2 Pistolen, 12. 1 Dose Trockenmilch, 13. 1 tragbarer Kocher, 14. 1 Magnetkompass, 15. Streichhölzer

Textsortenverzeichnis

Textsortenverzeichnis

Sachwortverzeichnis

Sachwortverzeichnis

Sachwortverzeichnis